Timothy Garton Ash

Ein Jahrhundert wird abgewählt

Aus den Zentren Mitteleuropas
1980–1990

Aus dem Englischen von
Yvonne Badal

Deutscher
Taschenbuch
Verlag

dtv

ihnen allen

Ungekürzte Ausgabe
Oktober 1992
Deutscher Taschenbuch Verlag GmbH & Co KG, München

Titel der englischen Originalausgaben:
The Uses of Adversity. Essays on the Fate of Central Europe
Random House, New York
We The People. The Revolution of '89
Granta Books, Cambridge

ISBN 3-446-15898-7
Umschlagtypographie: Celestino Piatti
Umschlagfotos Vorderseite: Sipa Press, Paris und
Wolfgang Wiese, Hamburg
Umschlagfoto Rückseite: Carl Hanser Verlag (Peter-Andreas
Hassiepen)
Satz: Fotosatz Reinhard Amann, Aichstetten
Druck und Bindung: C.H. Beck'sche Buchdruckerei,
Nördlingen
Printed in Germany · ISBN 3-423-30328-X

Das Buch

Timothy Garton Ash kam 1980 als Doktorand der Geschichte aus Oxford nach Berlin, um in den Archiven im Ost- und Westteil der Stadt Material über die Berliner unter Hitler zu finden. Doch andere Menschen fesselten seine Aufmerksamkeit mehr: die, denen er tagtäglich begegnete – die Berliner unter Honecker. Außerdem reiste er von Berlin aus immer wieder nach Warschau, nach Prag und nach Budapest. Über alles, was er sah, schrieb er engagierte und farbige Berichte für englische Zeitungen und Zeitschriften. So wurde er unversehens zum Chronisten eines bewegten Jahrzehnts in den Ländern Ostmitteleuropas. Mehr als die Machthaber dort interessierten ihn die oppositionellen Bewegungen. So traf er in Polen die Mitglieder der Solidarność und in Prag die der Charta 77. Dann kam das Jahr 1989, das Jahr des Umbruchs. Garton Ash war in Warschau, als das kommunistische Regime in den ersten halbwegs freien Wahlen von Solidarność geschlagen wurde, in Budapest als Imre Nagy, einunddreißig Jahre nach seiner Hinrichtung, rehabilitiert und feierlich begraben wurde, in Berlin als die Mauer fiel. Und er war in Prag zusammen mit Václav Havel und anderen Mitgliedern des Bürgerforums, als sie ihre »samtene Revolution« vollzogen. »Timothy Garton Ashs Berichte gehören in das kleine Feld der Publizistik, in dem sich Journalismus, Geschichte und kunstvolle Literatur vereint finden. Seine Anteilnahme an den Ereignissen ist intellektuell wie emotional von solcher Intensität, daß er aus einer Innen- und Außenperspektive zugleich sprechen kann.« (George F. Kennan)

Der Autor

Timothy Garton Ash, geboren 1955, studierte Neuere Geschichte in Oxford. Seit 1990 lehrt er dort am St Antony's College und hat einen Forschungsauftrag für europäische Zeitgeschichte. Daneben schreibt er seit 1984 für bedeutende englische Zeitungen Artikel über das politische Geschehen in Mitteleuropa. Er wurde u. a. mit dem Prix Européen de l'Essai ausgezeichnet. Auf deutsch erschien 1981 ›Und willst du nicht mein Bruder sein... Die DDR heute‹. Das vorliegende Buch wurde bereits in 15 Sprachen übersetzt.

Inhalt

Vorwort

Dieses Buch ist von meinen eigenen Interessen geprägt, die eher Ideen als Armeen gelten, eher Kulturen als Wirtschaftssystemen, mehr den Nationen als politischen Systemen, vor allem aber den einzelnen Menschen, mehr als amorphen Kollektiven. Zufällig – und glücklicherweise – sind dies auch die Prioritäten der Debatte um Mitteleuropa, die in den achtziger Jahren wie ein geistreicher, aber zielloser Exilant durch Europa und Nordamerika wanderte. Fast alle der wesentlichen Themen jener Debatte finden sich in diesem Buch auf die eine oder andere Weise wieder, und ich hoffe, sie wurden mit Sympathie, aber auch mit angemessener Skepsis behandelt. Denn bei meinen Erforschungen des einstigen und zukünftigen Mitteleuropas habe ich meine Augen niemals vor den harten Wahrheiten des real existierenden Osteuropas verschlossen.

Meine größte Aufmerksamkeit während all dieser Jahre galt den Elementen des Aufbruchs – dem demokratischen Aufbruch –, den es in Opposition zu und trotz der allgemeinen bürgerlichen Ohnmacht immer gegeben hat. Und wie sich zeigen sollte, entstammten die neuen regierenden Eliten Ostmitteleuropas nach den revolutionären Ereignissen von 1989 genau diesen Oppositionskreisen und diesem Milieu. Viele von ihnen, die auch in der ersten Hälfte dieses Buches große Beachtung finden – Václav Havel zum Beispiel oder Adam Michnik –, spielten nun in der Wandlung ihrer Länder vom Kommunismus zur Demokratie eine entscheidende Rolle.

Ich möchte aber betonen, daß dies nicht der Grund war, weshalb ich zu jener Zeit über sie geschrieben habe. Wenn ich auch immer die These vertreten habe, daß ihre Schriften und Aktivitäten für die politische Zukunft ihrer Länder, ihrer Regionen und für Europa als Ganzes von außerordentlicher Bedeutung waren, so konnte ich mir doch nicht vorstellen – genausowenig wie sie selbst –, daß die Machtlosen derart schnell zu Mächtigen und die Mächtigen derart machtlos werden würden. Ich hatte ganz und gar nicht geplant, mich »hinter den Gewinner zu stellen«. Im Gegenteil, während dieses Jahrzehnts war sicher so mancher zu dem Schluß gekommen, ich stünde hinter den Verlierern, wohingegen nicht wenige führende westliche Politiker mit ihrer Beharrlichkeit des ausschließlichen Interesses für die herrschenden kommunistischen Parteien in Osteuropa hinter den vermeintlichen Gewinnern standen. Heute brauchen die neuen demokratischen Regierungen Ostmitteleuropas jede nur erdenkliche Hilfe. Dem Historiker aber sei die Frage gestattet: wie viele von jenen, die heute geflissentlich die neuen Herrscher feiern, hatten vor ein paar Jahren auch nur einen Gedanken an sie verschwendet – geschweige denn einen Finger für sie gerührt?

Ich schrieb über diese Menschen und Themen, weil ich sie interessant fand, lehrreich und oft auch bewundernswert. Gründe genug, wie ich meinte, um nicht auch noch ihre politische Zukunft ins Kalkül zu ziehen. Dementsprechend sollten auch die folgenden Seiten nicht teleologisch gelesen werden, selbst wenn viele Wurzeln von »89« in ihnen zu finden sind, sondern eher gegen die Tendenz, jenen Anteil der ostmitteleuropäischen Geschichte der achtziger Jahre zu vergessen, der nicht unmittelbar auf das Ende des Kommunismus im Jahr 1989 hingewiesen hat.

Eines der großen Themen Václav Havels in seinen ersten Wochen als Präsident der Tschechoslowakei behandelte die Art und Weise, mit der in gewissem Maße jeder zum Erhalt des kommunistischen Systems beigetragen hat, und sei es auch nur durch den scheinbar harmlosen Tribut an äußere Konformität und Heuchelei. (Ein Thema, das er natürlich schon in seinen früheren Schriften behandelt hat.) Einer der weniger schönen Aspekte der Revolution in der DDR war die Art und Weise, mit der alle Verantwortung für das vergangene System dem kleinen Kreis alter Männer um Erich Honecker zugeschrieben wurde. Es ist natürlich einer der ältesten Tricks von Nachfolgern, alle Schuld den Vorgängern in die Schuhe zu schieben. Doch hier waren es nicht nur die Nachfolger, hier war eine breite Öffentlichkeit daran beteiligt. Und was sich hinter dieser öffentlichen Reaktion verbarg oder, psychologisch gesehen, durch sie verdrängt wurde, war das Ausmaß der gesamtgesellschaftlichen Verantwortung für das ehemalige System.

Die Geschehnisse von 1989 sollten einen Autor davor warnen, über die Zukunft schreiben zu wollen. Der aufmerksame Leser wird bemerken, daß meine Prognosen zu Polen und Ungarn aus dem Jahr 1988 stellenweise entschieden zu pessimistisch waren (wiewohl sich erst noch erweisen muß, ob die eher skeptische

Schlußfolgerung dieses Essays nicht doch gerechtfertigt war). Andererseits wurden die Analysen meiner Berichte aus Polen 1983 (S. 43 ff.) und der Tschechoslowakei 1984 (S. 60 ff.) durch die Entwicklungen von 1989 erfreulich pointiert.

Unter den unzähligen Fragen, die sich nun in größeren Zusammenhängen über die Zukunft dieser Region und die Zukunft der Menschen stellen, die in ihr leben, ist für mich persönlich jene am wichtigsten, die ich am Ende dieses Buches stelle. Es gab menschliche Qualitäten und Tugenden – um diesen altmodisch gewordenen Begriff hier zu gebrauchen –, die unter der politischen Widerwärtigkeit zum Blühen gekommen waren. Werden sie die Befreiung überleben können? Waren diese Qualitäten nur die »Früchte der Widerwärtigkeit«?

Die Anordnung der Essays, Skizzen und Berichte in diesem Buch ist chronologisch. Die Texte im ersten Teil des Buches wurden zuerst in der *New York Review of Books* veröffentlicht, im *Spectator, Granta*, der *New Republic*, oder im *Times Literary Supplement*. Sie wurden zwar überarbeitet, doch ich habe keinen Versuch unternommen, ihnen im Rückblick mein späteres Wissen hinzuzufügen oder die Frische des gerade Beobachteten zu nehmen. Sie sind sowohl Geschichten, wie hoffentlich auch ein Beitrag zur Geschichte: zur Zeitgeschichte oder zur »Geschichte der Gegenwart«. Einige Reflexionen über die Situation des Augenzeugen in der Geschichte sind im einführenden Kapitel des zweiten Buchteils zu finden, das zwar neu geschrieben wurde, jedoch an vielen Stellen auf bereits zuvor veröffentlichten Arbeiten in der *New York Review of Books* und im *Spectator* basiert.

Allen, die in diesen Redaktionen meine Arbeiten betreut haben, bin ich zutiefst dankbar. Besonders hervorheben möchte ich Robert Silvers von der *New York Review*, Bill Buford von *Granta* und Charles Moore vom *Spectator*. Das Kapitel »Skizzen aus einem anderen Deutschland« basiert teilweise auf Materialien aus meinem Buch »Und willst Du nicht mein Bruder sein ... Die DDR heute« (1981). Ich danke Rudolf Augstein für die Genehmigung, sie hier nochmals verwenden zu können. Michael Krüger und Eginhard Hora waren überaus verständnisvolle und anspornende Partner im Hanser Verlag. Wieviel ich Yvonne Badal als Übersetzerin, Redakteurin und Ratgeberin schulde, kann nicht genug betont werden.

Aber auch all jenen, die mich in Oxford und Berlin das Handwerk des Historikers gelehrt haben, vielen Bekannten, Kollegen und Freunden aus dem akademischen Leben, aus Journalismus, Diplomatie und Politik, will ich meinen Dank ausdrücken. Sie alle haben mir mit Informationen, Ratschlägen und kritischen Gedanken geholfen. Außerdem seien hier noch jene beiden Institutionen genannt, ohne deren Hilfe die erste, englische Ausgabe dieses Buches nicht möglich gewesen wäre: die Ford Foundation, und hier besonders ihr International Program Director, Enid Schoettle, und mein altes wie neues College St. Antony's in Oxford, vor allem sein Warden Ralf Dahrendorf, der mir großzügige intellektuelle wie organisatorische Unterstützung zukommen ließ. Meiner Familie verdanke ich immerwährenden Beistand und Ablenkung.

In größter Schuld aber stehe ich bei all den Menschen in Polen, in der Tschechoslowakei, Ungarn, Österreich und Deutschland (Ost wie West), die durchlebt und getan haben, worüber ich nur unzulänglich berichten konnte. Ihnen allen sei dieses Buch gewidmet.

Timothy Garton Ash — Oxford, April 1990

Erster Teil
Früchte der Widerwärtigkeit

Süß ist die Frucht der Widerwärtigkeit,
die, gleich der Kröte, häßlich und voll Gift,
ein köstlich Juwel im Haupte trägt.

William Shakespeare, Wie es euch gefällt,
2. Aufzug, 1. Szene

1 Skizzen aus einem anderen Deutschland

Diese Skizzen stammen aus einer Zeit, die man heute das letzte Jahrzehnt des Deutschlands hinter der Mauer nennen könnte.

Heimweh
(1988)

Heimweh ist ein Gefühl, das für gewöhnlich kaum jemanden mit der DDR verbindet. Doch hier in Oxford, beim Betrachten kurzer Fernsehspots aus Dresden und Ost-Berlin, fühle ich einen seltsamen Stich in der Herzgegend.

In den späten siebziger Jahren hatte ich ausgiebige Reisen durch die DDR unternommen, und dann, 1980, bekam ich die seltene Chance, als Doktorand aus Oxford für neun Monate in Ost-Berlin zu leben, um die Geschichte Berlins unter Hitler zu recherchieren. Die Humboldt-Universität besorgte mir ein Zimmer in einem schäbigen wilhelminischen Mietshaus am Prenzlauer Berg, einem alten Arbeiterviertel, das zu dieser Zeit schon das Milieu der Dichterklausen, der Schauspieler, Maler und Studenten war, aus dem auch der exilierte Liedermacher Stephan Krawczyk hervorging. Und die evangelische Kirche bot bereits Zuflucht für freie Meinungsäußerung und offene Diskussion. In einer Kirche, erinnere ich mich, hing eine fast chinesisch anmutende Wandzeitung, mit der vollständigen und genauen Aufzählung sämtlicher nuklearer Waffen der NATO und des Warschauer Pakts. Die Friedensbewegung war gerade im Entstehen.

Mein Zimmer hatte einen Balkon, dessen Absturz unmittelbar bevorzustehen schien, und eine riesige, dunkle Anrichte. Das zweite Zimmer dieser Wohnung wurde von einem angolanischen Tierpräparator bewohnt. Oder vielleicht sollte ich sagen, von *dem* angolanischen Tierpräparator. Die DDR sorgte nun für seine Fortbildung – eine sanfte Version der »brüderlichen Hilfe«. Aber vielleicht habe ich das alles auch nur falsch verstanden, denn der Tierpräparator sprach kein deutsches Wort. Und sein Englisch hatte auch gewisse Grenzen. »Good night!«, sagte er jeden Abend, bevor er sich in sein Bett zurückzog. »Good night!«, begrüßte er mich am Morgen, »Good night!« rief er mir fröhlich zu, falls wir uns mittags trafen.

Für einige Zeit arbeitete ich in der »Abteilung für spezielle Forschungsliteratur« in der ehemaligen Preußischen Staatsbibliothek Unter den Linden (heute die Deutsche Staatsbibliothek), vom Volksmund »der Giftschrank« getauft, weil dort all das verwahrt wird, was der Staat seinen gewöhnlichen lesenden Untertanen nicht zumuten möchte.

Die Abende verbrachte ich mit Freunden, im Kino oder im Theater – für gewöhnlich exzellent, bot es das zusätzlich prikkelnde Vergnügen, »zwischen den Zeilen« verborgene Anspielungen auf die Gegenwart zu entdecken. Ich aß ausgezeichnet in meiner Eckkneipe, wo ich immer neue Bekanntschaften schloß, weil Einzeltische unüblich sind. Sobald die *bona fides* des Ausländers erst einmal außer Zeifel stand, ergoß sich ein Strom von Vertraulichkeiten. Manchmal geriet es ziemlich komisch, die guten Absichten nachzuweisen. »Na gut, Sie behaupten also, daß Sie Historiker sind«, schnauzte ein junger Arbeiter. »Dann sagen Sie mir, wo wurde Karl Marx geboren?« Glücklicherweise wußte ich die Antwort. »Und wer war 1930 Führer der KPD?« Wieder richtig. »Hmm, und wer brachte Hitler an die Macht? Und« – er konnte sich nicht länger beherrschen – »nun sag bloß nicht die Scheiß-Monopolkapitalisten.«

Einmal ging ich mit einem polnischen Freund ins Ballhaus Berlin, einem Tanzsaal mit Tischtelefonen wie ehedem (oh, ihr Geister Isherwoods). Wir spähten nach ein paar hübschen Mädchen aus und wählten ihre Nummer. Doch dies war Ost-Berlin. Also funktionierte das Telefon nicht. Zurück in meiner frostigen Behausung stellte ich das Radio an, nur um schließlich den West-Berliner AFN zu empfangen, der die Ankunft von Joan Baez – jenseits der Mauer – ankündigte: »So come on folks. Saturday, March 22, *Joan Baez hits the Wall!*«

Unwirkliche Stadt. Am meisten aber begeisterten mich die Fahrten außerhalb Berlins. Anders als die akkreditierten Korrespondenten konnte ich frei in der DDR reisen, wohin ich auch wollte, ohne Überwachung: eine Möglichkeit, die ich bis an ihre Grenzen ausschöpfte. Nur wenige jüngere Menschen wissen, daß die DDR ein schönes Land ist. Oder vielleicht sollte ich besser sagen: nur wenige Menschen wissen, welch schönes Land die

DDR umgrenzt. Man könnte sogar von *den* schönen Ländern sprechen, denn die historischen Fürstentümer und Königreiche von Sachsen, Sachsen Anhalt, Thüringen, Brandenburg und Mecklenburg sind im Grunde verschiedene Länder geblieben. Überall in Osteuropa hat die relative Rückständigkeit des Sozialismus vieles bewahrt, was der Kapitalismus anderenorts zerstört hat. Ein guter Freund fuhr mich durch die Mark Brandenburg, mit Theodor Fontanes *Wanderungen* in der Hand, und es schien, als habe sich in hundert Jahren fast nichts verändert.

Mein Herz aber habe ich an Thüringen verloren, mit seinen lieblichen, bewaldeten Hügeln, seinen gotischen Kirchen und prachtvollen Städtchen. Vor allem an Weimar, das die große alte Dame der DDR-Literatur, Anna Seghers, unvergeßlich als *»der beste und der schlimmste Ort der deutschen Geschichte«* bezeichnet hat.

Der beste, natürlich wegen Goethe und Schiller, und vielleicht auch wegen des Weimars des Bauhaus und der Weimarer Republik. Der schlimmste, wegen Buchenwald, das sich noch immer oberhalb der Stadt verbirgt, auf eben jenem Hügel, wo Goethe sein *Wanderers Nachtlied* dichtete:

> Der du von dem Himmel bist,
> Alles Leid und Schmerzen stillest ...

Gleich nach Thüringen nimmt Sachsen den zweiten Platz in meinem Herzen ein, selbst wenn sich die sächsischen Könige in Polen zuweilen erbärmlich verhalten haben. Man kann kaum bittere Gefühle für eine Dynastie hegen, deren letzter Vertreter angeblich mit den unsterblichen Worten abtrat: »Na, Kinder, dann macht euch euren Dreck alleene«.

Doch im Herzen von Sachsen klafft eine Wunde. Dresden. Ich war dort, am 13. Februar, dem Jahrestag des Bombardements. »Sind Sie von drüben?« fragte eine Frau mittleren Alters. »Nein, ich bin Engländer«. »Ach, warum haben Sie es getan?« Nicht ein Moment des Zweifels, was »es« ist. Und ich empfand die Frage als gerechtfertigt. *Tu quoque* wäre keine Antwort.

In der restaurierten Kreuzkirche gab es eine würdige Andacht, und eine bewegende Aufführung von Dvořaks *Requiem* im Kulturpalast. Am Schluß standen die Zuhörer für eine Minute des Schweigens. Und genau zur Stunde des ersten Bombenabwurfs

1945 begannen die Glocken aller überlebenden Kirchen zu läuten: die Hofkirche sprach mit der Annenkirche, die Kreuzkirche zur Dreikönigskirche. Am beredtesten aber sprach die Frauenkirche – ein Grabhügel aus schweigendem Trümmergestein. Doch die Deutschen, die sich heute in der Kreuzkirche versammeln, sorgen sich mehr um die Lektionen heutiger Tage, um Frieden und Achtung der Menschenrechte in Ost wie West.

Am Ende meines Aufenthalts wurde ich von einem gewaltigen polnischen Strom fortgeschwemmt, Solidarność genannt. Kurze Zeit später schrieb ich für westdeutsche Leser ein kleines Buch über die DDR, in dem ich sie etwas unvorteilhaft mit Polen verglich. Einige meiner engsten Freunde in der DDR warfen mir vor, diese Vergleiche seien unfair. Vor kurzem las ich das Buch wieder. Ich glaube, sie hatten recht. In Europas Haus sind viele Wohnungen. Laßt jedes Volk nach seiner eigenen Façon selig werden.

Anstelle einer Dissertation über Berlin unter Hitler hatte ich also ein Buch über die DDR unter Honecker geschrieben. Damit konfrontiert – und auch noch mit einem Vorabdruck im *Spiegel* –, waren die DDR-Behörden verständlicherweise verschnupft. (Ich fürchte, mein Doktorvater in Oxford wird ähnliche Gefühle gehabt haben.) Sie riefen einen Diplomaten der britischen Botschaft zu sich und protestierten, daß dies ein Aufruf an die Arbeiter der DDR sei, dem polnischen Beispiel zu folgen. Diese interessante Rezension machte das Buch mit Sicherheit reif für den Giftschrank. Und setzte mich endgültig auf die schwarze Liste der unerwünschten Personen. Als ich einen Offizier am Berliner Grenzübergang S-Bahn Friedrichstraße um Erklärung für die Verweigerung meiner Einreise bat, antwortete er: »Eine Angabe von Gründen ist international nicht üblich.«

Carmen-Sylva-Straße
(1981)

Carmen-Sylva-Straße, ein Abend im Frühling. Melancholische Stuckgesichter stieren von den bröckelnden wilhelminischen Fassaden. Auf den Balkonen entlang der engen Straßenschlucht blüht Wäsche. Die Bewohner lehnen an den Balustraden, trinken ihr Bier aus Flaschen und werfen träge kleine Boshaftigkeiten von Geländer zu Geländer. Auf dem Kopfsteinpflaster spielen Kinder. Ein zerlumpter, unrasierter alter Mann stochert sich von einem Häufchen Abfall zum nächsten. Irgendwo krächzt ein Grammophon Tanzrhythmen.

Nach acht, wenn die Haustüren verschlossen sind, beginnt der Chorus der Dämmerung. Junge Männer pfeifen von der Straße nach ihren Mädchen auf den Balkonen. Aus der Eckkneipe tönt trunkenes Gelächter, schwillt zum gelegentlichen Spektakel an. Die ganze Nachbarschaft ist da: der Schriftsteller, der Sportler, der Soldat, der Maurer, ein alter Herr im schäbigen Westen-Anzug mit Fliege, eine schnurrbärtige Frau, mindestens siebzig. »Junge Frau«, spricht die Kellnerin sie an.

Später, gegen elf, noch ein letztes »Halleluja«, ein kaum hörbares »Scheiße« aus einer Gruppe junger Leute, die über das Pflaster stolpern. Ein Rumpeln der letzten S-Bahn. Ihre Lichter fliegen für einen Augenblick am Ende der Straße vorbei. Dann Stille, völlige, umhüllende Stille, bis zum Brauereiwagen um sechs am nächsten Morgen.

Ich beschreibe eine Nacht im Jahre 1980. Und doch scheint hier seit 1930 nichts verändert. Um in diesem Teil Ost-Berlins anzukommen, muß man sich auf die Reise durch eine Radierung von Grosz, in eine Geschichte von Isherwood begeben. Dies hier ist Berlin: das Berlin, das man im Westen vergeblich sucht. Doch der Schein trügt.

Zuerst einmal haben sich die Namen verändert. Die Carmen-Sylva-Straße heißt heute Erich-Weinert-Straße, nach einem zweitklassigen, aber kommunistischen Dichter. Wenn es Morgen wird, sieht man auch die Hunderte von Kabeln, kreuz und quer über die Fassaden gespannt, über die Stuckgesichter, wie Falten des Alters: Antennenkabel zum Empfang der westlichen Sender. Auch der alte Mann ist kein Landstreicher, der nach Eßbarem stöbert, sondern ein Rentner auf der Suche nach leeren Flaschen. Er verkauft sie dem Staat für zwanzig bis dreißig Pfennige in einem kleinen Laden direkt unter meinem Balkon und bessert damit seine Rente auf. Und heutzutage schimpfen die Arbeiter in der Kneipe über ihre »Prämien« und den Betrag, der ihnen für etwas, das sie »Soli« nennen, abgezogen wird: »Solidaritätsspende«, für Vietnam oder Angola.

Im November 1932, bei den letzten freien Wahlen vor Hitlers Machtergreifung, stimmte dieses zähe Arbeiterviertel mit überwältigender Mehrheit für die Kommunisten. Unter den Nazis war hier ein Zentrum des kommunistischen Widerstands. Noch nach vierzehntägigem SA-Terror, als Folge des Reichstagsbrands, gaben mehr als 44000 Bürger in der Stadtverordnetenwahl vom 12. März 1933 den Kommunisten ihre Stimme.

Heute hebt sich dieses Viertel durch seine Weigerung, kommunistisch zu wählen, hervor. Laut offiziellen Angaben wurden bei den Kommunalwahlen vom 20. Mai 1979 ganze 5000 Stimmenthaltungen gezählt, und 679 Stimmen gegen die Kandidaten der »Nationalen Front« (die die Kandidaten einer Anzahl von Marionettenparteien und der herrschenden Sozialistischen Einheitspartei einbezieht). Um diese Zahlen richtig werten zu können, sollte man wissen, daß der Stimmenanteil für die Nationale Front in der gesamten DDR mit 99,83 %, bei einer Wahlbeteiligung von 98,28 % angegeben wurde. In einem Wahllokal der DDR findet sich der Bürger vor einer Kommission von zwei bis drei Beamten ein, zeigt seinen Ausweis und nimmt sich einen Stimmzettel. Um für die Nationale Front zu stimmen, wirft er seinen Stimmzettel einmal gefaltet und unmarkiert in die Wahlurne. Möchte er seine Wahl aber anders treffen, muß er, quer durch den ganzen Raum, in eine Kabine gehen, neben der ein Vopo sitzt. Kaum hat er den ersten Schritt in diese Richtung getan, schon wird sein Name notiert. Ein Wähler unabhängiger Gesinnung beschrieb die wenigen Schritte bis zur Wahlkabine als »den längsten Gang meines Lebens«. Die Konsequenzen können bis zur Zurückstufung am Arbeitsplatz oder zur Exmatrikulation bei Studenten führen.

»Niemals in der deutschen Geschichte«, erklärte der Sohn des ersten Präsidenten der Weimarer Republik, Friedrich Ebert, während einer Wahlversammlung in Ost-Berlin, »sind Volksvertreter demokratischer gewählt worden.«

An einem kalten Januarabend besuchte ich meine Stadtbezirksabgeordneten, die rangniedrigsten Volksvertreter, in dem kargen, ungeheizten Hinterzimmer ihres Klubs der Nationalen Front. Ob sie gewählt wurden, fragte ich.

»Ja, natürlich.«

»Von einer großen Mehrheit?«

»Sehr groß.«

»Und sind Sie alle von verschiedenen Parteien?«

»Nein, zufällig sind wir von der gleichen Partei.« Der Sozialistischen Einheitspartei.

Sie sprachen eine Menge vom Plan, von dem sie mir eine Kopie gaben. Der »Volkswirtschaftsplan des Stadtbezirks Berlin-Prenzlauer Berg« ist eine Miniaturausgabe der zentralen Zahlenplanung, wie sie in den frühen dreißiger Jahren in der Sowjetunion eingeführt worden war: »Die Buchbestände in den Bibliotheken müssen von 350000 auf 450000 Bände erhöht werden. Die Zahl der Entleihungen ist auf 108,2 % zu steigern.« Nicht die Menschen sollen ermutigt werden, mehr Bücher aus den öffentlichen Bibliotheken auszuleihen, »die Zahl der Entleihungen ist auf 108,2 % zu steigern«. Ich stellte mir den Bibliothekar am Jahresende vor, wenn er feststellt, daß er nur 105 % erreichen konnte. »Verzeihung die Dame, haben Sie die Werke Schillers schon gelesen? Siebzig Bände – ich werde sie in Ihrem Namen vormerken.«

Mit dem sozialistischen Wettbewerb »Verschönerung unserer Hauptstadt Berlin: Mach mit« endet der Plan. Eine Ahnung von »Mach mit« bekam ich, als in meinem Hausflur ein Aushang die nächste »Mach-mit-Aktion« ankündigte. Beseitigung des Winterabfalls um elf Uhr am folgenden Samstag. Pünktlich war ich zur Stelle. Eine Viertelstunde ging vorbei. Eine halbe Stunde. Kinder linsten neugierig von der Straße durch die zerbrochenen Scheiben der Haustür. Niemand machte mit. Der Wintermatsch, alte Kippen, Kaugummipapiere, alles blieb liegen wie zuvor.

Hier, am Prenzlauer Berg, sah ich mit eigenen Augen, was ein begabter Beobachter einst die »Konterrevolution der Realität« genannt hat. Die DDR ist eindeutig ein totalitärer Staat, wo sie *bestrebt* ist, jeden wachen Moment ihrer Bürger zu beherrschen und zu dirigieren. Die Vorstellung von »Freizeit« ist jedem Möchtegern-Totalitarismus suspekt. »Im Sozialismus ist der für den Kapitalismus typische Gegensatz zwischen Arbeit und Freizeit aufgehoben«, erklärt das offizielle *Kleine Politische Wörterbuch*. Und weiter, »die Freizeit muß von allen Mitgliedern der sozialistischen Gesellschaft sinnvoll und effektiv genutzt werden«. Der Mobilisierung der Bevölkerung werden daher auch große Energien gewidmet. Schulkinder werden für »Tätigkeiten im produktiven Bereich« »gewonnen«. Jugendliche werden »überzeugt«, an Wehrkampfsport-Veranstaltungen teilzunehmen. Millionen rücken zur Mai-Parade aus. Soweit mobilisiert das Regime durchaus erfolgreich die Körper seiner Bürger. Doch nicht einmal die DDR ist noch imstande, ihre Herzen und Gedanken zu mobilisieren – wie es ihr zweifellos in den frühen Jahren des Aufbaus, nach dem Elend der Kriegszerstörungen, gelungen war.

Mir scheinen die DDR-Bürger am weitaus erfinderischsten zu sein, wenn es darum geht, sich von der kollektiven politischen Bühne in ihre eigenen apolitischen Nischen zurückziehen zu können. Doch die Kluft zwischen dem öffentlichen und dem privaten Ich, der offiziellen und der inoffiziellen Sprache, zwischen äußerlicher Konformität und innerem Dissens – kurz, das Doppelleben – ist ein Phänomen aller Ostblockländer. Der Wechsel von einer Person zur anderen vollzieht sich wie von selbst, auch schon bei Vierzehnjährigen. Dieses Doppelleben bedarf natürlich auch einer Doppelmoral: öffentlich applaudiere ich staatlichen Entscheidungen, die ich im privaten Bereich niemals billigen würde.

Der typische, wahrhaft unpolitische DDR-Bürger ist jener, der jährlich an den Demonstrationen teilnimmt, seine kleine Fahne am Nationaltag hißt und zur Wahl geht. Paradoxerweise sind es gerade die politisch bewußten Menschen, die den Wahlen fern bleiben. So basiert auch der bemerkenswerte Anteil von Stimmenthaltungen in meinem Viertel, Prenzlauer Berg, auf einer langen Tradition des Protests und gewiß auch auf einem ungebrochenen Stolz der Arbeiterklasse: »Wat, ick soll zu diese Posse jehn?«, so ein Bauarbeiter. Hier flackert noch ein letzter Schimmer von jenem altmodischen Ideal, nach dem das öffentliche Verhalten des Bürgers in realer Relation zu seinen privaten Überzeugungen stehen sollte. Hier, in dieser verkehrten Welt, sind es die Nichtwähler, auf die es ankommt.

Vor fünfzig Jahren wählte die Carmen-Sylva-Straße aus Protest die Kommunisten; heute stimmt die Erich-Weinert-Straße aus Protest gegen sie. Vor fünfzig Jahren hatten ihre Bewohner kaum Geld, um etwas zu kaufen; heute gibt es kaum etwas zu kaufen. Vor fünfzig Jahren demonstrierten sie am 1. Mai ihre Solidarität mit den Arbeitslosen, die von der unmenschlichen kapitalistischen Wirtschaft geschaffen wurden. Heute versuchen sie, sich von den obligatorischen Mai-Demonstrationen der »Soli« in die Welt der privaten Vergnügungen, in ihre Schrebergärten oder Autos zurückzuziehen. Vor fünfzig Jahren lebten sie in quälender Unsicherheit; heute leben sie in quälender Sicherheit.

Innere Emigration
(1984)

Buchenwald blickt auf Weimar. Der Rauch aus den Verbrennungsöfen des Konzentrationslagers zog über das kulturelle Leben im Weimar der Kriegszeit hinweg, über das klassische Theater, die Dichterlesungen und die Kammerkonzerte. Die Weimarer Frage – wie war diese Barbarei im Herzen eines zivilisierten Landes möglich? – ist *die* Frage der jüngeren deutschen Geschichte. Weshalb hatte Deutschlands kultiviertes Bürgertum versagt, das sogenannte Bildungsbürgertum, weshalb hat es den Nazismus weder verhindert noch ihm widerstanden? Wie war es möglich, daß Kommandanten der Vernichtungslager Bach lauschten, bevor sie wieder die Arbeit in den Gaskammern überwachten? Können wir noch glauben, daß Humanismus humanisiert?

Im Mai 1945, in einer Rede über »Deutschland und die Deutschen« vor amerikanischem Auditorium, suchte Thomas Mann eine Antwort auf die, wie er es nannte, »melancholische Geschichte« der deutschen Innerlichkeit: von Luther bis Goethe seien deutsche Intellektuelle durch den »deutschen Bildungsbegriff« daran gehindert worden, das »politische Element« in sich aufzunehmen und »Politik« mit dem »ideellen und geistigen Bestandteil des sittlichen und menschenanständigen Teils ihrer Natur« zu verbinden. Das »Mißverhältnis von äußerem und innerem Freiheitsbegriff« prägte ihre fehlgeleitete Vorstellung, daß die innere, geistige Freiheit der Kultur von der äußeren, politischen Freiheit getrennt werden könne. In ihrer »musikalisch-deutschen Innerlichkeit und Unweltlichkeit« hatten sie die wesentlichen, äußeren und im weitesten Sinne »politischen« Obligationen wahrer Humanität mißachtet – das vollkommen »Menschheitliche«. Es sei dieses schicksalhafte Vermächtnis gewesen, das – weit über alle Vorstellungskraft hinaus vereinfacht und verhärtet – eine der fortgeschrittensten »zivilisierten« Nationen dieser Welt zum Einverständnis mit dem »Barbarischen« führen konnte.

Manns These hat mit dem Abrutsch ins Klischee den Preis ihres Einflusses bezahlt, auch wenn sie durch George Steiner und andere fortgesetzt und weiterentwickelt wurde. Es bleibt eine klassische These.

Als ich in die DDR kam, um dort unter anderem den geistigen Widerstand gegen den Nazismus zu erforschen, interessierte es mich vor allem, ob die besondere deutsche kulturelle Tradition – diese bewußte Kultivierung innerer Vergeistigung und diese kulturelle Abstinenz vom politischen Leben – unter der heutigen DDR-Intelligenz überlebt hat. Immerhin sind auch sie von einer deutschen Diktatur herausgefordert, wenn auch keiner, die die Extreme der Nazi-Unmenschlichkeit anstrebt. (Buchenwald wurde noch einige Jahre von den Sowjets als Internierungslager genutzt. Doch heute ist es ein wohlorganisiertes, wenn auch tendenziös gestaltetes Museum). Wie mir schien, ist diese Tradition noch sehr lebendig.

Viele unter den gebildeten Deutschen, die ich am besten kennengelernt habe, leben in einer klassischen »inneren Emigration«. Sie nähren sich von deutscher Musik (dieser mysteriösesten, zweideutigsten, neutralsten unter den Künsten – jene Kunst, die Mann für seinen Dr. Faustus gewählt hat), von europäischer Malerei, Dichtung und Bildhauerei. Sie lieben Ernst Barlach und verehren seine rätselhaften Skulpturen, Produkte seiner eigenen inneren Emigration im Dritten Reich. Sie übertönen den Ruf der Parolen mit der Musik Bachs. Doch auch wenn sie den Staat so weit wie möglich ignorieren, so zollen sie in den Universitäten oder am Arbeitsplatz dennoch den gebotenen Tribut an die äußere Konformität. Falls aufgefordert, werden sie in der Öffentlichkeit Dinge sagen und beschwören, die sie insgeheim verabscheuen.

Innere Emigration ist die intellektuelle Art des Doppellebens. Natürlich ist dieses Phänomen in allen unfreien Gesellschaften Europas zu finden. Doch es scheint mir, als werde es mehr und intensiver im unfreien Teil Deutschlands praktiziert als in Ungarn, Polen oder in der Tschechoslowakei. Vielleicht läßt sich dies mit jener besonderen deutschen Errungenschaft, der Innerlichkeit, erklären. Ein beträchtlicher Anteil der DDR-Literatur reflektiert und nährt diese »Wendung nach Innen«. Und tatsächlich ist diese Art der Literatur in den letzten zehn Jahren stark angewachsen, nachdem viele Schriftsteller an dem Versuch verzweifelt waren, ihre Gesellschaft zu verändern, indem sie über sie schrieben.

»Wir haben alle viel verloren«, beginnt ein bewegendes Gedicht von Eva Strittmater: »täusch dich nicht: auch ich und du. /

Weltoffen wurden wir geboren. / Jetzt halten wir die Türen zu / vor dem und jenem.«

Interessant ist, daß die melancholische Individualistin Eva Strittmater vom offiziellen literarischen Establishment der DDR nicht nur publiziert, sondern sogar hochgelobt wird, obwohl ihre Prämissen alles andere als »sozialistisch« sind. Das ausdrückliche politische Engagement für den »Sozialistischen Realismus« wird offenbar nicht mehr eingefordert. Vor fünfundzwanzig Jahren (auf der Bitterfeld-Konferenz) befahl die Partei ihren Schriftstellern, über das Leben der Arbeiter zu schreiben. Heute ist sie ziemlich erleichtert, wenn sie es nicht tun. Die neue Literatur der Innerlichkeit, ohne Bedrohung für den Staat, ist eine akzeptable Alternative zu einer Literatur, die sich *kritisch* mit den äußeren Realitäten des Lebens in der DDR auseinandersetzt. Davon will die Partei nichts mehr wissen.

Im Dezember 1972 hatte der neue Parteivorsitzende Erich Honecker erklärt, daß es keine Tabus in den Bereichen Kunst und Literatur geben dürfe, was Fragen des Inhalts ebenso wie des Stils betreffe. Jüngere DDR-Schriftsteller nahmen ihn beim Wort und begannen offen über ihre eigenen Erfahrungen zu schreiben: auch Menschen in kommunistischen Ländern seien imstande, Verbrechen zu begehen, unglücklich zu sein, ihre Frauen zu schlagen, westliche Musik zu genießen. All dies beschrieben sie und gestanden es zum ersten Mal ein – wenn auch indirekt, wenn auch in kleinen Auflagen, doch immerhin. Älteren Autoren wie Reiner Kunze und Stefan Heym wurde die Veröffentlichung von Arbeiten gestattet, die bisher in den Schubladen liegen bleiben mußten oder nur im Westen veröffentlicht werden konnten. Jüngere Schriftsteller wie Volker Braun und Jurek Becker betraten die Szene wie von selbst. Es gab die gleiche »Explosion« neuen Schreibens wie in Polen. Was zwei junge polnische Kritiker in einem 1974 veröffentlichten Buch »die unbeschriebene Welt« genannt hatten, wurde jetzt zumindest beschrieben.

Das Ende dieses literarischen Frühlings ist sehr genau zu datieren. Am 16. November 1976 wurde dem Liedermacher Wolf Biermann während eines Konzerts im Westen die Staatsbürgerschaft der DDR aberkannt. Zwölf führende Schriftsteller schrieben einen offenen Protestbrief an die DDR-Führungsspitze. Wenigstens hundert weitere unterzeichneten ihn. Das Honecker-Regime reagierte bösartig. Jeder der Unterzeichner wurde auf die eine oder andere Weise bestraft. Christa Wolf, die vielleicht beste Schriftstellerin des Landes, wurde aus dem Berliner Schriftstellerverband ausgeschlossen. Ab dann wurden die Schriftsteller, die während des kurzen Frühlings ohne »Tabus« ermutigt, gepriesen und veröffentlicht worden waren, entmutigt, denunziert und für Veröffentlichungen gesperrt. Sie erfuhren am eigenen Leib, was man in Westdeutschland Berufsverbot nannte – aber, anders als in der Bundesrepublik, ein totales Berufsverbot. Denn in der DDR hat der Staat das Monopol auf das gedruckte Wort.

Nun schieden sich die Wege der Schriftsteller in der DDR und in Polen. In Polen reagierten die besten, kritischsten und tapfersten auf den offiziellen Bann mit einer klaren Herausforderung an das Staatsmonopol und publizierten im *Samizdat*. Während der nächsten vier Jahre entwickelten sie eine vollständige Gegenkultur, mit unabhängigen Verlagen, rivalisierenden Verlagshäusern und literarischen Zeitschriften wie *Zapis* und *Puls*. In der DDR aber wanderten die Schriftsteller aus. Sie emigrierten nach innen, wie Eva Strittmater, oder nach außen, in den Westen. Unter den Prominenten, die für immer gingen, waren die Dichter Reiner Kunze und Sarah Kirsch, der Bühnenautor Thomas Brasch und der Prosaschriftsteller Hans Joachim Schädlich. Kunze (der durch seine tschechische Frau außerordentlich vom Prager Frühling beeinflußt war) verließ das Land besonders widerstrebend und erst, nachdem offiziell sanktionierte Belästigungen sein Leben unerträglich gemacht hatten. Ein hochrangiger Funktionär hatte ihm bedeutet, er würde »nicht überleben«, was man für ihn in petto halte. Ende der siebziger Jahre wurde das Honecker-Regime wieder etwas nachgiebiger. Sie hatten den Schaden erkannt, den sie ihrer internationalen Reputation zugefügt hatten, und erlaubten Autoren wie Jurek Becker, Klaus Schlesinger und dem besonders populären Günter Kunert, im Westen zu leben, ohne die Staatsangehörigkeit der DDR aufgeben zu müssen.

Wie schon andere literarische Umsiedler zuvor, produzierten die DDR-Schriftsteller, die nun im Westen lebten, eine besondere Art von Literatur. Ich nenne sie die Literaturschule der »Eule der Minerva«. Wie die Eule der Minerva im Flug in die Dämmerung, so machen sie im Flug aus dem System ihre Abrechnung mit ihm. Aus dieser Generation existiert nichts, was auch nur annähernd vergleichbar wäre mit der Bedeutung und Tiefgründigkeit eines

Deutschen Tagebuchs von Alfred Kantorowicz, oder Czesław Miłosz' *Verführtes Denken*, zwei großartige Beispiele der Eule-der-Minerva-Literatur aus den fünfziger Jahren. Dennoch gehören die Eule-der-Minerva-Bücher aus den siebziger Jahren zum besten, was die deutschsprachige Literatur in den vergangenen zehn Jahren aufzubieten hatte. Darunter Reiner Kunze, ein Beispiel für die höchste Qualität deutscher Literatur aus der DDR. Seine Sprache ist von außergewöhnlicher Reinheit, in scharfem (und bewußtem) Kontrast zur verschnörkelten und schwülstigen Staatssprache. Seine kurzen Prosastücke sind das geschriebene Äquivalent zu Zeichnungen von Grosz oder Hockney, ohne einen einzigen überflüssigen Strich. Wort-Zeichnungen. Seine Themen sind von evidenter Bedeutung – die systematische Korruption der Jugend in den Schulen der DDR, die Herabsetzung tschechischer Schriftsteller zu »Unpersonen«. Seine moralische Eindeutigkeit hätte selbst den Apostel Paulus zufriedengestellt.

Doch seit er 1977 in den Westen kam, hörte Kunzes Werk auf, zu seinen Lesern in der DDR zu sprechen. Und was für Kunze gilt, gilt mehr noch für seine mit- oder halb-Exilierten. Weshalb?

Natürlich gibt es schlicht praktische Schwierigkeiten. Ihre Bücher sind in Buchläden der DDR nicht mehr zu erhalten, und westdeutsche Ausgaben müssen eingeschmuggelt werden. Dennoch, verglichen mit polnischen, tschechischen oder ungarischen Schriftstellern im Exil, ist die Lage der (ost)-deutschen Autoren im (halb)-Exil technisch gesehen wesentlich besser. Ihnen stehen alle Möglichkeiten des westdeutschen Fernsehens und Radios zur Verfügung, um ihr Volk im Osten zu erreichen. Um ihre Arbeiten reißen sich die westlichen Verleger, und Tausende Westdeutscher kaufen ihre Bücher, um sie dann an ihre Freunde oder Verwandte jenseits der Grenze weiterzugeben.

Die Erklärung muß also tiefer liegen. Mag dies auch ein trügerischer, spekulativer Grund sein, so glaube ich doch, künstlerisch betrachtet, daß ihnen die Herausforderung eines repressiven Systems fehlt. Christa Wolf, die in Ost-Berlin geblieben ist, hörte man im privaten Kreis sagen, daß sie bezweifle, ob sie ohne die konstante Reibung, der ein Schriftsteller im Kommunismus ausgesetzt ist, leben könne. Paradoxerweise kann Zensur ein Schriftstellerleben ebenso leichter wie schwieriger machen. Die ganze Energie des Schriftstellers konzentriert sich auf ein Ziel, anstatt sich an die vielen zu verlieren, die in einer offenen Gesellschaft nach Aufmerksamkeit schreien. Er muß sein ganzes Talent aufbieten, um seine Botschaften an den literarischen Grenzpatrouillen vorbeizuschmuggeln, unter dem Deckmantel der Fabel oder im doppelten Boden des allegorischen Gepäcks. Diese Einschränkungen können, wie die Einschränkungen durch traditionelle Stile – durch das Sonett oder die Ballade –, von künstlerischem Vorteil sein. Und schon allein die Tatsache, daß es ihm geglückt ist, seine Botschaften am Zensor vorbeizuschmuggeln, sichert ihm den Applaus der Leser.

Dann, plötzlich, kann er alles über alles schreiben. Er erfährt den »Schock der kulturellen Freiheit«. Auch diese Erfahrung machen natürlich nicht nur die Schriftsteller aus der DDR. Man denke an die Verwirrung so manches polnischen Schriftstellers um 1981 herum. Aber durch ein starkes, tatsächlich fast übermächtiges Verständnis ihrer traditionellen Rolle als moralische und politische Mentoren der Nation bleiben polnische Schriftsteller im Exil von diesem Schock zumeist verschont. Die großen romantischen Dichter Polens lebten im Exil, und doch wurden sie die »geistige Regierung« genannt. In der deutschen Literatur gibt es, trotz Heine, keine vergleichbare Tradition. Ja, es gibt die Beispiele der deutschen Emigrationsliteratur im Dritten Reich: Thomas Manns berühmtes »Wo ich bin ist Deutschland«. Doch wer diesen Vergleich zieht, muß auch die Unterschiede sehen.

Mann bemerkte einmal, daß die Nazizeit eine »moralisch gute Zeit« gewesen sei. Ich nehme an, er wollte damit sagen, daß die moralische Wahl zu jener Zeit absolut eindeutig – Schwarz war Schwarz und Weiß war Weiß – und die moralische Pflicht des Schriftstellers einfach zu erkennen war. Die Gegenwart ist keine (in Manns ironischem Sinne) »moralisch gute Zeit« in Deutschland. Die Wahl ist nicht eindeutig, und die politische und moralische Aufgabe des Schriftstellers ist weit davon entfernt, einfach zu sein. Brecht schrieb über die »finsteren Zeiten«, in denen »ein Gespräch über Bäume fast ein Verbrechen ist / weil es ein Schweigen über so viele Untaten einschließt«.

Doch sind die »Untaten« des Honecker-Regimes wirklich so, daß sie einer konzertierten künstlerischen Aktion der exilierten Schriftsteller bedürften? Viele meiner Freunde in der DDR würden darauf mit Nein antworten. Tatsächlich würden sie lieber ein Gespräch über Bäume führen.

Das amerikanische Exil von Mann und Brecht war gleichzeitig

total und temporär. Sie waren deutsche Schriftsteller, auf einen anderen Kontinent verschlagen, in eine fremde Kultur, die darauf warteten, nach Hause zurückkehren zu können. Sie hatten weder die Perspektive noch den Vorsatz, amerikanische Schriftsteller zu werden. Das Exil von Kunze oder Kirsch ist halb und permanent zugleich. Es bestehen kaum Aussichten für sie, je »nach Hause« zurückkehren zu dürfen. Und doch sind sie noch immer in Deutschland, deutsche Schriftsteller, die unter deutschen Lesern leben. Czesław Miłosz oder Milan Kundera können keine »westpolnischen« oder »west-tschechoslowakischen« Schriftsteller werden – diese Begriffe sind bedeutungslos –, aber ostdeutsche Schriftsteller können hoffen, westdeutsche Schriftsteller zu werden.

Bedauerlicherweise scheinen die meisten von ihnen jetzt in einer besonderen Art der Vorhölle zu leben – sie sprechen nicht mehr zur lesenden Öffentlichkeit in der DDR, sie sprechen aber auch noch nicht zu den Westdeutschen. Im Osten konnten sie nichts veröffentlichen und hatten doch alles, worüber zu schreiben es sich lohnte. Im Westen können sie alles veröffentlichen und finden doch nichts, worüber zu schreiben ihnen lohnend erscheint. Keiner von ihnen spricht mehr zum eigenen Volk, so wie Mann und Miłosz aus dem kalifornischen Exil immer wieder zu ihren Völkern sprachen. Wenn wir »das Richtige« mit rein künstlerischen Kriterien messen, dann sind es Autoren wie Christa Wolf und der große alte Fuchs der DDR-Literatur, Stefan Heym, die die »richtige« Entscheidung getroffen haben – weiter im Osten zu leben, aber im Westen (wenn notwendig) zu veröffentlichen. (Doch unsere Kriterien für »das Richtige« sind nicht allein künstlerischer Natur.) Hier soll nicht das vereinfachende Argument bekräftigt werden, daß Repression gute Literatur hervorbringt. Doch bisher war zu beobachten, daß dieses seltsame deutsche Halb-Exil einige der besten Schriftsteller Deutschlands offenbar eher gelähmt als inspiriert hat.

Dr. Faust in Schwerin
(1981)

In Schwerin hat es den Anschein, als seien die Herzöge von Mecklenburg gerade erst abgereist. Das großherzogliche Schloß aus der Mitte des 19. Jahrhunderts ist in »meinem Windsor-

Castle-Stil«, wie es der Architekt beschrieben hat, auf einer Insel gebaut. Mit seinen ziegelroten Türmchen und Spitzen erinnert es jedoch eher an ein viktorianisches Sanatorium. Aber die herrliche Seenkette um das Schloß herum, die prächtige und unverfälschte Gotik des Doms am anderen Ufer, die organische Einheit der alten Stadt verleihen dem Gesamtbild eine altertümliche Würde. Die Stadt ist wundervoll erhalten, so, als seien die Uhren lange vor der »Stunde der Befreiung« im Mai 1945 stehengeblieben. Hier war eines der frühesten Zentren des deutschen Christentums und Sitz der Herren von Mecklenburg, seit sie das Wasserschloß von den heidnischen Wenden im 12. Jahrhundert erobert hatten. Nur die rote Fahne auf den Zinnen erinnert heute daran, daß Schwerin nicht mehr die Hauptstadt eines freien Staates ist.

Inmitten der verblichenen Pracht des Staatstheaters, überladen mit vergoldeten und rosafarbenen Stuckbüsten, wird Goethes *Faust* gegeben. Der Regisseur verspricht eine »revolutionäre« Inszenierung. Am Ende der Aufführung, so das Programm, wird Faust zur Inkarnation des bourgeoisen Arbeitgebers geworden sein. Und Mephistopheles verkörpert die »teuflische« Lebensweise der Bourgeoisie. Goethe »konnte sich natürlich nicht bewußt sein«, daß diese bürgerlich-kapitalistische Sozialordnung nur die Vorbedingung für eine »dritte Phase« der »wahrhaft frei und universell entwickelten Individuen« gewesen sei. Der absurd herablassende Inhalt dieser Anmerkung bereitet mich auf das Schlimmste vor. Es kommt. Da gibt es der Reihe nach vier verschiedene Fausts. Der letzte schließlich gerät zur aufgeblasenen Parodie eines Kapitalisten, mit riesiger Zigarre, goldener Uhrkette und Spitzbauch: Faust als Citizen Kane.

Er donnert seinen Text ins Publikum, doch selbst ihm gelingt es nicht, Goethes großartiges Motto für einen freien Menschen in einem unfreien Staat gänzlich zu verstümmeln: »Ja! Diesem Sinne bin ich ganz ergeben, / Das ist der Weisheit letzter Schluß: / Nur der verdient sich Freiheit wie das Leben, / Der täglich sie erobern muß!«

Später werde ich mit Freunden aus Berlin eingeladen, bei Dr. Faust Nummer eins zu übernachten, eine imposante Erscheinung selbst dann noch, als er die schwarze Robe mit Jeans vertauscht hatte. Er erzählt interessant und nicht ohne Kritik von der Inszenierung. Doch als wir aufbrechen, flüstert jemand: »Seid vorsichtig! Faust arbeitet für den Stasi.«

Als wir durch die verlassenen Straßen gehen, bemerke ich Fausts zwanghafte Eigenart, jeden Satz mit »Pardon« oder »Entschuldige« zu beginnen. »Entschuldige«, als er uns allen große Martinis einschenkt, sich selbst aber ein kleines Bier, »ich kann euch nur den Fußboden zum Schlaf anbieten.« Die Mansardenwohnung ist gemütlich, die Kerzen brennen, die Gläser sind gefüllt. »Nicht viel zu tun im Moment?«, wendet er sich an meinen Freund, seinerseits Schauspieler. »Entschuldige, ich nehme an, du denkst daran, im Westen Arbeit zu finden?« Als mein Freund zurückhaltend bleibt, wendet sich Dr. Faust an mich. »Und du bist von der ausländischen Presse?«

»Entschuldigung«, sagt er. Wir reden, bis der Hahn kräht.

Am nächsten Tag kehren wir nach Berlin zurück. Dr. Faust hat eine funkelnagelneue Dreizimmer-Wohnung (Staatseigentum, natürlich), was ein außergewöhnlicher Luxus für einen Junggesellen seines Alters ist. Und wesentlich wertvoller als dreißig Silberstücke.

»Das ist unser Alltag«, erklärt mein Freund, »wären wir nicht gewarnt worden, hätten wir über Flucht in den Westen gesprochen.«

Dies war eine schöne Gelegenheit, um, wie es das Theaterprogramm empfahl, das klassisch humanistische Menschenbild mit dem zeitgenössischen zu vergleichen, in dieser glorreichen »dritten Phase« der wahrhaft frei und universell entwickelten Individuen, die Goethe – armer, rückständiger, unaufgeklärter Goethe – sich niemals hätte vorstellen können.

In der DDR mag Mephistopheles noch immer für den Teufel arbeiten. Dr. Faust aber arbeitet für den Stasi.

Bibliotheken eines entschwundenen Staates
(1984)

$\frac{\text{P}}{\text{Voulez-vous}}$ à $\frac{6}{100}$ (voulez-vous souper à Sanssouci) schrieb Friedrich der Große an Voltaire, der pfiffig darauf antwortete »G a« (j'ai grand appetit). Dort würde dieser Puzzle-Poetaster, dieser König und selbsternannte »Philosoph von Sanssouci« Voltaire in schlechtem Französisch mit den neuesten Erwerbungen seiner königlichen Bibliothek erfreuen. Doch unklugerweise setzte er auch noch die Dichtung höchst eigener Gnaden der Kritik aus. »Seht«, sprach Voltaire, »welche Mengen seiner schmutzigen Wäsche der König mir zu waschen schickt.« Es konnte nicht von Dauer sein. Voltaire bekam einen kühlen Abschied und einen Band königlicher Dichtung. In Frankfurt wurde er von preußischen Geheimpolizisten festgenommen, für 12 Tage (so berichtet uns Macaulay) in einem abgewrackten Hotelzimmer eingesperrt und schließlich auch den kostbaren Band wieder los.

So ging es zu im alten Preußen. Aber so ging es auch der Kurfürstlichen Bibliothek, 1661 gegründet, der Königlichen Staatsbibliothek von 1701 und der Preußischen Staatsbibliothek von 1918: was der Staat mit der einen Hand gegeben, nimmt er mit der anderen wieder fort. Was unter staatlicher Schirmherrschaft geschaffen, wird mit staatlicher Politik wieder zerstört. Zerstört, wie die Preußische Staatsbibliothek – geteilt, wie Deutschland selbst, zwischen Ost und West.

In Ost-Berlin steht die ursprüngliche Bibliothek, wie sie vor 1914 war. Ein riesiges Quadrat aus grauem Sandstein, mit pompösen historizistischen Details, von Hitler in *Mein Kampf* als beispielhaft für jene Architektur hervorgehoben, die er bewunderte. Heute wird die gehobene Aufmerksamkeit des Besuchers auf Lenin gelenkt: *Wladimir Iljitsch Lenin in Berlin und als Leser der Königlichen Bibliothek, der heutigen Staatsbibliothek* – ein ergreifendes historisches Ereignis, broschiert in der Garderobe zu erwerben: greift zu, solange der Vorrat reicht! Lenin in der Hand geht man an einem mürrischen Portier vorbei (Ausweis bitte), die blankpolierten Steintreppen hinauf, durch einen Korridor in ockerfarbenem Ölanstrich, wo es nach billigem Desinfektionsmittel riecht, und erreicht endlich den Katalograum.

Die Staatsbibliothek Preußischer Kulturbesitz in West-Berlin ist ein großes, glänzendes, ultramodernes Gebäude, von Hans Scharoun als Schwester der nahen Philharmonie entworfen. Wie bei der Philharmonie, so ist auch die äußere Form der Bibliothek als »organischer« Ausdruck ihrer inneren Funktion gedacht. Rigoros und aufrührerisch asymmetrisch, als sei es bewußte Opposition zur öden Symmetrie des Ost-Berliner Gegenstücks, enthüllt das Innere eine ansteigende Flucht großer, lichter, weiträumiger Säle, durchgängig mit Velour bespannt, die Wände *béton brut*. In den Lesesälen sind die Bücher sorgfältig in kleinen Gruppen angeordnet, als solle der Blick des Studierenden nicht daran gehindert werden, in den Gesichtern all der schönen Menschen von Abteilung Ostasien bis Osteuropa lesen zu können. Falls man des Lesens aber müde wird, kann man sich Bücher ausleihen oder kopieren lassen, ganz nach Belieben, oder sie als Gesprächsaufhänger in der eleganten Kantine mit ihrer fabelhaften Aussicht auf die Mauer nutzen.

Im puritanischen Osten gibt es derartige Ablenkungen nicht. Und der Puritanismus erstreckt sich bis auf die Auswahl der Bücher. Geht man die Karteikarten durch, so stolpert man vielleicht sogar über *»Bahro, Rudolf, ›Die Alternative: Zur Kritik des real existierenden Sozialismus‹*, oder über *»Stone, Norman, »The Eastern Front«*. Doch neben der Signatur des letzteren heißt es »W«, neben Bahro »ASF«. »W« bedeutet »wissenschaftliche Benutzung«, was in der Praxis heißt: ausschließlich für wissenschaftliche Forschungszwecke. Und »ASF«? Die »Abteilung für spezielle Forschungsliteratur« ist ein diskreter, kleiner Leseraum, der all das enthält, was dem Staat besonders »gefährlich« erscheint. Der »Giftschrank« also. Nur ganz besonders vertrauenswürdigen Personen oder bereits vergifteten ausländischen Besuchern wird der Zugang gewährt. In Glasvitrinen stehen der komplette *Völkische Beobachter* neben gebundenen Ausgaben von Spiegel und Stern, Bahros *Alternative* einträchtig neben Hitlers *Mein Kampf*, und John Tolands Hitlerbiographie neben Stefan Heyms Novelle über den Stalinismus in der DDR.

Als ich mich dort für meine Dissertation an grauen Winternachmittagen bedrückt Seite um Seite durch Nazizeitungen arbeitete, saß nur ein kommunistischer Professor aus Indien am Nebentisch, einsam in den letzten Ausgaben der *Times* blätternd (Gift!). Manchmal gesellte sich ein höherer Offizier des Wachregiments »Feliks Dzierzynski« zu uns – dem Wachregiment des Ministeriums für Staatssicherheit. Konzentriert las er stapelweise hochglänzende westliche Militärzeitschriften, Farbmagazine und Waffenbroschüren. Hin und wieder leckte er sich die Lippen, die Knie fest aneinandergepreßt, wie ein in die Jahre gekommener Bankangestellter im Pornoladen. Als ich dieses Jahr in die Bibliothek zurückkehrte, nun als ausgewiesener Journalist, fragte ich einen der höheren Bibliotheksangestellten, welchem Zweck die »ASF«-Klassifizierung diene. »Nun, ich gebe Ihnen ein Beispiel«, sagte er, »erst kürzlich erhielten wir ein Buch über sexuelle Perversionen. Und die Herausgeber haben selbst darum ersucht, dieses Buch nicht generell zugänglich zu machen. Für solche Sachen ist die ›ASF‹ ...«

Die Kataloge in West-Berlin enthalten keine derartigen heimlichen Abartigkeiten. Bis vor kurzem enthielten sie allerdings auch nicht einmal ihre eigenen Bestände. Bei einer dieser nervenzermürbenden Absurditäten, wie der Berliner Ausleihprozedur, mußten die Bibliothekare ihre Kollegen in Ost-Berlin anrufen, um die Signatur des Bandes aus ihrem eigenen West-Berliner Bestand zu erfahren – die alten Kataloge waren auch im alten Gebäude verblieben. Mittlerweile hat West-Berlin die Rekatalogisierung der ausgelagerten Bände beendet, und der gesamte alte alphabetische Katalog – bis 1974 – wird bald auf Mikrofilm verfügbar sein.

Was ging all dem voraus? Als 1940 die britischen Bombenangriffe auf Berlin begannen, entschied die Preußische Staatsbibliothek, ihre wertvollsten Bestände zu evakuieren und in sicheren Plätzen überall im Reich auszulagern. Bei Ende des Krieges existierten 29 Evakuierungsstellen, von denen sich nun sechs auf westlich besetztem Territorium, dreiundzwanzig aber auf östlichem befanden. Etwa 1,7 Millionen Bände »fanden ihren Weg nach West-Berlin«, wie es die Bibliotheksbroschüre formuliert – und ein Bild von lauter Flüchtlingen vor der Roten Armee heraufbeschwört: erschöpfte alte Baedecker in zerlumpten roten Gewändern, wie sie sich über die Hügel des Harz schleppen; die Brüder Grimm, wie sie ihren Nachlaß in einem Karren hinter sich herziehen; der vornehme von Wilamowitz-Moellendorff, mit nichts als seinen Appendizes ... irgendwie fanden sie ihren Weg, durch Marburg und Tübingen, bis zu Hans Scharouns Gebäude im Tiergarten, kaum einen Kilometer von ihrer alten Heimstätte Unter den Linden entfernt. Und hier, jedenfalls für den Moment, scheinen ihre Wanderjahre ein Ende gefunden zu haben.

Ost-Berlin möchte sie zurückhaben. Unbeeindruckt von den 6,5 oder mehr Millionen Bänden, die in Berlin geblieben waren oder aus östlichen Evakuierungsstellen zurückgebracht wurden, reklamiert die »Deutsche Staatsbibliothek« die 1,7 Millionen Flüchtlinge als ihre Bürger, widerrechtlich von West-Berlin zurückgehalten. Ihre eigene anachronistische Bezeichnung »Deutsche Staatsbibliothek« unterstreicht diesen Anspruch (denn wo ist denn der deutsche Staat?). Ihre Anwälte berufen sich auf eine UN-Resolution, die besagt, daß verschlepptes Kulturgut an seinen Vorkriegsstandort zurückgeführt werden soll. Die westlichen Anwälte parieren, daß Deutschland nicht gegen Deutschland gekämpft habe und somit diese Resolution nicht anwendbar sei. Statt dessen werden die umstrittenen Bücher in Verwahrung gehalten, ebenso wie alle ehemaligen »preußischen Besitztümer« durch die »Stiftung Preußischer Kulturbesitz« in West-Berlin. Von daher auch die mindestens ebenso anachronistische Bezeichnung »Staatsbibliothek Preußischer Kulturbesitz«. Wenn Deutschland wiedervereinigt ist, dann werden auch die Bestände wiedervereinigt sein.

Bis dahin leben sie in friedlicher Koexistenz. West-Berlin hat die Gutenberg-Bibel, die prächtige Sammlung orientalischer Manuskripte und, nicht ohne Ironie, einen großen Bestand an osteuropäischer Literatur. Ost-Berlin hat ein Fragment der ersten Lateinischen Bibel, den Churfürstlichen Atlas und eine große Anzahl allgemeiner Bücher und Nachschlagewerke aus der Vorkriegszeit. West-Berlin konnte viele seiner Lücken durch antiquarische Ankäufe oder Faksimile-Bände füllen und ist vorzüglich mit Nachschlagewerken aus der Nachkriegszeit bestückt. Damit liegt Ost-Berlin ziemlich zurück, denn der Staat kann sich die nötige harte Währung zum Ankauf nicht leisten (wie Friedrich der Große gibt auch Honecker zuviel für seine Armee aus). Doch Ost-Berlin kann seine einstigen Schätze im auswärtigen Leihverkehr borgen und gibt sie, ungeachtet seiner Rechtsansprüche, gewissenhaft zurück. West-Berlin gilt als Zentrum der ISBN-Aufstellung – einschließlich der für die DDR. Die rivalisierenden Ansprüche sind zwar unüberbrückbar, aber Leben und Forschung müssen weitergehen. Also haben sich Preußens Erben wenigstens auf einen Modus vivendi geeinigt.

Es gibt jedoch noch eine weitere Verflechtung in dieser mitteleuropäischen Familiengeschichte. Sie betrifft eine der wertvollsten Auslagerungen der Evakuierungszeit – 505 Kisten mit etwa einem Viertel aller bekannten Urschriften der gesamten Musik Mozarts, mit der Partitur von Beethovens Neunter Symphonie, den Schriften Alexander von Humboldts, der Varnhagen-Sammlung und vieles mehr. 1945 war bekannt, daß diese Kisten in einem Benediktiner-Kloster im oberschlesischen Grüssau gelagert waren. Dann verschwanden sie. Drei Jahrzehnte lang jagten Wissenschaftler kreuz und quer durch Mitteleuropa nach ihnen. (Die Geschichte dieser Jagd wurde spannend in Nigel Lewis'

Paperchase beschrieben). Dann, in den frühen siebziger Jahren, sickerten erste Andeutungen über dieses letzte Geheimnis der Bibliothek durch. Die unbezahlbaren Bestände waren 1945 allem Anschein nach von der vorrückenden polnischen Armee aus dem deutschen Kloster fortgebracht worden – und die Polen hielten ihren Fund gut vor der Welt versteckt. Warum?

»Immerhin«, so Dr. Bernard Vesper, Generaldirektor der West-Berliner Staatsbibliothek, »wenn sie 1945 gesagt hätten, ›wir nehmen es uns als Wiedergutmachung für die schrecklichen Greuel, die ihr Polen angetan habt‹, hätte kein aufrechter Mensch protestieren können«. (Eine Bemerkung, die man in Ost-Berlin nicht hören könnte – wo der Verwalter der Staatsbibliothek sich weigerte, überhaupt über dieses Thema zu sprechen). Dr. Vesper vermutet, daß die Polen ihren Fund nicht so sehr vor dem Westen als vor der Sowjetunion geheimhalten wollten – so, wie es ihnen auch sonst zur Gewohnheit wurde, nach den besten »Reparationen« selbst zu schnappen.

Was auch immer der Grund gewesen sein mag, jedenfalls war es erst 1977, als die Polnische Presse Agentur mit der ihr eigenen Aufrichtigkeit ankündigte, daß »die systematische und gewissenhafte Suche kürzlich von Erfolg gekrönt wurde«. Im Mai des Jahres flog Edward Gierek nach Ost-Berlin, um einen Freundschaftsvertrag zu unterzeichen. Er brachte sieben Partituren aus der »kürzlich entdeckten« Sammlung mit, darunter *Die Zauberflöte* und Beethovens *Neunte*. »Alle Menschen werden Brüder«, war die Schlagzeile im *Neuen Deutschland*, als Gierek diese Meisterwerke des sozialistischen Humanismus »zurückgab«. Die Bibliothekare Unter den Linden vermaßen den Platz für den restlichen Schatz. Doch sie warten noch immer. Vielleicht hielten (halten?) die Polen ihn zum Austausch gegen polnische Nationalschätze zurück. Vielleicht liegt es aber auch nur an der dramatischen Verschlechterung der Beziehungen zwischen Polen und der DDR seit dem Entstehen von Solidarność. Jedenfalls steht der Rest aus den 505 Kisten mittlerweile den Lesern der Jagiellonischen Bibliothek in Krakau zur Verfügung, zur Freude auch vieler westlicher Wissenschaftler und zum stillen Zorn der Ost-Berliner Bibliothekare. Die Bundesrepublik hat Polen formell von ihrem Anspruch und Interesse an diesen preußischen Relikten in Kenntnis gesetzt. Jetzt könnte Polen die preußischen Erben gut gegeneinander ausspielen. Alle Menschen werden Brüder, fürwahr.

2 Der Papst in Polen

Dies ist eine analytische Reportage aus dem Jahr 1983 über den Papstbesuch in Polen, seinem zweiten.

Tschenstochau

Sie pilgerten von überall aus Polen in stillen Märschen durch die Nacht hierher. Jetzt sammeln sie sich auf der Wiese vor den ziegelroten Festungswällen des Klosters Jasna Góra. Zwischen den religiösen Insignien auf den flatternden Fahnen über ihren Köpfen ist überall das unverkennbare rote Buchstabengewirr von Solidarność zu sehen. Und nicht nur der Name der verbotenen Bewegung, sondern eine ganze Ansammlung von Variationen zum Thema: das T des päpstlichen Mottos *Totus Tuus* bildet die polnische Fahne; »Ihr unterstützt die Studenten von Gdańsk« (»Studenten« in der Kalligraphie von Solidarność geschrieben); »Wir grüßen die Verteidiger der Menschenrechte«. Dies ist ein Treffen der Jugend aus der Solidarność-Generation, doch nirgendwo ist jene lockere, festliche Fröhlichkeit zu spüren, wie sie vor vier Jahren geherrscht hatte. Die Gesichter im kalten Wind sind angespannt und voller nervöser Erwartung.

Plötzlich ist er bei ihnen, hoch oben auf dem riesigen weiß-goldenen Podium, das vor den Klosterzinnen errichtet wurde. Minutenlang ertränken sie ihn in Wogen des Applauses. Wieder und wieder, einmal aus dieser und einmal aus jener Ecke, kommen ihre rhythmischen Rufe: »Lang lebe der Papst, lang lebe der Papst«; »Der Papst ist bei uns, der Papst ist bei uns«. Politische Schlachtrufe, keine religiösen Gesänge, Rhythmen, wie sie schon am ersten Abend des Besuchs zu hören waren, als Zehntausende von der Warschauer Kathedrale am Hauptsitz der Kommunistischen Partei vorbeimarschierten und riefen »So-li-dar-ność, So-li-dar-ność«, »Lech-Wa-łę-sa, Lech-Wa-łę-sa«, *»De-mo-kra-cja, De-mo-kra-cja«,* »Un-ab-hän-gig-keit, Un-ab-hän-gig-keit …«

Endlich dringt seine Stimme durch die Lautsprecher: »Ich möchte Euch fragen, ob eine gewisse Person, die heute aus Rom zu Euch gekommen ist, zu Euch sprechen darf«. »Nur zu, nur zu«, rufen sie. Und dann, »näher zu uns, näher zu uns« ... »Hört Ihr mich?« antwortet er in den Tumult hinein. »Ich komme näher«. Und die weiße Figur kommt ihnen auf den roten Treppen entgegen. Ein Mönch mit einem Mikrophon in der Hand stolpert dem Papst hinterher. »Danke, Danke«, brüllt die Menge. Und dann: »Stuhl für den Papst, Stuhl für den Papst«. Noch ein Mönch stolpert die Treppen hinunter. Als der Papst stehenbleibt, ist er noch immer fünfzig Meter vom nächststehenden Pilger entfernt. Doch mit dieser einzigen theatralischen Geste ist er ihnen nähergekommen. Zum ersten Mal während dieses Besuches hat er, wie schon vor vier Jahren, jenen magischen, spontanen Kontakt mit der unüberschaubaren Menge hergestellt. Er spricht zu ihnen. Sie sprechen zu ihm.

Und dann ist die Menge auf einmal ehrfurchtsvoll still, eine halbe Million Menschen lauscht mit einer solchen Aufmerksamkeit, daß man das Klicken eines Rosenkranzes hören könnte. Er hält eine große, schlichte und moralische Predigt, keine politische Rede. Er predigt Liebe, die »größer als all die Erfahrungen und Enttäuschungen ist, die das Leben für uns bereithalten kann«. Er zeigt ihnen, daß er ihre Enttäuschungen kennt und teilt, ohne daß er das Kriegsrecht direkt ansprechen muß. Er sagt ihnen, sie müßten mit der Reformation ihrer selbst beginnen, die jeder sozialen oder politischen Reform vorangehen muß; auf ihr Gewissen hören; »Gut und Böse beim Namen nennen«. »Es liegt an Euch«, sagt er, »eine feste Barriere gegen die Demoralisierung aufzurichten.« Dann, und erst dann erwähnt er zum ersten Mal das Wort *Solidarność*. Er läßt es leise in die schweigende Menge einsickern. Nicht über Solidarität, die verbotene Bewegung, spricht er, sondern über »die grundlegende Solidarität zwischen Menschen«.

Natürlich folgt sofort stürmischer Applaus. Aber es ist nicht mehr das heftige Tosen wie noch vor einer Stunde. Es klingt freundlicher, erwachsener. »Es wäre schwierig«, fährt er fort, »all die Ängste hier aufzuzählen, die jene und ihre Familien umgeben, die interniert, gefangen und von ihren Arbeitsplätzen entlassen wurden. Ihr kennt sie besser als ich. Ich erhalte nur sporadische Nachrichten darüber...« Schließlich, als richte er sich direkt an die Ikone der Schwarzen Madonna im Kloster hinter ihm, appelliert er, »Mutter von Jasna Góra, Du, die Du uns durch die Vorsehung zur Verteidigung der polnischen Nation gegeben wurdest, nimm diesen Ruf der polnischen Jugend gemeinsam mit der polnischen Hoffnung an, und hilf uns, *die Hoffnung zu bewahren*«.

Während er langsam vom Podium schreitet, nach links und rechts winkend, schicken sie ihm noch eine letzte emotionale Botschaft: »Bleib bei uns, bleib bei uns, bleib bei uns ...«

Am späteren Abend demonstriert eine kleinere Solidarność-Gruppe in der Stadtmitte, doch die riesige Menge hat sich friedlich zerstreut. Er hat die Katharsis vollbracht, hat Sturmböen in Hymnen verwandelt. Doch vielleicht hat er ihnen auch einen »Ausweg« gewiesen, einen Ausweg aus Umständen, aus denen viele keinen Ausweg mehr zu erkennen glaubten.

Krakau

»Bleib bei uns, bleib bei uns«, rufen auch hier die unüberschaubaren, freundlichen Massen in stürmischer Liebe. Und jede einzelne Geste des Papstes wirkt, als wolle er sagen: wenn ich nur könnte, wenn ich nur könnte. Das Flugzeug, das sich vergangenen Donnerstagnachmittag über die Wiesen seines geliebten Krakaus erhob, brachte einen sehr heimwehgeplagten Mann nach Rom zurück. Aber es ließ eine Gesellschaft im festen Glauben daran zurück, daß diese zweite große Pilgerreise des Karol Wojtyła in sein Heimatland, von der er engen Freunden gegenüber zuvor als der schwierigsten seiner Reisen (Nicaragua eingeschlossen) gesprochen hatte, ein Triumph gewesen war.

Die Berichte der westlichen Presse haben bewiesen, daß seine Aussagen ausländischen Zeitungslesern nicht vermittelbar sind. Es ist unmöglich, denn er spricht zu den Polen in einer Sprache aus historischen, literarischen, philosophischen und mariologischen Symbolen und Anspielungen, die alle ein ganzes Kapitel an Erklärungen erfordern würden. Es ist unmöglich, weil so vieles von jener Theatralik des Vortrags abhängt, die John Gielgud einmal »perfekt« nannte. Es ist unmöglich, denn die Poesie ist es, die in einer Übersetzung verlorengeht.

Aber versuchen wir das Unmögliche. Beginnen wir mit dem, was der Papst nicht gesagt hat. In scharfem Kontrast zu seinem letzten Besuch sagte er nichts über eines der Leitmotive seines

Pontifikats: über die Zukunft der Kirchen in Osteuropa und die besondere Mission des slawischen Papstes, die Einheit des christlichen Europas vom Atlantik bis zum Ural einzufordern. Das war die große Konzession des Vatikans an Moskau. Andererseits aber hat er der sowjetischen Presse auch keine Geschenke gemacht, obwohl er viel zum Thema Frieden gesagt hat. In seiner einzigen Stellungnahme zur atomaren Abrüstung erinnerte er an ein Memorandum der Päpstlichen Akademie der Wissenschaften über die Folgen eines Atomkriegs, das sowohl an die Sowjetunion wie an die Vereinigten Staaten geschickt worden war. Alles in allem aber predigte er diesmal als Pole den Polen über Polen.

Was er dem polnischen Volk vor allem mitteilte, war, wie sehr er ihre Enttäuschungen und Leiden durch das Kriegsrecht teilt. Er zeigte es ihnen durch sein gebeugtes Haupt und seine schwermütige Miene von dem Augenblick an, an dem er die Rollbahn des Warschauer Flughafens betrat. »Er ist traurig«, sagte die alte Frau neben mir. »Sehen Sie, er versteht«. Er zeigte es ihnen in seiner ersten Predigt in der St. Johannes-Kathedrale in Warschau: »Gemeinsam mit all meinen Landsleuten – besonders mit denen, die die Bitternis der Enttäuschung am schlimmsten erleiden müssen, die erniedrigt werden, die leiden, die ihrer Freiheit beraubt sind, die verleumdet werden, deren Würde mit Füßen getreten wird – stehe ich unter dem Kreuze Christi ...« Und er zeigte es ihnen, als er vom »Primas des Millennium« sprach, von Kardinal Stefan Wyszyński: »Göttliche Vorsehung ersparte ihm die schmerzlichen Vorkommnisse, die mit dem Datum des 13. Dezember 1981 verbunden sind.« Zehntausende, die sich in den Straßen der Altstadt um die Kathedrale herum versammelt hatten, applaudierten. Bislang haben die Zensoren diesen Satz überall gestrichen, selbst in der nur wenig verbreiteten katholischen Presse. Aber jeder hat ihn gehört.

Sein großes Thema aber war der Sieg. Diese politische Niederlage, rief er sie auf, müsse in einen moralischen Sieg verwandelt werden. Ein Sieg, der auch ein innerlich-geistiger sein müsse: »Der Mensch ist zum Sieg über sich selbst aufgerufen«, zum Sieg des Martyriums, zum Sieg des Kreuzes. »Es sind die Heiligen und die Geschlagenen«, erklärte er in Krakau, »die uns den Weg zu jenem Ziel zeigen, das Gott durch die Menschheitsgeschichte geebnet hat.« Wie der Einzelne, so sei auch die Nation dazu aufgerufen, den moralischen Sieg zu erringen.

Dieser moralische Sieg sei jedoch nicht einfach durch Erduldung des Leids im Glauben zu erlangen. Nein, er erfordere das »Leben in Wahrheit«. »Er bedeutet«, erklärte er in Jasna Góra, »daß ich den Versuch unternehme, eine Person mit Gewissen zu sein ... Ich nenne Gut und Böse beim Namen ...« »Er bedeutet: liebe deinen Nachbarn; er bedeutet: grundlegende Solidarität zwischen den Menschen.« Er bedeutet, gegen »Demoralisierung« anzukämpfen – gegen sinkende wie aufstrebende Moral. Unermüdlich wiederholte er das Wort *Erneuerung (odnowa)* aus dem kommunistischen Wörterbuch und nutzte es, um die Imperative der »moralischen und sozialen Erneuerung« zu predigen. Die Nation müsse von der Wahrheit Zeugnis ablegen, wie im August 1980, »jenes Zeugnis, das die ganze Welt in Erstaunen versetzte, als der polnische Arbeiter sich für seine eigenen Rechte erhob, mit dem Evangelium in der Hand und einem Gebet auf seinen Lippen«. Auch heute dürften die Polen nicht müde werden, sich für die grundlegenden Menschen- und Bürgerrechte zu erheben.

Und dann sagte er ihnen präzise und mit einer Klarheit, die seine Zuhörer begeisterte und die Regierung in Schrecken versetzte, welches diese Rechte sind. Erstens habe Polen ein Recht auf Unabhängigkeit, auf nationale Souveränität, auf »seinen berechtigten Platz unter den Nationen Europas zwischen Ost und West«, wie er es in einer Rede an General Jaruzelski im Belvedere Palast formulierte, die, anders als die meisten seiner Predigten, landesweit vom Fernsehen übertragen wurde. Am Ende der Massenkundgebungen im Freien intonierte er jene bewegende Hymne, die schon lange zur zweiten, inoffiziellen Nationalhymne geworden ist. Die Originalversion von »Gott, der Polen beschützt ...« endet mit »*Gib uns*, oh Herr, ein freies Vaterland *zurück*«. Die kommunistischen Behörden hatten versucht, diese Version, die mit Polens Unabhängigkeit 1918 eingeführt wurde, wieder zu verändern: »*Segne*, oh Herr, unser freies Vaterland« – implizierend, die Volksrepublik Polen sei tatsächlich ein freies Vaterland. Aber die riesige Kongregation des Papstes zögerte keinen Augenblick. Sie sangen die Originalversion. Und während der wichtigsten Messe dieser Pilgerfahrt zitierte der Papst nochmals diese Version: »Ja. Hier in Jasna Góra sind auch die Hoffnung unserer Nation und die Bestrebungen nach Unabhängigkeit bewahrt ... ›Gib uns, oh Herr, ein freies Vaterland zurück‹«.

In Kattowitz, der Industriehauptstadt Oberschlesiens, sprach er vor einem Publikum, das durch sein Temperament, strömenden Regen und strikte Kirchendisziplin äußerst schwerfällig wirkte. Er zählte die spezifischen Rechte der Arbeiter auf: »das Recht auf gerechte Löhne«, »das Recht auf Sicherheit«, »das Recht auf einen arbeitsfreien Tag« (hier wurde der arbeitsfreie Sonntag nur durch einen langen Kampf im Bergbau erreicht). »Verbunden mit den Rechten der Arbeiter ist die Frage der Gewerkschaften«, und das Recht aller Berufsgruppen, auch der Landarbeiter und der Büroangestellten, Gewerkschaften zu gründen, als »Sprachrohr für den Kampf um soziale Gerechtigkeit«. Er zitierte aus einer Rede von Kardinal Wyszyński (die sich damals vor allem an die bäuerliche Solidarność richtete) »ein Menschenrecht auf freie Vereinigung«. »Der Staat gibt uns dieses Recht nicht, er hat nur die Verpflichtung, es zu beschützen und zu wahren. Dieses Recht ist uns vom Schöpfer gegeben, der den Menschen als soziales Wesen erschaffen hat. »In diesem Geist«, fuhr der Papst fort, »sprach ich auch im Januar 1981 während einer Audienz zu einer Delegation der Solidarność« – selbst von den schwerfälligen Schlesiern kamen Hoch-Rufe bei dieser ersten (und einzigen) Erwähnung der verbotenen Bewegung, »die begleitet war« – sie stießen sich an und flüsterten »Lech Wałęsa« – »von Repräsentanten der polnischen Regierung für ständige Arbeitsbeziehungen mit dem Heiligen Stuhl«. Dieser Konflikt, so schloß er, könne nur »durch einen aufrichtigen Dialog zwischen Staat und Gesellschaft« gelöst werden.

Um diesen Dialog wiederbeleben zu können, müßten die Polen jedoch lernen zu vergeben. Vergebung solle sie von den »Fesseln des Hasses« befreien, »denn Haß ist eine zerstörerische Kraft, und wir dürfen weder zerstören noch es uns gestatten, selbst zerstört zu werden«. »Vergebung ist die Kraft der Liebe, Vergebung ist nicht Schwäche. Zu vergeben bedeutet nicht, sich von Wahrheit und Gerechtigkeit zu verabschieden.«

So lautet, zusammengefaßt, die päpstliche Botschaft an das polnische Volk. An die polnische Regierung richtete er kaum weniger klare Worte. Er sagte Jaruzelski im Belvedere, daß der Anfang einer »sozialen Erneuerung« die »sozialen Übereinkommen« sein müßten, die die Streiks im Sommer 1980 beendet hatten – und Solidarność hervorbrachten. Die Regierung und die Gesellschaft müßten »Mittel für einen Dialog« finden, »die wirklich effektiv sind«. In seiner Ansprache an mehr als eine Million Menschen auf der windigen Höhe des Warschauer Fußballstadions forderte er »ein System, in dem die fundamentalen Rechte des Menschen respektiert werden«. Er fuhr fort: »Ein derartiges System kann gleichermaßen auf einem Sieg der Regierten wie auf einem Sieg der Regierenden begründet sein. Dieser Status kann nur durch Dialog und Vereinbarungen erreicht werden, die die einzige Möglichkeit für die Nation sind, jene *Gesamtheit der Zivilrechte* und der sozialen Strukturen zu erlangen, die den gerechten Forderungen nach ihnen entsprechen und in der Lage sind, den Konsens in sich zu bergen, den der Staat braucht, wenn er diese Rolle ausfüllen will. Durch diesen Konsens zeigt die Nation ihre wirkliche Souveränität.«

In Jasna Góra kehrte er zum Thema der Souveränität zurück: »Der Staat ist wahrhaftig souverän, wenn er die Gesellschaft *regiert* und im gleichen Maße den gemeinsamen Werten der Gesellschaft *dient* und es der Nation ermöglicht, ihre eigene Subjektivität (*podmiotowość*), ihre eigene Identität zu erfahren.« Später wandte er sich nochmals an die Ikone der Schwarzen Madonna im Kloster hinter ihm: »Königin von Polen, ich möchte Dich auch mit der schwierigen Aufgabe jener betrauen, die auf polnischem Boden Autorität ausüben ... Der Staat erwirbt seine Stärke vor allem durch die Unterstützung des Volkes.« Zusammengefaßt hieß seine Botschaft an die Regierung: Ihr werdet nicht müde, eure Souveränität zu proklamieren – na schön, dann benehmt euch auch wie eine souveräne Macht.

Sein drittes Publikum war die polnische Kirche selbst. Diese Kirche ist heute spirituell, institutionell und politisch stärker als zu irgendeiner anderen Zeit nach dem Krieg. Sie ist die einzige Institution in Polen, die durch das Entstehen der Solidarność und das Kriegsrecht gestärkt wurde. Seit dem 13. Dezember 1981 haben in ihr viele zerstörte Hoffnungen, Idealismus und die Energien der Solidarność Schutz gesucht. Letzte Untersuchungen ergaben, daß der Anteil der Kirchgänger seither von bereits hohen 60 bis 65 Prozent auf erstaunliche 90 bis 95 Prozent gestiegen ist, besonders in den Arbeitervierteln. Die Buttons und Fahnen, die überall zu sehen waren, trugen das päpstliche Motto *Totus Tuus*, aber auch Slogans wie »in Solidarität mit dem Papst« oder *juventus semper fidelis*, alle symbolisch in roter Solidarność-Kalligraphie geschrieben. Die Jaruzelski-Regierung ist daher auch weit mehr auf die Kooperation mit den Kirchen angewiesen und hat mehr Konzessionen gemacht, um sie zu gewinnen, als alle ihre Vorgänger. Niemals zuvor wurden der Kirche so viel Übertragungszeit im Radio und Fernsehen gewährt (ein Recht, daß ihr durch die Arbeiter im Sommer 1980 erkämpft wurde), so viele Zeitungen, Seminare, Schulen und neue Kirchengebäude gestattet. Allein in der Krakauer Diözese werden gerade zweihundert Kirchen gebaut.

Es geht soweit, daß die Kirche Angst vor ihrer eigenen Stärke bekommen hat – und unter der ungewissen Führung von Kardinal Józef Glemp gespalten darauf reagierte, wie diese Stärke einzusetzen sei. Wie weit sollte sie auf höchster Ebene mit der Regierung kooperieren? Wie weit sollte sie verfolgten Arbeitern und Solidarność-Aktivisten auf unterster Ebene helfen? Eine Kirche im Warschauer Arbeiterbezirk Zolibórz (einst eine sozialistische Hochburg) besitzt einen berühmten Solidarność-Altar. In Krakau instruierte der Bischof einen Vikar, seinen Solidarność-Altar abzubauen und die Bildungsseminare für Arbeiter, die in der Sakristei abgehalten wurden, zu beenden. Gemeindepfarrer sparten nicht mit offener Kritik am Primas.

Einer der wichtigsten Gründe dieser Pilgerfahrt des Papstes war, der polnischen Kirche Instruktionen zu erteilen. Höflich ignorierte er den plumpen Primas Glemp, indem er ganz einfach als Papst-Primas sprach. Seine Rede an das Episkopat, von den Medien großenteils gar nicht wahrgenommen, könnte sich eines Tages als die bedeutendste erweisen. Besonders lobend hob er darin die Kommuniqués der Plenumssitzung des Episkopats hervor, die die Rechte der Gesellschaft und die Bedingungen für einen Dialog ausführlich aufgezählt haben: »Es scheint mir, daß die Kommuniqués des Episkopats auf die Notwendigkeit reagiert haben, die Wahrheit auszusprechen, was ein großes Bedürfnis in der Gesellschaft widerspiegelt. Wahrheit ist die erste und fundamentale Bedingung für soziale Erneuerung. Ohne sie kann man nicht von einem gesellschaftlichen Dialog sprechen, den das Episkopat zu Recht fordert und den mit Sicherheit die Gesellschaft erwartet.« Es ist notwendig«, fuhr er fort, »jeden Bürger zu verteidigen, jedes Leben zu beschützen, jede der Verletzungen zu verhüten, die vor allem jungen und schwachen Organisationen im Falle von Schlägen drohen« – eine bemerkenswerte Anspielung auf den Fall eines Warschauer Schuljungen, der nach polizeilichen Verhören gestorben war. Schließlich, »die christliche Doktrin der Arbeit erfordert sowohl die Solidarität der Arbeiter untereinander als auch die Notwendigkeit aufrichtiger Solidarität mit den Arbeitern«.

Was auch immer die unmittelbaren politischen Auswirkungen des Papstbesuchs sein mögen – immense Wirkung zeigt er bereits dann, wenn Tausende Priester überall in Polen nach den Richtlinien, die er für die kommenden Jahre gesetzt hat, predigen und handeln werden. In der polnischen Kirche gibt es den gleichen »multiplizierenden Effekt« wie im westlichen Wirtschaftssystem.

Inzwischen hat sich die Regierung insgesamt zufrieden mit dem Besuch ausgedrückt, da er den Prozeß der »Normalisierung« angeblich sowohl illustriert wie vereinfacht habe. Gewährsleute der Regierung verbreiten, daß am 22. Juli, dem kommunistischen Jahrestag, das Kriegsrecht aufgehoben werden könnte, das bisher ja nur »ausgesetzt« ist. Im Gegensatz zu 1979 hat die Regierung diesmal eine große Staatsangelegenheit aus dem Besuch gemacht. Sie umgab den Papst mit Polizeiketten und Sicherheitsleuten und verärgerte und verstörte die Polen damit: »Als ob *wir* ihn erschießen wollten«, beschwerten sie sich, als er in seinem schußsicheren Schneewittchensarg davongefahren wurde. Die Regierung versuchte die Anwesenheit von etwa 2000 westlichen Journalisten zu nutzen, um ihre politische Lage darzustellen. Vorhersehbar schwenkten die Fernsehkameras schnell zurück auf das Belvedere-Treffen mit General Jaruzelski, als sich die Wiese vor Jasna Góra in einen Wald von Händen verwandelte, die das V für Victory deuteten, und als eine halbe Million Stimmen sangen, »Gib uns, oh Herr, ein freies Vaterland zurück«.

Wie so vieles in Polen ist auch die Lage des Jaruzelski-Regimes paradox: Es ist außergewöhnlich stark und schwach. Seine Stärke entspringt der simplen Tatsache, daß es das Monopol auf physische Gewalt besitzt. Und es hat gezeigt, daß es bereit ist, sie wieder und wieder einzusetzen. (General Jaruzelski ist der erste polnische Parteiführer seit 1956, der polnische Arbeiter erschossen und damit das erste ungeschriebene Gesetz der polnischen Tradition gebrochen hat – »Polen sollen keine Polen töten« – und dennoch überleben konnte.) Die Schwäche dieses Regimes zeigt sich in seiner Unfähigkeit, irgendeinen politischen Weg aus der fortdauernden Krise zu finden.

Überraschenderweise konzedieren selbst aktive Oppositionelle, daß sich General Jaruzelskis Intentionen von denen seiner Vorgänger unterscheiden – in mancher Hinsicht sogar besser sind. In seiner Belvedere-Rede sprach er polnisch. Kein Politbüro-Chinesisch. Seine obligatorische Referenz an die sowjetisch-polnische Freundschaft war fast schon päpstlich in ihrer Symbolik. Er zitierte ein berühmtes Gedicht von Adam Mickiewicz, *An Moskowiter Freunde*. Er erwähnte nicht einmal die kommunistische Partei. Statt dessen sprach er emphatisch über die Notwendigkeit eines starken *Staates*, eines Staates, der auf Gesetzen basierende Reformen einführt. Darüber hinaus sagte er: »Unser Gesetz bestraft nicht Meinungen, es verbietet nur antistaatliche *Aktionen*, die mit der Verfassung nicht vereinbar sind.« Möglich, sogar plausibel, daß dieser rätselhafte Mann lieber der autoritäre als der totalitäre Führer eines Staates sein möchte, in dem, wie es Friedrich der Große auszudrücken beliebte, das Volk sagt, was es will, und er macht, was er will. In der offiziellen Presse werden sogar jetzt noch Artikel veröffentlicht, die unter Gierek oder Gomułka niemals gedruckt worden wären.

Wenn das seine Intentionen sind – kann er sie verwirklichen? Im Augenblick scheint er noch durch alle Seiten blockiert zu sein. In seinem eigenen Politbüro ist er mit einer harten oppositionellen Fraktion konfrontiert, angeführt vom gerissenen Stefan Olszowski, die dem Papstbesuch von Anfang an ablehnend gegenüberstand und nun, nach den begleitenden Solidarność-Demonstrationen und den westlichen Presseberichten, behaupten wird: »das haben wir doch gleich gesagt«. Hinter dieser Fraktion steht der sture Konservatismus des gesamten bürokratischen Apparats des Parteistaates, der sich durch Reformen und durch den Druck jener »Moskowiter Freunde« bedroht sieht. Gegen Gerüchte über eine bevorstehende Ablösung Jaruzelskis steht der gewichtige Faktor, daß er vom sowjetischen Militär gestützt wird, das immerhin eine entscheidende Rolle im Auftauchen Andropows gespielt hat. Dennoch vermindert der Druck aus dem polnischen und sowjetischen Parteiapparat Jaruzelskis Bewegungsspielraum drastisch.

Auch durch die Wirtschaftskrise ist er blockiert. Wenn die Versorgung mit Grundnahrungsmitteln in den letzten Monaten auch etwas besser geworden ist, so sind die Probleme aus der langen Mißachtung der Landwirtschaft, der katastrophalen Investitionspolitik, des bürokratischen Zentralismus und der Auslandschulden noch nicht einmal in Angriff genommen worden. Die aufgeblasene Bürokratie wird die vorgesehene Wirtschaftsreform immer weiter verhindern, wie sie bereits jeden derartigen Versuch seit 1956 verhindert hat. Die industrielle Produktion sank im letzten Jahr erneut um 2 Prozent. Die Regierung hofft, daß der Papstbesuch dazu beitragen wird, ihre diplomatische Quarantäne wieder aufzuheben und westliche Staatsmänner und Kredite nach sich zu ziehen. Während der Primas und seine Berater diskret in Umlauf bringen, daß sie weitere Sanktionen nicht befürworten, machte Johannes Paul II. nur eine einzige – orakelhafte – öffentliche Äußerung zu diesem Thema. »Ich wünsche mir brennend«, erzählte er Jaruzelski im Belvedere, »die Wiederherstellung der Bedingungen ›guter Kooperationen‹ mit allen westlichen Nationen auf unserem Kontinent, auch mit den amerikanischen Staaten, den Vereinigten Staaten von Amerika vor allem, wo so viele Millionen Bürger polnischer Herkunft sind.« Heißt das, Reagan sollte die Sanktionen gegen das Jaruzelski-Regime aufheben? Jaruzelski sollte das Kriegsrecht zu Reagans Bedingungen aufheben? Beide sollten sich auf halbem Weg entgegenkommen, im Geiste der christlichen »Versöhnung« und des »Dialogs«? Was Jaruzelski und der Papst im anschließenden privaten Treffen und während der noch ungewöhnlicheren, ungeplanten »Fortsetzung« am letzten Abend des Besuches in Krakau gesprochen haben, wissen wir nicht.

Doch eines ihrer Themen muß die schwindende Unterstützung des Regimes durch das Volk gewesen sein. Wenn Jaruzelski auch nur ein geringes Maß an Popularität wiedererringen möchte, dann muß er, wie der Papst es ihm öffentlich erklärte, einen aufrichtigen Dialog einleiten. Aber einen Dialog mit wem? Die Patriotische Bewegung für die Nationale Errettung (PRON), die die Regierung zu diesem Zweck gegründet hat, ist noch immer ein schlechter Witz. Die Arbeiter fühlen sich durch die neuen offiziellen Gewerkschaften nicht repräsentiert. Unabhängige Berufsvereinigungen wie die Polnische Schriftstellerunion und der Polnische Journalistenverband wurden oder werden verboten. Die einzige Institution, mit der noch so etwas wie ein Dialog besteht, ist die Kirche. Und wie es scheint, ist das auch der Dialog, den das Regime am liebsten weiterführen möchte.

Als Gegenzug für die Aufhebung des Kriegsrechts, und vielleicht auch für die Amnestie einiger politischer Gefangener, sollte die Kirche zu engerer öffentlicher Kooperation mit den Behörden bereit sein. Mittelfristig, so schlagen es einige Kirchenquellen vor, könnte sich das Regime darauf einstellen, eine Art »korporativen Kompromiß« mit der Kirche einzugehen, zu dem weite Bereiche der religiösen und kulturellen Autonomie gehören würden und der sogar eine Art Gewaltenteilung in einigen Bereichen des sozialen und wirtschaftlichen Lebens etablieren könnte. Aus der Solidarność-Zeit haben noch immer zwei katholische Minister überlebt, wenn es auch ihr derzeitiges Los ist, ohne jegliche Macht in der Verantwortung zu sein. Ein katholischer Intellektueller spricht so gar von einer Kirchen-PRON. Gemeinsam würden diese beiden starken, autoritären Institutionen Polens Stabilität und inneren Frieden gegenüber Moskau garantieren. Es wäre eine Situation, wie vergangene Woche auf den Straßen von Kattowitz, wo die Ordnung von Drei-Mann-Patrouillen aufrechterhalten wurde: von einem Soldaten, einem Polizisten und einem Priester.

Zweifelhaft, ob die Kirche wirklich so stark ist, daß sie den Verlust an Popularität durch einen derartigen »korporativen Kompromiß« verwinden könnte. Einigen Kirchenpolitikern um Glemp erscheint eine solche Perspektive ganz offensichtlich reizvoll. Doch vergangene Woche sprach der Papst ein unmißverständliches Nein gegenüber dieser Versuchung aus. Er zählte dem Volk, den Behörden und dem Episkopat die Bedingungen für einen wirklichen »Dialog« auf – und diese Bedingungen enthielten die Teilnahme freier, autonomer Gewerkschaften. Meint er damit die verbotene Solidarność? Meint er damit Lech Wałęsa? Trotz des Blicks, den die Regierung auf ein »strikt privates Treffen« gestattete, trotz des merkwürdigen Artikels im *Osservatore Romano* (der im wesentlichen nur Licht auf die Spannungen im Vatikan wirft), bleibt es unklar, was der Papst mit diesem Treffen sagen wollte. »Es gibt keine privaten Treffen mit dem Papst«, erklärte sein Freund, der Krakauer Theologe Jósef Tischner. Wollte er darauf hinweisen, daß Lech Wałęsa, der wahre Repräsentant der polnischen Arbeiterklasse, noch immer ein Partner für den Dialog wäre? Oder erhob er Wałęsa, wie es schien, auf den Thron der polnischen Märtyrer – ein Symbol der großen Ideale des Augusts 1980, doch nicht mehr politischer Akteur?

Die Position der Regierung ist hingegen eindeutig. »Lech

Wałęsa ... wird niemals wieder ein Partner der Regierung sein«, sagt Regierungssprecher Jerzy Urban. »Es wird keinen Dialog ... mit der ehemaligen Führung von Solidarność geben.« Wer den Papstbesuch als eine einzige große Solidarność-Veranstaltung sieht, wie einige westliche Journalisten, macht es sich zu einfach. Die Anzahl der aktiven, fahnenschwenkenden Solidarność-Demonstranten war in Wirklichkeit relativ klein: ein harter Kern von nur wenigen tausend, zumeist jungen Männern, von denen viele dem Papst von Ort zu Ort wie Pilger folgten. »Kommt mit uns, heute werden sie euch nicht schlagen«, riefen sie. Die Menge um sie schien begeistert, sie zu sehen. Kinder tanzten um sie herum, und alte Frauen winkten das V-Zeichen von rostigen Balkonen. Am Mittwoch marschierten sie fünf lange Kilometer von den Krakauer Wiesen zur Arbeitermodellstadt Nowa Huta, wo der Papst am Nachmittag eine Kirche einweihen sollte. »So-li-dar-ność«, riefen sie. »Beendet den Krieg«, »Lang lebe der Papst«, »Lech Wa-łę-sa«. Als sie einen Bus passierten, der von NBC gemietet worden war, änderte sich der Ruf »Schlagt nicht für Geld« (gerichtet an die Polizei) plötzlich in »N-B-C, N-B-C, N-B-C.« Der Wahrheit halber sei hier berichtet, daß sie sich auf dem Weg nach Nowa Huta völlig verliefen. Irgendwie gelang es ihnen dennoch, sich durch heruntergekommene Schrebergärten wieder in die richtige Richtung durchzuschlängeln und mit wehenden Fahnen gerade zehn Minuten vor dem Papst großartig einzuziehen. Bestes polnisches Theater.

Als die Rufe verstummt waren, begannen sie eine eher nüchterne Bestandsaufnahme ihrer Lage zu machen. »Das war unser letzter Tag in Freiheit«, sagte ein Fahnenträger, und ein anderer: »Viele von uns glauben, dies war die triumphale Beerdigung von Solidarność – als Organisation.« Sie spielen jenes traditionelle, vorzügliche polnische Theater der trotzigen Kühnheit – und haben ein riesiges Publikum. Aber sie sehen keinerlei Perspektive, moralische Unterstützung in politische Aktivität umzuwandeln. Sie können die Regierung nicht zwingen, mit ihnen zu sprechen. Ich hörte, daß sich die Führung der Untergrund-Solidarność noch gar nicht im klaren sei, ob sie am Jahrestag des Danziger Abkommens, am 31. August, überhaupt zu einer Demonstration aufrufen sollte. Denn an diesem Tag wird die Polizei keine Haken schlagen und von der Demonstration wegrasen, wie ich es auf der Straße nach Nowa Huta beobachten konnte. An diesem Tag werden sie mit erhobenen Knüppeln auf sie warten, auch wenn die Menge genauso wie vergangene Woche *»De-mon-stra-cja po-ko-jo-wa«* rufen wird, »friedliche Demonstration, friedliche Demonstration«.

Was Zukunft haben wird, so glauben sie, sind die Zeitungen, Magazine und Fabrik-Bulletins des *samizdat*, die noch immer in einer Menge produziert werden, wie nirgendwo sonst im sowjetischen Block. In den großen Fabriken sammeln die heimlichen Solidarność-Kommissionen nach wie vor Beiträge ein und geben Sonderlöhne an die Kranken oder aus politischen Gründen Entlassenen aus. Einige unter ihnen diskutieren gerade, ob sie sich den begrenzten Pluralismus der offiziellen Gewerkschaften, wie ihn der Gewerkschaftsvertrag von 1982 hervorgebracht hat, nicht zunutze machen sollten. Solidarność überlebt nicht nur als Symbol und Mythos, sondern als ganzer Kosmos aus den verschiedensten lokalen Aktivitäten, als soziale Selbstorganisation, als Verhaltensmodell und als Wertesystem, wie es der Papst gepredigt und gesegnet hat. Aber die landesweite Bewegung Solidarność – nicht einmal ihre Aktivisten können sich Bedingungen vorstellen, unter denen sie wiederhergestellt werden könnte.

Wir mußten ein Jahr warten, bis wir die Auswirkungen des letzten Papstbesuchs zu spüren bekamen. Nun werden wir wahrscheinlich wieder ein Jahr warten müssen, bis wir den Effekt dieses Papstbesuchs herausfinden können. »Der erste Besuch riß die Barrieren der Angst nieder«, meint der bedeutende katholische Intellektuelle Tadeusz Mazowiecki, »vielleicht wird dieser die Barrieren der Hoffnungslosigkeit niederreißen.« Aber es scheint unwahrscheinlich, daß er sich als politischer Durchbruch auswirken wird. Eher auf unzähligen kleinen Gebieten, in der Stärkung der Haltung von Solidarność, auf die schon bestehende Würde und Aufrichtigkeit. Ein Universitätslehrer erzählt, daß fast alle seiner Studenten bereit seien, klar auszusprechen, was sie denken, und seien es die sensibelsten politischen Themen. Doch die wenigsten von ihnen wollen aktiv im Untergrund arbeiten. Die Studenten »nennen Gut und Böse beim Namen«, wie der Papst es forderte. »Solidarność«, sagte Pater Tischner, »war ein Wald des erwachenden Gewissens«. Der Wald wächst. Nicht der Wald muß zur Regierung gehen. Die Regierung muß zum Wald kommen. In diesem Sinn, trotz aller Depression und Repression, könnte man sagen, daß Polen in einer besseren Lage ist als jeder seiner Nachbarn, selbst als die Ungarn. Diese Bewußtseinsänderung, diese moralische Revolution, ist eine bleibende Errungenschaft des Papstes und der Solidarność.

Was immer sich in Polen während der nächsten Jahre entwikkeln wird, es wird sich von allem bisher Dagewesenen unterscheiden. Auch wenn die Polizei auf den Straßen regiert, dieses Land kann nicht »normalisiert« – das heißt, den sowjetischen Normen wieder angepaßt werden. Auch wenn das kommunistische System äußerlich erhalten bleibt, im Inneren wird es immer weiter demoliert werden.

3 Die Tschechoslowakei unter Eis

Dieser Bericht wurde 1984 unter einem Pseudonym veröffentlicht.

Tag für Tag zündeten junge Tschechen im vergangenen Monat Kerzen an und legten Blumengebinde mit schlichten Schleifen (»Wir erinnern uns«) auf das Grab von Marie Jedličková im Prager Hauptfriedhof. Nacht für Nacht wurden die Kränze und Blumen von »Unbekannten« wieder entfernt.

Wer war Marie Jedličková? Ich weiß es nicht. Keiner der Trauernden an ihrem Grab konnte es mir sagen. Alles was sie wußten, war, daß vor fünfzehn Jahren ein junger Mann in diesem Grab beerdigt worden war. Sein Name war Jan Palach. Er hatte sich aus Protest gegen die sowjetische Invasion 1968 selbst verbrannt. Um jegliche Erinnerung an ihn auszulöschen, hatte das Husák-Regime seine sterblichen Überreste auf einen Landfriedhof überführt und die unbekannte Marie J. an seiner Statt in dieses Grab gelegt. Aber Palachs Trauergemeinde ist nicht hinters Licht zu führen. Und deshalb stellt sie jedes Jahr im Gedenken an den Tag seiner Selbstverbrennung im Januar 1969 Kerzen vor den Grabstein einer Unbekannten.

Ich bahnte mir meinen Weg durch den efeubewachsenen jüdischen Friedhof auf der anderen Straßenseite zur Grabstätte von Franz Kafka, dessen Geschichten am Grab der Marie J. Realität geworden sind. Aber das Husák-Regime versucht auch Kafka aus dem Gedächtnis zu löschen. Niemand von offizieller Seite erinnerte an seinen hundertsten Geburtstag im vergangenen Jahr, nur die besten und daher verbannten Schriftsteller des Landes. Einer von ihnen schrieb, Gustav Husák sei der »Präsident des Vergessens«. Und wie viel er vergessen muß! Prags Kinogängern wurde erst kürzlich eine offizielle filmische Biographie dieses gebrochenen alten Kommunisten vorgesetzt. Nachdem Husáks Kollaboration mit den Nazis bereits übergangen worden war, sprang der Film mit einem Satz von 1948 zu 1968. Die schrecklichen stalinistischen Prozesse, in denen er einer der Angeklagten war, seine lange Haftzeit, seine Rehabilitation und neuerlichen politischen

Klimmzüge: all dies blieb einfach im schwarzen Loch der Erinnerung verschwunden.

Vergessen: das ist der Schlüssel zur sogenannten Normalisierung in der Tschechoslowakei. Erfolgreich hat das Regime die Menschen aufgefordert: vergeßt 1968. Vergeßt eure demokratischen Traditionen. Vergeßt, daß ihr einst Bürger mit Rechten und Pflichten gewesen seid. Vergeßt die Politik. Im Gegenzug dafür werden wir euch ein komfortables, sicheres Leben bieten. Es wird reichlich Lebensmittel in den Geschäften geben und billiges Bier in den Kneipen. Ihr werdet euch ein Auto leisten können und vielleicht sogar ein kleines Haus auf dem Land – und ihr werdet nicht unter dem Druck des Konkurrenzkampfes arbeiten müssen. Wir verlangen nicht, daß ihr an uns oder unsere einfältige Ideologie glaubt. Hört ruhig die Stimme Amerikas und seht euch das österreichische Fernsehen an (*sotto voce:* das tun wir auch). Alles, was wir von euch verlangen, ist äußere und öffentliche Konformität: geht zu den rituellen »Wahlen«, wählt, wie es euch bei den Treffen der »Gewerkschaften« vorgeschrieben wird, meldet eure Kinder in der »sozialistischen« Jugendorganisation an. Behaltet eure Gedanken für euch.

Dieses ungeschriebene Gesetz kann man auf verschiedene Weise interpretieren. Ein westlicher Beobachter könnte es den Rückzug vom Totalitarismus nennen. Ein zorniger junger Tscheche nennt es die Perfektionierung des Totalitarismus. Tschechische Ex-Kommunisten nennen es Husáks Sozialvertrag. Aber alle finden, daß es während der letzten zehn Jahre mehr oder weniger gut für das Regime funktioniert hat. Im Vergleich zu Warschau, Bukarest und sogar Ost-Berlin bieten die Prager Straßen ein Bild des Wohlstands. Die Schaufenster der Metzgereien zeigen eine reichhaltige Auswahl an Wurst und Fleisch. Natürlich gibt es auch hier Mangelwaren, aber Hausfrauen erzählten mir, daß die Versorgung im vergangenen Jahr um einiges besser geworden ist. Im Gemüseladen gibt es sogar frischen Salat. Nur, es gab auch Preiserhöhungen – bei den Benzinpreisen zum Beispiel, bei Öl oder Elektrizität –, ohne daß die Löhne entsprechend erhöht wurden. Den Arbeitern wurde sogar mit Lohnkürzungen gedroht. Konsumgüter sind knapp und teuer. Doch die Menschen hier haben noch immer viel zu verlieren.

Als Gegenleistung für diesen relativen Wohlstand blieben die meisten Tschechen passive Beobachter, als das Regime systematisch Partei, Staat und Wirtschaft, die Künste, Universitäten und Medien von allen säuberte, die es gewagt hatten, offen ihre kritische Meinung darüber zu äußern, was das Regime als Politik definiert – ein in alle Richtungen dehnbarer Begriff. Das Ausmaß der Säuberungsaktionen ist atemberaubend. Etwa eine halbe Million Parteimitglieder traten nach 1968 aus oder wurden ausgeschlossen: jeweils einer von drei Parteimitgliedern. Geht man davon aus, daß jeder von ihnen zwei Angehörige mit sich zieht, dann ergibt dies zehn Prozent der Bevölkerung. Philosophen, Rechtsanwälte und Journalisten wurden Maurer, Kellner und Büroangestellte. Sie traten dem bereits existierenden Klub der Verdammten bei – jenen Christen und Nicht-Kommunisten, deren Degradierung mit der kommunistischen Machtübernahme 1948 begonnen hatte. Dieser Fensterputzer dort: seine Dissertation schrieb er über Wittgenstein. Frag deinen Kellner nach Kafka: vor seinem eigenen Prozeß hielt er Vorlesungen über den *Prozeß*. Ja, der Nachtportier liest Aristoteles. Deine Kohlen werden dir von einem ordinierten Priester der Böhmischen Brüder geliefert. Küsse den Ring des Milchmanns: er ist dein Bischof.

Die tschechische Nation steht auf dem Kopf. (In der Slowakei sind die Umstände anders. Hier beziehe ich mich nur auf Böhmen und Mähren.) Die Unabhängigsten, Besten und Intelligentesten sind am Boden, die Schlimmsten, Dümmsten und Servilsten an der Spitze. Die Partei ist kaum mehr als ein Verein zur eigenen Förderung. Direktoren verpflichten ambitionierte junge Männer: »Sie müssen natürlich der Partei beitreten«, und viele tun es dann auch, mehr oder weniger zynisch. Die Politik des Landes ist bis zur Unbeweglichkeit eingefroren – ein fünfzehnjähriger Winter nach einem Prager Frühling. Husák und sein Politbüro fürchten, daß selbst ihre zögerlichen, stümperhaften ökonomischen Reformen ungünstige politische Konsequenzen hervorrufen könnten. Aus dem gesäuberten, eingeschüchterten und korrupten Apparat selbst sind keine Impulse für Reformen zu erwarten. Jüngere Parteimitglieder mögen zwar vernichtend kritisch sein – aber sie sind es zynisch im Stillen. Die meisten Tschechen jedoch wollen von der Partei überhaupt nichts mehr wissen. Niemals zuvor war ich in einem Land, wo die Politik und das gesamte öffentliche Leben von einer derartig vorherrschenden Indifferenz geprägt sind.

Die heutige Tschechoslowakei kann man mit einem See vergleichen, der ständig von einer dicken Eisschicht bedeckt ist. Aber unter dem Eis, zwischen den kohleschaufelnden Philosophen, den fensterputzenden Journalisten und den geistlichen Nachtportiers, da sind die Dinge in Bewegung.

Im Westen ist diese Bewegung unter dem Eis, wenn überhaupt, unter dem Schlagwort Charta 77 bekannt, von der die meisten glauben, sie sei eine politische Organisation der Dissidenten. Aber das ist sie nicht und kann sie nicht sein. Die erste Deklaration der Charta vom 1. Januar 77 proklamiert eine *»freie, informelle Gemeinschaft von Menschen unterschiedlicher Gesinnung, unterschiedlichen Glaubens und unterschiedlicher Berufe«*, die vereint für die Anerkennung der Menschen- und Bürgerrechte kämpft. Sie hebt hervor, daß die Charta 77 *»keine Organisation«* ist und *»nicht die Basis irgendeiner oppositionellen politischen Aktivität«* bildet. Es so zu formulieren war natürlich Taktik, denn die Gründung einer *jeglichen* unabhängigen Organisation (»politisch« oder nicht) ist im totalitären tschechoslowakischen Gesetzbuch ein Verbrechen. Aber es gibt noch genügend andere Gründe, weshalb die Charta 77 in Praxis nicht die Art von Organisation aufgebaut hat, wie ihr polnischer Vetter KOR vor dem August 1980. »KOR begann, wo die Charta endet«, erklärte mir ein Chartist.

Von Anfang an wurden Chartisten verbissen und systematisch verfolgt. Die Ost-West-Entspannung hat nicht, wie für KOR-Mitglieder bis 1980, zu ihrem Schutz beigetragen. Tschechoslowakische Devisenschulden waren nie so hoch, daß sie dem Westen als wichtiger »Hebel« hätten dienen können. Im Herbst 1979 wurden der Dramatiker Václav Havel und vier weitere Mitglieder des Komitees für die Verteidigung der ungerecht Verfolgten (VONS) selber ungerecht verfolgt und im Schnellverfahren verurteilt, ungeachtet des weltweiten Protests. Havel, inzwischen ernsthaft erkrankt, wurde erst im vergangenen Jahr aus der Haft entlassen. Er beschrieb mir die zermürbende polizeiliche Überwachung, unter der er jetzt lebt: das Damoklesschwert einer Hausdurchsuchung über ihm, wann immer er sich an seine Schreibmaschine setzt; die Gewißheit, daß jeder Besucher photographiert und jedes Gespräch abgehört wird; Polizeispitzel, die ihm überallhin folgen, selbst in die Sauna.

Das jüngste Beispiel für Husáks Justiz ist ein einunddreißigjähriger Arbeiter, Jiřá Wolf, der wegen »Subversion« zu sechs Jahren Haft verurteilt wurde. Sein Vergehen: ein Brief an die österreichische Botschaft, in dem er über die Haftbedingungen schreibt. Nach einer vorangegangenen Verurteilung zu dreieinhalb Jahren ist dies die längste Haftstrafe, die je über ein Charta-Mitglied verhängt wurde. Wie sagt der brave Soldat Schwejk doch einmal: »Das hätt ich nie gedacht, daß sie einen unschuldigen Mann zu zehn Jahren verurteilen ... daß sie einem unschuldigen Mann fünf Jahre geben, no, das hab ich schon gehört, aber zehn, das kommt mir viel vor.«

Wolfs Arbeitskollegen reagieren ganz ähnlich. »Warum willst du dich in Schwierigkeiten bringen, wenn du diese Sachen offen aussprichst?« wurde der Philosoph und ehemalige Charta-Sprecher Ladislav Hejdánek von seinen Arbeitskollegen in der Fabrik gefragt. »Wir wissen das doch sowieso alles«. Diese Verweigerung von aktiver Unterstützung seitens der industriellen Arbeiterschicht – nicht zu reden von den wohlhabenden Landarbeitern – ist der zweite wichtige Grund, weshalb die Charta nicht den Wegen der KOR folgen kann.

Der dritte, schwerwiegende Grund ist die fehlende Unterstützung oder der mangelnde Schutz durch die Kirche. Seit der stalinistischen Periode wurde die mehrheitlich katholische Kirche verfolgt, zerschlagen und in erschreckendem Maße korrumpiert. Weil man sie historisch mit der Habsburger Herrschaft über die tschechischen Länder gleichsetzt, fehlt ihr die gewaltige Popularität, die allein es der polnischen Kirche ermöglicht hat, der kommunistischen Gleichschaltung zu widerstehen. In den frühen fünfziger Jahren wurden ihre klösterlichen Orden schlichtweg aufgelöst. Etwa 8000 der 12000 Mönche im Land verschwanden in den Arbeitslagern. Bischöfe, Priester und Theologen wurden bis zu fünfzehn Jahre inhaftiert. Die Minderheitskirchen der Protestanten wurden gleichgeschaltet oder mundtot gemacht.

Seither steht der gesamte tschechische Klerus im Sold des kommunistischen Staates. Seine Gehälter trägt die Regierung, die auch ein Vetorecht bei allen kirchlichen Personalentscheidungen hat. Mißfällt ein Priester dem Staat wegen seiner »politischen« Predigten oder einfach nur wegen seiner zu starken Anziehungskraft auf junge Menschen, so wird ihm die weitere Ausübung seiner Berufung untersagt. Deshalb muß auch der Mann, den der Vatikan zum Bischof von Hradec Králové ernannt hat, als Milchmann sein Brot verdienen. Wo also die katholische Kirche in

Polen eine bedeutende und unabhängige Rolle spielt, wo die protestantische Kirche in der DDR wenigstens etwas zum Schutz der Friedensaktivisten beitragen kann, da sind die offiziellen Kirchen in der Tschechoslowakei verkrüppelt und korrumpiert und die mutigsten Priester aus ihren Gemeinden verbannt.

Unter all diesen Umständen grenzt es an ein Wunder, daß die Charta überleben konnte – eine Kerze, die unter Wasser brennt. Gelingen konnte ihr das nur durch die außergewöhnliche Standhaftigkeit von Menschen wie Václav Benda, einem katholischen Intellektuellen, der nach vierjähriger Haft erneut den Posten des Charta-Sprechers (eines von dreien) angenommen hat, ungeachtet seiner Krankheit und der Repressalien, denen er und seine Kinder ausgesetzt sind. (Die Bestrafung der Kinder für das Verhalten der Eltern – die Sippenhaft der Nazis – ist eine der abscheulichsten Praktiken des kommunistischen Staates.) Benda, ein untersetzter, bärtiger Mann, gibt zu, daß die Reihen der etwas mehr als tausend Unterzeichner der Charta durch Emigration, Inhaftierung und in manchen Fällen auch Resignation gelichtet sind. Doch noch immer kann die acht Jahre alte Charta für sich in Anspruch nehmen, die langlebigste Menschenrechtsbewegung in Osteuropa zu sein, und er zitiert ihren ersten Sprecher Jan Patočka: »Dies ist keine Schlacht, sondern ein Krieg.« Die Chartisten, sagt er, haben als »Frontkämpfer« gedient, hinter denen Hunderte neuer Mitglieder stillschweigend in die Reihen der Nonkonformisten aufgerückt sind.

Wer weiß schon, wie viele Menschen Abend für Abend an ihren Schreibmaschinen sitzen und einen Artikel mit zwölf Durchschlägen für die Verteilung im Samizdat schreiben? Wenn ich das nach der Anzahl von Samizdat-Kopien beurteile, die ich während eines kurzen Besuches sah, so müssen es Hunderte, wenn nicht Tausende sein. Und außer dem Samizdat gibt es noch inoffizielle Seminare und Diskussionsgruppen. Aus Gründen der verständlichen Geheimhaltung kann kein Mensch alles über diese Miniatur-Gegenkultur wissen. Ihre eigentliche Existenzgrundlage aber ist sehr deutlich. Nach 1968 wurde aus den tschechischen Ländern das, was Louis Aragon ein »literarisches Biafra« genannt hat. Alle der besten zeitgenössischen tschechischen Schriftsteller veröffentlichen ausschließlich im Samizdat.

Darüber hinaus aber versuchen sie, die tschechische Geschichte vor dem Regime des Vergessens zu bewahren. Im Arbeitszimmer eines ehemaligen Literaturprofessors bemerkte ich eine Büste von Tomáš Garrigue Masaryk, dem Präsidenten der tschechischen Vorkriegsrepublik. Er erzählte, daß die Büste 1947 für seine Universität erworben wurde. Nach der kommunistischen Machtübernahme 1948 konnte sie nicht aufgestellt werden. »Also halte ich sie in Verwahrung, bis sie an ihren richtigen Platz zurückgebracht werden kann.« Erst kürzlich, so erzählte er mir, sind die Bürger von Nové Mesto (in Mähren) eines Morgens aufgewacht und mußten feststellen, daß ihre Masaryk-Statue vom Hauptplatz verschwunden war – »die Stelle war bereits zur Hälfte wieder neu gepflastert«. Wieder ein Punkt für den Präsidenten des Vergessens. Doch in welche Privatwohnung ich auch kam, ich fand eine Büste von Tomáš Masaryk. Für die Tschechen ist, wie Milan Kundera schrieb, *»der Kampf des Menschen gegen die Macht der Kampf der Erinnerung gegen das Vergessen«.*

Die Tschechen sind über die Maßen stolz auf ihre Demokratie zwischen den beiden Kriegen und bestehen mit Recht darauf, daß sie einzigartig war in Mittel- und Osteuropa. Trotzdem behandelt die Gegenkultur die tschechische Geschichte mit grimmiger Selbstkritik. »Wir betrachten die Vertreibung der Sudetendeutschen 1945 als den ersten Akt von Totalitarismus in unserem Land«, sagte mir ein passionierter tschechischer Patriot. Für die meisten britischen Beobachter sieht es so aus, als wären die drei nationalen Tragödien der Tschechoslowakei – 1938 (München), 1948 (kommunistischer Staatsstreich) und 1968 (Invasion der Warschauer Pakttruppen) – Ereignisse jenseits der tschechischen Kontrolle gewesen: *unsere* Schuld 1938, die Schuld der Russen (und unsere) 1948, die Schuld der Russen 1968. Und doch fragen sie: was hätten Masaryk, Beneš oder Dubček tun können, um es zu verhindern?

Je kürzer ein Ereignis zurückliegt, desto heftiger sind die Kontroversen darum. Daher ist auch gerade 1968 das Thema schärfster Polemik unter den Chartisten. Noch immer bilden ehemalige Parteimitglieder die geschlossenste Einzelgruppierung innerhalb der Charta, und viele von ihnen haben sich die Hoffnung von 1968 bewahrt: eine Veränderung kann nur über die Partei erreicht werden. Es ist daher nur logisch, daß diese selbsternannten »Eurokommunisten« auf der Notwendigkeit eines »Dialogs« mit den machthabenden Kommunisten, ihren ehemaligen Kameraden, bestehen. Wie mir erzählt wurde, hat eine

Gruppe von ihnen sogar Andropow einen Brief nach seinem Amtsantritt geschickt, in dem sie ihre Dienste als alternatives Politbüro angeboten haben. Ein Exkommunist meinte dazu, »meinen einzigen ›Dialog‹ führe ich mit meinem Untersuchungsrichter«. »Glauben Sie bitte nicht, ich machte mir irgendwelche Illusionen über den ›Dialog‹«, beeilt sich Dr. Jiřá Hájek, Dubčeks Außenminister von 1968, mir zu versichern. Er erwartet keine wesentlichen politischen Resultate mehr von Gesprächen mit der Partei, glaubt aber, daß dieser »Dialog« Stimulus und Beispiel wäre für die Gesellschaft im Ganzen.

Nicht- und antikommunistische Chartisten nennen diesen Restbestand an Hoffnung einen Rest von Illusion. Aber sie haben keine alternative politische Strategie. Während die Eurokommunisten in den Begriffen von Macht und Diplomatie denken, denken sie in den Begriffen von Metaphysik und Theologie. Der Unterschied wird durch die Friedensdebatte im Untergrund (oder unter Eis) gut illustriert. Unter den Chartisten gibt es zu diesem Thema mindestens so viele Meinungen wie im Westen. Ich traf passionierte Reaganisten wie Unterstützer der verschiedenen westlichen Friedensbewegungen. Doch während die Eurokommunisten die gleichen gezielten, politischen Fragen stellen wie die Friedensbewegten im Westen – Was tun? Welches Argument wird wen überzeugen? –, argumentieren die Nicht-Kommunisten auf einem anderen Niveau. Westliche Friedensaktivisten, die nach Prag kommen, um Verbündete (oder Alibis?) zu suchen, finden sich mit Philosophen wie Ladislav Hejdánek konfrontiert, der die Frage stellt, »aber was ist ›Frieden‹ denn überhaupt?« –, um dann die Antwort bei Spinoza oder im Lukas-Evangelium zu suchen. Václav Havel nennt das Wettrüsten nichts weiter als einen Teil der »weltweiten Krise der menschlichen Verantwortung«. »Westliche Regierungen überschätzen die Macht der Raketen«. Nur in einem Punkt sind sich alle Chartisten, mit denen ich sprach, einig: Was sie in Osteuropa haben, ist nicht die Art Frieden, den wir in Westeuropa genießen. Friede ist nicht allein die Abwesenheit von Krieg. Ein dauerhafter, wirklicher Friede kann nur mit und innerhalb von Ländern erreicht werden, deren Regierungen die Menschenrechte achten und einer demokratischen Kontrolle unterliegen.

Können sie sich vorstellen, daß ihre philosophischen Ideen in der Tschechoslowakei jemals in politische Realität umgesetzt werden? Für Havel gibt es dazu zwei wesentliche Fragen: »Spricht die Charta die Wahrheit? Und so sie die Wahrheit spricht, hat diese Wahrheit auch weite Kreise der Gesellschaft erreicht?«

Natürlich kann es in einem kommunistischen Staat keine öffentliche Meinung geben. Aber es gibt private Überzeugungen. Es gibt Themen, über die viele Menschen gleich denken und privat die gleiche Meinung aussprechen, wenn sie dies auch nie öffentlich zu tun wagen. Die Charta und die sie umgebende Gegenkultur hatten wesentlichen Einfluß auf diese privaten Überzeugungen, argumentiert Havel. Nach vier Jahren Haft stellt er fest, daß die Kluft zwischen der öffentlichen Realität und der privaten Überzeugung gewachsen ist. Die Menschen beklagen sich offener – in Kneipen und Straßenbahnen genauso wie in der Privatsphäre ihrer Wohnungen. Verglichen mit dem, was in Polen geschehen ist, sind diese Veränderungen kaum wahrnehmbar. Verglichen mit der Tschechoslowakei zu jener Zeit, als er ins Gefängnis mußte, sind sie von entscheidender Bedeutung.

Im vergangenen November, nach der Ankündigung der Aufstellung neuer sowjetischer Raketen, war die private Überzeugung voller Zorn. Was die Tschechen dabei vor allem in Rage brachte, war die Doppelzüngigkeit der offiziellen Propaganda. Drei Jahre lang wurden sie mit Schmähreden gegen Pershings und Cruise Missiles überschwemmt. *Jede* neue Rakete würde die Gefahr für das Land, in dem sie stationiert ist, weiter erhöhen, sagten die Propagandisten. In der Stadt Pardubice wurde eine offizielle Massenkundgebung unter dem Transparent »Keine neuen Raketen in Europa« arrangiert. Am nächsten Tag gab die Regierung bekannt, daß neue sowjetische Raketen in der Tschechoslowakei stationiert werden. Die Menschen kehrten noch einmal zurück, um das Transparent zu photographieren. Es wurde eiligst abgebaut. Die Behörden zeigten ihre Unsicherheit, indem sie führenden Chartisten mit Strafverfolgung wegen »Unterminierung der nationalen Verteidungsfähigkeit« drohten, falls sie die Raketenaufstellungen weiterhin kritisieren würden. Dessen ungeachtet wurden in Prag einige Tausend Unterschriften für eine Petition gegen die Raketen gesammelt. Auch in der mährischen Hauptstadt Brünn organisierten Lehrlinge und Studenten spontan eine Unterschriftenaktion. Man sagt, sie hätten mehr als tausend Unterschriften gesammelt und damit die Polizei ziemlich verblüfft. Eine »inoffizielle Friedensbewegung«, wie in der benachbarten DDR (unter dem Schutz der Kirche) ist hier unmöglich. Aber der Zorn der privaten Überzeugung ist unüberhörbar.

Das gilt auch für ein anderes Thema: die Umweltverschmutzung. Prag, die »goldene Stadt«, ist inzwischen verrostet und verdreckt, voller Ablagerungen durch Braunkohle, von Benzingestank und vom Industriesmog vernebelt. Ein Freund fuhr mich durch die zerstörten Gebiete des nordwestlichen Böhmens, einst das Sudetenland. Nahe der Stadt Most hielten wir vor den riesigen, qualmenden Chemischen Werken »Tschechisch-Sowjetische Freundschaft«. Durch den ätzenden, hustenerregenden Nebel konnten wir gerade noch das Transparent auf der Fassade lesen: *»Gemeinsam mit der Sowjetunion für Frieden und das zukünftige Glück unserer Völker«*. In den Bergen sah ich ganze Waldgebiete vom sauren Regen zerstört – das Horrorgemälde einer Kriegslandschaft. Auf unserem Rückweg fuhren wir an einem Gebäude mit einem anderen Transparent vorbei: *»Der leninistische Weg für die Entwicklung unseres Landes«*. »Genau, dieses Gebäude zeigt den leninistischen Weg«, schnaubte mein Begleiter höhnisch. Es war das Gefängnis, in dem das Husák-Regime Václav Benda gefangenhielt. Der leninistische Weg …

Anders, als die philosophischen, literarischen und historischen Themen der Chartisten, sprechen die Themen Frieden und Umweltverschmutzung die Bevölkerung unmittelbar an. Man muß kein Intellektueller sein, um sich durch Raketen oder sauren Regen bedroht zu fühlen. Und man kann auch nicht voraussetzen, daß die tschechischen Arbeiter durch Husáks »Sozialvertrag« wirklich beruhigt worden sind. An der Wand einer Prager Fabrik erschien vor kurzem ein Graffito: *»Wir beneiden das Volk von Grenada!«* Als ein Parteivertreter versuchte, auf einem offiziellen Gewerkschaftstreffen Unterschriften für die Unterstützung der neuen sowjetischen Raketen zu sammeln, schmissen ihn die Arbeiter raus. Hie und da versuchen sie, die Direktoren das Fürchten zu lehren, und murmeln »Solidarność«.

Natürlich wissen die Chartisten, daß eine tschechische Solidarność ebenso wahrscheinlich ist wie Feuer unter dem Eis. Aber sie wissen auch, daß die Entwicklung der Samizdat-Gegenkultur und die wachsende Kluft zwischen privater Überzeugung und öffentlicher Realität, kombiniert mit ökonomischer und politischer Stagnation, wenigstens begonnen haben, das Eis von unten her aufzutauen. Falls jemals ein wirkliches Tauwetter beginnen sollte – von oben? nach Veränderungen in Moskau? –, werden sie bereitstehen, mit all ihren Büsten von Tomáš Masaryk, ihren Kafka-Bänden und ihren Gedenktagen an Jan Palach. Sie wissen aus ihrer eigenen Erfahrung von 1968 und aus der polnischen Geschichte von 1980–81, wie schnell eine scheinbar gespaltene, apathische und gebrochene Gesellschaft in eine geeinte, artikulierte Zivilgesellschaft transformiert werden kann. Wie schnell private Überzeugung zur öffentlichen Meinung werden kann. Und daß eine Nation imstande ist, sich vom Kopf wieder auf die Füße zu stellen. Dafür wirken und darauf warten sie, unter dem Eis.

4 Die deutsche Frage

Der folgende Essay aus dem Jahr 1985 behandelt die Deutsche Frage, bevor sie durch die Revolution von 1989 neu gestellt werden mußte. Hat sich wirklich *alles* verändert?

Die »deutsche Frage«, wie sie während der vergangenen fünf Jahre wieder einmal in den westlichen Hauptstädten gestellt wurde – es sind in Wirklichkeit zwei Fragen: Erstens, ist die Bundesrepublik Deutschland noch immer ein aufrichtiges und vertrauenswürdiges Mitglied des westlichen Bündnisses? Was ist von ihrer Deutschland- und Ostpolitik zu halten, was von ihrem Rückgriff auf die Entspannung und von ihren Differenzen mit der Reagan-Administration? Sind dies nicht Anzeichen eines neuerwachten Verlangens nach Wiedervereinigung, der – historischen – Tendenz, geopolitisch zwischen Ost und West hin und her zu manövrieren?

Ist, zweitens, die Bundesrepublik noch ein stabiler Pfeiler der freiheitlichen westlichen Demokratien? Sind Friedensbewegung, anti-amerikanische Tendenzen und die Grünen nicht Anzeichen einer Abkehr von jener parlamentarischen Demokratie angelsächsischen Modells, wie sie nach 1945 auferlegt wurde, hin zu einer mehr »nationalistischen« und/oder »sozialistischen« Politik, die die »bürgerlich-demokratischen« Institutionen, den Kapitalismus und die NATO in all ihren Konsequenzen als feindliches »System« ablehnt? Rapallo heißt das Schlagwort für die eine Angst, Nationalneutralismus für die andere.

Die Bundesrepublik war schon immer besonders empfindlich gegenüber kritischen Kommentaren aus dem Ausland. Jeden Sonntagvormittag sitzen Millionen Bundesbürger vor ihren Fernsehapparaten, um sich von ausländischen Korrespondenten sagen zu lassen, wie das »kritische Ausland« das bundesdeutsche Wohlverhalten in der vergangenen Woche beurteilt. Politiker aller Parteien, geprägt von jener Selbstsicherheit, die die Bundesrepublik unter Helmut Schmidt erworben hat, reagieren indigniert auf mißtrauische Fragen aus Washington, London, Paris oder Rom. Auch Klaus Bölling offenbart eine nicht untypische deutsche Neurose in seinen ansonsten eher diplomatisch gefärbten Memoiren über seine Zeit als Ständiger Vertreter der Bundesrepublik in Ost-Berlin:

»Wir durften Leitartikel in *Le Monde* und in der *Times* über Gefahren eines deutschen Nationalismus nicht als bloße Journalistenmeinungen beiseite legen. Führungszirkel in westlichen Hauptstädten fanden es lohnend, die Ängste vor einem wiedervereinigten, übermächtigen Deutschland zu beleben, um uns besser disziplinieren zu können. Wen wundert es, daß ein Mann wie Carters Sicherheitsberater Brzezinski als gebürtiger Pole kräftig dazu beitrug, solche Gerüchte in die Welt zu setzen, für die er dann auch ein dankbares Publikum in bestimmten Etagen der Auswärtigen Ämter gefunden hat.«

Vielleicht ist, wie der Journalist Josef Joffe geschrieben hat, das Nachkriegsdeutschland dazu verdammt, das Schicksal von *Caesar's wife* zu erleiden: grundsätzlich über jeglichen Verdacht erhaben sein zu müssen. Symptomatisch für ein solches Syndrom ist das Verhalten der Bundesrepublik schon. Selbst wenn nicht die geringsten Vorwürfe aus den westlichen Hauptstädten zu hören sind (und ich erinnere mich an keinen einzigen Leitartikel der *Times* über die Gefahr des deutschen Nationalismus, in jener Zeit, auf die Bölling sich bezieht), ruft Bonn die Geister der Vergangenheit.

Niemand mißtraut den Deutschen mehr als die Deutschen selbst. Kaum eine Woche vergeht, in der nicht ein deutscher Leitartikel danach fragt: »Wie stabil ist unsere Demokratie?« oder »Ist Bonn Weimar?« oder »Wie offen ist die deutsche Frage?« Die Bundesrepublik ist wie der Prototyp ihres Managers: ein freundlicher, sonnengebräunter Vierziger, wohlgescheitelt, bestens gekleidet, mit guten Manieren und einem großen Repertoire an gebildetem Konversationsstoff – aber ständig in Sorge um seinen Blutdruck und keine Gelegenheit auslassend, sein Spiegelbild in den Schaufenstern zu betrachten, als wolle er herausfinden, ob er sich nicht einen nervösen Tick angewöhnt hat. Staaten mit einer glücklicheren Vergangenheit mag diese endlose Nabelschau übertrieben und vielleicht sogar komisch erscheinen. In Wirklichkeit aber wären wir ernsthaft besorgt, würden die Deutschen aufhören, sich um sich selbst Sorgen zu machen.

Aus diesem historischen Moment heraus, zwischen Selbstzweifel und Selbstsicherheit hin- und hergerissen, entstehen deutsche Antworten auf unsere deutschen Fragen.*

»Deutschlandpolitik ist keine Wiedervereinigungspolitik«, betonen die Diplomaten und Politiker, die sie machen. »Die einzige Art der Wiedervereinigung, über die wir sprechen, ist die Wiedervereinigung von Familien.« Sie glauben, daß Mißverständnisse in den westlichen Hauptstädten nur deshalb entstehen, weil dort die Langzeitperspektive einer Wiedervereinigung mit den kurz- oder mittelfristigen Perspektiven der bundesdeutschen Gegenwartspolitik gegenüber der DDR verwechselt wird. Und das, seit die Tatsache zweier deutscher Staaten mit konträren Systemen und Verbündeten von der Bundesrepublik praktisch anerkannt ist.

Sie erklären, ihr unmittelbarstes Ziel sei es, die Konsequenzen der Teilung menschlich so erträglich wie möglich zu halten, besonders für die Menschen in der DDR (»menschliche Erleichterungen«), Kontakte zwischen Deutschen in Ost und West zu fördern, das Bewußtsein einer gemeinsamen Nationalität auf beiden Seiten der Mauer wach zu halten (was in der Bundesrepublik mindestens so notwendig ist wie in der DDR), und schließlich auch die Möglichkeit offen zu halten, daß das deutsche Volk in unvorhersehbarer Zukunft doch noch der »Aufforderung« nachkommt, die in der Präambel des Grundgesetzes verankert ist: *»in freier Selbstbestimmung die Einheit und Freiheit Deutschlands zu vollenden«*. Doch für die vorhersehbare Zukunft bedeutet dies die Anerkennung der Deutschen Demokratischen Republik und die Bereitschaft, mit ihr zu verhandeln.

Genau das war die Politik, die von der CDU/CSU so vehement bekämpft wurde, als die Brandt-Scheel-Regierung den Grundlagenvertrag mit der DDR 1972 unterzeichnete. Genau das ist die Politik, die die Christdemokraten heute selber verfolgen. Abgesehen von ein paar neuen Tönen in der Rhetorik hat die konservativ-liberale Regierung eine wirklich bemerkenswerte Kontinuität der sozial-liberalen Deutschlandpolitik gewahrt. Bei ihrer Regierungsübernahme schwörten die Christdemokraten

* Die Bücher, auf die ich mich in diesem Essay beziehe, sind: Günter Gaus, Wo Deutschland liegt: Eine Ortsbestimmung, Hamburg 1983; Klaus Bölling, Die fernen Nachbarn: Erfahrungen in der DDR, Hamburg 1983; Christa Wolf, Kassandra, Darmstadt 1983; Richard von Weizsäcker, Die deutsche Geschichte geht weiter, Berlin 1983; Rolf Hochhuth, Judith, Hamburg 1983; Stefan Heym, Schwarzenberg, Hamburg 1984; Peter Schneider, Der Mauerspringer, Darmstadt 1984.

zwar, sie würden wesentlich mehr Gegenleistungen vom Honekker-Regime für ihre Kredite fordern, doch in der Praxis sind sie nicht viel anders verfahren als ihre Vorgänger. Ebenso wie unter Schmidt läuft der heiße Draht weiter zwischen dem Kanzleramt und der Ständigen Vertretung in Ost-Berlin – oder direkt zu Honeckers Büro. Der von Kohl übernommene Leiter der Ständigen Vertretung in Ost-Berlin, Hans-Otto Bräutigam, ist ein hochangesehener Diplomat, der eine Schlüsselrolle bei der Entwicklung der sozial-liberalen Deutschlandpolitik gespielt hat. Und der wortgewaltigste Kritiker der sozial-liberalen Ostpolitik, Franz Josef Strauß, leitet heute selbst neue Kredite für Honecker in die Wege.

Aber natürlich schuf die veränderte Rhetorik auch Probleme. Im für ihn typischen, gewaltig entspannten Regierungsstil (weniger *laissez-faire* als *laissez-parler*) gestattet Bundeskanzler Kohl seinen Ministern recht unterschiedliche Töne in der Öffentlichkeit – und beharrt munter darauf, daß jeder von ihnen recht habe. Und die Vertriebenenverbände spielen noch immer eine bedeutende Rolle innerhalb der CDU und CSU, weshalb auch ein Innenminister wie Friedrich Zimmermann auf sonntäglichen Treffen aufstehen und über das alte Vaterland in den Grenzen von 1937 sprechen kann. Mit anderen Worten, diese Regierung hat genau das getan, was sie ihren westlichen Kritikern vorwirft – ihre Langzeitperspektive einer Wiedervereinigung mit den kurz- oder mittelfristigen Perspektiven ihrer Deutschlandpolitik zu verwechseln. So entsteht auch der Anschein, als verkünde die Kohl-Regierung während ihrer Sonntagsreden das eine und mache am Montag das andere.

Man könnte behaupten, daß Honeckers Absage im Herbst 1984 der Preis war, den die Kohl-Regierung für ihre Zweideutigkeit zahlen mußte. Aber die Rhetorik der CDU / CSU war wahrscheinlich eher ein Vorwand als der eigentliche Grund für die Änderung von Honeckers Reiseplänen. Die wirklichen Gründe für die »Verschiebung« sind in Moskau zu suchen und in der – wie Honecker es nennt – Großwetterlage, dem Klima der Ost-West-Beziehungen. Ende August oder Anfang September schienen sich die Sowjets endlich darauf zu einigen, daß, wenn schon jemand mit dem Westen sprechen *muß*, es doch wenigstens die Russen mit den Amerikanern tun sollten. Also traf sich Gromyko mit Reagan, anstatt Honecker mit Kohl. Was Jupiter erlaubt ist, darf ein Alliierter noch lange nicht.

Und doch schreitet die Deutschlandpolitik im Stillen voran. Vergangenen Oktober erzählte mir Philipp Jenninger, damals Staatssekretär im Bundeskanzleramt, daß die DDR-Regierung weitaus offener geworden sei als vor der Absage. Trotz der Verlegenheit, in die ihre eigenen Bürger sie bringen, wenn sie in die westdeutschen Vertretungen in ganz Osteuropa fliehen, gestattet die DDR weiterhin ein ständiges Rinnsal von Ausreisen in den Westen – entweder politische Häftlinge, die durch die Bonner Regierung freigekauft werden, oder Bürger, die im Rahmen der Familienzusammenführung ausreisen dürfen. Während eines Kurzbesuchs in Finnland verkündete Honecker, daß sein Besuch in der Bundesrepublik abgesagt werden mußte, weil die Vorbereitungen noch nicht weit genug gediehen wären. Beide deutschen Regierungen sind offenbar darauf bedacht, ihre guten Arbeitsbeziehungen beizubehalten, ohne dies gleich in Ost und West hinauszuposaunen. Und beide hoffen im Stillen, daß sich ein deutsch-deutscher Gipfel doch noch als möglich erweisen wird.

Wer hätte es vor zehn Jahren für möglich gehalten, daß eine konservative Regierung in Bonn so viel Wert auf gute Beziehungen mit der sozialistischen Regierung in Ost-Berlin legen würde? Weshalb schlägt inzwischen sogar die CSU einen anderen Ton an? Weil alle den Vorteil sehen, den die Deutschlandpolitik der Bundesrepublik und – wie sie sagen würden – »Deutschland« bringt, obwohl die Opposition es war, die sie initiierte.

Westliche Beobachter ignorieren allzuoft die Tatsache, daß die deutsch-deutschen Beziehungen seit dem Grundlagenvertrag für *beide* deutsche Staaten und ihre Bürger viel Positives brachten. Wer je in West-Berlin gelebt hat, wird den relativ einfachen Kommunikationsweg (telefonisch oder persönlich) nach Ost-Berlin oder in die Bundesrepublik begrüßen – ganz anders als zu den Zeiten der Inselfestung West-Berlin. Wer je in der DDR gelebt hat, weiß, daß die Millionen Westdeutschen, die jedes Jahr zu Besuch kommen, im großen und ganzen willkommene Gäste sind. Die Anzahl der DDR-Bürger unter dem Pensionsalter, denen es erlaubt wird, den Westen zu besuchen, ist noch immer bedauernswert gering – doch auch diese Anzahl ist höher als noch vor einem Jahrzehnt. Selbst der durchschnittliche, unprivilegierte DDR-Bürger kann heute darauf hoffen, für ein paar Tage in die Bundesrepublik reisen zu dürfen, und sei es auch nur zum Begräbnis seiner Großmutter.

Das Honecker-Regime befürchtet noch immer, daß diese Massenkontakte mit dem Westen destabilisierende Auswirkungen haben könnten. Insgesamt betrachtet hatten sie bisher jedoch eher den gegenteiligen Effekt. Diejenigen, deren Unzufriedenheit durch westliche Kontakte tatsächlich verstärkt wurde, versuchen früher oder später meistens zu fliehen oder einen Ausreiseantrag zu stellen. Und seine Dissidenten kann Honecker gegen harte Währung exportieren. Während der letzten zwei Jahre war dies ein sehr nutzbringender Weg für ihn, die unabhängigen »Friedensgruppen« in der DDR auszubluten. Heute gibt es mehr Jenaer Friedensaktivisten in West-Berlin als in Jena.

Zahlungen von mehr als 1 Milliarde Mark pro Jahr aus der Bundesrepublik, günstige Kredite und die »heimliche Mitgliedschaft« der DDR in der Europäischen Gemeinschaft haben dazu beigetragen, daß sie ihren Platz unter den ersten zehn Industrienationen der Welt halten und ihre Bürger, besser als ihre östlichen Nachbarn, mit Konsumgütern versorgen konnte. Schließlich erfuhr sie auch noch, dank der westdeutschen Deutschlandpolitik, breite internationale Anerkennung – jene Anerkennung, für die sie so lange gekämpft hat. In seiner Festrede während der Feierlichkeiten zum 35. Jahrestag im vergangenen Oktober erklärte Erich Honecker stolz, daß die DDR »weltweit« zu 132 Ländern diplomatische Beziehungen unterhält. Die gedruckte Version dieser Rede sprach nur von 131, aber in letzter Minute konnte die Regierung noch mit einer weiteren diplomatischen Anerkennung durch die Elfenbeinküste aufwarten.

Der ehemalige DDR-Dissident Rudolf Bahro behauptet in einem seiner Interviews mit der *New Left Review*:

»Sie können feststellen, daß die Arbeiter zwar in ihren Betrieben über die Bedingungen, unter denen sie leben, schimpfen und fluchen, aber sobald ein wohlhabender Onkel aus Westdeutschland zu Besuch kommt, verteidigen sie die DDR und weisen auf all die Vorteile dort hin, auf all die Benachteiligungen, die sie nach 1945 überwinden mußten, und so weiter. Obwohl die staatliche Einforderung von Loyalität zum großen Teil abgelehnt wird, so würde ich doch sagen, daß es in einer normalen, krisenfreien Zeit ein genügend hohes Ausmaß an Loyalität gibt, um die Stabilität des Landes zu gewährleisten ... Die wachsende internationale Anerkennung hat diesen Sinn für Loyalität dem Staat gegenüber sicherlich gefördert.«

Meiner Erfahrung nach sind viele Bürger der DDR für die bescheidenen Sicherheiten, die das Leben in einem effizienten polizeilichen Sozialstaat bietet, wirklich dankbar. Doch zu dieser begrenzten Loyalität hat sicher auch noch etwas anderes beigetragen: die neue Betonung ihres eigenen Deutschtums – das Reiterstandbild Friedrichs des Großen hat wieder seinen alten Platz Unter den Linden, und selbst Bismarck wurde teilweise rehabilitiert.

Die Bundesrepublik hat dafür Egon Bahrs Formel »Wandel durch Annäherung« fallen lassen. Heute verkünden die Politiker aller etablierten Parteien, daß ihre Politik nicht auf eine Veränderung des politischen Systems in der DDR oder in Osteuropa gerichtet ist. Entsprechend beschreibt auch Richard von Weizsäcker in der Einleitung zu seinem Buch *Die Deutsche Geschichte geht weiter*, die Idee eines *Wandels durch Annäherung* laste als »Hypothek« auf der westdeutschen Politik gegenüber der Sowjetunion. Minister Windelen schreibt dazu in *Außenpolitik*: »Wir haben nicht die Absicht, der DDR Schaden zuzufügen oder sie zu destabilisieren«.

Im Gegenzug für ihre Hilfe bei der Stabilisierung des sozialistischen Regimes der DDR konnte die Bundesrepublik ungefähr 150000 DDR-Bürger freikaufen, das Leben der verbliebenen 16,7 Millionen erträglicher gestalten und versuchen, die Deutschen in Ost und West einander näher zu bringen. Der innerdeutsche Handel, ein wesentlicher Faktor für die DDR, blieb für die bundesrepublikanische Wirtschaft kaum mehr als eine Randerscheinung (1983 gerade 1,8 Prozent ihres gesamten Außenhandels). Dennoch, wie westdeutsche Kommentatoren betonen, konnte auch die Bundesrepublik einen Nutzen daraus ziehen: für einen größeren außenpolitischen Spielraum. Die Hallstein-Doktrin – die Bundesrepublik sollte keinen Staat anerkennen, der seinerseits die DDR anerkennt – war zur Fessel für beide deutschen Staaten geworden. Die »Normalisierung« der Berliner Situation nach dem Viermächteabkommen hatte zur Folge, daß Bonn nicht mehr in täglicher, erdrückender Abhängigkeit von den westlichen Alliierten handeln mußte, um Deutschlands einstige (und zukünftige?) Hauptstadt zu verteidigen. Die Öffnung gegenüber dem Osten unter Brandt und Schmidt wurde zur Grundlage für die Entwicklung aus jener unnormalen Position in den sechziger Jahren heraus, als die Bundesrepublik zwar ein »wirtschaftlicher Riese«, aber ein »politischer Zwerg« war.

Die Politiker und Meinungsbildner der Bundesrepublik mögen zwar eine rational begründete Politik gegenüber dem Osten verfolgen, doch gelenkt sind sie häufig von Emotionen. Und die sind durchaus verständlich – Patriotismus, ein Sinn für die besondere historische Verantwortung der Deutschen und Stolz auf die weltpolitische Rolle der Bundesrepublik. Reist man durch die DDR – durch die karge Landschaft der Mark Brandenburg, die noch immer so aussieht, wie Theodor Fontane sie vor einem Jahrhundert beschrieben hat, durch die üppigen Wälder von Goethes Thüringen oder an der Kirche in Wittenberg vorbei, wo Luther seine fünfundneunzig Thesen angeschlagen hatte –, so kann man selbst als Ausländer Gefühle für dieses »alte Deutschland« entwickeln, das im Westen verschwunden ist. Wer könnte außerdem von dem mutigen Bekenntnis der protestantischen Kirchen in der DDR – den Erben Bonhoeffers – unberührt bleiben. Und wer aus erster Hand gesehen hat, was die Teilung Deutschlands an menschlichem Leid hervorgebracht hat und welche Erleichterung die stille Praxis der Deutschlandpolitik bringt, der mag wohl selber einen Konflik der Großmächte fürchten, eine Verschlechterung der Großwetterlage, die all dies wieder in Frage stellen könnte.

Die Memoiren der beiden ersten Ständigen Vertreter der Bundesrepublik in Ost-Berlin, Gaus und Bölling, sind gespickt mit Emotionen, mit diesem Sinn für ein gemeinsames Deutschtum. Bölling liefert zudem einen fesselnden Bericht über den deutschen Gipfel im Dezember 1982, als sich Schmidt und Honecker am Werbellinsee in der Mark Brandenburg trafen. Es gab dort, wie er schreibt, »so etwas wie eine sehr deutsche Grundstimmung«. Schmidt habe zu Honecker gesagt: »Wir müssen berechenbar füreinander bleiben«, und später, »die Weltmächte haben uns gegenüber eine Verpflichtung. Wir müssen die Großmächte drücken.« Eine Formulierung wurde von beiden Regierungschefs immer wieder öffentlich bekräftigt – *»niemals wieder darf von deutschem Boden ein Krieg ausgehen«* – und ist von fast beschwörender Bedeutung für Deutsche in beiden Teilen Deutschlands geworden, für Menschen, die daran glauben möchten, daß in beiden deutschen Staaten die gleiche Lektion aus der gemeinsamen katastrophalen Geschichte gelernt wurde.

Viele sind überzeugt, daß die Selbstachtung der Bundesrepublik und ihre Rolle als europäische Führungsmacht untrennbar mit ihrer Ostpolitik verbunden sind, die ja immerhin der bedeutendste Beitrag der Bundesrepublik zur Weltpolitik in den vergangenen zehn Jahren war, ein Beitrag, der nicht zuletzt von der Hoffnung inspiriert wurde, ein neues friedenschaffendes Deutschland könnte zumindest ein Anfang sein, den Schaden, den Hitler angerichtet hat, zu verringern.

Nun mag es ja sein, daß derartige Gefühle auch bei Honecker ein Beweggrund für die innerdeutsche Entspannung gewesen sind. Politische Motive hatte er mit Sicherheit, und er schien dafür auch die entsprechende Unterstützung in seinem Politbüro und Zentralkomitee zu haben. Doch es bleibt die Frage nach dem Bewegungsspielraum, den Honecker im östlichen Lager hat. Wie groß auch immer die Unabhängigkeit der Exekutive in Ost-Berlin von Moskau sein mag, mit Sicherheit ist sie wesentlich geringer als Bonns Unabhängigkeit von Washington. Was auch immer die Bedeutung der DDR für den Warschauer Pakt sein mag, sie kann nicht wichtiger sein als die Bedeutung der Bundesrepublik für die NATO.

Gerade deshalb drängt sich uns die Frage auf – nicht aufgrund überholter, irrationaler Ängste vor einer »deutschen Gefahr«, sondern durch sympathisierende, rationale Aufmerksamkeit gegenüber allem, was die westdeutsche Regierung sagt und tut – auf welche Weise Bonns Ostpolitik seine Westpolitik beeinflussen könnte.

Die Kohl-Regierung hat nicht eine, sondern zwei Antworten auf diese Frage. Erstens, daß es schlicht keinen Konflikt zwischen der Westintegration der Bundesrepublik und ihrer Ostpolitik oder zwischen ihrer Sicherheitspolitik und ihrer Deutschlandpolitik gebe. Ganz im Gegenteil. Deutschlandpolitik wäre ohne Sicherheitspolitik nicht möglich, Westintegration sei die Vorbedingung jeglicher Ostpolitik. »Je fester wir in der westlichen Allianz eingebettet sind, desto leichter ist es, mit der DDR zu arbeiten«, sagte mir ein hochrangiger westdeutscher Verhandlungspartner Ost-Berlins. Die zweite Antwort lautet, in der charakteristischen Formulierungskunst Kohls: »Die Freiheit hat Vorfahrt vor der Einheit.« »Vor die Wahl von innerdeutschen Beziehungen einerseits und der Sicherheit innerhalb der westlichen Allianz andererseits gestellt«, wie der Minister für Innerdeutsche Beziehungen einem amerikanischen Publikum im Jahre 1984 versicherte, würde seine Regierung »sich für letzteres entscheiden«. Doch beide Aussagen beinhalten, daß es eine Wahl geben *könnte*, also eine Entscheidung, einen Interessenskonflikt.

Und natürlich *gibt* es einen potentiellen Konflikt. Wie Kanzler Kohl während einer Diskussion nach seiner *Adenauer Memorial Lecture* im vergangenen Jahr in Oxford selber betont hat, liegt der Schlüssel zu allem, was die DDR-Regierung tut, in Moskau. Nachdem nun alle etablierten Parteien behaupten, daß gute Beziehungen mit der DDR im nationalen Interesse der Bundesrepublik liegen, und nachdem zu Recht gesehen wird, daß gute Beziehungen mit der DDR von guten Beziehungen zu Moskau abhängig sind, kann dies nur bedeuten, daß die Bundesrepublik (wie alle deutschen Staatengebilde zuvor) ein spezielles Interesse an guten Beziehungen zu Moskau haben muß. Wenn es darum geht, die Nation zusammenzuhalten – zumindest im Geiste, durch menschliche Kontakte usw. –, ist Moskau für die Bundesrepublik wichtiger als Washington. Der Vertrag zwischen der Bundesrepublik und der Sowjetunion von 1970 mußte notwendigerweise dem Vertrag mit der DDR von 1972 vorausgehen. Östliche Annäherungen, nicht westliche Allianzen, erlauben Deutschen sich mit Deutschen in Weimar oder Heidelberg zu treffen.

Es ist wohltuend zu lesen, wie offen Bundespräsident Richard von Weizsäcker diesen potentiellen Konflikt anspricht. Die deutsche Teilung, schreibt er, habe für die Bundesrepublik »die alte Mittellage in ein Spannungsverhältnis zwischen zwei Grunddaten verwandelt«: zwischen ihrer Westbindung, der die Festlegung auf eine liberale Demokratie zugrunde liegt, und ihrer geopolitischen Lage. »Einfach und bequem ist dies für niemand, auch nicht für unsere Bündnispartner, und schon gar nicht für uns selbst. Aber jedermann tut gut daran, die Augen davor nicht zu verschließen.« Und er fährt fort:

»Aus dieser Lage ergeben sich die Prioritäten des westlichen deutschen Staates in der Außen- und Deutschlandpolitik. Auf der Grundlage unserer im Bündnis geschützten Freiheit müssen wir unsere Anstrengungen auf ein gutes Verhältnis zur östlichen Führungsmacht konzentrieren. *Dies ist unsere wichtigste Aufgabe* (Hervorhebung des Autors).«

Ihrem eigenen Staatsoberhaupt zufolge ist es also die wichtigste Aufgabe der Bundesrepublik, gute Beziehungen mit der Sowjetunion aufzubauen.

Während der vergangenen fünf Jahre war allerdings zu beobachten, wie der Kreml diese besondere Aufgabe auszunützen versuchte, indem er sie gegen die Verpflichtungen der Bundesrepublik gegenüber der NATO ausspielte. Wenn ihr Cruise Missiles and Pershing II aufstellt, dann könnt ihr nicht erwarten, daß eure Beziehungen zum Osten davon unberührt bleiben, war die unmißverständliche Nachricht aus Moskau. Die SPD hat diese Verkettung akzeptiert. »Ich habe deutsche Interessen zu repräsentieren«, sagt Karsten Voigt, der sicherheitspolitische Sprecher der SPD, und erklärt, falls die SPD morgen an die Regierung käme, würde sie »die Vereinigten Staaten auffordern, die Aufstellung neuer Raketen zu unterlassen«. Sicherheitspolitik ist, laut Voigt, nicht nur Verteidigungspolitik. Vielmehr sei das gesamte Netz politischer, wirtschaftlicher und kultureller Beziehungen zum Osten mindestens so wichtig für die »europäische Sicherheit« wie die neuen Raketen der NATO. Aus diesem Grunde würde die SPD auch die innerdeutschen Beziehungen gegen jeglichen Druck aus Washington verteidigen. Aber was wäre die Basis solcher Beziehungen unter der SPD? Bölling schreibt dazu, daß die Bundesrepublik, wenn sie die nationale Zusammengehörigkeit ernstnehmen wollte, immer etwas mehr leisten müsse, als die andere Seite zu geben bereit sei: »Man kann das unsere Erpreßbarkeit nennen. Sie ist nicht unehrenhaft«. Bölling hätte wohl kaum eine bessere Formulierung für die Ängste des Westens finden können.

Die Kohl-Regierung hat jedoch ganz im Gegenteil dazu auf Moskaus Erpressungsversuch durch schlichte Nichtachtung geantwortet. Mit ihrem blinden Auge sah sie durch ihr Teleskop und sagte: Wir sehen keinen Zusammenhang. Und trieb beides voran, die Pershings wie die Ostpolitik. Natürlich haben ihre Beziehungen mit dem Osten Schaden gelitten, war ihre nationalistische Rhetorik weit über das Ziel hinaus beleidigend. »Adenauers Enkel« Kohl ist dem Beispiel Adenauers gefolgt, demonstrierte die Bindung an die westliche Allianz und drängte zudem auf eine stärkere politische Integration der Westeuropäischen Gemeinschaft.

Aber der Konflikt, wie ihn von Weizsäcker darstellt, bleibt ein grundlegendes Element für national gesinnte Christdemokraten wie für national gesinnte Sozialdemokraten. Wie der Historiker Hans-Peter Schwarz in seiner *Adenauer Memorial Lecture* aufzeigte, war Adenauers Festlegung auf den Westen in keiner Hinsicht unvermeidlich. In den fünfziger Jahren habe es durchaus überzeugende Gründe für die westliche Hälfte der Nation gegeben, zu Deutschlands traditioneller Schaukelpolitik des Manövrierens zwischen Rußland und dem Westen zurückzukehren, denn es habe allgemein die Überzeugung bestanden, daß Moskau den Schlüssel zur Wiedervereinigung in Händen halte. Und Professor Schwarz resümiert: Wenn Bonn irgendwann in Zukunft erneut für einen Mittelweg optieren würde, würde Adenauers Entscheidung für eine antirussische Politik und eine beständige Allianz mit den westlichen Demokratien nur noch als zeitlich begrenzte Angelegenheit gegenüber der längerfristigen Rußlandpolitik Deutschlands scheinen.

So war also die Bindung an den Westen eine schwierige Entscheidung, und so ist sie noch immer beides: eine Entscheidung und schwierig. Realpolitische Überlegungen und nationale Gefühle tendieren in Richtung Osten. Die ausschlaggebenden Bindungen in Richtung Westen sind denn auch eher ideologischer und ökonomischer als diplomatischer oder nationaler Art. Sie basieren auf der freiwilligen Bindung an die gemeinsamen Werte der freiheitlichen Demokratie, der freien Marktwirtschaft, Rechtsstaatlichkeit usw., durch die die Bundesrepublik fest im Westen verankert ist. Sollten diese Werte von der Bundesrepublik in Frage gestellt werden, so wäre das Grund zum Alarm. Und deshalb führt uns die erste deutsche Frage über die Außenpolitik der Bundesrepublik notwendigerweise zur zweiten deutschen Frage. Der Frage über ihre inneren Angelegenheiten.

Poor Caesar's wife. Ein hoher deutscher Diplomat bemerkte lakonisch, daß (im Gegensatz zur SPD) sogar Englands größte Oppositionspartei ein politisches Programm der einseitigen Abrüstung besitze, und das, obwohl Meinungsumfragen den Antiamerikanismus in England als weiter verbreitetes Phänomen ausweisen als in der Bundesrepublik. Warum also machen sich die Amerikaner nicht mit der »britischen Frage« verrückt? Natürlich heißt die Antwort: deutsche Geschichte.

Angesichts dieser deutschen Geschichte ist das *Ausbleiben* einer ernsthaften Bedrohung der parlamentarischen Demokratie in der Bundesrepublik wirklich bemerkenswert. Jene Untertanenmentalität, jener undemokratische, illiberale und militaristische Anteil vom deutsch-preußischen Erbe wie im DDR-Sozialismus bewahrt, entsprechen den Grundstrukturen der deutschen »politischen Kultur« von vor 1945 jedenfalls sehr viel mehr. In bezug auf die Bundesrepublik stimme ich mit Gräfin Dönhoff überein, die in einem Interview anläßlich ihres fünfundsiebzigsten Geburtstages bemerkte, daß »die Deutschen eine andere Nation geworden sind. Man mag das bedauern, aber die alte Autoritätsgläubigkeit gibt es nicht mehr«. Und es sei ein positives Zeichen, daß die jüngere Generation autoritäre Strukturen in Frage stellt.

Auch die wirtschaftlichen Fundamente sind sehr solide. Trotz Kürzungen im Sozialhaushalt ist das soziale Sicherheitsnetz noch immer eines der dichtesten in der Welt. Die Bundesrepublik ist noch immer der Prototyp des kapitalistischen Wohlfahrtsstaates.

Und doch hat sich das Meinungsklima in der Bundesrepublik vor allem durch die Grünen auf eine Weise verändert, die auf längere Sicht von Bedeutung sein könnte. Ich spreche hier absichtlich nicht von der öffentlichen Meinung, denn noch ist dieses Phänomen nicht so allgemein verbreitet. Der passendere Begriff hierfür wäre »intellektuelle Meinung«, geprägt von den Ideen, Überzeugungen und der Haltung der hochschulgebildeten Westdeutschen, die nach 1945 geboren wurden. Eine nicht zu unterschätzende Minorität. Im Gegensatz zur Deutschlandpolitik eignet sich dieses Meinungsklima nicht für logische, rationale Auslegungen. Was immer darüber zu sagen ist, bleibt fragmentarisch und impressionistisch: Strickmuster aus persönlichen Erfahrungen. Und es scheint ebenso schwierig wie notwendig herauszufinden, welches dieser Strickmuster spezifisch deutsch ist und welches mit den intellektuellen Meinungen anderer Länder vergleichbar wäre. Meine Nachbarn in Oxford kritisieren jenen amerikanischen Präsidenten, der über die Möglichkeit eines begrenzten Atomkriegs räsoniert, gleichermaßen harsch wie meine ehemaligen Nachbarn in West-Berlin. Und es gibt ja auch allen Grund, die transatlantisch verknüpften Entscheidungen für die Aufstellung neuer landstationierten INF-Raketen in Westeuropa in Frage zu stellen. Wer zum Beispiel Strobe Talbotts *Deadly Gambits* gelesen hat, wird kaum noch behaupten können, daß die ganze Schuld für den Abbruch der Rüstungskontrollverhandlungen im letzten Jahr bei den Russen liegt.

Doch zweifellos wird in der Bundesrepublik die Angst vor einem Atomkrieg drängender, radikaler und auch hysterischer artikuliert als in jedem anderen westeuropäischen Land. »Ich habe Hoffnung für die Welt«, versichert uns Petra Kelly in ihrem persönlichen Manifest, »obwohl es zehn Minuten vor Zwölf ist.« Diese apokalyptische Zeitrechnung wird mit sachlicher Nüchternheit betrieben. Und zur Hysterie haben selbst Politiker wie Helmut Schmidt beigetragen, indem sie die heutige Situation mit der von 1914 verglichen haben. Der exilierte sowjetische Politikwissenschaftler Michail Voslensky, der heute in München lebt, erzählte mir, daß Angstbezeugungen unter vielen deutschen Intellektuellen obligatorisch sind: »Wenn ich sage, daß ich keine Angst habe, betrachten sie mich schon als Faschisten!« »Aber ich habe keine Angst, solange beide Supermächte eine adäquate Zweitschlagsfähigkeit besitzen ...«

Als Ursache dieser besonderen Ängstlichkeit wird oft die geographische Lage angeführt. Günter Gaus schreibt in seinem mit Vorahnungen befrachteten Buch, »Deutschland liegt ... in der Mitte des ersten Schlachtfeldes, im Fall eines neuen Krieges in Europa«. Doch diese Angst – »Deutschland ist das Schlachtfeld« – ist nur begründbar, wenn man Reagan Recht gibt und einen begrenzten Krieg in Europa für möglich hält. Liegt Reagan falsch, und die atomare Eskalation wäre tatsächlich unvermeidlich (wie die Sowjets immer behauptet haben), dann wäre es wirklich irrelevant, ob Deutschland an der Frontlinie liegt oder nicht: Ich werde in Oxford nicht besser dran sein als in Berlin (oder San Francisco). Doch die emotionale Kraft des Bildes »Deutschland als Schlachtfeld« ist nicht leichthin abzusprechen.

Eine weitere Ursache dieser Ängstlichkeit liegt in der Geschichte. Nachdem sie zwei Weltkriege begonnen haben, sind die Deutschen entschlossen, keinen weiteren zu beginnen. Dieser ehrbare Sinn für historische Verantwortung wird auch von den Schriftstellern beiderseits der Mauer formuliert. Es gibt, um einen Ausspruch des Ministers für Innerdeutsche Beziehungen zu wiederholen, »so etwas wie eine gesamtdeutsche intellektuelle Meinung«. Aber was sind das für Meinungen! Da ist Günter Grass, der die westdeutsche Jugend zur »Wehrkraftzersetzung« auffordert – ein Wort, das die Nazis für militärische Aufwiegler gebrauchten. Da ist die DDR-Schriftstellerin Christa Wolf, die als Warnung gegen atomare Mittelstreckenraketen eine Neufassung der Kassandra-Legende schreibt. Und da ist Rolf Hochhuth, ein Schriftsteller, der viel dazu beigetragen hat, die Deutschen an die Realitäten eines Lebens unter der Naziherrschaft zu erinnern. Im Prolog seines Stückes *Judith* wird uns gezeigt, wie ein russisches Mädchen in Minsk 1943 Hitlers Generalkommissar (einen Massenmörder) tötet. Der Hauptschauplatz des Stükkes ist dann jedoch Washington, vierzig Jahre später. Die Heldin Judith, eine Journalistin (Hochhuth schlägt vor, sie von der gleichen Schauspielerin spielen zu lassen), deren Bruder durch das Kampfgift Agent Orange in Vietnam verkrüppelt wurde, empfindet es als ihre moralische Pflicht, den amerikanischen Präsidenten zu töten, der bereit ist, 150 Milliarden Dollar in fünf Jahren für die Rüstung auszugeben – einschließlich jenes Nervengases. Und so tötet sie ihn mit eben diesem Nervengas. »Wer zum Schwert greift, soll durch das Schwert sterben« zitiert Hochhuth.

Diesen Beitrag zur »Friedens«diskussion könnte man durchaus als »Äquilateralismus« bezeichnen: Die Vereinigten Staaten sind ebenso gefährlich, wenn nicht gefährlicher, wie die Sowjetunion, und es ist das beste für die Menscheit insgesamt und für die Deutschen im besonderen, sich so weit wie möglich von beiden fern zu halten. Natürlich hat die Reagan-Administration durch ihre Rhetorik vom »evil empire« einiges dazu beigetragen, diese Auffassung zu fördern. Außerdem verwechseln viele in der Friedensbewegung die militärische Planung, die der Öffentlichkeit bekannt ist, mit Militärpolitik. Natürlich sind solche Ansichten auch anderswo in Europa zu finden. Aber es stellt sich die Frage, weshalb sie am stärksten in jenem europäischen Land vertreten sind, das am weitgehendsten amerikanisiert ist und dessen Menschen am nächsten zu einem sowjetischen System leben.

Ginge es hier um das isolierte Oxford, man könnte es noch verstehen. Aber weshalb in aller Welt kann ein West-Berliner die Unterschiede zwischen den beiden Seiten der Mauer nicht erkennen? Richard Löwenthal, der große alte Mann der SPD, offeriert in einem »Brief« an die *Partisan Review** zumindest eine Erklärung: »Mangel an politischer Erziehung«. In seinem Bemühen, die Entspannung zu fördern, habe sich das sozial-liberale Establishment schier verbogen, um zu verdeutlichen, was Ost und West miteinander vereint, anstatt deutlich zu sagen, was sie noch immer voneinander trennt. Das Resultat sei: »in großen Teilen

* Nr. 2, 1984.

der jungen Generation, ein Mangel an Verständnis, daß der Konflikt mit der Sowjetunion *nicht nur* ein Konflikt zwischen zwei Großmächten und ihren Verbündeten ist, sondern auch ein Konflikt zwischen Freiheit und Tyrannei«, wofür auch die Memoiren von Gaus und Bölling ein Beispiel sein mögen. Bölling stellt die beiden Systeme als *Geschäftsbedingungen* einander gegenüber, während Gaus sie mit zwei *Religionen* vergleicht. Deutschlandpolitik, schreibt er, sollte der Versuch sein, einen Augsburger Frieden ohne den Religionskrieg zu erlangen, der ihm vorausgegangen war. Demzufolge wäre der Unterschied zwischen Kommunismus und freiheitlicher Demokratie nichts weiter als der Unterschied zwischen Protestantismus und Katholizismus oder zwischen den Geschäftsbedingungen staatlicher und privater Gesellschaften.

Hier möchte ich eine persönliche Beobachtung anfügen. Die meisten westdeutschen Intellektuellen fahren nur selten in die DDR. Wenn sie es aber tun, dann erleben sie eine Gastfreundschaft und menschliche Wärme, die in starkem Kontrast zur »Atomisierung« und zur »Entfremdung« des Lebens im kapitalistischen Westen stehen. Der intellektuelle Tourist macht es sich einfach, sieht er dies schlicht als Produkt des kommunistischen Systems. Wer wirklich in der DDR lebt, der merkt schnell, daß diese Schicksalsgemeinschaft nur soweit ein Produkt des Kommunismus ist, wie die Schicksalsgemeinschaft von Hausbewohnern im Luftschutzkeller während eines Fliegeralarms ein Produkt des Krieges war. Der gelegentliche Besucher, der vielleicht gar nicht bemerkt, daß die Menschen nur deshalb so freundlich zu ihm sind, weil er aus dem Westen kommt, genießt diese Herzlichkeit, ohne ihre Schattenseiten kennenzulernen. Bei westdeutschen Besuchern im östlichen Deutschland mag zusätzlich das Erlebnis mit dem »alten Deutschland« eine Rolle spielen. Aber dieses »alte Deutschland« genießt vor allem, wer schnell zurück nach West-Berlin fahren, dort einkaufen, dort telefonieren, dort sein Auto inspizieren lassen kann und nichts weiter als die Mühsal der Konsumgesellschaft erdulden muß. Fairerweise soll aber auch gesagt sein, daß der westliche Besucher in der DDR durchaus auch jene Loyalität dem Staat gegenüber finden wird, wie sie Rudolf Bahro beschrieben hat.

Der West-Berliner Autor Peter Schneider zeigt in seinem Buch *Der Mauerspringer*, daß man die Mauer überqueren und mit

»äquilateralen« Schlußfolgerungen zurückkehren kann. Schneider portraitiert seinen Ost-Berliner Freund Pommerer und sich selbst als Opfer unterschiedlicher, aber in gleicher Weise heimtückischer Indoktrination:

»Der erste Satz, den Pommerer lernt: Ami go home. Mein erster englischer Satz: Have you chewing-gum? Aus solchen Unterschieden werden noch 35 Jahre später Rüstungsetats gemacht.«

Während er zwischen westlichen und östlichen Fernsehnachrichten hin- und herspringt, sagt er: »Die Programmacher beider Staaten ähneln sich darin aufs Lächerlichste: aus dem eigenen Lager lassen sie nur die Meinung der Herrschenden, aus dem feindlichen Lager nur die der Unterdrückten zu Wort kommen.«

Die Amerikanisierung der Bundesrepublik ist unbestreitbar. Die westdeutsche Demokratie ist das Stiefkind der amerikanischen Demokratie. Die westdeutsche Konsumindustrie ist die weitgehendste europäische Kopie der amerikanischen. *Der Spiegel* wurde nach dem Vorbild von *Time* geschaffen, und so weiter. Es ist daher nur folgerichtig und unvermeidbar, daß die jungen westdeutschen Rebellen gegen etwas Amerikanisches kämpfen, wenn sie gegen die Werte ihrer Eltern, gegen das »industrielle System« oder gegen die Flick-Moral des, wie Baader-Meinhof es genannt hatten, »Himbeerreichs« rebellieren. Nicht trotz der Amerikanisierung, sondern gerade *wegen* ihr hat der deutsche Antiamerikanismus eine besonders gefühlsbetonte Schärfe, eine Art pubertären Extremismus, der in traditionell anti-amerikanischen (und weniger amerikanisierten) Ländern wie Frankreich nicht zu finden ist. Petra Kelly, mit ihrem Stiefvater aus der US-Armee, ihrer Highschool-Erziehung in Virginia und ihrer Wahlkampfarbeit für Robert Kennedy, personifiziert das Paradox. Wenn man weiß, daß das Vorbild der Grünen für ihre Kampagne des zivilen Ungehorsams gegen amerikanische Raketen nicht Martin Luther, sondern Martin Luther King ist, dann kommt man auf den Gedanken, daß selbst ihr Antiamerikanismus amerikanisch ist.

Stefan Heym beschreibt in seinem Buch *Schwarzenberg*, wie 1945 durch ein Versehen eine kleine Ecke Deutschlands an der tschechischen Grenze sowohl von den westlichen Alliierten als auch von den Russen unbesetzt bleibt. Er erzählt, wie aufrechte und demokratisch gesinnte deutsche Antifaschisten sich bemühen, ihren Traum einer »freien deutschen Republik« zu erfüllen.

Am Ende ist es ihnen nicht gelungen, Schwarzenberg fällt an die sowjetische Besatzungszone. Für die meisten seiner Leser wird Heyms »realistisches« Ende wohl weniger bedeutend sein als der »Traum«, den er mit großer Sympathie ausmalt: ein »politisches Utopia«, das – wie der Umschlag historisch recht gewagt behauptet – »fast zur Realität geworden sein könnte«. *Schwarzenberg* spielt vernehmbar auf die in Deutschland verbreitete Vorstellung an, daß Deutschlands nationale und demokratische Entwicklung durch die alliierte Besetzung verhindert worden sei; daß die Überlebenden des deutschen antifaschistischen Widerstands, wären sie sich selbst überlassen gewesen, 1945 ihren eigenen Weg zu einer echten sozialistischen Demokratie in einem demilitarisierten, vereinten Deutschland hätten finden können.

Aber wenn 1945 die »Gelegenheit verpaßt« wurde (obwohl es tatsächlich keine solche Gelegenheit gab), könnten wir sie uns dann heute vorstellen? Wenn Deutschland sich nur aus den erdrückenden militärischen Blöcken befreien könnte ... Das ist eine Perspektive der deutschen Frage, die populär ist (wenn auch nicht unstrittig) unter den Grünen, der Friedensbewegung, und unter jenen, die links vom linken Flügel der SPD stehen. Manche Grüne sprechen vom alten Staatensystem vor der deutschen Einheit – Ökosysteme, natürlich. Auch Rudolf Bahro spielt mit der Idee von »vielen kleinen deutschen Staaten«. Aber, so sagt er, »in der Praxis, wenn wir ein ökologisches, dezentralisiertes Deutschland aufbauen wollen, müssen wir zuerst deutsches Territorium befreien. Die Bundesrepublik steht heute unter der NATO und ist das NATO-Land mit der geringsten Souveränität. Für unsere zukünftige Arbeit müssen wir zuerst die Souveränität über unser eigenes Territorium erhalten.«

Der Sozialdemokrat Gaus argumentiert leidenschaftlich für die Entknüpfung der Ideen von deutscher *nationaler Einheit* und deutscher *Eigenstaatlichkeit*. Die Deutschen sollten ihre Idee von der Rückkehr zum Bismarckschen vereinten Nationalstaat endlich aufgeben. Ihre nationale Identität und ihren Patriotismus könnten sie auch im gegenwärtigen, gespaltenen post-Jalta-Europa wiederfinden. Die Tatsache, daß sie zwei verschiedene *Staaten* haben, sei nicht so bedeutend. Doch Kanzler Kohls Enthusiasmus für die westeuropäische Gemeinschaft steht er ablehnend gegenüber. Der Weg zur deutschen Einheit, schreibt er, führe nicht über Brüssel. Aber auch mit einer status-quo-

Deutschlandpolitik ist er nicht zufrieden. Denn unter den herrschenden Bedingungen, schreibt er, gebe es eine »Geneigtheit zum Krieg«, »wahrscheinlich ist ein Krieg in Europa nicht zu vermeiden« (auch hier wieder diese apokalyptische Vision). Die USA würden keinen atomaren Selbstmord für Europa begehen. Und er fragt: »Ist es gänzlich ausgeschlossen, im westeuropäischen Teil der NATO, mit Frankreich, eine nukleare Abschrekkungsmacht zu etablieren, über die entsprechend jener Interessen verfügt würde, die von den amerikanischen abweichen? Wenn das nicht geht: stünden wir dann nicht unter dem nationalen französischen Schirm immer noch besser als unter dem amerikanischen?« (Man fragt sich, was wohl die Franzosen davon halten mögen.)

Er schlägt vor, sich eine solche Reform des Bündnisses – *Reform*, nicht Auflösung, betont er – vorzustellen. »Begleitet vom westlichen Verzicht auf weitere atomare Aufrüstung«, hätte dann »der Westen nicht der Sowjetunion einige zukunftsträchtige Vorschläge für allmählich entstehende gesamtdeutsche Regelungen zu machen?« »Könnten in einer atomwaffenfreien Zone, abgesichert von einem *europäischen Gleichgewicht* und garantiert von Washington und Moskau, in Mitteleuropa, wo auch Deutschland liegt, Ansätze zu *Konföderationen auf Teilgebieten* sich bilden?« Die Prosa ist geschraubt, das letzte Konzept obskur, aber die Richtung seiner Gedanken wird deutlich genug.

»So gut wie alles steht solcher gesamteuropäischen Zukunft im Wege«, schließt Gaus nüchtern. Und so ist es auch mit all den anderen Fragmenten von Utopia, die wir Revue passieren ließen. Hier ging es um Bücher, nicht um Politik. Keine der Parteien der Bundesregierung oder jene, die noch auftauchen könnten, strebt ein derartiges politisches Programm an.

Aber für das besagte intellektuelle Klima in der Bundesrepublik ist es symptomatisch. Hier gibt es keine einzige »Ideologie«, keinen gemeinsamen, in sich beständigen ideellen Rahmen. Es wäre falsch, einen Zusammenhang herzustellen, wo keiner ist. Aber zwei Zutaten zu diesem *Urbrei* (um einen Terminus von Freud zu borgen) aus Mythen und Ideen hängen doch zusammen.

Zum einen wird der bestehende westdeutsche Staat (parlamentarische Demokratie, kapitalistischer Sozialstaat, Atomkraft, Rechtsstaatlichkeit, usw.) als korruptes, unzulängliches und unehrliches System apostrophiert, wenn nicht abgelehnt. Während die älteren Generationen zur unkritischen Loyalität dem Staat gegenüber neigten (Untertanenmentalität, Autoritätsgläubigkeit), haben sich die nach 1945 Geborenen zum extremen Gegenteil gewandelt. Zum Teil als bewußte Reaktion, wie von Hochhuth beschrieben. Zum Teil aber auch aus politischem Romantizismus und utopischem Idealismus. Doch das Beste kann sich schnell zum Feind des Guten kehren. Vielleicht muß tatsächlich erst ein Ausländer kommen, um festzustellen, daß die Bundesrepublik nicht das schlimmstmögliche System unter all den anderen Systemen ist, die Deutschland von Zeit zu Zeit ausprobiert hat.

Wenn man ihn ernsthaft mit Utopia vergleicht, dann kann man den besten Staat, den Deutschland jemals hatte, natürlich abschreiben. Wenn man ihn ernsthaft mit irgendeiner anderen realen Alternative vergleicht, zum Beispiel mit der DDR ... aber wer macht das schon. Denn die zweite Zutat zum Urbrei ist eine konstante Mißachtung der qualitativen Unterschiede zwischen den Systemen im westlichen und östlichen Europa.

Ich frage mich, was diese Haltung für die Menschen in Osteuropa bedeutet. Während ich in den vergangenen fünf Jahren ständig zwischen der Bundesrepublik und Polen hin- und hergereist bin, war ich immer wieder vom Kontrast zwischen diesen beiden Ländern überrascht. Die Polen genießen eine tiefempfundene nationale Identität und kämpfen um ihre Freiheit. Die Deutschen genießen ihre Freiheit und kämpfen um ihre nationale Identität. Jeder verlangt gewissermaßen das, was der andere hat: Westdeutsche eine unverfälschte nationale Gemeinschaft, Polen eine unverfälschte demokratische Volksbeteiligung. In beiden Ländern entstehen große Volksbewegungen zur gleichen Zeit – Solidarność und die Friedensbewegung. Beide bringen Christen und Sozialisten zusammen, beide werden durch die Energien und den Idealismus der jüngeren Generation angetrieben – doch was für Welten trennen sie!

Göttinger Studenten, die ihr ganzes Leben in einer stabilen, freiheitlichen Demokratie verbracht haben, stellen den Primat ihrer traditionellen Werte angesichts wirtschaftlicher Rezession, des Nord-Süd-Gefälles und der atomaren Bedrohung in Frage. In Danzig schreiben junge Arbeiter, die ihr ganzes Leben unter dem Kommunismus verbracht haben, in der Lenin-Werft die Worte »Der Mensch wird frei geboren, und frei lebt er«. Polnische Schulkinder wählten als Motto für ihre Samizdat-Zeitung »Gefährliche Freiheit ist mir lieber als sichere Knechtschaft«. In der Bundesrepublik wurde Reagan mit einem Nazi-Massenmörder verglichen. Für die meisten Polen war er ein Held. Zwischen den beiden Massenbewegungen bestand ein Abgrund gegenseitigen Unverständnisses (die Polen konnten genauso mißverstehen, wie sie mißverstanden wurden – aber das wäre Thema eines anderen Essays). Wenn jemand wie Petra Kelly versucht, Schlußfolgerungen aus der Zerschlagung von Solidarność zu ziehen, dann kommt dabei heraus: »Gerade weil die Friedensbewegung unabhängig ist, kann sie nicht mit einem blinden Auge auf Polen blikken. Wir dürfen auch nicht ignorieren, wie man die Rechte der Gewerkschaften in Großbritannien durch eine neue Gesetzgebung aushöhlt, die gerade ausgearbeitet wird ...« etc, etc. So wird also alles in einen Topf geschmissen: das Kriegsrecht in Polen und ein Akt des britischen Parlaments; Thatcher und Jaruzelski; Abschreckung und Genozid; Auschwitz und Grenada. All das ist »das System«. Das System ist bankrott. Das System muß weg.

Polen war seit dem August 1980 ein Bezugspunkt für die Entwicklung der intellektuellen Meinung in der Bundesrepublik, doch auch ein Prüfstein für die Ostpolitik. Deutsche Reaktionen auf die polnische Krise zeigen die Prämissen und die Richtlinien dieser Politik. In den Memoiren von Gaus und Bölling wird die polnische Krise gänzlich durch das ostdeutsche Prisma betrachtet. Solidarność erscheint ungelegen und als Gefahr. Beide Autoren distanzieren sich nur vorsichtig von den harschen antipolnischen Gefühlen, die, wie sie beobachten konnten, in der DDR vernehmlich ausgesprochen und diskret von der Partei ermutigt wurden. Bölling zitiert kommentarlos die Meinung hochrangiger DDR-Offizieller: » ... die Polen, zumal einige der intellektuellen Ratgeber des Werftarbeiters Wałęsa, überschätzen ihre Kraft, wollten den Konflikt mutwillig weitertreiben, neigten, beflügelt durch das westliche Echo, zu einer Politik des Alles oder Nichts und seien von einer sehr politischen Realitätsferne«.

Die Ostdeutschen, so schreibt er, erkannten die Tatsache an, daß Helmut Schmidt in seinen Stellungnahmen zu Polen »auf das in Washington, London und Paris bevorzugte Pathos verzichtete«. Sie waren dankbar, daß Schmidt »sich zu jener Minderheit im Westen stellte, die weiter dachte«. Und hier ist, was weitergedacht wurde: »Nach einem Blutbad in Polen ... wir, die Deutschen in beiden Staaten, womöglich ein volles Jahrzehnt zu warten hätten, ehe wir erneut miteinander reden könnten«. Bereits im Sommer 1980 hatten die Streiks, aus denen Solidarność hervorging, Schmidt dazu gebracht, sein geplantes Gipfeltreffen mit Honecker zu verschieben. Die polnischen Ereignisse wurden als eigentlicher Grund für die dramatische Erhöhung des Pflichtumtausches angesehen, die im Herbst 1980 von Ost-Berlin für westdeutsche Besucher in der DDR angeordnet wurde – ein gewaltiger Rückschritt in den innerdeutschen Beziehungen. Und dann, als Schmidt und Honecker sich schließlich am Werbellinsee trafen, kam Jaruzelski daher und erklärte am letzten Tag ihres Treffens sein »Kriegsrecht«! Natürlich fragten westliche Journalisten Schmidt sofort nach einer Stellungnahme. »Der Staatsratsvorsitzende, sagte Helmut Schmidt, sei genau wie er selber bestürzt über die Ereignisse in Polen«, schreibt Bölling. Aber danach verstand auch Schmidt, »daß es ein Fehler gewesen war, die Polen indirekt als Störfaktor für die deutsch-deutschen Beziehungen hinzustellen«. Da also liegt der Hund begraben.

Denn natürlich stand die polnische Revolution von 1980–81 der deutsch-deutschen Entspannung im Wege. Und ab Dezember 1981 *waren* General Jaruzelskis »Wiederherstellung der Ordnung« in Polen und die Wiederherstellung guter Geschäftsbeziehungen zwischen den Vereinigten Staaten und der Sowjetunion ein Erfordernis, wenn nicht eine Vorbedingung für den weiteren Fortschritt in den deutsch-deutschen Beziehungen. Deshalb auch hat Außenminister Genscher entschieden das eine wie das andere vorangetrieben: die »Normalisierung« der Ost-West-Beziehungen und, auch das, Jaruzelskis »Normalisierung« in Polen. Und nicht nur Genscher. Bei ihren Besuchen in Polen haben sowohl Hans-Jochen Vogel wie Franz Josef Strauß ihre Unterstützung für Jaruzelskis »Stabilisierung« zum Ausdruck gebracht. Diese Harmonie zwischen Vogel und Strauß scheint nur so lange merkwürdig, bis man sich daran erinnert, daß die Deutschlandpolitik durch die Entwicklung in Polen gefährdet war. Was auch immer ihre politischen Differenzen sein mögen, so sahen doch beide, daß eine kontinuierliche Deutschlandpolitik im nationalen Interesse Deutschlands liegt.

Westdeutsche Politiker sind mit meiner Analyse nicht besonders glücklich, auch wenn sie auf dem basiert, was sie selber gesagt oder geschrieben haben. Sie sind davon überzeugt, daß ihre Politik im Interesse des polnischen Volkes sei. Ein Wandel in Osteuropa sei nur durch kleine, evolutionäre Schritte möglich, die umsichtig von oben kontrolliert werden müßten. Die erste Priorität aber habe der Wiederaufbau der zerstörten polnischen Wirtschaft. Die Polen sollten daher eher »realistisch« als »romantisch« sein. (Ich zitiere aus einer Anzahl von Gesprächen, die ich während der vergangenen drei Jahre mit deutschen Politikern geführt habe.) Wenn der Westen eine Beziehung zu Jaruzelski aufbaue, insbesondere durch neue Kredite und Handel, so könne er eine »liberalere« Politik beeinflussen, wie er es auch bei Gierek gemacht hatte.* Das polnische Volk sollte, anstatt unerfüllbare Forderungen nach mehr Freiheit und Selbstbestimmung aufzustellen, sich mit einem komfortableren Leben unter einer wirtschaftlich effizienteren und womöglich toleranteren Diktatur zufriedengeben, bei deren Konstruktion die Bundesrepublik Jaruzelski helfen werde. Kurz, Polen solle mehr wie die DDR sein.

Das einzige Problem mit dieser Sichtweise ist, daß kaum ein Pole sie teilt. Ihre Prioritäten sind andere. Zum Beispiel haben sie den Hang (»romantisch« und »unrealistisch«), die Freiheit vor Effizienz oder Sicherheit zu stellen. Die Vorgehensweise der Ostpolitik gegenüber Polen ist daher im gleichen Maße zutiefst *antidemokratisch* wie die Vorgehensweise Reagans gegenüber Nicaragua: Sie mißachtet die eindeutig formulierte Sehnsucht einer Mehrheit der Völker in beiden genannten Ländern. (Womit die Sehnsucht der Sandinisten in keiner Weise mit jener der Solidarność gleichgesetzt werden soll).

Günter Gaus nimmt eine mögliche Antwort auf diese Kritik vorweg. Stabilität in Osteuropa, insistiert er, sei von grundlegender Bedeutung für den Frieden in Europa – und er lobt Franz Josef Strauß, weil er genau das in Warschau gesagt hatte. Polnische Zustände, wie sie in den letzten drei Jahren entstanden seien, eine *»polnische Wirtschaft«* (genau im Sinn jener alten, schrecklich arroganten deutschen Metapher) in Mitteldeutschland wäre der Vorabend eines Krieges in Europa. Folglich müß-

* Schmidt war von Gierek außerordentlich beeindruckt. »Einen solchen Mann würde er glatt im Kabinett aufnehmen«, hatte er, laut Bölling, gesagt. Und Stunden bevor das Kriegsrecht in Polen verhängt wurde, bat er (laut Bölling) Honecker, bei seinen polnischen Genossen für eine »faire Behandlung« von Gierek einzutreten.

ten die Polen ihre demokratischen Sehnsüchte dem höheren Ziel des Friedens opfern. Es gebe auch, wie Bölling schreibt, eine generelle Übereinstimmung in Ost und West, daß der Friede nun mal ein höheres Gut sei als Paragraphen, die der Idee der Freiheit gewidmet sind und die auch in der Verfassung der DDR zu finden seien.

Der Fall Polens ist wichtig, denn in den vergangenen drei Jahren haben westdeutsche Kommentatoren und Politiker immer wieder die ost-westdeutschen Beziehungen als Beispiel für die ost-westeuropäischen Beziehungen dargestellt und für die Ost-West-Beziehungen insgesamt. Die automatische Gleichsetzung von deutschen mit europäischen Interessen ist gängiger Bestandteil westdeutscher Rhetorik von Strauß bis Bahro, von Kohl bis Vogel. Man findet sie in allen Büchern, über die hier gesprochen wird. In einem *Zeit*-Artikel, betitelt »Deutsches Modell«, führt Gräfin Dönhoff die Dinge noch einen Schritt weiter:

»Alle Welt in Ost und West rätselt ängstlich: Was ist mit den beiden Deutschlands los? Dabei ist dieses Rätsel leicht zu lösen. Es geht den Deutschen und auch ihren Nachbarn rechts und links der Elbe auf die Nerven, tatenlos zusehen zu müssen, wie die beiden Supermächte mal wie die Verrückten rüsten, mal wie die Kinder ›Schwarzer Peter‹ spielen. Schließlich betrifft diese Politik – wenn man es überhaupt so nennen kann – nicht nur die beiden Großen, sondern mehrere hundert Millionen Europäer.

Erich Honecker hat vor einiger Zeit in einem Interview erklärt: ›Welche strittigen internationalen Probleme auch immer auftreten, wie kompliziert sie sein mögen – es gilt, sie nicht nach dem Faustrecht, sondern auf dem Wege von Verhandlungen zu regeln.‹

Und Außenminister Genscher führte soeben überzeugend aus, wie die Politik heute beschaffen sein müßte: ›Die Bedeutung Europas setzt voraus, daß auf dem Alten Kontinent nicht eine Macht für sich eine Vormachtstellung anstrebt‹ – und: ›Es führt nicht weiter, wenn beide Seiten sich gegenseitig die Schuld an der Verschlechterung der Lage zuschrieben und eine Änderung des Verhaltens der anderen Seite als Voraussetzung für einen Beitrag verlangen.‹

Wenn doch die Supermächte ebensoviel Einsicht beweisen würden!«

Der selbstgerechte Ton ist es wert, erwähnt zu werden.

Ich habe zu zeigen versucht, daß die erwähnte Gleichsetzung noch lange nicht bewiesen ist. Wollen wir also mal um des Argumentes willen annehmen, daß das gesamte Osteuropa sich mehr wie die DDR entwickle und sich alle Westeuropäer gegenüber Osteuropa so verhalten wie die Bundesrepublik gegenüber der DDR. Wäre Europa dann ein sicherer Ort, friedlicher und freiheitlicher? Ich zweifle daran. Die DDR ist der standhafteste Pfeiler des sowjetischen Imperiums. Sie ist der Staat in Osteuropa, der einem gut funktionierenden leninistischen Parteistaat am nächsten kommt. Ihre relativ moderne Wirtschaft ist von unschätzbarem Wert für die Sowjetunion. Ihre große und professionelle Armee ist für den Warschauer Pakt lebenswichtig.

Im Gegensatz dazu ist Polen das eitrige Geschwür des Warschauer Pakts. Seine Wirtschaft ist eine Belastung für Comecon und Sowjetunion. Sowjetische Militärs müssen befürchten, daß sie sich im Falle eines Krieges nicht auf Polen verlassen können. (Wer fürchtet das schon von der Nationalen Volksarmee der DDR?) Der Kreml scheint mit dem polnischen Problem in seinem Hinterhof eher weniger als mehr dazu bereit zu sein, Risiken im Ausland auf sich zu nehmen. Außerdem hat das polnische Volk (für einen hohen Preis) weit größere Bereiche einer wirklichen Freiheit und eines Pluralismus erkämpft, als sich das die Bürger der DDR erträumen könnten.

Inzwischen hat die Bundesrepublik die einstige Vorstellung begraben, die Politik der Ost-Berliner Regierung durch den *Wandel durch Annäherung* zu beeinflussen. Statt dessen leistet sie einen gewaltigen Beitrag zur Stabilisierung und zum Wachstum des polizeilichen Sozialstaats Honeckers. Sowohl Gaus als auch Bölling sagen offen, daß Bonn mehr gibt, als es bekommt. Wer in der Bundesrepublik mit der sicher auch bitteren Machtlosigkeit in diesem Zusammenhang nicht umgehen könne, der hätte die Deutschlandpolitik besser nicht fortgeführt, schreibt Gaus. Und erinnern wir uns an Böllings faszinierende Formulierung der »nicht unehrenhaften Erpreßbarkeit« der Bundesrepublik. Ist es so, wie wir uns das gesamte Westeuropa in seinen Handlungen gegenüber dem Osten wünschen?

Was im deutschen Interesse liegt, ist noch nicht notwendigerweise im Interesse anderer. Seit es in Europa Nationen gibt, kollidieren ihre Interessen ebenso oft, wie sie übereinstimmen. Es gibt keinen Grund anzunehmen, dies habe sich geändert.

Wenn dieser Essay auch nur andeutungsweise die Komplexität der »deutschen Frage«, wie sie sich heute in Europa stellt, aufzeigen konnte, so hat er seinen Zweck erfüllt. Während der vergangenen fünfzehn Jahre hat sich die Position der Bundesrepublik in den internationalen Beziehungen fundamental geändert. Eine neue Deutschlandpolitik, die auf guten Geschäftsbeziehungen mit dem kommunistischen Regime in Ost-Berlin basierte, war das Epizentrum dieses Wandels. Diese Politik hat inzwischen breiten Konsens in Bonn und wahrscheinlich auch in Ost-Berlin gefunden. Und, wie gesagt, sie hat beiden deutschen Staaten, allen Deutschen und besonders den Berlinern große Erleichterungen gebracht.

Diese erfolgreiche, pragmatische Deutschlandpolitik ist untrennbar mit der Bonner Außenpolitik gegenüber Osteuropa verbunden. Sie hat die Beziehungen der Bundesrepublik zu Moskau definitiv gestärkt, was eindeutig und geopolitisch erklärlich im besonderen Interesse der Bundesrepublik liegt. Bis jetzt sind die spezifischen nationalen Interessen ohne allzu große Mühen in das westliche Bündnis und in die Europäische Gemeinschaft eingebettet worden. Es gibt keinen Grund anzunehmen, dies würde sich in der absehbaren Zukunft ändern. Doch wir tun gut daran, wie Bundespräsident von Weizsäcker sagt, unsere Augen nicht zu verschließen. Die neue Selbstsicherheit der Bundesrepublik, ihre politischen, wirtschaftlichen und gefühlsbetonten Investitionen in die Ostpolitik, werden Bonn weiterhin veranlassen, das abzusichern, was sie als nationales deutsches Interesse betrachtet. Eine Bundesregierung der SPD würde wahrscheinlich auch Moskaus Verknüpfung der Deutschlandpolitik mit der Sicherheitspolitik akzeptieren – eine Aufforderung, die Helmut Kohl zu ignorieren versteht.

Diese Überlegungen und die Kenntnis der deutschen Geschichte machen uns Europäer, und mehr noch die Deutschen selbst, zu hypochondrischen Wächtern der bundesdeutschen Gesundheit. Auch wenn eine nüchterne Diagnose ergibt, daß die Bundesrepublik noch immer eine der stabilsten, blühendsten und freiheitlichsten Demokratien dieser Welt ist, daß Hypochondrie und das pausenlose Infragestellen von Autorität eher Symptome von Gesundheit als von Krankheit sind. Nur eine Minderheit, wenn auch eine bedeutende, hat dieses Infragestellen bis zum Extrem betrieben. Utopischer Idealismus, politischer

Romantizismus, eine Überreaktion auf die Nazi-Vergangenheit, eine pubertäre Rebellion gegen den Stiefvater Amerika: All dies schimmert durch die Stimmen der deutschen Intellektuellen hindurch, Stimmen, die einen seltsam schrillen, apokalyptischen Alarmton anschlagen. Aber dies sind nicht die entscheidenden Stimmen der deutschen Politik, noch werden sie es in absehbarer Zeit sein. Und überhaupt – wenn die Christdemokraten am Sonntag das eine sagen und am Montag das andere tun, so können das die Grünen schon lange. Ihren oft dogmatischen Auseinandersetzungen zuzuhören ist eine Sache, sie bei der parlamentarischen Arbeit zu beobachten eine andere.

Das verwirrende Durcheinander deutscher Antworten auf deutsche Fragen, das dieser Essay aufzuzeigen versucht, schließt letztlich auch nicht-deutsche Verwirrung ein. Günter Gaus schreibt verbittert, wie gerne sich die Alliierten daran gewöhnt haben, daß sich das deutsche nationale Engagement auf Lippenbekenntnisse an bestimmten Gedenktagen reduziert habe. Die Realität ist jedoch ein wenig komplizierter. Zwar mögen wir manchmal mit François Mauriac denken: »Wir lieben Deutschland so sehr, daß wir froh sind, wenn es zwei von ihnen gibt.« Aber wir wissen auch, daß der Weg zu einer europäischen Einigung über Deutschland führen muß. Wenn wir es also wirklich ernst meinen mit der langfristigen, friedlichen »evolutionären Befreiung« Mittel- und Osteuropas, mit der Überwindung Jaltas, dann müssen wir es auch ernst meinen mit der Überwindung der deutschen Teilung. Bloß wie?

5 Die Früchte der Widerwärtigkeit

Im folgenden Essay von 1985 geht es um das unabhängige kulturelle und geistige Leben Polens im gleichen Jahr, in einer Zeit der politischen Ohnmacht. Eine versunkene Welt.

»Ich finde es sehr ermutigend, daß der Traum von Marx gerade hier in Erfüllung geht«, sagte Kurt Vonnegut der führenden Untergrundzeitschrift *Tygodnik Mazowsze* bei seinem kürzlichen Besuch in Polen und spielte damit auf Marx' Vision vom absterbenden oder zumindest unbeachteten Staat an. Vonneguts hübsches Gedankenspiel trifft den ungewöhnlichen Zustand des intellektuellen Lebens im heutigen Polen genau. Denn hier ist ein kommunistischer Staat, in dem die besten Schriftsteller von Untergrundverlegern veröffentlicht werden, die besten Journalisten für Untergrundzeitschriften schreiben, die besten Lehrer außerhalb der Schulen unterrichten; in dem verbotene Theatergruppen einfach in Klöstern weiterspielen, entlassene Professoren als »private Gäste« weiter in ihren eigenen Seminaren dozieren und in dem Kirchen gleichzeitig Schulen, Konzertsäle und Kunstgalerien sind. Eine vollständige Welt der Bildung und Kultur existiert unabhängig vom Staat, der den Anspruch erhebt, sie zu kontrollieren – eine reale Welt des Bewußtseins, die, unerreichbar und frei wie der Sarg des Propheten, über der irrealen Welt des Seins schwebt.

Natürlich weiß jeder polnische Schuljunge, daß die *Inteligencja* seit der Zeit der Spaltungen die Aufgabe hatte, den Geist und die Kultur der Nation gegen die jeweils herrschenden politischen Mächte aufrechtzuerhalten. Diese romantische Version von *noblesse oblige* ist Kern der traditionellen polnischen Definition vom Daseinszweck eines Intellektuellen oder, weiter gefaßt, eines Mitglieds der Bildungsschicht, des *Inteligent*. Eine subjektive, idealistische Selbstdefinition, in der Ideen den absoluten Vorrang vor der Realität haben und in der das Bewußtsein das Sein bestimmt. In der unfreien Realität verkündet sie die Idee des Als-ob: Versuche zu leben, *als ob* du in einem freien Lande lebtest, selbst wenn dein Arbeitszimmer gerade eine Gefängniszelle ist. Oder so, wie es der polnische Dichter Ryszard Krynicki in einem Gedicht für Adam Michnik beschrieb:

> lebendig hier und jetzt
> mußt du vortäuschen
> daß du anderswo lebst und zu anderer
> zeit
> und, kraftvoll, kämpfst mit den toten
> durch den eisernen vorhang der wolken.

Doch als Krynicki diese Verse Mitte der siebziger Jahre schrieb, waren es nur wenige Intellektuelle, die tatsächlich nach dem Prinzip des Als-ob zu leben versuchten. Der typische Student oder Akademiker der Gierek-Ära hatte kaum mehr als Zynismus für all die Ideen und Ideale übrig. Ziemlich gedankenlos paßte er sich der herrschenden Ideologie an, sofern sie dem wesentlichen Ziel des Lebens dienlich war: der materiellen Verbesserung und dem privaten Glück.

Erst die Solidarność-Revolution in den Jahren 1980 und 1981 verwandelte die Minderheit der »Dissidenten« in eine Mehrheit. Sie war eine Revolution des Bewußtseins. Nicht die Institutionen, Besitzverhältnisse oder materiellen Umstände veränderten sich, sondern der Geist und die Haltung der Menschen. »Solidarność«, sagte der Krakauer Theologe Jósef Tischner, »ist ein riesiger Wald, den das erwachende Gewissen gepflanzt hat«. Hinter den Frontlinien der Kämpfe zwischen der nationalen Führung von Solidarność und den kommunistischen Machthabern erkannten plötzlich Millionen Menschen im ganzen Land – in den Fabriken, Büros, Universitäten, Schulen –, daß sie nicht länger ein Doppelleben führen mußten, daß sie öffentlich aussprechen konnten, was sie privat dachten. Sie begannen, die wahren Fakten über ihr Land zu entdecken, seine Geschichte, seine Wirtschaft, die Privilegien seiner herrschenden Klasse, seine Beziehungen zur Sowjetunion. Und sie erlebten zum erstenmal Redefreiheit, Versammlungsfreiheit, demokratische Wahlen und kosteten den Geschmack von Selbstverwaltung. Wenige Monate lang war es wirklich so, *als ob* sie in einem freien Land lebten. In der Regel war diese Erfahrung um so intensiver, je jünger man war – Studenten und Schüler zählten zu den Aktivsten und Radikalsten. Und der Staat, kurz vor dem wirtschaftlichen Zusammenbruch, konnte diese jungen Menschen ohne materielle Anreize kaum mehr in einen äußerlichen Konformismus zurücklocken.

Nachdem General Jaruzelski im Dezember 1981 das »Kriegsrecht« verhängt hatte, stürzte sich diese verwandelte und zu neuem Leben erweckte junge Intelligenz in leidenschaftliche Betriebsamkeit für den Widerstand – konspirativ oder in aller Offenheit, passiv wie aktiv. Viele sahen sich als die (gewaltfreien) Erben der Heimatarmee (AK) aus der Kriegszeit, in der die junge Intelligenz ebenfalls vorherrschend gewesen war. Einige versteckten sich »im Untergrund« und forschten in den Büchern über die AK nach praktischen Ratschlägen, wie die Konspiration zu organisieren ist. Andere begannen in einer Art »Halbkonspiration« zu leben, schlichen sich abends heimlich davon (Achtung vor dem typischen weißen Fiat der Geheimpolizei!), zu einer sorgfältig versteckten Offset-Maschine, um ein paar hundert Kopien der neuesten, inoffiziellen Zeitschrift zu drucken – oder ein Buch über die AK. Mehr noch, Tausende mehr, halfen bei der Verbreitung dieser inoffiziellen Literatur und waren ihre gierigsten Leser. Niemand weiß, wieviel tatsächlich produziert wurde: In Warschau nannte man mir eine Schätzung von 1600 Zeitschriftentiteln, allerdings mit der großen Einschränkung, daß viele nur ein- oder zweimal erscheinen konnten.

In dieser Welt der unabhängigen Kultur – einer Kultur im weitesten Sinne – spielen sich heute wahrscheinlich die meisten oppositionellen Aktivitäten in Polen ab. Denn die Solidarność der Arbeiter, die ja erst den Freiraum für diese kulturelle Revolution geschaffen hatte, ist selbst zerschlagen und gespalten worden. Natürlich existiert ihre nationale Führung noch immer, teils im Untergrund, aber auch im Licht, und ihre Erklärungen haben noch immer große politische Bedeutung. Doch sie ist nicht mehr in der Lage, einen wirkungsvollen landesweiten Industriestreik zu organisieren. Auch, weil die Regierung wieder einmal die Führer der Solidarność ins Gefängnis schickt. Nach der Amnestie im letzten Juli blieben wahrscheinlich weniger als 40 politische Gefangene in den Gefängnissen zurück. Jetzt sind es wieder mindestens 160, und das Regime treibt die Anklagen gegen Adam Michnik, Bogdan Lis und Władysław Frasyniuk voran. Die Fabrikkomitees, Kernzellen der Solidarność, wo sie noch existieren, können keine Gewerkschaftsarbeit für den politischen Alltag leisten und so die wahren Interessen der Arbeiter vertreten, was ja ihr eigentlicher Zweck ist. (Das soll nicht heißen, daß die Arbeiter zufrieden sind oder daß eine neuerliche Erhöhung der Fleischpreise keine Streiks und Proteste auslösen wird. Ganz im Gegenteil, doch diese Streiks werden eher sporadisch, spontan und unkontrolliert auftreten, eher wie die Arbeitskämpfe vor Gründung der Solidarność – und wenn sich dieser Staat auf eins versteht, dann ist es die Niederschlagung von Streiks.)

Es wäre falsch, eine deutliche Trennungslinie zwischen Arbeitern und Intelligenz ziehen zu wollen. Eines der Kennzeichen von Solidarność in den Jahren 1980 und 1981 war ja gerade die enge Verbindung, die sie zwischen Intellektuellen und Arbeitern hergestellt hat, und viele dieser Verbindungen sind erhalten geblieben, auf höchster Ebene symbolisiert durch die Beziehungen zwischen Wałęsa und seinen Beratern. Aber fast alle, die sich mit dieser unabhängigen Kultur befassen, sind aufrichtig bemüht, sie auch den Arbeitern zugänglich zu machen.

So gibt es zum Beispiel in der Stahlstadt Nowa Huta nahe Krakau eine »Christliche Universität der Arbeiter« in der riesigen neuen Kirche von Mistrzejowice, die der Papst bei seinem letzten Besuch geweiht hat. Hier organisierte Pater Jancarz, der für die Stahlarbeiter von Nowa Huta das bedeutet, was Pater Popiełuszko für die Stahlarbeiter von Huta Warszawa war, regelmäßig Vorlesungen, Konzerte, eine ständige Ausstellung von Fotografien und das, was er eindrucksvoll als »unabhängigen Fernsehdienst« bezeichnet, nämlich Videoaufzeichnungen von zumeist Interviews mit berühmten Polen. Während der allwöchentlichen »Messe für das Vaterland« (eine Tradition, die Pater Popiełuszko in Warschau begründet hat) spielten am Abend meines Besuches die Krakauer Philharmoniker und ihr Chor das Halleluja aus Händels *Messias*, und eine dralle Primadonna sang auf der Orgelempore Arien. Doch Mistrzejowice ist eine Ausnahme. Den größten Nutzen aus der unabhängigen Kultur ziehen in der Regel diejenigen, deren Geschäft das Denken und deren Werkzeug das Wort ist.

Nehmen wir zum Beispiel einen Studienanfänger aus Warschau, Krakau, Breslau, Posen oder Danzig. (In kleineren Städten mögen die Dinge etwas anders liegen.) Wenn er Glück hat, dann haben ihn seine Gymnasiallehrer nach Lehrplänen unterrichtet, auf die man sich weitgehend während der Zeit von Solidarność verständigt hatte. Vielleicht hat er auch das eine oder andere

Heft für Nationale Erziehung benutzt (unter dem polnischen Kürzel ZEN verbreitet), das beispielsweise wahrheitsgetreu über Polens Rolle im Zweiten Weltkrieg berichtet. Die ZENs werden vom Komitee für Unabhängige Erziehung hergestellt, eines von drei miteinander verbundenen inoffiziellen Komitees, deren anonyme Mitglieder, sieht man einmal von der Kirche ab, für die Koordination eines Großteils des unabhängigen polnischen Kulturlebens verantwortlich sind. (Die anderen beiden Komitees sind das Soziale Komitee für Wissenschaft und Forschung und das Komitee für Unabhängige Kultur.)

Im Universitätsseminar wird dieser Student fast immer Redefreiheit genießen. Eines seiner ersten Seminare könnte sich mit den »Kritikern des Totalitarismus« befassen – Arendt, Orwell, Hayek. Die Einführungstexte – 1984, *Elemente und Ursprünge totaler Herrschaft*, *Gesetzgebung und Freiheit*, usw. – sind natürlich im Untergrund erschienen und werden von Kommilitonen verkauft. Eine Dozentin erzählte mir, daß ihre Studenten leichter an inoffiziell veröffentlichte Bücher gelangen als an die der staatlichen Verlage. Außerdem wird unser Student in seinen Bücherregalen zu Hause noch eine Reihe von Untergrund-Zeitungen haben: Die beiden eng bedruckten Seiten von *Tygodnik Mazowsze* (der *Spiegel* des Untergrunds) für reine Nachrichten, Kommentare bezieht er aus einer der vielen »unregelmäßigen Monatsschriften« (eine eigenständige Kategorie) – vielleicht die Orwell-Ausgabe der *Arka* aus Krakau, inklusive Norman Podhoretz' Essay aus *Harper's*, oder *Bez Dekretu* mit einer Streitschrift über Mittelamerika aus *The New York Review*, oder das Organ der katholischen nationalistischen Bewegung Junges Polen, *Polityka Polska*, mit Artikeln über Polens Bedarf nach einem neuen rechten Flügel. Im katholischen Pfarramt, das der Universität angeschlossen ist, und im städtischen Club der Katholischen Intelligenz kann unser Student führende unabhängige Intellektuelle hören – ehemalige Solidarność-Berater wie Tadeusz Mazowiecki zum Beispiel oder den Solidarność-Historiker Jerzy Holzer –, die offen und frei über alles reden. Wenn er Glück hat, kann er sich vielleicht Karten für eine Aufführung des Posener Theaters des Achten Tages über Ossip Mandelstam beschaffen. Das Theater des Achten Tages ist offiziell verboten worden – also findet die Vorstellung in einem Dominikanerkloster statt.

Auf seinem Campus findet unser Erstsemester auch ein sehr

aktives Komitee der studentischen Selbstverwaltung, das im unverkennbaren rot-weißen Buchstabengewirr der Solidarność auf sich aufmerksam macht. Es vertritt die Interessen der Studenten und verteilt sämtliche Mittel für Gemeinschaftsaktivitäten in studentischen Clubs, beim Sport, bei Ausflügen usw. Charakteristisch für das gegenwärtige polnische Universitätsleben ist ein Grad von innerer Demokratie, der bisweilen an die bescheideneren Forderungen an der Sorbonne oder sogar an Berkeley im Jahr 1968 erinnert. Studentenvertreter werden (in geheimen Wahlen, die das Komitee der studentischen Selbstverwaltung überwacht) in die Verwaltungsgremien der Universität gewählt. In einigen Fakultäten der Universität Warschau haben die Studenten nicht nur ein Mitspracherecht bei der Gestaltung des Lehrplans, sondern bewerten sogar die Leistungen ihrer Professoren. »Ich hab eine 4,7«, erzählte mir der neugewählte Rektor Professor Białkowski mit einem zufriedenen Lächeln. (In Polen reichen die Noten von 2,0 = ungenügend bis 5,0 = sehr gut.) »Einer meiner Kollegen bekam letztes Jahr eine 3,1«, fügte Rektor Białkowski hinzu. In diesem Jahr hatte der Kollege seine Vorlesungen besser vorbereitet – und kletterte auf 4,5.

Der gewählte Rektor und die gewählten Studentenvertreter sind voll des Lobes über einander. »Ich habe eine Menge von ihnen gelernt«, sagt Białkowski, und die Zusammenarbeit zwischen ihnen scheint ausgezeichnet zu sein. »Wissen Sie, viele von uns waren 1982 gemeinsam inhaftiert«, erklärte einer der Wortführer der Studenten. »Eine gemeinsame Gefängniszelle tut schon einiges, um die Kluft zwischen Student und Professor zu überbrücken.« Und beide Seiten unterstreichen den vielleicht bemerkenswertesten Aspekt von allem: daß die Autonomie und innere Demokratie der Universitäten auf einem Gesetz für Höhere Bildung basieren, das *während des »Kriegsrechts«* im Mai 1982 verabschiedet wurde. Ein Gesetz, das zwar nicht so weit ging wie der Entwurf, der ausgearbeitet wurde, als Solidarność noch eine legale Organisation war, aber dennoch das liberalste ist, das das kommunistische Polen je erlebt hat.

Ein westlicher Besucher, wenn er auch nur die geringsten Kenntnisse vom Ostblock hat, aber mehr noch ein östlicher Besucher, wird an dieser Stelle ins Grübeln geraten. »Wie im Himmel ist all das im vierten Jahr der sogenannten Normalisierung möglich?« wird er fragen. »Wenn Husák seine Intellektuellen zum Schweigen bringen konnte, warum kann Jaruzelski es dann nicht?« Wo ist der Staat? Wo, ja wo ist die Partei? Erst vor kurzem scheinen sich Staat und Partei die gleiche Frage gestellt zu haben. Eine naheliegende Antwort hierfür ist, daß das polnische Regime noch weit mehr zu »normalisieren« hatte. Sein dringlichstes Ziel war die Zerschlagung der Arbeiter-Solidarność, was es fast all seine politische Manövrierfähigkeit und die Energien seiner Polizei gekostet hat. Der Pessimist könnte also sagen: »Das ist doch nur die altbekannte Salami-Taktik – wenn sie die Arbeiter in Scheibchen geschnitten haben, knöpfen sie sich die Intellektuellen vor. Warten Sie's nur ab.«

Eine zweite spekulative Antwort ist, daß für die Jaruzelski-Regierung in dieser Anfangsphase der Wiederherstellung eines Minimums an politischer Kontrolle (zugestanden unter Einsatz eines Minimums an physischem Terror) die Zusammenarbeit mit der katholischen Kirche eine taktische Notwendigkeit war (und ist). Und wenn diese allumfassende Welt der geistigen, erzieherischen und kulturellen Aktivitäten, in der die Werte der Solidarność (als moralische Prinzipien, nicht im Sinne einer Organisationsform) gewahrt und fortentwickelt werden – wenn dies Teil des Preises ist, den die Kirchenführer für ihre Zusammenarbeit fordern, dann muß das Regime diesen Preis eben bezahlen. Zumindest solange dazu die taktische Notwendigkeit besteht.

Und doch reichen diese beiden Gründe zusammen noch immer nicht ganz aus, um zu erklären, warum die Jaruzelski-Regierung im ersten Jahr des »Kriegsrechts« ein Gesetz für derartige akademische Freiheiten zuließ und warum sie, während sie im besten Husák-Stil die Gewerkschaften der Schriftsteller, der Künstler, Schauspieler und Journalisten aufgelöst hat, diese merkwürdige Toleranz an den Tag legte und ziemlich unverhohlene Kritik in der offiziellen (und zensierten) katholischen Presse zuließ oder warum sie die offizielle Veröffentlichung von Büchern gestattete, deren Autoren sonst nur im Samizdat oder im Westen gedruckt wurden.

Eine plausible Erklärung wäre, daß die Regierung im ersten Jahr des »Kriegsrechts« hoffte – und vielleicht noch immer hofft –, durch demonstrative Toleranz Teile der Intelligenz für sich zu gewinnen, nach dem Motto von János Kádár in Ungarn: »Wer nicht gegen uns ist, ist für uns.« Zyniker meinen, hätten sie *nicht* auch Schriftsteller veröffentlicht, die eigentlich nur inoffiziell veröffentlichen konnten, dann hätten sie selbst schließlich überhaupt keine renommierten Schriftsteller mehr vorzuweisen gehabt. Außerdem mag noch eine Art milieutheoretische Erklärung zutreffen: Einige der engsten politischen Berater von General Jaruzelski, wie der stellvertretende Ministerpräsident Mieczysław Rakowski und der Regierungssprecher Jerzy Urban, kommen selbst aus dem Warschauer Intellektuellenmilieu. (Der General sollte die Atmosphäre an der Warschauer Universität übrigens ziemlich gut kennen: seine Frau lehrt und seine Tochter studiert dort.) Diese Berater sprechen die Führer der intellektuellen Opposition noch immer mit Vornamen an, ihre alten Genossen aus den vergangenen, goldenen Tagen des »polnischen Oktobers« 1956. Sie können (so mag man sentimental hoffen) doch nicht wirklich die Verachtung ihrer ehemaligen Freunde wünschen. Sie können (so mag man naiv denken) doch nicht vollständig ihr Engagement für die Redefreiheit, das ein so bedeutender Teil des polnischen Oktobers war, vergessen haben. Irgendwo verbirgt sich in ihrem Inneren vielleicht doch noch der Schatten eines *inteligent*.*

Aber die politischen Vorhersagen sind nicht gut. Seit Herbst 1984 wurde der Druck auf die Universitäten und die Welt der Untergrundkultur, geschützt von der Kirche, wieder verstärkt: Drohungen in Artikeln der offiziellen Presse und auf Parteitagsreden, Polizeieinsätze, Entlassungen zweier bekannter Akademiker, Entwürfe für repressive Gesetzesänderungen. Der Beginn dieser Kampagne traf zeitlich in etwa mit der Popiełuszko-Affaire zusammen, und viele Beobachter glaubten zunächst, daß die Propaganda-Offensive gegen die Kirche ein taktisches quid pro quo für die Eröffnung des beispiellosen Verfahrens gegen die Geheimdienstmörder von Pater Popiełuszko gewesen sei – ein quid pro quo »für Moskau«.

Aber das quid hat bereits so lange angedauert, daß es nun schon sein eigenes quo geworden ist. Die »reformistische« Wochenzeitung *Polityka* druckte einen derart frontalen Angriff auf den Papst, daß er den Seiten der russischen oder slowakischen *Prawda* entsprungen sein könnte. Ein Leserbrief in der War-

* Doch ich erinnere mich an das klare Urteil eines polnischen Philosophen über den »sozio-intellektuellen« Status des stellvertretenden Ministerpräsidenten Rakowski. »Mietek«, sagte er, denn sie sind ehemalige Genossen, »ist mit Sicherheit intelligent, aber er ist kein inteligent.«

schauer Abendzeitung schlägt vor, da nach polnischem Strafrecht sämtliche Tatwaffen zu konfiszieren sind, solle man doch auch die Kanzel der Gemeindekirche von Lech Wałęsa in Danzig konfiszieren. Das Ministerium für Kultur und Künste hat detaillierte Berichte über alle kulturellen Aktivitäten gesammelt, die unter dem Schutz der Kirche in allen Provinzen stattfanden. Bezeichnenderweise »sickerten« diese vertraulichen Berichte durch, wahrscheinlich von Kirchenanhängern im Ministerium selbst an die Kirche weitergeleitet. Ein weiteres »durchgesickertes« Dokument (das häufige Auftauchen von »Lecks« zeigt, wie westlich Warschau seit 1980 schon geworden ist) spricht davon, daß die fortwährenden Angriffe auf das gesamte unabhängige Geistes- und Kulturleben ebenso auf die innenpolitischen Ängste der Regierung wie auf die vermeintliche Besorgnis ihrer »Moskowiter Freunde« zurückzuführen seien.

Dieses 25seitige Dokument, als »Vertraulich – Material für Teil 2b der Sitzung des Ministerrats 1985/03/22« gekennzeichnet, trägt den Titel »Bedrohungen auf der sozio-politischen Ebene 1985«. Mögliche Zweifel an seiner Authentizität schwinden angesichts des unnachahmlichen Newspeak, in dem beispielsweise vor dem »Mangel an Verständnis für Polens Staatsräson in einigen Künstlerkreisen« gewarnt wird (im Klartext: einige Künstler machen spitze Bemerkungen über die Russen). Was bei diesem Dokument am meisten verblüfft (falls es echt ist), ist die Vielfalt der Aktivitäten, die als »Bedrohung auf der sozio-politischen Ebene« aufgeführt sind. Buchstäblich alle unabhängigen kulturellen Veranstaltungen, die ich erwähnt habe, werden dazugerechnet. Ein Politikwissenschaftler, der weiterhin behauptet, das Jaruzelski-Regime sei *der Anlage nach* eher autoritär als totalitär, wird sich etwas einfallen lassen müssen, um die Tendenz dieses Berichts zu erklären.

Die Wirklichkeit jedoch straft das Wunschdenken Lügen. Tatsächlich hat sich das intellektuelle und kulturelle Leben der gewollt totalitären ideologischen Kontrolle der Partei in einem Maße entzogen, wie es nirgendwo sonst im Ostblock denkbar wäre. Und die polnische Partei ist derart zerrüttet, daß sie die Jaruzelski-Regierung sozusagen nur noch *formal* für die Wiederherstellung der Ordnung zu instrumentieren versucht. In Wirklichkeit sind heute die Polizei und das Gesetz die eigentlichen Instrumente der politischen Kontrolle. Zwar wird versucht, selbständige Aktionen der Geheimpolizei zu zügeln (wie der Mord an Pater Popiełuzsko oder erst kürzlich der Angriff auf einen Priester, der Pater Jancarz' Kirche in Nowa Huta angehört), andererseits aber werden permanent Gesetze geändert, so daß die rechtliche Bekämpfung der Solidarność-Aktivitäten schließlich zur Polizeiarbeit mit anderen Mitteln verkommen ist.

Es ist auch bezeichnend für das Jaruzelski-Regime, daß die schärfste Bedrohung für die Universitäten gerade in den vorgeschlagenen »Änderungen« des Hochschulgesetzes von 1982 liegen sollte. Der erste Plan dieser Änderungen sickerte vergangenen Herbst (absichtlich?) aus dem Ministerium für Hochschulwesen durch. Ein paar Zitate mögen einen Geschmack von diesem »Plan« geben:

- In Art. 35 Abs. 1, zu streichen »gewählt«
- In Art. 54 Abs. 1, anstelle von »durch Wahl« folgt »durch Ernennung«
- In Art. 97 zu streichen »selbstverwaltend«
- In Art. 100 zu streichen »studentische Selbstverwaltung«

Die Absicht ist unübersehbar. Eine Umsetzung dieses »Plans« würde eindeutig die Rechtsgrundlagen jeglicher Autonomie und Demokratie innerhalb der Universitäten zerstören: Höhere Beamte würden vom Erziehungsminister ernannt, anstatt gewählt zu werden, akademische Mitglieder würden, anstelle von Amtsperioden, nur noch jährlich befristete Verträge erhalten. Studenten könnten vom Minister ausgeschlossen werden, wenn sie »gegen die Prinzipien der sozialen Gemeinschaft und der öffentlichen Ordung verstoßen«, usw.

Die akademische Gemeinschaft reagierte sofort und heftig. An den großen Universitäten beließen es die Verwaltungsorgane nicht nur beim Protest, sondern organisierten interne Abstimmungen der Mitarbeiter zu den vorgeschlagenen Änderungen. An der Warschauer Universität wurde mit 74 Prozent gegen die Kürzung der Sitze von Studenten und Assistenten in der Hochschulleitung gestimmt (nicht alle der älteren Professoren sind so tolerant wie der Rektor) und mit 90 Prozent gegen das Recht des Ministers, Professoren wegen »Aktivitäten gegen die Interessen der Volksrepublik Polen« zu entlassen.

Die studentische Selbstverwaltung organisierte ihr eigenes

Referendum, präsentierte die Ergebnisse in exakten Tabellen – im Schnitt sprachen sich 98 Prozent gegen die wesentlichen Neuerungen aus – und schickte Kopien an den Minister, den Sejm und die polnische Presseagentur. Der Zentralrat für das Hochschulwesen (je ein Delegierter aus fast allen Hochschulinstituten) reagierte vorsichtiger. Er empfahl der Regierung, noch ein bis zwei Jahre zu warten, bis die Auswirkungen des Gesetzes in der Praxis überschaubar wären. Höchst überraschend vertrat selbst die von der Regierung so geschätzte Frontorganisation, die Patriotische Bewegung zur Rettung des Vaterlandes (PRON), einen ähnlichen Standpunkt.

Angesichts dieser Einheitsfront schien die Regierung für eine Weile zurückzustecken. Doch auf der letzten Plenarsitzung des Zentralkomitees der Partei, die sich mit der *Inteligencja* befaßte, wurden wieder deutlich Gesetzesänderungen gefordert, und es scheint nun sicher, daß diese repressiven Ergänzungen doch noch durchgepeitscht werden, bevor sich der Sejm im Juli auflöst. Vielleicht wird die Regierung die ursprünglichen Anträge etwas mildern, um ihren »Liberalismus« und ihre Achtung vor der öffentlichen Meinung zu demonstrieren. (Wahrscheinlich war gerade das einer der Gründe für die ursprüngliche Härte der Anträge.) Zweifellos wird diese Peitsche mit Zuckerbrot aus Lohnerhöhungen kombiniert werden – die Gehälter der Akademiker sind zur Zeit erbärmlich niedrig. Aber der Versuch, die Kontrolle durch Partei und Staat wiederherzustellen, steht außer Frage.

Die Intellektuellen reagierten auf diesen Angriff, wie eingangs erwähnt, indem sie eingeschränkt oder absolut dem großen Prinzip des Als-ob folgten. Im eingeschränkten Als-ob spricht man zu General Jaruzelski: »Sie, Herr General, behaupten, einem starken, aber zivilisierten Staat vorzustehen, der nach allen Regeln des Gesetzes regiert wird. Einem polnischen Rechtsstaat also. Uns und dem Westen gegenüber (wenn auch nicht gegenüber ihrer eigenen Partei und dem Osten) behaupten Sie, daß Sie Ihre Legitimität nicht aus der Neubewertung des Marxismus-Leninismus ableiten, sondern aus gewissen respektablen alten, europäischen Normen von Recht und Ordnung, Souveränität und Staatlichkeit. Also gut, wir glauben Ihnen – obwohl Millionen das nicht würden. Hier sind die Normen, die Sie verkündet haben. Hier sind Ihre eigenen Gesetze. *Nun halten Sie sich daran.*« Das mag eine Täuschung sein, doch in Polen war dies während der letzten paar Jahre eine erstaunlich wirkungsvolle Täuschung. Und manchmal schien es fast so, als ob einigen der Machthaber selbst an so einer Täuschung gelegen wäre.

Das absolute Als-ob besteht schlicht darin, solange wie möglich zu lehren, zu schreiben, zu forschen, zu malen, Theater zu spielen und zu veröffentlichen, *als ob* (um noch einmal an Vonneguts Gedankenspiel zu erinnern) der Staat abgestorben wäre, *als ob* man in einem freien Land lebte. Der Fall von Professors Leszek Nowak von der Posener Universität illustriert sehr schön beide dieser Formen des Als-ob Prinzips. Professor Nowak, ein Philosoph, erhielt vergangenen September Vorlesungsverbot und wurde ohne viel Federlesens im Februar vom Minister entlassen. Eine eindeutig politische Handlung *pour encourager les autres*. Die Reaktionen waren zweigeteilt. Zum einen hat die Hochschulleitung der Universität Posen beim Minister gegen die Art, in der die Entlassung stattfand, protestiert: Das gültige Gesetz erfordert ein Disziplinarverfahren (durch akademische Kollegen) als Vorbedingung für eine Entlassung. Das war das eingeschränkte Als-ob. Zum anderen hat Professor Nowak seine Vorlesungen einfach weitergehalten, als »privater Gast« in seinem eigenen Seminar, obwohl der Minister sogar höchstselbst in die Universität gekommen war, um zu fordern, daß Nowak den Campus nicht mehr betreten dürfe. Als ich ihn besuchte, mußte er gerade eilig aufbrechen, um ein Seminar über (wenn ich ihn richtig verstanden habe) die Bedeutung von Fraktionen in Einparteien-Systemen abzuhalten. Anstelle seines offiziellen Gehalts bringen sympathisierende Kollegen etwa den gleichen Betrag monatlich für ihn auf. Außerdem schreibt er an einem Buch über Knechtschaft und Revolution. Das ist das absolute Als-ob.

Doch wie weit und wie lange noch können polnische Intellektuelle so leben als ob? Die politische Antwort auf diese Frage hängt von derart vielen Unbekannten ab – von der unvorhersehbaren Reaktion einer kaum mehr untergeordneten Arbeiterklasse auf weitere Verschlechterungen des Lebensstandards beispielsweise –, daß Spekulationen sinnlos wären. Die einzig sichere Vorhersage (denn dies ist Polen) ist, daß alle Regierungsmaßnahmen, repressiv oder reformistisch, nur halbe Maßnahmen sein werden – und ehrenhaft, sie nicht zu befolgen. Interessanter ist es daher, eine weniger naheliegende Frage zu stellen: Selbst wenn sie noch jahrelang so leben können als ob – welche

Auswirkungen wird das auf Gehalt und Qualität des polnischen Geisteslebens haben?

Ein westlicher Intellektueller zu Besuch bei seinen polnischen Kollegen empfindet Bewunderung, Erregung und, zugegeben, auch Neid. Hier beschäftigen sich die Menschen noch leidenschaftlich mit Ideen. Hier sind Intellektuelle noch wichtig. Hier ist der Intellektuelle, wie Adam Michnik, ein Held. Hier machen Historiker Geschichte. Der intellektuelle Tourist aus dem Westen genießt den Kitzel, in der Schußlinie zu stehen – und die sichere Gewißheit, daß niemand auf ihn schießen wird.* Krieg ohne Tränen. Und bei seiner Rückkehr betrachtet er mit resignativer Verachtung die Alltagswelt unserer westlichen Kultur, mit all ihrem marktschreierischen Überangebot an Ideen, für die kein Mensch auch nur irgendetwas riskiert, eine Welt, in der Intellektuelle belanglos geworden sind.

Aber je länger man bleibt und je genauer man hinsieht, um so mehr Zweifel und Fragen entstehen. In Posen habe ich mich eine Stunde lang mit einem außerordentlich eindrucksvollen Kopf der studentischen Selbstverwaltung unterhalten, ein Historiker wie ich. Wie lange müßte man nach einem solchen Studenten im Westen suchen? Kurz bevor wir uns verabschiedeten, fragte ich, was er mit seinem Diplom anfangen werde. »Ich glaube, ich werde Schreiner«, sagte er. Mit seiner Akte an der Universität, erklärte er, würden die Sicherheitsleute sowieso verhindern, daß er eine gute Position in einem staatlichen Unternehmen bekomme. Solange er freiberuflich als Schreiner arbeite, könne ihm die Polizei nichts anhaben. Außerdem würde er mehr verdienen, als er das je als Historiker könnte. Lesen und Schreiben würde er dann weiter in seiner Freizeit. In Warschau hörte ich viele ähnliche Geschichten – die begabtesten und unabhängigsten Studenten arbeiten als Taxifahrer, Postboten oder Marktverkäufer. Natürlich ist es möglich, daß diese Studenten ihr intellektuelles und kulturelles Engagement beibehalten. Man braucht nur an das außergewöhnliche Katakombenleben der Prager Intellektuellen zu denken, an seine

* Der bekannte Mediävist Bronisław Geremek wurde vor kurzem aus der Polnischen Akademie der Wissenschaften gefeuert, wo er 30 Jahre lang gearbeitet hatte. Mit ziemlicher Sicherheit war das die Strafe für seine Tätigkeit als Berater für Lech Wałęsa, ganz sicher aber für seine Teilnahme an einem privaten Treffen mit dem britischen Außenminister, zusammen mit anderen Solidarność-Beratern. Als ich kurz nach dem Treffen mit ihm sprach, erzählte er mir, er habe gerade einen Artikel über »Leiden und Lachen im Werk von François Villon« beendet.

fensterputzenden Philosophen, an Priester als Milchmänner und Historiker als Gärtner. Aber wie viele und für wie lange?

Hinter dieser Frage nach der Zukunft einzelner Menschen steht die Frage nach der Zukunft der Gemeinschaft. Wie kann sich ein Land blühend entwickeln, wenn seine Gebildetsten sich weigern oder außerstande sind, mit der Regierung zusammenzuarbeiten? (»Außerstande« heißt natürlich, zu den Bedingungen, die dieser Staat anbietet.) Die Tatsache, daß gerade diese Frage ständig von den Apologeten des Regimes gestellt wird, macht sie deshalb noch lange nicht überflüssig. Zunehmend wird sie daher auch von zutiefst antikommunistischen Katholiken und nationalistischen Intellektuellen gestellt, und auch eindeutig vom Kardinal-Primas unterstützt. Wenn Polen endlich frei sein wird, so lautet die These, wird es eine solide »Infrastruktur« mit guten Straßen, Fabriken und Technischen Hochschulen brauchen. Es wird erfahrene Manager benötigen, Rechtsanwälte, Beamte – und das bedeutet, hier und jetzt, eine gewisse Zusammenarbeit mit dem Staat. Historiker werden sofort das Argument der »organischen Arbeit« aus der großen Debatte nach der Niederschlagung des Januar-Aufstands 1863–1864 wiedererkennen.

Aber auch die Auswirkungen dieser Abspaltung vom Staat auf die politische Kultur des Landes werfen Fragen auf. Der augenblickliche Wildwuchs von politischen Grüppchen mit großartigen Namen (die Liberaldemokratische Partei – drei Studenten und ein Hund) und großspurigen Programmen (»unsere Politik gegenüber den Ukrainern«) mutet reichlich pubertär an. Nur, dieses Phänomen wird mit Sicherheit proportional zur Beschneidung realer politischer Aktionsmöglichkeiten anwachsen. (Was natürlich kein Argument für eine Zusammenarbeit mit einem Staat sein soll, der sich derartige reale Möglichkeiten nicht zutraut.)

Schließlich gibt es auch noch die Frage nach Polens europäischer Zukunft. In den Redaktionsräumen der besten polnischen Wochenzeitung, der unabhängigen katholischen *Tygodnik Powszechny*, hängt eine Karikatur, die einen ältlichen Intellektuellen zeigt (der, wie mir scheint, eine gewisse Ähnlichkeit mit dem ehrwürdigen Chefredakteur der Zeitung, Jerzy Turowicz, hat), der sich durch eine trostlose Landschaft aus halben Ruinen vorarbeitet – ein unfertiger Häuserblock sowjetischen Stils, zerbrochene Fensterscheiben, geborstene Wasserrohre, herumliegende Stromkabel – Wasser dringt ihm in die Schuhe. Und immer wieder knirscht er durch die Zähne: »Wir gehören zu Europa, wir gehören zu Europa, wir gehören zu Europa.« Ihr Bewußtsein, an der hintersten Ecke Europas zu hängen, ist mindestens so schmerzlich, wie ihr europäischer Patriotismus verbissen ist. Aber »die süße Frucht der Widerwärtigkeit« kann auch sauer sein. Naturwissenschaftler klagen verzweifelt über den Mangel an modernem Gerät, durch den ihre Forschung Jahre hinter die ihrer westlichen Kollegen zurückfällt. Geisteswissenschaftler bekommen die Knappheit ausländischer Bücher und Fachzeitschriften – zum Teil auch Resultat der Devisenknappheit des Staates – schmerzhaft zu spüren. Unzählige Doktoranden sind durch das gänzliche Fehlen der Basisliteratur zu ihrem Gebiet vollkommen demoralisiert. Hier kann auch weder private noch kirchliche Unterstützung den Berg an Bedürfnissen abtragen.

Der freie Buchmarkt im Westen mag uns zwar bisweilen auf die Nerven gehen – diese unentwegten Superlative, diese Überfülle an Titeln und Besprechungen. Aber wenn es etwas noch schlimmeres als den freien Buchmarkt gibt, so ist es das Fehlen eines solchen. Die politische Teilung einer Kultur verzerrt auch die Maßstäbe der Kritik: Zweitklassige Arbeit wird allein deshalb gepriesen, weil von offizieller Seite kritisiert, erstklassige Arbeit allein deshalb ignoriert, weil sie von offizieller Seite gepriesen wird. Natürlich ist es herrlich, wenn dreitausend junge Menschen zu einer Dichterlesung erscheinen. Aber welche Fragen stellen sie dem Dichter? Sollen wir am 1. Mai demonstrieren? Wie sollen wir mit jemandem umgehen, der in die Partei eintritt? Was sollen wir von den Kommunalwahlen halten? Wie sollen wir leben? Der Dichter möchte Dichter sein, kein Beichtvater, kein politischer Führer, kein Wirtschaftler und keine Beratungsstelle für Bürgerfragen. Er hat, wenn man das so ausdrücken kann, eine höchst ungesunde Bedeutung gewonnen. Und es wird niemanden überraschen, daß so viele von Polens begabtesten Intellektuellen diesem Druck, diesen Beschränkungen, Schwierigkeiten und Forderungen nicht standhielten und in den Westen gingen, weg von der Front, für ein (kurzes oder langes) Inhalieren von europäischer Normalität (zu der New York und Chicago mit Sicherheit auch gehören). Es stimmt, Intellektuelle sind in Polen von großer Bedeutung – vielleicht von größerer, als sie Intellektuelle je haben sollten.

»Unglücklich das Land, das keine Helden hat«, klagt der zornige Schüler von Galilei. Doch Brechts Galilei erwidert: »Unglücklich das Land, das Helden nötig hat.«

6 Das Leben der Toten

Mitte der achtziger Jahre erschienen zwei gewaltige Filme über Themen, die im Mittelpunkt unserer jüngsten Geschichte stehen: Claude Lanzmanns neuneinhalbstündiger Film über den Holocaust, »Shoah«, und Edgar Reitz' noch längere Darstellung des deutschen Lebens im 20. Jahrhundert, »Heimat«. Beide Filme haben großen kritischen Zuspruch gefunden, und beide haben bittere Kontroversen ausgelöst. Sie erzählen uns von Deutschen, Polen und Juden in der schlimmsten und letzten Periode ihrer gemeinsamen Geschichte. Meine Beurteilung beider Filme stammt aus dem Jahr 1985.

Heimat ist ein Film über die Erinnerung. Erinnerung ist trügerisch. So auch *Heimat*. Die hartnäckigsten Trugbilder entstehen durch ein offenbar willkürliches Hin- und Her zwischen Schwarz und Weiß, Farbe und einfarbigem Filter, und Sepia, ein Kunstgriff, der die vollen fünfzehneinhalb Stunden des Films beibehalten wird. In den ersten ein, zwei Stunden – die Zeit der Weimarer Republik – empfand ich diesen Kunstgriff klischeehaft (Sepiafotografien aus einem alten Familienalbum, was könnte offensichtlicher sein?) und zunehmend irritierend. Aber als wir 1945 erreichten, begriff ich den Trick. Denn wem die dreißiger Jahre in den ländlichen Gegenden Deutschlands als die spannungsgeladenen goldenen Jahre des Wohlstands gezeigt werden, wem die Deutschen als Opfer des Kriegs dargestellt werden, der fragt sich unwillkürlich: Wo aber bleibt die andere Seite? Was ist mit Auschwitz? Wo bleibt die moralische Wertung des Regisseurs? Die Farbfilter antworten insistierend: »Erinnere dich, erinnere dich, daß dies ein Film über die Erinnerung der Deutschen ist. An manches erinnern sie sich farbig. An manches in Sepia. Anderes ziehen sie vor zu vergessen. Erinnerung ist selektiv. Erinnerung ist partiell. Erinnerung ist unmoralisch.«

Mit diesem simplen Trick gelingt es Reitz, sich von den Ketten zu befreien, die fast jeden deutschen Künstler erdrückten, der sich mit der deutschen Geschichte des 20. Jahrhunderts beschäftigt hat. »Wir versuchen, keine Urteile zu fällen«, schreibt er.

Die Qual der unparteiischen Regie, die gewissenhafte Zuordnung von Schuld, Verantwortung oder Scham ist seine Sache nicht. Und es ist nicht seine Sache, mit der Vergangenheit »abzurechnen« oder sie zu »bewältigen«. Keine Vergangenheitsbewältigung. Kein Bitburg. Nur Erinnern und Vergessen.

Das ist der Schlüssel zum künstlerischen Erfolg von *Heimat*. Andere Gründe dafür sind offensichtlicher und geläufiger. Die Aufbietung weniger, gut ausgeformter Charaktere ermöglicht es dem Zuschauer, sich mit ihrem Leid zu identifizieren, wohingegen Statistiken und Dokumentationen ihn kalt lassen. Reitz sagte, daß er *Heimat* zum Teil auch als Reaktion auf die amerikanische Soap-Opera *Holocaust* konzipiert habe, die so gewaltige und kathartische Auswirkungen auf das Deutschland der siebziger Jahre hatte. Dennoch gründete ein Großteil des Erfolges, den *Heimat* als westdeutsche Fernsehserie 1984 hatte, auf den gleichen Seifenoper-Qualitäten, die auch den Erfolg der Serie *Holocaust* ausgemacht hatten. Immerhin aber ist diese Seifenoper qualitativ überdurchschnittlich.

Die Darsteller sind wunderbar. Marita Breuer bringt das Bravourstück fertig, die Hauptfigur Maria, Reitz' Mutter Courage, von der 19jährigen (im Jahr 1919, mit dem der Film beginnt) bis zur 82jährigen (1982, das Jahr, in dem der Film mit ihrem Tod endet) außergewöhnlich glaubhaft zu portraitieren. In den detaillierten Rekonstruktionen der Vorkriegszustände eines Dorflebens im Hunsrück, im südlichen Rheinland, zeigt sich, daß Reitz keinen Aufwand gescheut hat. Als Langsamkeit noch das Dorfleben bestimmte, hat Reitz den Mut, mit Langsamkeit auch seinen Film zu führen. Gelebt wurde im Dialekt, also sprechen auch die meisten seiner Figuren den schweren Dialekt des Hunsrück (und er besetzte wichtige Rollen mit Menschen aus der Gegend, anstatt mit professionellen Schauspielern). Heimat ist auch komisch.

»In München haben die Spartakisten die Trambahnen gestürmt«, erzählt 1919 jemand einer kleinen Gruppe im entlegenen Dorf Schabbach. »Gottseidank gibt es hier keine Trambahnen.« Keine Straßenbahnen, keine Autos, keinen Strom und keine Telefone ... Aber der Sohn des Schmieds, Paul Simon, baut nach seiner Rückkehr aus dem Ersten Weltkrieg das erste Radio von Schabbach (ein fiktives Dorf, es könnte jedes im Hunsrück gewesen sein) und hält um die Hand von Maria an, der Tochter des Bürgermeisters. Sie bekommen zwei Söhne, Anton und Ernst. Sie scheinen glücklich zu sein. Eines Tages aber, 1928, setzt Paul sich seine Mütze auf und geht fort. Niemand weiß, wo er hingegangen ist. Niemand weiß, warum. Maria zieht weiter ihre Kinder groß – Mutter Courage alleine. Einige Ernten später sehen wir plötzlich einen Fackelzug auf den Straßen der Kreisstadt. Hitler ist an die Macht gekommen. Niemand im Hunsrück scheint so richtig zu wissen, wie oder warum. Wieder einmal der Wille Gottes? Hitler kommt an die Macht – und Telefon und Automobil kommen ins Dorf. Nazismus, der sich in der Stadt als Wächter des traditionellen deutschen Landlebens präsentiert, all dessen, was Heimat genannt wird, tritt auf dem Land als Revolution moderner Technologie in Erscheinung. Es ist eine großartige Zeit. Eduard, Pauls schwächlicher älterer Bruder, wird der Nazi-Bürgermeister, und seine laute, ehrgeizige Frau Lucie, die ehemalige Bordellschönheit aus Berlin, baut eine große Villa.

1938 kommen Tausende von Männern der Organisation Todt (das staatliche Bau- und Konstruktionsimperium, das sich nach seinem Chef Fritz Todt nannte) in die Nachbarschaft, um eine von Hitlers neuen Autobahnen zu bauen. Ein leitender Ingenieur, Otto Wohlleben, wird in Marias Haus einquartiert. Sie verlieben sich. Inzwischen blühen die Geschäfte der Bauern und Händler. Marias Schwager, ein Juwelier, treibt schwungvollen Handel mit Totenkopf-Ringen für die Männer der Organisation Todt. Noch nie ging es ihnen so gut im Hunsrück. Nur der einäugige Dorftrottel denkt nach und verfolgt die Telefondrähte bis zu ihren Anfängen zurück. Sie führen ihn zu einem Konzentrationslager. Aber wir bekommen nur eine Ahnung davon zu sehen, von außerhalb.

Ein Jahr später ist das Glück von Maria und der Heimat zerstört. Maria bekommt einen Brief von Paul, der nun eine Fabrik in Detroit besitzt, und beendet ihre Affaire mit Otto in großem Gefühlsaufruhr. Die Heimat zieht in den Krieg. Marias jüngerer Bruder Wilfried, ein SS-Offizier, regiert ein Dorf aus Frauen, Kindern und Fremdarbeitern. Ernst ist Kampfflieger, Anton Soldat an der Ostfront. Marias Liebhaber Otto hat sich freiwillig zum Dienst als Bombenentschärfer gemeldet. 1944, als er endlich erfährt, daß er einen Sohn mit Maria hat, Kleinhermann, arrangiert er eine Fahrt nach Schabbach. Maria und er sind wieder vereint, aber am nächsten Tag wird er durch eine Bombe getötet.

Die Heimat und Maria sind schwer getroffen. Die Amerikaner kommen an.

Diese erste Hälfte des Films, bis 1945, ist vorzüglich: komisch, traurig, gespenstisch. In ihrer Beschwörung der komplexen Beziehungen zwischen Modernisierung und Nazismus ist sie historisch intelligent gemacht. Sie zeigt uns, sehr bewegend, die deutsche Erfahrung des Krieges und deutsches Leiden – gewiß ein legitimes Unterfangen. Ich sehe nicht die geringste Rechtfertigung für den Vorwurf, den der französisch-jüdische Schriftsteller Marek Halter in einem Artikel in *Le Monde* erhob, nämlich daß Reitz den Krieg idealisiert und den Nazismus trivialisiert. Im Gegenteil, gekonnt entlarvt er die nazistische Idealisierung des Krieges mit den Mitteln des Films: Anton gehört einer Einheit von Kriegsphotographen an, und wir bekommen all die Goebbelsschen Tricks zu sehen, mit denen Gewalt ästhetisiert wurde. (Anton erinnert sich später, daß in allen Nazi-Filmberichten die Deutschen von *links nach rechts* quer über die Leinwand marschierend gezeigt wurden: voranrückend, selbst im Rückzug.)

Außerdem ist Reitz weit davon entfernt, einreden zu wollen, daß seine »Durchschnittsdeutschen« nichts über die Nazi-Verbrechen gewußt hätten. Antons Einheit muß die Massenexekution von Partisanen an der Ostfront filmen. Auf einem Fest in Lucies Villa erzählt Wilfried, der SS-Offizier, stolz einer Gruppe Armeeoffizieren von der Endlösung. In einer früheren Sequenz sehen wir Wilfried kaltblütig einen verwundeten englischen Piloten erschießen, der in den Wäldern nahe Schabbach abgestürzt war. Haben die Dorfbewohner des Hunsrück, bleibt man bei der historischen Wahrheit, mehr als diese flüchtigen Erscheinungen der Nazibarbarei gesehen? Ich glaube nicht. Natürlich hätten sie mehr sehen können, doch wie die meisten Deutschen zogen sie es vor, nicht hinzusehen (wie es Bundespräsident von Weizsäcker in seiner großartigen Rede vor dem Bundestag zum 40. Jahrestag des Kriegsendes beschrieben hat). Hier durchbricht Reitz sogar seine eigenen künstlerischen Mittel. Denn er zeigt uns mehr von dem, was seine Dorfbewohner tatsächlich gesehen haben, als sie sich wahrscheinlich selbst erinnern, jemals gesehen zu haben. In dieser Hinsicht ist er gerechter als die Erinnerung.

Dieser Ansatz zur Gerechtigkeit gilt jedoch nicht mehr für seine Darstellung der ersten Nachkriegsperiode, genannt »Die Amerikaner«. Lucie, die ehemalige Bordellschönheit und Nazianhängerin, prostituiert sich erneut – diesmal mit den amerikanischen Siegern. Ihr Sohn Horst (anzunehmen, daß er nach dem Nazi-Helden Horst Wessel genannt wurde) nimmt als erster Kaugummi von schwarzen GIs an. Einige Monate später geht ein großer, gut gekleideter Mann auf der Hauptstraße von Schabbach entlang, gefolgt von einer großen, schwarzen Limousine, gefahren von einem großen, schwarzen Chauffeur. Es ist Paul Simon, Marias Ehemann, der als reicher Amerikaner zurückkommt und sich kaum seiner Muttersprache erinnert. Er ist fett, anmaßend und unglaubwürdig gefühllos. Mit einer amerikanischen Militärkapelle bereitet er sich selbst ein Willkommen im Gemeindesaal (wo Maria früher, in den dreißiger Jahren, so glücklich mit Otto getanzt hatte). Er wartet mit einem überladenen Tisch voller Lebensmittel aus amerikanischer Militärversorgung auf und hält, für den Fall, daß noch immer nicht alle gemerkt haben, wie gut er es geschafft hat, eine endlose Rede über seinen eigenen Erfolg und die Glorie Amerikas. Der kleine Horst wird von einer delirierenden Lucie gezwungen, die Namen der fünfzig Staaten aufzusagen. Später am Abend betritt Paul Marias Schlafzimmer, angeblich weil es ihm kalt ist, doch offensichtlich in der Erwartung, seine lang verlorene Braut zurückzuerobern. Maria gibt ihm eine Decke. »Ich will nicht, daß du frierst« sagt sie, »aber ich will auch nicht, daß du dir Illusionen machst.« Amerika ist geschlagen. Germania intacta.

In dieser entscheidenden Episode ist die partielle und ungerechte Erinnerung mit Sicherheit die eigene des Regisseurs Reitz. Und höchst überraschend am ganzen Film ist nicht das, was er von der heutigen Haltung der Deutschen gegenüber ihrer Nazivergangenheit zeigt, sondern das, was er über ihre Einstellung zu Amerika enthüllt. Seit der ersten Erwähnung Amerikas, die mir auffiel – eine Bemerkung in einer Radiosendung 1920 über Amerika »als Land des elektrischen Stuhls« –, wird ein abstoßendes Amerikabild vermittelt. Amerika als Antithese zur Heimat. Paul verkörpert das Deutschland, das sich an Amerika verkauft hat, Maria das Deutschland, das sich selbst treu bleibt. Obwohl der Regisseur das wahrscheinlich weit von sich weisen würde, so erkenne ich doch eine Art stillschweigende Folgerung, die da heißt: Nazismus – Modernismus – Amerikanismus. Mit Sicherheit sind dies die drei Elemente, die im krassesten Gegensatz zur authentischen Gemeinschaft des Dorflebens stehen. Als Paul in das Dorf zurückkehrt, läuft er langsam die Straße unter den Telefondrähten entlang – die Drähte, die einst zum Konzentrationslager führten. Nur ein zufälliges Symbol?

In der nächsten Episode, von 1955 bis 1956, ist weniger Amerika der Feind als elterliche Eifersucht und die restriktive Moral des Adenauer-Deutschlands. So, wie Marias große Liebe zu Otto durch Paul und den Krieg zerstört worden war, so zerstört sie nun die Liebe ihres Sohnes Hermann zum schönen Klärchen. Als die Familie herausfindet, daß Klärchen eine Abtreibung hatte (die 1956 natürlich noch illegal war), droht sie Klärchen mit einer Anzeige bei der Polizei, wenn sie nicht jeglichen Kontakt zu Hermann abbricht. Doch indem Maria diese Liebe zerstört, zerstört sie auch ihre Beziehung zu Hermann. Und wieder einmal findet sie sich mutterseelenallein gelassen.

1967 scheint der Bösewicht dann der internationale Kapitalismus zu sein. Ein multinationaler Konzern möchte Antons kleine, hochqualifizierte optische Fabrik kaufen. Anton entscheidet, seinen Vater zu konsultieren. Er findet Paul, inzwischen wirklich eine abstoßende Karikatur des lauten, fetten Amerikaners im Ausland, und findet heraus, daß er seine Firma an IBM verkauft hat. Das genau überzeugt nun Anton davon, nicht zu verkaufen. Hier sind sie also wieder zu finden, die Werte Heimat versus Amerika, diesmal in der Maske des paternalistischen Arbeitgebers. Aber der Film verliert bereits an Überzeugungskraft, und mit dem Tod von Maria, der die letzte Episode einleitet, gerät er völlig aus den Fugen. In einer schwachen, weitschweifigen, halb-surrealistischen Dorffest-Sequenz endet er damit, daß sich alle Toten im Gemeindesaal versammeln, um den Geist der Mutter Courage zu grüßen.

Weniger wäre mehr gewesen. Reitz hätte sehen müssen, daß es ihm nicht gelingen kann, diese letzten beiden Dekaden mit den gewählten künstlerischen Mitteln und seinen eigenen historischen Ansätzen (oder Mythen) zu behandeln. Seine Erinnerung versagt, nicht, weil die Vorgänge zu weit zurück liegen, sondern weil sie noch zu nahe sind. Durch seine grundlegend romantische Sichtweise der Heimat von vor 1945 und seinen tiefempfundenen Antiamerikanismus ist er nicht in der Lage, die heutige Bundesrepublik mit dem gleichen sympathisierenden Naturalismus zu behandeln, wie er ihn auf die zwanziger und dreißiger Jahre angewandt hat. Hätte er das nämlich getan, wäre es unumgänglich gewesen, zumindest einiges von dem zu zeigen, was dieses neue, entwurzelte, vom Maschinen-Zeitalter geprägte, amerikanisierte Deutschland zum wirklich besseren macht, als es das alte Germania intacta gewesen war. Zum Beispiel, weil es demokratisch ist – ein Punkt nur, der, soweit ich mich erinnern kann, in der ganzen zweiten Hälfte nicht einmal angesprochen wird, außer in jener ausufernden Rede Pauls. Reitz kann Pauls Kindern gegenüber nicht fair sein, denn er ist selbst eines von ihnen.

Auch *Shoah* ist ein Film über Erinnerung. Erinnerung ist trügerisch. So auch *Shoah*. Aber die Trugbilder in *Shoah* sind andere als die in *Heimat*. Reitz gestattet den Deutschen das Vergessen. Claude Lanzmann fordert jeden auf, sich zu erinnern. *Shoah* wurde von einem französischen Kritiker als ein »Monument gegen das Vergessen« beschrieben. Daneben wirkt *Heimat* wie ein Monument *für* das Vergessen. Reitz' Position ist bewußt unmoralisch (»Wir versuchen, keine Urteile zu fällen«). Lanzmann ist leidenschaftlich moralisch. »Ich bin zutiefst davon überzeugt«, erklärte er in einem Interview des *L'Express*, »daß es einen Zusammenhang zwischen Kunst und Moral gibt.« Die Trugbilder *Shoahs* sind die der Kunst: doch einer Kunst im Dienste der Moral.

Lanzmanns einzigartige künstlerische Leistung ist es, das Leben der Todeslager wiederbelebt zu haben. Das Leben der Toten. Wiederbelebt aus dem Nichts – nein, aus weniger als dem Nichts, aus dem Nichtsein, *le néant*, wie Lanzmann selbst es genannt hat. Es ist noch nicht einmal die Asche geblieben. Wieder-*belebt*, nicht einfach nur rekonstruiert. *Shoah* ist kein Dokumentarfilm. Es gibt darin nichts von den bekannten Schwarz-Weiß-Sequenzen: eine hysterische Masse schreit »Sieg Heil« – Schnitt – Leichenberge in Bergen-Belsen. Statt dessen sehen wir neuneinhalb Stunden Interviews mit überlebenden jüdischen Opfern, deutschen Tätern und polnischen Augenzeugen (Beobachtern? Zuschauern? – jedes Wort beinhaltet ein Urteil), lange, marternde, erstaunliche Interviews, eines ans andere gefügt und mit Bildern gekoppelt von langsamen, schleppenden Kamerafahrten über die Konzentrationslager, wie sie heute sind, mit Bildern der Eisenbahnschienen, die zu ihnen führen, von den Landschaften um sie herum, wieder von den Schienen, von den

Städten, in denen die Überlebenden heute wohnen, und nochmals von den Schienen. Deutsche, Polen, Juden aller Nationalitäten: Lanzmann fordert sie auf, redet ihnen gut zu und, wenn nötig, drangsaliert sie, damit sie sich jeder Minute und jedes physischen Details ihrer Erfahrungen aus den Vernichtungslagern erinnern. »Es ist notwendig«, insistiert er, als ein jüdischer Überlebender zusammenbricht. »Ich bitte Sie. Wir müssen das machen, Sie wissen das.« »Können Sie diesen Schlauch genauer beschreiben?« zwingt er den SS-Offizier aus Treblinka. »Wie war er? Wie groß? Wie war es für die Menschen darin?«* Und gegen Ende von Lanzmanns Film hatte ich das Gefühl, daß ich zu wissen beginne, was per definitionem unmöglich zu wissen ist: »Wie es war« für die Menschen im »Schlauch«, der in die Gaskammern von Treblinka führte.

Kein anderer Film, den ich über dieses Thema gesehen habe, hat mich derart verfolgt wie *Shoah*: Bilder und Stimmen kehren zurück, ungefragt und sozusagen unerwünscht, wenn ich in der Nacht aufwache oder mit meinem kleinen Sohn im Park spiele. Einige schriftliche Augenzeugenberichte, einiges in der Literatur war dem sehr nahe gekommen – ich denke an André Schwartz-Barts *Der letzte der Gerechten* oder an die Geschichten von Tadeusz Borowski.** Aber hier entsteht ein ganz besonderer Zwang, der gerade daraus resultiert, daß *Shoah* kein Buch, sondern ein Film ist. »Ich konnte es nicht weglegen«, heißt das Klischee des Kritikers. Wörtlich genommen kann man *Shoah* eben »nicht weglegen«. Man kann nicht auf Seite 43 aufhören, nachdem man die Beschreibung über eine Mutter gelesen hat, die ihr

* Alle wörtlichen Zitate in diesem Text sind dem deutschen Textbuch zum Film entnommen: Claude Lanzmann, Shoah, München 1988. Lanzmann schreibt in seiner kurzen Vorbemerkung, das Buch enthalte den »vollständigen Text, das gesprochene Wort und die Untertitel meines Films«. In Wirklichkeit aber sind, wie auch Lanzmann bemerkt, viele der hier benutzten Worte die deutsche Übersetzung der französischen Untertitel, basierend auf den (häufig unter Zeitdruck) entstandenen Simultanübersetzungen in das Französische aus dem Polnischen, Hebräischen oder Jiddischen – Sprachen, die Lanzmann »nicht beherrscht«. Wie Lanzmann es darstellt, hat »die Einfügung der Untertitel in den Film die typographische Gestaltung dieses Buches bestimmt«, aber »sie sind jedoch nie ganz das gesprochene Wort«. Im Film, schreibt er, »ist der beste Untertitel der, den man vergißt« ... und daher »unerheblich.« »Versammelt man sie dagegen in einem Buch, wird aus dem Unwesentlichen plötzlich etwas Wesentliches ... gewissermaßen ein Siegel der Ewigkeit«. Ein Großteil der Kraft dieses Films besteht jedoch gerade aus dem Zusammenprall der Sprachen – dem furchterregenden bürokratischen Euphemismus des Deutschen der Täter gegenüber dem unverstellten Englisch oder Jiddisch der Überlebenden oder dem deftigen Polnisch der Bauern – all das ist unwiederbringlich verloren in der Übersetzung.

** Tadeusz Borowski, This Way for the Gas, Ladies and Gentlemen, New York 1967.

Kind, um es zu retten, vor der Gaskammer verleugnet hat, und in den Garten hinausgehen, um seine Fassung wiederzugewinnen. Außer man verläßt das Kino und verzichtet auf die nächsten 50 Seiten, führt kein Weg daran vorbei, den Film bis zum Ende auszuhalten. Man verliert die Fassung. Man wird durstig. Man ist erschöpft. Vielleicht beginnt man sich sogar zu ärgern, wenn die Kamera einen schon wieder mitnimmt, wie es scheint zum hundertsten Mal, langsam, oh wie langsam, auf die Fahrt über die Schienen bis zur Rampe. Aber diese tödliche Wiederholung, diese Erschöpfung, dieser *Zwang* zum Aushalten sind wesentliche Bedingungen der Wiederbelebungsversuche Lanzmanns. Bewußt setzt er die diktatorische Macht des Regisseurs ein, um uns in den Viehwaggon einzusperren und neuneinhalb Stunden lang nach Auschwitz zu transportieren.

Lanzmann ist ein überragend selbstbewußter Künstler. Während einer Diskussion, die vom Institut für Polnisch-Jüdische Studien in Oxford nach der Uraufführung des Films in England veranstaltet wurde, analysierte, erklärte und lobte er seine eigene Leistung mit einem obsessiven künstlerischen Selbst-Interesse, das nur noch an Wagner oder Joyce erinnerte. (»Er ist ein Monster«, war der Kommentar eines Freundes hinterher, »ein *goldenes* Monster«.) Lanzmann sprach über seinen Film wie über eine Symphonie, ein architektonisches Kunstwerk, ein Shakespearesches Stück. Gefragt, weshalb er keine Interviews mit diesem oder jenem berühmten Überlebenden gemacht habe, antwortete er, sie seien »schwache« Charaktere, unfähig, die Erfahrung vor der Kamera wahrhaft neu zu *erleben*, sie hätten nicht in sein Stück gepaßt. In diesem Film, fuhr er fort, wird jeder Protagonist zum Schauspieler, er ist »eine Geschichte der Realität«. Nach seinen Auswahlkriterien befragt, antwortete er: »Der Film ist um meine eigenen Obsessionen herum gemacht, anders wäre er nicht möglich gewesen.«

»Film kann etwas anderes sein als eine Dokumentation«, sagte er. »Er kann ein Kunstwerk sein – und dennoch akkurat.« Akkuratesse ist denn auch das zweite außergewöhnliche Charakteristikum seiner Arbeit. Hinter den neuneinhalb Stunden Film liegen dreihundertfünfzig Stunden Filmmaterial und elf Jahre Recherchen rund um den Globus. In Oxford, mit einigen der weltführenden Experten zu Fragen des Judentums und Polens konfrontiert, reagierte er auf jede kritische Frage zu den faktischen Details mit, wie es mir schien, überwältigendem Wissen, und noch etwas anderem: der gerechtfertigten Überzeugung, daß er etwas getan hat, was keiner der anwesenden Historiker getan hat. Warum er niemanden von den Einsatzgruppen befragt habe – von jenen Spezialtruppen der Nazis für Massenexekutionen? »Es gibt nur wenige Überlebende der Einsatztruppen«, antwortete er. Er hatte versucht, sie zu interviewen. Es war sehr schwierig. In einem Fall wurde die Kamera entdeckt, die er in seiner Umhängetasche versteckt hielt (wie er es bei den meisten Interviews mit Nazis getan hatte). »Ich war einen Monat im Krankenhaus. Ich war ernsthaft ... extrem verprügelt worden. Mein gesamtes Material wurde gestohlen.«

Doch während er erzählte, wurde deutlich, daß seine Auswahlkriterien nicht nur der künstlerischen Wahrheit (»meiner Obsession«) folgten, sondern auch der historischen. Er debattierte über seine Interpretation des Langzeit-Zwecks des Holocausts, über die Art des Vernichtungsprozesses, als Historiker mit Historikern. Im großen und ganzen folgt Lanzmanns Interpretation denen Professor Raul Hilbergs, der in *Shoah* als Schlüsselperson unter den professionellen Zeugen auftritt. Es gab eine »logische Ordnung«, sagt Hilberg, »denn von den frühesten Zeiten ... hatten die christlichen Missionare zu den Juden gesagt, ›ihr könnt unter uns nicht als Juden leben‹. Die weltlichen Herrscher, die ihnen vom Spätmittelalter an folgten, entschieden: ›ihr dürft unter uns nicht leben‹, und die Nazis beschlossen: ›ihr dürft nicht leben.‹« Dennoch hatte es keine einzige klare Anordnung gegeben, die besagte, »jetzt werden die Juden getötet«. Die Endlösung war eher »eine Folge von kleinen Schritten, die einander in einer logischen Ordnung folgten«, an derem Ziel die »Bürokraten zu Erfindern« eines »bürokratischen Vernichtungsprozesses« wurden, für dessen peinlich genaue Rekonstruktion Hilberg mehr als jeder andere getan hat.* Man kann einiges dieser Interpretation in Frage stellen, wie es Professor Israel Gutman höchst kraftvoll während der Diskussion in Oxford getan hat, aber es gibt keinen Zweifel daran, daß *Shoah* ein klares und überzeugendes Argument für dieses zentrale Thema liefert.

Zu seinen Ansichten über die polnischen Reaktionen befragt, sagte Lanzmann, »ich glaube, ich habe das wirkliche Polen ge-

* Raul Hilberg, The Destruction of the European Jews, Revised and Definitive Edition, Holmes and Meier 1985; Erstveröffentlichung 1961.

zeigt ... das verborgene Polen«, und, entschieden, *»nichts von Bedeutung«* über die Polen wurde ausgelassen. Mit dieser letzten Bemerkung bietet er erneut seine Arbeit als Werk eines Historikers der Beurteilung von Historikern an. Denn die Kriterien Ausgewogenheit, Repräsentativität und Vollständigkeit, dieser Anspruch, »nichts von Bedeutung« sei ausgelassen, sind grundsätzlich nur von Wichtigkeit für das, womit Historiker sich beschäftigen. Für die Kunst aber bleiben sie peripher. Zu sagen, der Erzähler, Dramatiker oder Maler habe »etwas Bedeutendes ausgelassen«, ist für gewöhnlich keine Aussage von Belang. (Warum hat Leonardo Mona Lisas Füße ausgelassen?) Zu sagen, der Historiker habe »etwas Bedeutendes« ausgelassen, ist hingegen grundsätzlich von Wichtigkeit. Von Historikern erwarten wir zumindest, daß sie die Beweggründe für ihre Auslassungen eindeutig darlegen.

Lanzmann legt demnach an seine eigene Arbeit zwei Maßstäbe an, um nicht zu sagen, einen doppelten Maßstab. Wenn ich hier nun die historische Vollständigkeit des polnischen Teils von *Shoah* in Frage stellen werde und verdeutlichen will, daß etwas Bedeutendes ausgelassen *ist*, so werde ich dennoch für zwei Kritikpunkte offen sein: zum ersten, daß die *künstlerische* Vollständigkeit des Films weit wichtiger ist als seine historische und daß der polnische Teil sowieso, im historischen Sinne, der weniger wichtige Teil eines Filmes ist, der den Vernichtungsprozeß thematisiert. Zugegeben, seine künstlerische Vollständigkeit *ist* von größerer Bedeutung. Die fraglos einzigartige Leistung von *Shoah* ist, daß er uns etwas gibt, was kein anderer Dokumentarfilm uns gegeben hat: Er ermöglicht es, uns das Unvorstellbare vorzustellen, er belebt das Leben der Toten.

Indem er das genaue Gegenteil von Brechts »Verfremdungseffekt« benützt, gelingt es Lanzmann, den Abstand zwischen Vergangenheit und Gegenwart zu beseitigen. Und indem er dies tut, »wollte er dem menschlichen Bewußtsein helfen, niemals zu vergessen, sich niemals an die Perversität des Rassismus' und an dessen monströse zerstörerische Fähigkeit zu gewöhnen«. Diese moralische Skizzierung der Kunst Lanzmanns ist um so treffender, gedenkt man der Person, die sie skizzierte. Ich zitiere Papst Johannes Paul II., der *Shoah* mit diesen Worten einem Auditorium aus Veteranen des französischen und belgischen Widerstands vorstellte. Ob Lanzmann selbst einverstanden wäre, daß es gerade dies, oder vor allem dies gewesen sei, was er wollte, weiß ich nicht. Aber ich zweifle nicht daran, daß dies einer seiner Erfolge ist. Sein Kunstwerk hat einen großen moralischen Effekt.

Zum zweiten stimme ich zu, daß der polnische Teil historisch zweitrangig ist. Die Polen waren weder die Täter noch die Hauptopfer in den Vernichtungslagern – die Lanzmanns Thema sind. Sie waren nur (nur?) die Zugführer und Weichensteller, die Bauern, die die Felder um die Lager herum bestellten, die Bevölkerung, die den Juden Unterschlupf gewährte, sie ignorierte oder denunzierte. Ein israelischer Teilnehmer an der Diskussion in Oxford verglich im privaten Gespräch die polnische Kritik an der Darstellung der Polen in *Shoah* mit der jüdischen Kritik an der Darstellung der Juden in Andrzej Wajdas *Das gelobte Land*: Jede dieser Kritiken, sagte er, verfehlt den wesentlichen Punkt dessen, was der Regisseur, für den die jeweilige Darstellung der Polen oder Juden gänzlich irrelevant und nur Hintergrund, nicht aber das eigentliche Thema war, darzustellen versuchte.

Doch Lanzmann ist offensichtlich selbst vom polnischen Hintergrund fasziniert – tatsächlich läßt er ihm mehr Raum im Film, als die strikte historische Bedeutung für sein Hauptthema es vorgeben würde. Zudem fordert er, daß man seine Behandlung des polnischen Hintergrundes mit der gleichen historischen Rigidität beurteile, wie sein Hauptthema. Die politische Kontroverse um *Shoah* betraf denn auch zu großen Teilen die polnischen Sequenzen. Die Geschichte der polnisch-jüdischen Beziehungen mag nicht mehr so wichtig für das heutige Judentum sein (*mag!*), aber ich zweifle nicht daran, daß sie noch immer von lebendiger Bedeutung für die polnische Nation ist: für das eigene Verständnis der Polen von sich selbst. Aus all diesen Gründen finde ich es lohnend, den letzten Teil dieses Essays dem zu widmen, was – ich wiederhole – *nicht der bedeutendste* Teil des Films ist.

Die heutigen polnischen Reaktionen auf die polnisch-jüdische Frage sind ein einziges Chaos. Dies ist kein Thema, das in klaren Linien Regime, Opposition und Kirche trennt. Nachdem *Shoah* in Paris uraufgeführt wurde, war die erste Reaktion der polnischen Regierung, einen offiziellen Protest auf den Quai d'Orsay abzufeuern. Doch gleich darauf kaufte die Regierung den Film, um ihn (teilweise) im Fernsehen und (vollständig) in den Kinos zu zeigen. Es folgten dumme und miserable Artikel darüber in der offiziellen Presse, zumeist von journalistischen Propagandisten, die ihn nie gesehen hatten, aber auch intelligente Stellungnahmen von Kritikern, die ihn kannten. Beide dieser Kategorien fand man auch in Artikeln der katholischen und der Untergrundpresse.

Die Debatte ist hoffnungslos verzerrt durch den außergewöhnlich hohen Grad, in dem Antisemitismus Thema und Instrument politischer Manipulationen im Nachkriegs-Polen geblieben ist. Berüchtigt dafür war das »antizionistische« Pogrom von 1968, angeführt von Cliquen in Partei und Geheimdienst, das zur Entlassung fast aller verbliebener polnischer Juden von ihren Arbeitsplätzen führte, aber auch die Krisenzeit von 1980 bis 1982, als antisemitische Stimmen erneut in allen Lagern zu hören waren – in Partei, Kirche und Solidarność –, wenn sie auch diesmal wirklich marginal blieben. Jeder politisch bewußte Pole, der über dieses Thema schreibt, hat daher eine Stimme in seinem Kopf, die fragt: Welcher politische Nutzen wird aus dem gezogen werden, was ich schreibe? Welche falschen Zitate von mir wird *Żolnierz Wolności* bringen (die Armeezeitung, die eine führende Rolle in der Kampagne von 1968 spielte)? Wem wird das nützen? Und wirklich, ich kann diese Stimme fast selber hören, denn der letzte Essay, den ich für die *New York Review of Books* über Polen schrieb, wurde Thema einer deftigen Attacke in *Żolnierz Wolności*, gezeichnet von einem Oberst (!) W. Zieliński. Doch meine Stimme ist eine Stimme der Selbst-Zensur.

Solche Ängste sind überall und immer der Tod jeder offenen Diskussion. In Polen werden sie aber noch von einem zusätzlichen Komplex genährt. Jeder Pole wird zu dem Bewußtsein erzogen, daß sein Land eines der Opfer der Geschichte ist: das gemeinhin unschuldige und rechtschaffene Opfer des plündernden Nationalismus mächtigerer Nachbarn. Plötzlich wird er mit einer bitteren und tiefgreifenden Anklage seiner Nation durch einen amerikanischen, englischen, französischen oder sogar polnischen Juden konfrontiert – mit einer Anklage, die (wer hätte sie noch nicht gehört?) Polen auf die gleiche Stufe mit Barbie und Mengele stellt. Erzogen, sich als Opfer zu sehen, wird ihm plötzlich gesagt: »Ihr seid die Täter gewesen.«

Wir erkennen den Nationalismus des Herrschers. Doch es gibt auch einen Nationalismus des Opfers. Der Nationalismus des Opfers ist (oder war zumindest) eine der vielen Gemeinsamkeiten von Polen und Juden. Charakteristisch für den Nationalismus des Opfers ist die widerstrebende Anerkennung des Leidens anderer Völker und die Unfähigkeit einzugestehen, daß auch ein Opfer quälen kann. Orwell schreibt in *Über den Nationalismus*, »wenn man irgendwo in seinen Gedanken nationalistische Loyalität oder Haßgefühle hegt, werden bestimmte Fakten, selbst wenn sie in gewissem Sinn als wahr erkannt wurden, unerträglich«, und er fährt fort, Beispiele für »unerträgliche Fakten« zu nennen, für die verschiedensten Arten von Nationalisten: für britische Torys, Kommunisten, Pazifisten, etc. Ich zitiere je einen »unerträglichen Fakt« für polnische und jüdische Nationalisten – und gebrauche das Wort »Nationalist«, ich betone, im eigentümlichen, weitgreifenden, herabsetzenden Sinn Orwells.

Für polnische Nationalisten: Es gab virulenten und weitverbreiteten Antisemitismus in Polen während des Zweiten Weltkrieges.

Für jüdische Nationalisten: Die Bedingungen der deutschen Besatzung waren für die Polen schlimmer als für jede andere Nation, ausgenommen für Juden.

Für jeden einigermaßen unvoreingenommenen Beobachter, selbst wenn er nur wenige Fakten kennt, sind diese zwei Behauptungen offensichtliche Tatsachen. »Bitte akzeptieren Sie dies als Tatsache«, schrieb der Kommandant der polnischen Untergrund-Heimatarmee (AK) an die polnische Exilregierung in London, im September 1941, »daß die überwältigende Mehrheit unseres Landes antisemitisch ist ... Antisemitismus ist jetzt weitverbreitet. Selbst die Untergrundorganisationen, die im Einflußbereich der Vorkriegs-Aktivisten des demokratischen Clubs oder der Sozialistischen Partei geblieben sind, haben das Postulat der Emigration als Lösung des jüdischen Problems adaptiert. Dies ist ebenso zur Binsenwahrheit geworden, wie zum Beispiel die Notwendigkeit, Deutsche zu eliminieren«.*

Die Besetzung Polens durch die Nazis verlief, wie Jan Gross und Martin Broszat und viele andere ausgiebig dokumentiert haben, unter besonderen und extremen Bedingungen. Churchill hat nicht übertrieben, als er erklärte: »Montags erschießt Hitler die Holländer, dienstags Norweger, mittwochs stellt er Franzosen oder Belgier an die Wand, donnerstags sind es die Tschechen,

* Zitiert nach Jan Gross' ausgezeichnetem Buch *Polish Society under German Occupation*, Princeton, NJ, 1979, S. 184–185.

die leiden müssen ... Aber immer, Tag für Tag ... gibt es die Polen.« Und daher waren, wie Nechama Tec nüchtern in ihrem bemerkenswerten Buch über Christen schrieb, die polnischen Juden Zuflucht gewährten, »Hindernisse und Barrieren für die Rettung von Juden in Polen am gewaltigsten.«*

Diese beiden »unerträglichen Fakten« anzuführen, bedeutet nicht, eine Art von Symmetrie oder Äquivalenz herstellen zu wollen. Damit soll nur gesagt sein, daß man, wenn man nicht bereit ist, solche grundlegenden Fakten anzuerkennen – und die meisten Menschen, die in den letzten vierzig Jahren über dieses Thema gesprochen oder geschrieben haben, scheinen unfähig gewesen zu sein, den einen oder anderen dieser Fakten anzuerkennen –, auch nicht beginnen kann, ernsthafte Antworten auf die wirklichen historischen Fragen zu suchen, Fragen wie: Was ist der Zusammenhang, wenn es einen gibt, zwischen der Tatsache des polnischen Antisemitismus der Kriegszeit und der Tatsache, daß deutsche Vernichtungslager in Polen angesiedelt wurden?

Lanzmanns eigene Antwort auf diese zentrale Frage, in Zeitungsinterviews wie auch in der Oxforder Diskussion, blieb konfus. »Sind Sie sich bewußt, daß der Film eine Anklage gegen Polen ist?« wurde er von *L'Express* gefragt. »Ja«, antwortete er, »aber es sind die Polen, die sich selber anklagen. Sie bewältigten die Routine der Ausrottung. Niemand fühlte sich gestört davon.« Während der Diskussion in Oxford sagte er jedoch: »Es ist keine Anklage ... gegen die Polen, denn ich glaube, sie konnten nicht viel tun.« Aber eine Minute später, er sprach über das polnische Dorf Grabów, um das es auch im Film immer wieder geht, erklärte er: »Ein kleines Dorf wie dieses läßt einfach die Hälfte seiner Bevölkerung gehen ... und wußte absolut sicher, daß man sie vergasen wird, denn jeder wußte es.« Wer sagt, sie ließen die Juden »einfach gehen«, meint natürlich, sie hätten etwas dagegen tun können. Später erzählt Lanzmann, daß seine gesamte Familie von französischen Bauern während des Krieges gerettet wurde, und er erklärte kategorisch, »in Frankreich hätte es keine Vernichtungslager geben können«.

Aber vertraue nie dem Künstler, vertraue der Erzählung. Was zeigt uns der Film wirklich? Auf unvergeßliche Weise zeigt er uns lange Ausschnitte von ungewöhnlichen Gesprächen, die Lanz-

* Nechama Tec, Wenn Licht ins Dunkel tritt: Gerechte Christen und die Polnischen Juden.

mann in den polnischen Dörfern rund um die ehemaligen Todeslager führte. In diesen Gesprächen beschreiben polnische Bauern, was sie vom Vernichtungsprozeß gesehen hatten, wie sie damals reagierten und was sie heute darüber denken. Ein Bauer erzählt lachend, daß er als junger Mann immer die Eisenbahnwaggons entlang gelaufen sei und sich mit einem Finger quer über die Kehle fuhr, um den Juden klar zu machen, daß sie umgebracht werden. Die ausländischen Juden sind in den Personenwagen gefahren, sagt er, sie waren schön gekleidet, in weißen Hemden ... sie spielten Karten. Die ausländischen Juden, oh ja, »die waren ganz dick«, wiederholen seine Freunde, »wir zeigten ihnen, daß man ihnen die Kehle durchschneiden wird«. Und sie lachen in die Kamera. Doch derselbe Bauer erzählt auch, »als die Leute dann langsam begriffen, was vor sich ging, waren sie bestürzt, sie haben angefangen, untereinander zu sagen, daß seit Bestehen der Welt noch nie so viele Menschen auf diese Weise ermordet worden waren«. Die Polen fürchteten um ihre eigene Sicherheit. »Fürchteten sie nicht auch für die Juden?« fragt Lanzmann. »Naja«, antwortet der Bauer, »es ist doch so, wenn ich mich in den Finger schneide, tut es dir nicht weh, oder?«

Später treffen wir Bewohner von Grabów, die in den Häusern leben, die einst Juden gehörten. Sie beschreiben, wie die Juden in die Kirche getrieben – in die polnische katholische Kirche – und dann nach Chełmno abtransportiert wurden, nur 12 Kilometer entfernt. Die Deutschen »haben auch so kleine Kinder genommen ... Sie nahmen sie an den Beinen und warfen sie auf die Lastwagen. Alte Leute auch«. »Wußten die Polen, daß die Juden in Chełmno vergast würden?« fragt Lanzmann. »Wußte der Herr das?« »Ja.«

Dann eine Gruppe alter Frauen. »Die jüdischen Frauen waren sehr schön«, sagen sie, »die Polen schliefen sehr gern mit den Jüdinnen.« »Die Polen liebten die kleinen Jüdinnen, das ist verrückt, daß sie sie geliebt haben.« Was hat sie so schön gemacht? »Das war, weil sie nichts taten. Die Polinnen dagegen arbeiteten. Die Jüdinnen machten nichts, sie dachten nur an ihre Schönheit, zogen sich gut an.« »Das Kapital war in den Händen der Juden.« »Die gesamte Industrie Polens vor dem Krieg war in den Händen der Juden und der Deutschen.« Eine Gruppe Männer. Sind sie froh, daß keine Juden mehr hier sind? »Das stört (uns) nicht.«

Die unheimlichste Szene von allen. Eine Gruppe von Dorfbewohnern vor der Kirche in Chełmno. Geräusche von Gebeten und Chorälen. Was wird gefeiert? »Die Geburt der Jungfrau Maria. Es ist ihr Geburtstag.« Und während die alten Marienlieder im Hintergrund ertönen, beschreiben die Dorfbewohner, wie die Juden in eben dieser Kirche zusammengepfercht wurden, wie die Juden in jener Nacht klagten und weinten, bevor die Gaslastwagen kamen, um sie fortzubringen und zu töten. Warum wurde das mit den Juden gemacht? »Weil sie die Reichsten waren! Auch viele Polen sind umgebracht worden, wirklich! Priester.«

Dann tritt ein selbstbewußt aussehender Mann nach vorne. Ganz offensichtlich fühlt er sich den anderen überlegen, und die anderen scheinen das zu akzeptieren. »Herr Kantorowski wird berichten, was einer seiner Freunde ihm erzählt hat. Das ganze hat sich in Mindjewyce* ereignet, in der Nähe von Warschau.« »Erzählen Sie«, sagt Lanzmann.

»Die Juden sind auf einem Platz zusammengetrieben worden. Der Rabbi hat einen SS-Mann gefragt: ›Kann ich zu ihnen sprechen?‹ Der SS-Mann erlaubte es ihm. Also sagte der Rabbi, daß vor fast zweitausend Jahren die Juden den unschuldigen Christus zum Tode verurteilt haben. Und als sie das getan haben, schrien sie: ›Sein Blut komme über uns und über unsere Kinder!‹ Dann sagte der Rabbi weiter, ›vielleicht ist die Zeit dafür gekommen, also wollen wir nichts tun, gehen wir‹.«

Und als Lanzmann diese phantastische Geschichte anzweifelt, ruft eine alte Frau: »Als Pontius Pilatus sich die Hände gewaschen hat, sagte er: ›Dieser Mann ist unschuldig, ich will mit dieser Geschichte nichts zu tun haben‹, und er hat Barrabas geschickt. Aber die Juden haben gerufen: ›Sein Blut komme über uns!‹ Das ist das Ende, jetzt wissen Sie alles.«

Die Reaktion von einem der angesehensten katholischen Intellektuellen auf all das war symptomatisch und auch schockierend. (Jetzt spricht der Selbst-Zensor in meinem Kopf: »Hier folgt eine Passage, die *Żołnierz Wolności* vielleicht aus dem Zusammenhang gerissen zitieren wird«). Jerzy Turowicz ist Redakteur der führenden katholischen Wochenzeitschrift *Tygodnik Powszechny*. Turowicz stand früh während der Diskussion in Oxford

* Anm. d. Ü.: »Mindjewyce« ist die Schreibweise im deutschen Textbuch *Shoah*. Ein Ort dieses Namens existiert in Polen ebensowenig, wie diese Art der Schreibweise im Polnischen möglich ist. Ein weiterer Hinweis auf die lautsprachlichen Übertragungsfehler »unter Zeitdruck«.

auf und sagte etwa folgendes: Der Film ist einseitig. Diese Bauern sind einfache, primitive Menschen, so wie man sie in jedem Land finden könnte. Viele Polen haben den Juden geholfen. Es gibt 1 500 polnische Bäume in Yad Vashem. Der polnische Katholizismus hat herzlich wenig mit dem polnischen Antisemitismus zu tun – und sowieso hat der polnische Antisemitismus nichts mit dem Holocaust zu tun.

Also mit allem gebotenen Respekt vor Herrn Turowicz, aber das kann wohl nicht sein, das kann ganz und gar nicht sein. Diese Reaktion ist purer »Nationalismus«, im besonderen Sinne Orwells, den ich hier verwende. Lanzmanns Bericht über den katholischen Antisemitismus der polnischen Bauern ist eine Herausforderung und implizit ein Verweis an die polnischen katholischen Intellektuellen. Tatsächlich sagt dieser Bericht: Um Gottes Willen, hier ist ein *Problem*, ein unverarbeitetes, blutiges, schreckliches Problem, und warum hat es vierzig Jahre und meine Provokation gebraucht, bis ihr es antastet? Und alles, was Herr Turowicz dazu zu sagen hatte, war: wir sehen kein Problem.*

Ist Lanzmanns Darstellung dieses Problems in seinem Film unfair? Ja und nein. Nein, in dem Sinne, daß alles, was er zeigt, ganz offensichtlich die Wahrheit ist. Diese Menschen existieren. Sie haben diese Dinge gesagt. Mit Sicherheit ist seine Art zu fragen aggressiv und zornig. »Sie sind reich geworden«, sagt er über ein Paar aus Grabów, das in eines der jüdischen Häuser gezogen ist: Aber was heißt das, ein Holzhaus in einem armen Bauerndorf in einer der rückständigsten Ecken Europas. Reich! Lanzmann ist ganz augenscheinlich schockiert und fasziniert zugleich, daß er tatsächlich selbst mit wirklichen, lebendigen christlichen Antisemiten spricht, die fast einem Schulbuch über Antisemitismus entsprungen sein könnten (ein Schulbuch, das es nicht nur in Polen geben sollte). Aber er unternimmt nicht die geringste Anstrengung, die menschlichen, allzu menschlichen Verstrickungen in ihre richtige Ordnung zu fügen, diese bizarre Mischung aus Aberglauben und bodenständigem Menschenverstand in dieser bäuerlichen Welt. Der Jude stank, sagt ein Bauer.

* Fairerweise muß gesagt werden, daß Turowicz in den Jahren seit der Erstveröffentlichung dieses Essays seine Position bedeutend weiterentwickelt und revidiert hat. In *Tygodnik Powszechny* hat er eine tiefgehende, offene und sensible Diskussion über dieses Thema ermöglicht, besonders erwähnenswert darunter ein Artikel des hervorragenden polnischen Literaturkritikers Jan Błoński.

Warum? fragt Lanzmann, und wir erwarten eine ideologische Antwort. »Weil sie Gerber waren, und die Felle stanken.« Eine alte Frau sagt, daß es ihr heute besser gehe als damals. »Weil die Juden verschwunden sind oder wegen des Sozialismus«? fragt Lanzmann. Nein, weil sie vor dem Krieg Kartoffeln roden mußte und heute einen Eierhandel hat.

Er zeigt uns ihre Gefühllosigkeit, aber auch ihr Mitgefühl. Ein ledergesichtiger alter Eisenbahner bricht in Tränen aus, als er sich an die Erschießung einer jüdischen Mutter und ihres Kindes erinnert. »Mitten durch das Herz geschossen. Die Mutter erschossen. Dieser Herr (erklärt die Dolmetscherin) hat eine lange Zeit gelebt. Er kann es nicht vergessen.« Mutter und Kind, das zentrale Bild des polnischen Katholizismus: Maria und Jesus (eine *jüdische* Mutter mit Kind). Diese »primitiven« Polen sind um so vieles menschlicher als die »zivilisierten« Deutschen, die sich niemals vorstellen könnten, bei laufender Kamera über die Todeslager zu lachen – man weiß, das schickt sich nicht.

Schließlich entwickelte offenbar Lanzmann selbst, fast trotz seiner selbst, eine Art Zuneigung für »einfache« Polen, wie den kleinen Zugführer Pan Gawkowski, der tatsächlich die Transporte bis nach Treblinka hinein gefahren hat, eine Zuneigung, die niemand auch nur annähernd vorstellbar für die »zivilisierten« Deutschen entwickeln könnte, für jenen unsäglichen Herrn Stier zum Beispiel, ehemaliger Chef des Büros 33 der Deutschen Reichsbahn, der hauptsächlich damit beschäftigt war, diesen »Sonderzugverkehr« von weither zu organisieren, und der noch immer insistiert, er hätte »keine Ahnung gehabt« von ihrer Bestimmung: »Wie heißt das Lager noch in ... das lag in dem Bezirk Oppeln? Na, Auschwitz!«

In diesen Zusammenhängen gesehen ist der polnische Teil von *Shoah* nicht nur profund und bewegend, sondern auch fair und wahrheitsgetreu. Dennoch ist seine Wahrheit nicht die vollständige historische Wahrheit, auf die Lanzmann Anspruch erhebt, wenn er sagt »nichts von Bedeutung, was die Polen betrifft, wurde ausgelassen«. Grundlegende Aspekte der polnisch-jüdischen Beziehungen *sind* ausgelassen, wie in der nüchternen und genauen Darstellung in Nechama Tecs Buch festzustellen ist, in dem sie die Fälle und historischen Fakten von mehr als fünfhundert Polen untersucht, die Juden geholfen haben. *Shoah* zeigt keine Beispiele für Polen, die Juden Unterschlupf gewährten, wenn der Film auch ein erschütterndes Interview mit Jan Karski zeigt, Kurier der polnischen Exilregierung, der vergeblich die Regierungen dieser Welt darüber aufzuklären versuchte, was den Juden in Polen geschah.

Tec kommt zu der Überzeugung, daß man als einzig sichere soziologische Verallgemeinerung über Menschen, die Juden geholfen haben, sagen kann, daß *Bauern* zu der Schicht gehörten, in der dies am wenigsten wahrscheinlich war. In *Shoah* sieht man fast ausnahmslos Bauern. In den wenigen Fällen, in denen Polen über die Strafen sprachen, die ihnen drohten, wenn sie Juden geholfen hätten, scheint Lanzmann seine Zweifel durch die Art der Befragung und Zwischenschnitte auszudrücken. In Tecs Buch finden wir zum Beispiel die Reproduktion eines deutschen Aushangs, in dem die Verhängung der Todesstrafe über 55 Polen einer Region (Galizien) verkündet wird, an einem einzigen Tag im Dezember 1943, darunter für acht wegen des Verbrechens der Judenbeherbergung.

Ganz am Ende des Films beschreibt ein Überlebender des Aufstandes im Warschauer Ghetto, wie er aus dem Ghetto durch einen Tunnel in das »arische« Warschau floh, wo er zu seiner Bestürzung herausfand, daß das »Leben so natürlich und normal wie zuvor« verlief. »Die Cafés waren wie üblich geöffnet, die Restaurants, Busse, Straßenbahnen und die Kinos waren in Betrieb.« »Das Ghetto«, schloß er, »war eine einsame Insel inmitten des normalen Lebens.« Lanzmann begleitet dies mit einer langen filmischen Sequenz des *heutigen* Warschaus. Natürlich kann es sein, meinte Leszek Kołakowski während der Diskussion in Oxford, daß Warschau 1943 für jemanden, der gerade aus der unbeschreiblichen Hölle des Ghettos entkommen ist, »normal« ausgesehen hat. Aber die polnische Hauptstadt in der deutschen Besatzungszeit war mit Sicherheit nicht in dem Sinne »normal«, wie es das *heutige* Warschau ist. Es war eine Stadt, die im Terror lebte.

Das erwähnt Lanzmann nicht. Aber er erwähnt auch nicht das Karussell, nur ein Stück von der Ghettomauer entfernt, im «arischen« Warschau, das Karussell, das sogar dann noch lief, als das Ghetto brannte, als sich die Gewehrschüsse des letzten verzweifelten Kampfes im Ghetto mit der Rummelplatzmusik mischten und »der Wind aus den brennenden Häusern / lüpfte die Röcke der Mädchen« – wie Czesław Miłosz es in seinem großen Gedicht *Campo di Fiori* beschreibt. Er erwähnt auch nicht, was manche Menschen im »arischen« Warschau sprachen, wie Kazimierz Brandys sich unvergeßlich in seinem *Warschauer Tagebuch* erinnerte: »Die nette Frau, die mein Fleisch im Metzgerladen abwog, sagte, daß Hitler Polen von den Juden entseucht hat (das Warschauer Ghetto stand zu dieser Zeit noch immer in Flammen).« Er erwähnt auch nicht die kriminellen Polen, die Juden erpreßten (die *szmalcownicy*), oder die Rolle der polnischen Vorkriegspolizei (die sogenannte *granatowa policja*), die mithalf, die Juden aufzutreiben. Ist das alles nicht auch »von Bedeutung«?

Der wesentliche Punkt ist, daß *Shoah* kein ebenso überzeugendes historisches Argument zu Polen und dem Holocaust liefert, wie es ein eindeutiges historisches Argument zum Vernichtungsprozeß bietet. Wie wir gesehen haben, sind Lanzmanns eigene Aussagen, die er außerhalb des Films über den Zusammenhang zwischen dem polnischen Antisemitismus der Kriegszeit und der Existenz der Todeslager auf polnischem Grund und Boden gemacht hat, reichlich konfus. Im Film wiederum gibt es keine zusammenhängende Aussage, kein historisches Argument hierzu. Auch gibt es zu diesem Thema keine professionelle Schlüsselfigur, so wie Hilberg für das Hauptthema. (Vielleicht auch deshalb, weil es keinen Hilberg für polnisch-jüdische Beziehungen im Zweiten Weltkrieg *gibt*.) Ich sage das in keiner Weise, um die Leistung Lanzmanns in Frage zu stellen, nur, um sie zu definieren. Gerade so, wie er ist – lebendig, persönlich, unvollkommen und partiell –, sollte dieser Film im Film über die polnische Rolle obligatorisch für alle Polen sein. Es wäre zu hoffen, daß gerade seine Unvollkommenheit und Unvollständigkeit polnische Intellektuelle aus der Reserve locken würden und, allem voran, polnische Historiker, um eine ernsthafte Forschung über das Gesamtthema zu beginnen – damit es für den nächsten Film vielleicht einen polnischen Hilberg als Gesprächspartner gibt.

Mit dem Segen der Jaruzelski-Regierung, und sogar ihrer Ermutigung für polnisch-jüdische Studien in Polen (ein politischer Fakt, den man willkommen heißen muß, was auch immer die Motive dahinter sein mögen), und – ebenso bedeutend – mit dem Segen des Papstes, scheinen die äußeren Bedingungen für ein derartiges intellektuelles und moralisches Unternehmen günstiger (oder zumindest weniger ungünstig) als zu jeder anderen Zeit seit 1945. Aber leider ist es noch immer gut vorstellbar, daß gerade dadurch ein gegenteiliger Effekt erzielt wird: ein weiterer unproduktiver, bitterer Zusammenprall intellektuellen Nationalismus – der (polnische) Nationalismus des Opfers mit dem (jüdischen) Nationalismus des Opfers.

Shoah ist so eindeutig ein größerer Film als *Heimat* – komplexer, schwieriger, profunder und bedeutender –, daß man sich fragt, ob es überhaupt Sinn macht, sie derart nebeneinandergestellt zu besprechen. Im Rückblick aber bin ich der Meinung, daß der springende Punkt gerade im eindeutigen Qualitätsunterschied liegt. Wieso ist Reitz' Film über die deutsche Erinnerung so viel »einfacher«, leichter, oberflächlicher als Lanzmanns Film über die jüdische und die polnische Erinnerung? Nicht, weil Reitz ein schlechterer Regisseur wäre, sondern weil *die deutsche Erinnerung an diese Zeit in sich selbst »einfacher«* ist. Natürlich meine ich hier nicht die Erinnerung jener historisch sensiblen und moralisch besorgten Deutschen, die dazu beigetragen haben, die *öffentliche* Haltung der Bundesrepublik gegenüber der Nazivergangenheit zu formen, und die seit einigen Jahren einen so vorzüglichen Sprecher in ihrem Bundespräsidenten Richard von Weizsäcker haben. Ich meine die allgemeine und private Erinnerung der meisten Durchschnittsbürger in Westdeutschland, die Reitz' Thema ist. Schließlich, indem wir die beiden Filme vergleichen, entdecken wir die letzte monströse Ungerechtigkeit: Es sind die Opfer, nicht die Täter, die am meisten an ihren Erinnerungen leiden. Es sind die Opfer, die zusammenbrechen, während die Täter in den glücklichen Erinnerungen an die *Heimat* schwelgen.

Beide Filme zusammen ermahnen uns: Erinnerung ist trügerisch. Erinnerung ist unmoralisch. Erinnern ist auch Vergessen. Es gibt Tatsachen, denen Erinnerung nicht ins Auge blicken kann. Wenn deutsche, jüdische und polnische Überlebende den genau gleichen Vorgang zu erinnern versuchen, so können sie sich dennoch nicht an das gleiche erinnern – fast physisch können sie es nicht, so wie ein Gelähmter nicht gehen kann. Und beide Filme zusammen sagen: Nimm dich in Acht vor der Tyrannei des Regisseurs. Denn beide, *Shoah* wie *Heimat*, sind grundlegend von der Einstellung und der jeweils eigenen Biographie ihrer Regisseure geformt und gebogen. Reitz' Amerika, Lanzmanns Polen – auch sie sind Produkte, jene unvermeidlich entstellten Produkte der Erinnerung eines Individuums.

Die Schlußfolgerung, zu der beide mich führen, ist: Gott sei

Dank gibt es die Historiker! Nur die professionellen Historiker, mit ihren erprobten Methoden der Forschung, ihren expliziten Auswahlprinzipien und ihrer Bindung an Fakten, nur sie können uns die Mittel geben, um den Dingen ins Auge blicken zu können. Nur die Historiker geben uns die Richtwerte, mit denen wir *Heimat* oder *Shoah* beurteilen und »richtig einschätzen« können. Nicht, daß Historiker notwendigerweise unvoreingenommener wären als Filmregisseure. Aber der Historiker ist (zumindest in einer freien Gesellschaft) für seine Thesen verantwortlich zu machen und der öffentlichen Kritik wie der Kritik seiner Zunft ausgesetzt, wie jeder Politiker in einer Demokratie. Ein Filmregisseur hingegen ist immer, allein schon durch die Art seines Mediums, ein großer Diktator. Also sind die Historiker unsere Beschützer. Sie schützen uns vor dem Vergessen – das ist eine Binsenwahrheit. Aber sie schützen uns auch vor der Erinnerung.

7 Eine Lektion über Ungarn
(Budapest 1985)

Der Hintergrund

Man stelle sich ein Gartenlabyrinth vor, Spiegel verbergen die Hecken, illusionieren leeren Raum und Bewegungsfreiheit, verzerrt, wie in einem Spiegelkabinett. In einer Ecke sieht man sich unglaublich groß, dünn und blaß, wie der Dichter Petőfi, in der anderen zu einem absurden Quadrat verzerrt. Voller Zuversicht macht man zuerst einen Schritt vorwärts – und knallt gegen einen Spiegel. Ab dann tastet man sich nervös Schritt für Schritt durch einen leeren Raum. Manchmal kann man auch direkt durch einen Spiegel (oder eine Hecke) hindurchlaufen, nur, um sich sofort wieder in einer Sackgasse zu finden. Dort trifft man dann den selbstverloren herumirrenden Verwalter des Labyrinths.

Das ist Ungarn.

Bei einem Treffen des Schriftstellerverbands hielt István Eörsi, einer der respektiertesten Schriftsteller Ungarns, eine flammende Rede auf die Zensur. Ein Ja *für* die Zensur. Gebt uns Zensur! sagte er. Gebt uns ein Amt, das eindeutig als das des Zensors deklariert ist. Erläutert uns seine Befugnisse genau. Gebt uns ein Gesetz, damit wir unsere Grenzen kennen. Verurteilt uns vor Gericht, sollten wir sie überschreiten. Wenigstens wüßten wir dann, wo die Hecken stehen. Eörsis Idee war nicht neu. In Polen hatte Solidarność die Zensur auf genau diese Weise angegriffen, hatte zu ihrer Selbstdefinition aufgefordert. Und mit der Einführung des Gesetzes »Über die Kontrolle von Veröffentlichungen und öffentlichen Aufführungen« hatte sie 1981 zumindest einen Teilsieg errungen. Heute ist die Zensur in Polen noch immer eindeutiger und sichtbarer als in irgendeinem anderen osteuropäischen Staat, was durchaus als eine Art Fortschritt gelten kann.

In Ungarn ist die Situation schlechter und besser zugleich. Besser, weil in der Praxis so vieles offiziell veröffentlicht werden kann, einschließlich der Arbeiten des polnischen Autors Witold Gombrowicz, was in Polen nur im Samizdat erscheinen kann. Schlechter, weil ein jeder zum Zensor wird, wo es keinen Zensor gibt: nicht nur die Beamten in den entsprechenden Abteilungen des Zentralkomitees oder des Kulturministeriums, die die eigentliche politische Verantwortung für die Zensur tragen, sondern auch jeder Zeitungsredakteur, Verlagslektor, Fernsehproduzent und, am schlimmsten, jeder Schriftsteller selbst; kollektiv und individuell, politisch und gesellschaftlich, vor und nach Veröffentlichungen, und selbst während des Aktes des Schreibens. In dieser Hinsicht ist Ungarn mehr wie die Sowjetunion, wo es, wie man doch weiß, keine Zensur gibt.

Der ungarische Unterschied liegt nicht in der zensorischen Maschinerie, sondern in der Art und Weise, wie diese Maschinerie genützt wird. Pierre Kende* definierte drei Kategorien des »totalen Tabus«: Du darfst die sowjetische Präsenz in Osteuropa, die sowjetische Außenpolitik im allgemeinen und die benachbarten sozialistischen Staaten, sofern sie sowjetische Regeln befolgen, weder kritisieren noch in Frage stellen. Aber auch eine Diskussion über den Sinn der kommunistischen Parteiherrschaft schlechthin ist grundsätzlich sakrosankt. Und schließlich ist es auch nicht erlaubt, den marxistisch-leninistischen »Sozialismus« namentlich anzugreifen. Kende zeigt jedoch, daß diese Kategorien auch überraschende Ausnahmen zulassen: Eine Historikerzeitschrift brachte eine erstaunlich offene Darstellung der Wahlmanipulation der kommunistischen Partei 1947, mit der sie ihre Machtergreifung formal legitimieren konnte. Selbst das große Trauma des ungarischen Aufstands von 1956 wurde behandelt, kaum verhüllt von den allegorischen Masken der Erzählung und des Dramas.

Viele westliche Beobachter gebrauchen für diese ungarische Situation das Wort *Liberalismus*. Ungarische Schriftsteller aber sprechen eher von *Chaos* und *Anarchie* in der kulturellen Diktatur. Man könne nie vorhersagen, was sie einem gerade durchgehen lassen, erzählen sie. Was um acht Uhr erlaubt war, kann mittags bereits widerrufen sein. Das Instrumentarium der Kontrolle ist aus den Fugen geraten. Ein neues Lehrbuch für ungarische Sprache und Literatur wird offiziell in den Schulen verteilt (es enthält sogar ein Kapitel über die Bibel), um von der offiziellen Presse sofort heftig attackiert zu werden. Bücher, die alle Schwellen der Zensur passiert haben, werden plötzlich zurückgezogen, nachdem sie bereits mehrere Tage im Verkauf waren. So erst vor

* »Censorship in Hungary«, S. 43–54, in Studie Nr. 9 des Forschungsprojektes »Crisis in Soviet-Type Systems«, das in Wien angesiedelt ist und von Zdeněk Mlynář geleitet wird.

kurzem mit einer Biographie über Béla Kun geschehen, geschrieben von einem Forscher des Instituts für Parteigeschichte, auf deren Veröffentlichung sofort ein Protest der sowjetischen Botschaft folgte. Das Labyrinth ist in Bewegung.

Für die »Anarchie« werden zwei Ursachen genannt, eine zufallsbedingte und eine systematische. Die zufallsbedingte heißt, daß György Aczél, der Erfinder des Labyrinths und seit einem Vierteljahrhundert der Kádár der Kultur, nicht mehr an der Macht ist. Aczél war es gewesen, der in den späten fünfziger und frühen sechziger Jahren den »kádáristischen« Handel mit den Schriftstellern machte. Seine Bedingungen waren, vereinfacht gesagt: Wenn sie vom politischen Engagement, mit dem sie 1956 so spektakuläre Ergebnisse erzielt hatten, Abstand nehmen und die politischen Beschränkungen achten, dann würde ihnen der Staat keinerlei stilistische Beschränkungen aufzwingen, würde sie großzügigst veröffentlichen und freigebigst versorgen. Das Labyrinth hat einen doppelten Boden. Zwar wurden die Grenzen nie eindeutig definiert, aber bei jedem mehrdeutigen Buch, Essay oder Film gab es diesen Wachmann, der sagen konnte: »das ist die falsche Seite der Hecke«. Doch beim letzten Parteikongreß gab Aczél seine Wachfunktion über die Kultur auf.

Die systematische Ursache, die bereits in Aczéls letzten Jahren zu wirken begonnen hatte, heißt ganz einfach, daß die Menschen, die das System vertreten, nicht mehr oder weniger daran glauben als die Menschen, die ihre Zensoren sind. Die marxistisch-leninistische Ideologie im heutigen Ungarn ist ganz offensichtlich genauso wächsern, wie das Gesicht Lenins im Mausoleum am Roten Platz in Moskau. »Wenn du einen extrem antisowjetischen Artikel schreibst«, erklärt mir ein Freund, »wird kein Redakteur oder Lektor mit dir darüber streiten. Er wird sagen: »Wunderbares Stück. Du hast ja so recht mit sechsundfünfzig. Ich hätte es nicht anders geschrieben. Laß uns was trinken.« Die Zensoren verfügen über keine objektiven Kriterien, um entscheiden zu können, wo die Grenzen liegen. Auch sie irren verloren im Labyrinth. »Die Realitäten akzeptieren«, heißt der Slogan. Aber was sind die Realitäten der meisten Redakteure oder Verleger? Sie sind die Einschätzung dessen, was ihre Vorgesetzten akzeptabel finden. Doch *deren* Realitäten sind auch keine anderen als die, die *ihre* Vorgesetzten akzeptieren. Und so geht es immer weiter, bis hinauf zur Spitze.

Und was sind die Realitäten der Menschen an der Spitze? Vermutlich zwiegespalten. Allem voran existiert die leninistisch-ideologische Frage nach der Macht. Hier ist ein reales Kriterium: Könnte dies oder jenes unsere Macht schwächen oder stärken? Doch selbst auf diese Frage lassen sich keine eindeutigen Antworten finden. Ist es eher stärkend oder schwächend (»stabilisierend« oder »destabilisierend« im Jargon westlicher Politikwissenschaftler), relativ offene Debatten über Wirtschaftsreformen, über die Veröffentlichung oder das Verbot dieses Buches und jenes Stückes zuzulassen? Die zweite Hälfte der Realität der Spitzenpolitiker ist die gleiche Realität aller anderen: die Einschätzung der Ansichten ihrer Vorgesetzten. So, wie die meisten ungarischen Schriftsteller zu Experten für das Einschätzen der realen Toleranz ihrer Verleger wurden, so wurden es die ungarischen Spitzenpolitiker für die Toleranz der Russen. Herrscher und Beherrschte sind in Selbstzensur vereint. Der übliche Effekt dieser selbstzensorischen Stufenleiter ist, den Schriftsteller oder Künstler kurz vor den gerade aktuellen Grenzen zu bremsen. Da es aber offensichtlich sogar den Vertretern der Partei, trotz bester Vorsätze, zunehmend schwerer fällt, die Dinge mit den Augen der Russen zu sehen, laufen sie selbst manchmal durch die Hecke (oder den Spiegel) hindurch. Dann protestiert die sowjetische Botschaft.

Im Labyrinth herrscht eine eigene Sprache. Ich nenne sie die ungarische Periphrastik, eine Sprache von diabolischer Doppelzüngigkeit, aus gewundenen Allegorien und Metaphern, geschlängelt wie Serpentinen. Überwacht wird sie jeweils von einem Garderegiment abstrakter sub-germanischer Komposita. Nichts wird direkt gesagt. Jeder Angriff erfolgt rücklings. Ein Bajonett ist nie ein Bajonett. Ein Verbrechen nie ein Verbrechen. Mátyás Szürös, Sekretär des Zentralkomitees, beschreibt die Außenpolitik der Komintern in den fünfziger Jahren: »Im wesentlichen war sie von kollektiven und pluralistischen Entscheidungen getragen.« Pluralistisch! »In einigen speziellen Fällen mag das schädlich gewesen sein und insgesamt vielleicht ein streitbares Prinzip.« Das ist ein Newspeak, der sich gegen seinen Erfinder richtet.

Auch die überwältigende Mehrheit der ungarischen Schriftsteller, Intellektuellen und Akademiker lebt im Labyrinth, schreibt in den diversen Dialekten der Periphrastik. Ihre Kritik an den Autoritäten ist schief, versteckt, elliptisch oder metaphorisch. Dem eingeweihten und erfahrenen Leser ist sie zweifellos sofort erkennbar. Wer jedoch weder im Labyrinth lebt noch Ungarisch spricht, zögert zu deuten, was er nicht versteht. Mir wurde gesagt, daß die schönste ungarische Literatur heutzutage im Labyrinth entsteht und veröffentlicht wird. Ihre künstlerischen Qualitäten kann ich nicht beurteilen, denn es liegen nur bedauernswert wenig Übersetzungen vor. Doch ein jeder kann sehen, daß die Periphrastik keine Sprache ist, die auf die Barrikaden treibt. Sie ist die intellektuelle Version dessen, was in der gesamten Gesellschaft vorherrschend ist: das System eher zu umgehen, als es zu konfrontieren, eher Höhlen und Nischen zu finden, als Forderungen an den Staat zu stellen. Und die Voraussetzung solcher Verhaltensweisen ist im wesentlichen, wieder im Gegensatz zu Polen, die Kontinuität und Unveränderbarkeit des Systems.

Nicht jeder arbeitet im Labyrinth. Seit Mitte der siebziger Jahre entsteht auch in Ungarn, ähnlich wie in Polen und der Tschechoslowakei, immer mehr intellektuelle Opposition, aus deren Veröffentlichungen im Samizdat eine deutliche Aversion gegen die Periphrastik spricht. Derzeit gibt es zwei führende Kulturzeitschriften im Samizdat, *Beszélö* und *Hirmondó*, sowie drei Samizdat-Verlage, AB, ABC und Ungarischer Oktober. Diese haben im vergangenen Jahr etwa zwanzig Werke veröffentlicht, die Zeitschriften vielleicht zehntausend Leser erreicht. Sie alle beschäftigen sich hauptsächlich mit den sozialen und politischen Problemen Ungarns, mit Armut, sozialer Ungerechtigkeit, Alkoholismus, aber auch mit den Entwicklungen in anderen sowjetischen Blockstaaten. Wie die Namensgebung eines der Verlage beweist, ist der ungarische Oktober 1956 für die Opposition von zentraler *positiver* Bedeutung, im Gegensatz zur *negativen* Bedeutung, die er für das offizielle Ungarn hat. Während die offizielle Seite – wie auch viel zu viele westliche Analytiker – behauptet, daß Ungarn *trotz* der Revolution seine heutigen Positionen erreicht habe, beharren die oppositionellen Intellektuellen darauf, daß die heutige ungarische Führung ihre Macht nur *wegen* der Revolution auf so relativ zurückhaltende, vorsichtige und tolerante Weise ausüben kann, wegen des Widerstands, wegen der Verweigerung, die »Realitäten zu akzeptieren«, und, ja, wegen des damaligen Blutvergießens.

Die Betonung liegt auf dem Wort *relativ.* Im allgemeinen bleiben jene, die regelmäßig im Samizdat veröffentlichen, von offiziellen Publikationen und Anstellungen ausgeschlossen. Trotz der extensiv betriebenen ungarischen Schattenwirtschaft kann das ihren Broterwerb sehr erschweren, und sie laufen außerdem Gefahr, aus ihren staatseigenen Wohnungen gekündigt zu werden oder Schwierigkeiten bei der Ausbildung ihrer Kinder zu bekommen. Auch in dieser Hinsicht unterscheidet sich Ungarn von den anderen sowjetischen Blockstaaten nur graduell, nicht prinzipiell.

Verglichen mit Polen ist die ungarische Opposition noch sehr bescheiden. Die demokratische Opposition der ungarischen Intellektuellen hat bisher weder eine grundsätzliche politische Strategie wie KOR in Polen entwickelt, noch hat sie jene Art von Klassenbeziehungen hergestellt, vor allem zu den Arbeitern, ohne die Solidarność nicht möglich gewesen wäre. Dennoch ist ihr Einfluß stetig gewachsen. Es ist ihr gelungen, die Grenzen des Möglichen in der offiziellen Kultur zu erweitern. Offizielle Zeitungsverleger, die seit den späten siebziger Jahren sowieso frecher geworden sind, veröffentlichen heute diesen Autor oder jenen Essay einfach mit dem Argument: Wenn wir ihn nicht drucken, wird er »in den Samizdat gehen«.

Auch die großen sozialen Themen, die von der Opposition aufgegriffen wurden – wachsende soziale Ungerechtigkeit, größtenteils als Ergebnis der Wirtschaftsreform, oder die 20 bis 30 Prozent der Bevölkerung unterhalb des Existenzminimums –, wurden mittlerweile vom offiziellen intellektuellen Establishment übernommen. Die besten empirischen Studien dazu werden heute von Parteisoziologen gemacht, denen natürlich alle notwendigen Forschungsquellen zugänglich sind. Man könnte also sagen, daß der Opposition ihre besten Kleider gestohlen wurden und nun von der offiziellen Kultur getragen werden. Wenn die Oppositionellen auch nicht innerhalb des Labyrinths leben, so sind sie doch irgendwie ein Teil des Labyrinths.

Wer aus Polen nach Ungarn kommt, erwartet, die großen Trennungslinien zwischen Opposition und Kollaboration zu finden, zwischen Schwarz und Weiß, den Feiglingen und den Tapferen. Doch in diesem Land schwingt die Nadel auf dem moralischen Kompaß des Besuchers hilflos von einer Seite zur anderen. Viele Magnetlinien verwirren ihn. Zum Beispiel die historische Trennung zwischen »populistischen« und »urbanistischen« Schriftstellern. Die Populisten haben schon immer das traditionelle Volksbrauchtum des ungarischen Dorflebens zelebriert, *la terre et les morts*, die Volkskultur, nicht die Zivilisation. Die Urbanisten waren (und sind) kosmopolitischer und häufig Juden. (Noch immer leben mehr als 100000 Juden in Ungarn.) Man konnte und kann sie am *rive gauche* der Donau finden. Und am linken Ufer der Politik. Sie haben schon immer nach Wien und in den Westen geblickt, weniger nach innen, in die Siebenbürger Festungen des bäuerlichen Ungarntums. Schon immer fühlten sie sich eher zur Soziologie als zur Volkskunde hingezogen, zum Sozialismus eher als zum Nationalismus. Natürlich sind solche Beschreibungen historische Karikaturen. Und doch staunt man darüber, daß die Frage »Urbanist oder Populist« heute noch immer ebenso wichtig ist wie die Frage, »offiziell anerkannt« oder »Dissident« zu sein. Selbst heute noch existiert eine Gruppe populistischer Schriftsteller, eine intellektuelle Partei mit einer anerkannten »Leitfigur«. Ihr großes politisches Thema ist das Schicksal der ungarischen Minderheiten in Jugoslawien, der Slowakei und, vor allem, im rumänischen Siebenbürgen, wo eine systematische kulturelle Diskriminierung durch die schreckliche rumänische Geheimpolizei (die Securitate) die Lage der ungarischen zwei-Millionen-Minorität in den vergangenen Jahren dramatisch verschlechtert hat.

In Polen gab es in den siebziger Jahren ein bewußt angestrebtes, schwieriges, aber fruchtbares Zusammenspiel von Intellektuellen unterschiedlicher Traditionen, die sich nur zwanzig Jahre zuvor noch bitter bekämpft hatten: Jüdische Sozialisten setzten sich mit christlichen Demokraten zusammen, ehemalige Stalinisten mit Veteranen der Heimatarmee, verhärtete Ex-Revisionisten mit zähen Scholastikern. In Ungarn fand der erste wirkliche Versuch eines intellektuellen Brückenbaus im vergangenen Sommer statt: ein geheimes Treffen von etwa vierundfünfzig Intellektuellen in einem Zeltlager bei Monor, etwa 40 Kilometer südöstlich von Budapest. Ausgesuchte Vertreter der verschiedenen Traditionen und Gruppen waren als Teilnehmer geladen – demokratische Oppositionelle, Populisten, Urbanisten, unabhängige Autoren, Soziologen, Reformwirtschaftler. »Die Idee«, erklärte mir einer der Organisatoren, »war eine Art Volksfront.« Sie trafen sich für zwei Tage, um über die Lage der nationalen Minderheiten zu diskutieren, über Wirtschaft, Effizienz versus Egalität, über die wachsenden Probleme der Armut, des Alkoholismus und der ungenügenden Sozialfürsorge.

Was in Monor herauskam, ist keine Front, jedenfalls keine vereinigte Front, ganz zu schweigen von einer Volksfront. Noch ist keine klare politische Strategie zu erkennen, kein gemeinsames Programm für ein Ungarn nach Kádár. Aber wenigstens hatte es eine gemeinsame Debatte gegeben. Ökonomen erklärten Soziologen die Imperative zukünftiger Reformen, während die Soziologen ihre Sorge über die dadurch möglicherweise ansteigenden sozialen Ungerechtigkeiten formulierten; Populisten tauschten mit Urbanisten ihre unterschiedlichen Meinungen über Siebenbürgen aus. Mehr als alle anderen Themen scheint die unmittelbare Bedrohung der Ungarn in Rumänien diese Annäherung beeinflußt zu haben: eine Bedrohung, deren Effekt es ist, Ungarn mit Ungarn in Ungarn zu vereinen. Ceauşescu als Pate des intellektuellen Lebens in Ungarn, welche Ironie! Ein Gerücht in Budapest behauptet, Gorbatschow habe im vergangenen September zu Kádár gesagt: »Was hat das mit deinen Intellektuellen in Monor zu bedeuten?«

Die Lektion

14. Oktober. Morgen wird das Europäische Kulturforum eröffnet. Eine offizielle internationale Konferenz zur Überprüfung der Helsinki-Vereinbarungen, veranstaltet im strahlenden Konferenzzentrum nahe des Novotels, vollständig aus poliertem Metall und getöntem Glas. Die Metalldetektoren sind in Position gebracht, wie am Flughafen, um jeder unerwünschten Person den Eintritt zu verweigern. Ein Ereignis ohne Beispiel: das erste Helsinki-Nachfolgetreffen, das in einem Staat des sowjetischen Blocks abgehalten wird. Ein Vorschlag der Franzosen, der von den Ungarn während der Madrider Nachfolgekonferenz enthusiastisch aufgegriffen wurde. Morgen werden die Delegierten aller fünfunddreißig Staaten, die die Schlußakte von Helsinki unterzeichnet haben, ihre geschliffenen Reden beginnen.

Aber davon spricht heute niemand. Heute spricht man von einem »inoffiziellen« oder »parallelen« Forum, organisiert von der Internationalen Helsinki-Menschenrechtskommission, der

Dachorganisation von zehn Menschenrechtsgruppen in westlichen Ländern. Sie haben westliche Autoren eingeladen, Susan Sontag, Amos Oz, Hans Magnus Enzensberger, und ost-(oder mittel-!)europäische Autoren, die im Westen leben – den Tschechen Jiřá Gruša, den Ungarn-Jugoslawen Danilo Kiš – um mit ihren ungarischen Kollegen in einem Konferenzsaal des Hotels Intercontinental solche bescheidenen Themen wie »Schriftsteller und ihre Integrität« und »Die Zukunft der Europäischen Kultur« zu diskutieren.

Verglichen mit den Standards der vorangegangenen Helsinki-Folgetreffen in Madrid, Stockholm und Ottawa, ist dies wirklich eine harmlose Randgruppe: Hier hat sich keine Exilorganisation eingefunden, die das Novotel einzukreisen oder für die »Freiheit von Sacharow« und »Unabhängigkeit für die baltischen Staaten« zu demonstrieren plant. Verglichen mit sowjetischen Standards ist diese Gruppe jedoch des Teufels. Heute erbebt das diplomatische Corps unter dem Echo des tschechischen und sowjetischen Drucks auf die Ungarn, diese Gruppe auszuweisen. Morgen folgt, nach diplomatischer Gepflogenheit, die aufgeblasene, selbstgefällige Euro-Rhetorik. Heute aber: Kampf.

Ich frage einen hochrangigen ungarischen Offiziellen nach seiner Meinung dazu. Die ungarische Regierung sei dem Schutz der persönlichen Sicherheit der Delegierten des (offiziellen) Forums verpflichtet, sagt er. Nicht anders als westliche Regierungen seien auch sie besorgt über terroristische Angriffe. Aber könnten sie nicht davon ausgehen, daß bekannte westliche Schriftsteller keine Terroristen sind? »Vielleicht«, erwidert er, »vielleicht. Aber *was ist mit den Leuten, die sie begleiten?*« Aha.

Zurück auf der anderen Seite der Donau finde ich heraus, daß das Hotel Intercontinental die Reservierung des Konferenzsaals storniert hat. Ein anderer Raum, der hastig in einem anderen Hotel reserviert wurde, wurde ebenfalls verweigert, »weil die Fenster repariert werden müssen«. (Tatsächlich werden gerade einige Fenster in diesem Hotel repariert, aber nicht in besagtem Raum.) Am nächsten Tag gehen die Organisatoren der Helsinki-Menschenrechtskommission zu einem Treffen mit einem Beamten des Außenministeriums. Eine kleine Gruppe von uns, Journalisten, Teilnehmer, inoffizielle ungarische Schriftsteller, warten im verlassenen Café des Intercontinental auf ihre Rückkehr.

Plötzlich werden die Tische in unserer nächsten Nähe von

stämmigen Männern mit feisten Gesichtern und Fäusten wie Prager Schinken, eingehüllt in hochglänzende Jacken und billige japanische Uhren, besetzt. Sie nippen an Mineralwasser. Ihr Blick meidet uns, aber ihre Ohren rotieren wie Radarantennen in unsere Richtung. František Janouch, ein exilierter Prager Menschenrechtsaktivist, der gerade aus Stockholm angekommen war, springt auf und beginnt Fotos zu schießen. Unsere Tischnachbarn verbergen ihre Gesichter hinter ihren Schinken.

Ich beginne mich ganz heimisch zu fühlen. Das könnte genauso Warschau oder Prag sein. Von der Verordnung des Außenministeriums, die den Organisatoren am Nachmittag übermittelt wurde, war denn auch niemand überrascht: Das inoffizielle Symposium »könnte die Atmosphäre und Arbeit« des offiziellen Forums »stören«, und man finde es »unverständlich, weshalb es diese private Initiative gibt«. Aber unverständlich für wen? Die Verordnung war nicht unterzeichnet.

Sind wir also endlich an die Grenzen gestoßen? An wenigstens eine reale, greifbare Grenze der ungarischen Toleranz, an etwas, gegen das wir mit unseren Köpfen anstoßen, wie an eine Wand, einen Spiegel, eine Hecke?

Nein, sind wir nicht.

Denn noch am selben Abend versammeln wir uns alle in der geräumigen Wohnung von István Eörsi, deren Fenster einen wundervollen Ausblick über die Donau gewähren. Eörsi selbst ist in West-Berlin – als unsichtbarer Gastgeber trotzt er der anonymen Verordnung. Der Reihe nach sagt jeder vom Sofa aus all das, was auf dem offiziellen Forum nicht gesagt werden kann. György Konrád, Susan Sontag, Miklós Haraszti, der Siebenbürger Philosoph Gáspár Miklós Tamás, Hans Magnus Enzensberger. Sie sprechen über Zensur, Samizdat, die Verfolgung der Ungarn in Siebenbürgen, über Solidarność, die Charta 77 – ein Wort gibt das andere. Und die ungarischen Behörden unternehmen nichts. Die nächsten beiden Tage treffen wir uns in einer anderen Wohnung und diskutieren über jene bescheidenen Themen – Schriftsteller und Integrität, die Zukunft der europäischen Kultur – fast so, wie geplant. Die meisten führenden Figuren der ungarischen Opposition sind hier, auch der unabhängige Verleger György Krassó, der noch bis vor einer Woche unter Hausarrest stand. Niemand wird daran gehindert, hierher zu kommen.

Wir sind in einem schönen Loft, schwere, dunkelbraun gebeizte Holzbalken, riesige Atelierfenster mit Blick auf die im Dämmerlicht verzauberten Hügel von Buda. Die verblassten Samtvorhänge, die Siebenbürger Töpferware, die alte Büchervitrine (das Wahrzeichen Mitteleuropas) – jedes Detail Ausdruck eines individuellen Geschmacks, eines unabhängigen privaten Lebens. Welch ein Kontrast zur antiseptischen, konformistischen Inneneinrichtung des Novotels! Und was für die Einrichtung gilt, gilt auch für die Reden. Dort preist der offizielle rumänische Delegierte die vielfältigen kulturellen Freiheiten, die es der ungarischen und deutschen Minderheit erlaubten, »sich in ihrer Muttersprache auszudrücken«, nachdem er erklärt hatte, daß »mehr als 14000 kulturelle Einrichtungen von über 270 Millionen Menschen jährlich« genutzt würden.* Hier erfahren wir die Wahrheit über die immer härteren Formen der Diskriminierung und Verfolgung: Verbot des ungarischen Sprachunterrichts, Reduzierung der Veröffentlichung von ungarischen Büchern und Zeitungen auf ein Minimum, Mord und Totschlag an ungarischen Priestern durch den rumänischen Geheimdienst, Belagerung der Wohnung des ungarischen Dichters Géza Szöcs in Koloszvar (Cluj), seine fast täglich wiederholten Verhöre, die Sperrung seines Telefons, Beschlagnahmung und Vernichtung seiner Manuskripte – *»Die Kerze brennt langsam«*, schreibt er an seine Freunde in Ungarn, *»und dies ist meine letzte.«*

Dort, auf dem offiziellen Forum, stellt der tschechoslowakische Delegierte – auf russisch – die Herrlichkeiten einer Kultur dar, die dem sozialistischen Staat untergeordnet ist. Hier lauschen wir einem der vielen begabten tschechischen Autoren, die vom Staat verfolgt und ausgewiesen wurden. Hier auch können wir die Antworten jener Schriftsteller, die noch in Prag sind, auf einen Fragenkatalog lesen: Was kann der Staat – und das Budapester Kulturforum – für ihre unterworfene Kultur tun? »Es ist, als fragtet ihr, was eine Kuh für die Blumen auf einer Wiese tun könne«, schreibt Ludvík Vaculík. »Darauf gibt es eine einfache Antwort: sie könnte aufhören, sie zu fressen. Aber kann eine Kuh das tun? Niemals! Aus diesem Grund ist es absolut sinnlos, eine Kuh zu einer Konferenz, einem Seminar oder Symposium über Wiesenblumen einzuladen. Die Kuh wird bereitwilligst kommen, ihre Show abziehn, aber was immer sie

* *A Besieged Culture: Czechoslovakia Ten Years After Helsinki*, zu erhalten durch Charta 77 Foundation, Box 50041, S-10405 Stockholm, Schweden.

dort von sich geben wird, ist nicht mehr wert als ... Kuhscheiße«.*

Es ist unmöglich, unsere Diskussionen zusammenzufassen. Einige der westlichen Gäste tragen Erinnerungswertes bei – Amos Oz über den Schriftsteller als Rauchdetektor; Alain Finkielkraut die Definition von Europa und Kultur, wozu er knapp zehn Minuten braucht; François Bondy berichtet von guten alten Ideen; Hans Magnus Enzensberger ist auf der Suche nach neuen. Aber auch Geschwätz gibt es, ohne jeglichen Erinnerungswert, nach Art der »Literatur ist Freiheit und Freiheit ist Literatur«-Masche. Von wirklichem Wert aber sind die ost- und mitteleuropäischen Beiträge: Jiřá Gruša in brillanter Skepsis über den Schriftsteller als »Geschichtenverkäufer« im Westen *und* als desillusionierten Propheten im Osten; Danilo Kiš mit einer schillernden Lektion über die Anatomie der Selbstzensur; leider keine Polen (was ein großer Verlust ist), dafür um so mehr Ungarn. Als Mittelpunkt der Diskussion kristallisiert sich die unvorstellbare *Komplexität* der Zensur und Selbstzensur heraus, die György Konrád zu der Bemerkung brachte, daß wir eine neue Wissenschaft brauchen: die Zensurologie.

Und doch fühle ich im Laufe des Nachmittags eine seltsame Angespanntheit meinen Nacken hochkriechen. Ein örtlicher Schriftsteller spielt eine kurze Szene. Das örtliche Publikum lacht beifällig. Ich warte ungeduldig auf die Übersetzung. Und heraus kommt in etwa das: »Nur das Irrationale ist real. Che Guevara weist, wie Mohács, auf die ›Hoffnung‹ der Hoffnungslosigkeit hin, die selbst die irrationale Hoffnungslosigkeit der Vernunft ist«. Naja, ha ha. Sind wir nicht wieder im Königreich der Periphrastik gelandet? Und außerdem sind diese Ungarn alle so verdammt höflich zueinander. Aus vielen privaten Gesprächen weiß ich doch, daß viele von ihnen beispielsweise den großen Entwürfen und vagen Ideen Konráds äußerst kritisch gegenüberstehen. Hören wir etwas von dieser Kritik hier? Nein, hören wir nicht. Hier heißt es nur »mein Freund« dies und »mein Freund« das. Hier gibt es keine unziemlichen Kontroversen. Hier herrscht die letzte, aber auch die verständlichste und moralisch vertretbarste Form der intellektuellen Perversion: *die Selbstzensur der Opposition*. Und außerdem wissen wir natürlich

* *A Besieged Culture: Czechoslovakia Ten Years After Helsinki*, zu erhalten durch Charta 77 Foundation, Box 50041, S-10405 Stockholm, Schweden.

alle, daß die Tatsache dieses Treffens hier in der ganzen Welt verbreitet werden wird (und das, *sotto voce*, durch ungarische Offizielle), als neuerlicher Beweis der unendlichen List und des »Liberalismus« der ungarischen Regierung, was auch immer der Opposition nachher geschehen mag.

Nein, noch befinden wir uns nicht im Labyrinth. Aber auch wir sind irgendwie Teil des Labyrinths.

Verständnisfrage

Bitte interpretieren Sie nun folgende Szene:

Nach dem Symposium lädt dich György Konrád zu einem kleinen abendlichen Fest in seine Wohnung ein. Nachdem du dort eingetroffen bist, bekommst du zu deinem Erstaunen nahezu förmlich einen Platz gegenüber der »Leitfigur« der Populisten, einem Schriftsteller namens Sándor Csoóri, und einigen aus seiner Gefolgschaft zugewiesen. Konrád steht bescheiden im Hintergrund an den Kachelofen gelehnt und sagt: »Ich möchte gerne, daß meine Freunde euch von Siebenbürgen erzählen.« Das tun sie, oder eher er, die Leitfigur der Populisten, denn auch ausführlichst. Er erzählt Gruselgeschichten der rumänischen Verfolgung, die langsam, fast zeremoniell, von einem Mitglied seines Hofstaates übersetzt werden (denn die Leitfigur spricht, wie es sich für einen wahren Populisten ziemt, nur Ungarisch).

Was geht hier vor?

Bewertung

A) Der aufmerksame Schüler wird darauf antworten, daß diese Szene die allgemeine und wachsende Sorge der ungarischen Intellektuellen über die zunehmend schlechtere Lage ihrer Kameraden in Siebenbürgen widerspiegelt. Die Antwort kann höchstens mit ausreichend bewertet werden. Der fortgeschrittene Student der intellektuellen Politik wird behaupten, daß der so offensichtlich kosmopolitische, urbanistische, demokratischen Traditionen verpflichtete György Konrád hier eine demonstrative Geste der Freundschaft – oder zumindest der gemeinsamen Frontschaft – gegenüber den Populisten zeigen möchte, ganz im Geiste von Monor. Der sowohl fortgeschrittene als auch zynische Student wird erforschen wollen, weshalb die Populisten offenbar eine gemeinsame Front mit der Opposition bilden wollen. Der wirklich hervorragende Student jedoch wird die Schlußfolgerung ziehen, daß der Autor dieses Essays wahrscheinlich immer neue »wahre« und »wirkliche« Gründe gefunden hätte, hätte er auch nur einen weiteren Tag in Budapest verbracht; daß er immer neue Verzerrungen in den Spiegeln entdeckt hätte, immer an noch eine Ecke des Labyrinths gestoßen wäre, hätte er auch nur einen weiteren Intellektuellen in einem weiteren Café getroffen.

B) Nur eines ist ganz sicher: nichts ist sicher. Die Hecken verschieben sich täglich. Der ungarische Parteistaat besitzt noch immer das Instrumentarium, das nötig ist, um die Wenigen außerhalb des Labyrinths zu bestrafen, wann immer er will. Es existieren keine Gesetze, um seine zensorische Macht an die Kandare zu nehmen. Aber es existieren Gesetze, die dazu genutzt werden können, Schriftsteller, Redakteure und Verleger mundtot zu machen – beispielsweise die sehr dehnbaren Aufwiegler-Paragraphen des Strafrechts, auf die György Bence in einem eindrucksvollen Papier für das inoffizielle Forum hinwies. Während des offiziellen Budapester Kulturforums war alles Milch und Honig – jedenfalls fast alles. Doch nachdem es vorbei ist – wird unsere Gastgeberin Schwierigkeiten ausgesetzt sein, weil sie uns ihr wunderschönes Loft für das Treffen zur Verfügung gestellt hat? Wir sind kein Risiko eingegangen. Aber sie. Wird György Krassó wieder unter Hausarrest stehen? Eine alarmierte und wachsame westliche Öffentlichkeit *kann* einen Staat beeinflussen, der so sehr auf seine Reputation im Westen bedacht ist wie Ungarn. Sie könnte sogar dazu beitragen, daß diese Reputation zunehmend verdient sein wird. Mit anderen Worten, lieber und geduldiger Leser: Ungarn braucht Sie.

8 Ein paar Ideen – nichts Neues!

Dies ist die Rede, die ich als Teilnehmer jenes unabhängigen Symposiums hielt, das ich im Kapitel »Eine Lektion über Ungarn« beschreibe.

Wann immer ich aus Budapest nach Oxford zurückkehre, sagen meine Nachbarn, ich sei »aus Europa zurückgekehrt«. England ist eines von zwei europäischen Ländern, in dem die Menschen von »Europa« sprechen, als sei es ein fremdes Land. Das andere ist Rußland. Nun ist es mindestens so absurd, die gesamte englische Literatur aus unserer Definition der europäischen Kultur auszuschließen, wie es absurd ist, daß Milan Kundera die gesamte russische Literatur aus seiner Definition von Europa ausschließt und Tolstoj mit einem T-42-Panzer verwechselt. Und doch ist es in gewissem Sinne wahr, daß England, mehr sogar als Rußland, in einem Querverhältnis zu Europa steht. Sätze, die im Deutschen so selbstverständlich klingen – *Wir sagen ja zu Europa* oder *Europa ist auf dem Weg zu sich selbst* – klingen auf Englisch fast lächerlich, so, als wolle jemand postulieren: »Wir sagen ja zum Nordpol« oder: »London ist auf dem Weg zu sich selbst«. Die Wellen der europäischen Rhetorik, die in den vergangenen Jahren über den Kontinent geschwappt sind, sind an unseren Küsten abgeprallt. Wir konnten beobachten, wie französische, deutsche, polnische, russische oder ungarische Politiker und Intellektuelle ihre Loyalität mit Europa erklärt haben – doch alle verstanden sie etwas anderes darunter, und in erster Linie hieß das meistens Frankreich, Deutschland, Polen, Rußland oder Ungarn. Und wenn uns nun sogar Vertreter des sowjetischen Militärs sagen, daß »wir Europäer zusammenhalten müssen«, dann fühlen wir einen starken Drang, loszulassen. Ich hoffe also auf Ihr Verständnis für ein paar skeptische Anmerkungen.

Es scheint mir offensichtlich, daß europäische Kultur – im Sinne dessen, was europäische Künstler und Intellektuelle tun – noch immer überwiegend eine Angelegenheit der nationalen Kulturen ist. National, nicht im Sinne der Grenzen des Nationalstaates, sondern im Sinne der Begrenzungen durch sprachliche, historische und immer noch auch ethnische Gemeinschaften. Das ist schon fast Tautologie. Denn historisch betrachtet ist unsere Vorstellung von der Nationalgemeinschaft untrennbar mit der Vorstellung von einer kulturellen Gemeinschaft verknüpft: Im Deutschen gibt es das Wort *Kulturnation* – und dieses Gebilde existiert noch immer auf beiden Seiten der Berliner Mauer, so, wie auf beiden Seiten der ungarischen Staatsgrenzen. Keine Frage, die Quellen der Kreativität eines jeden Schriftstellers sind eigentümlich, individuell und mysteriös. Es gibt keine rein politischen Bedingungen oder staatlichen Arrangements, die aus sich selbst heraus die Produktion guten Schreibens fördern, mag dies für gutes Lesen auch durchaus gelten. Doch für die überwältigende Mehrheit der Schriftsteller bleibt ihr eigenes Volk der Boden, den sie kultivieren, und die Luft, die sie atmen. In ihrer Nation finden sie ihre Themen und ihre Leser.

Ebenso offensichtlich scheint es mir aber zu sein, daß sich diese Kultur der nationalen Kulturen in einer grundlegenden Krise befindet, einer selbstgeschaffenen Krise. Nach zwei Weltkriegen, die von Europäern begonnen wurden, nach den Genoziden des Stalinismus und des Nazismus, nach dem Holocaust – vor allem nach dem Holocaust –, nach allem, was gebildete Europäer gebildeten Europäern angetan haben, sind wir dazu aufgefordert, unsere fundamentalsten Vorstellungen dessen in Frage zu stellen, was es heißt, ein zivilisierter Mensch zu sein. Unsere sogenannten humanistischen Studien haben nicht nur humanisiert, sie haben ebenso inhumanisiert. Unsere Kultur – oder unser Kult – der Nationalgemeinschaft hat zur Ausrottung von Nationen geführt. In unserer Zeit ist es mindestens ebenso bedeutend, vom europäischen Barbarismus zu sprechen wie von der europäischen Zivilisation.

Aus diesem Grund bin ich entsetzt von der unbekümmerten Arroganz, mit der viele Menschen in Westeuropa – und meiner Erfahrung nach ganz besonders in Westdeutschland – die »europäischen« Werte und Verhaltensmuster schon gewohnheitsmäßig in Kontrast zu den angeblich naiven, zweitklassigen und »primitiven« kulturellen Werten und Verhaltensmustern der Vereinigten Staaten stellen. Hier erleben wir erneut, was Kundera das Königreich des Vergessens genannt hat, hier aber ein heimtückischeres und gefährlicheres Vergessen, das nicht von oben oktroyiert wird (durch den Präsidenten des Vergessens, Gustáv

Husák), sondern scheinbar natürlich und freiwillig von unten wächst. *Am europäischen Wesen soll die Welt genesen* ist kein Refrain, in den ich einstimmen möchte. Ich finde, wir sind kaum selber genesen.

Aus dieser Erfahrung des europäischen Barbarismus erwuchs die Forderung – um nicht zu sagen die Notwendigkeit – nach einer expliziten, allen Gesellschaften gemeinsamen Definition der grundlegenden Werte und Normen zivilisierten Verhaltens. In Großbritannien sind wir an einem ähnlichen Punkt in unserem nationalen Leben und unserer Kultur angelangt, wenn auch durch weniger traumatische Lehren bedingt. Seit drei Jahrhunderten wird die Struktur des zivilisierten Lebens in England durch Gewohnheit, Tradition und Verhaltensmuster gewahrt, anstatt durch Ideen, Prinzipien oder Regeln. Wir haben weder eine geschriebene Verfassung noch ein Grundgesetz. Wir haben nur diese besondere Gewohnheit, irgendwie miteinander auszukommen: »die Philosophie des Durchmuddelns«, wie es ein deutscher Schriftsteller charmant beschrieben hat. Jetzt ist diese Struktur zerstört, die Gewohnheiten durchbrochen. Wir brauchen wieder Ideen und explizite Prinzipien: wir brauchen eine *Bill of Rights*.

Um wie vieles mehr brauchte erst Europa eine solche Charta. Ich würde gerne die Schlußakte von Helsinki und was aus ihr resultiert, als solch eine Charta sehen: eine Charta, die sich Europa selbst gegeben hat, für sich selbst, aber ebenso gegen sich selbst – nicht gegen amerikanische Werte, nicht einmal vorrangig gegen sowjetische, sondern gegen die pervertierten Werte des europäischen Nationalismus und Barbarismus. Unvermeidlich aber endet eine solche Vereinbarung zwischen Staaten mit unterschiedlichen politischen Systemen genau dort, wo eine Fortführung am wichtigsten wäre. Sie benennt zwar die menschlichen Grundrechte und Freiheiten, aber sie führt nicht aus, was sie im einzelnen bedeuten, konkret für jedes Individuum, Mann und Frau, in jedem Land. Wo sie endet, beginnt unsere Aufgabe.

Keine internationale Charta kann außerdem per se das Problem der Sprache lösen. Historisch betrachtet haben viele wichtigen Worte sehr unterschiedliche Bedeutungen in den unterschiedlichen Sprachen gehabt: das Wort »Europa« zum Beispiel, und das Wort »Kultur«. Und für viele der wichtigsten Dinge haben wir keine Worte. Was uns Claude Lanzmanns außergewöhnlicher Film über den Holocaust, *Shoah*, auf höchst lebendige Weise zeigt, ist die Tatsache, daß die deutschen Schreibtischtäter, die er befragt, schlicht keine Worte haben, um zu beschreiben, was sie taten. Und das nicht nur, weil sie zu vergessen versuchen, zu dissimilieren, oder weil sie sich des bürokratischen Euphemismus erinnern, mit dem die Endlösung verhüllt war: es geschieht, weil sie sozusagen physisch nicht in der Lage sind, die wahren Worte zu finden und sie mit den wahren Taten zu verknüpfen, ähnlich einem Gelähmten, der seine Gedanken nicht in Bewegung umsetzen kann. Wenn es eine spezifisch europäische Aufgabe für Schriftsteller gibt, dann vielleicht, diese wahren Worte zu finden und sie unauflösbar mit den Taten zu verknüpfen ... nicht nur um, wie Amos Oz es gestern formuliert hat, als Rauchdetektor zu dienen, sondern auch als Klimaanlage – nicht nur, um bei der Rauchentwicklung falscher Sinngebungen Alarm zu schlagen, sondern auch, um die frische Luft wahrer Sinngebung in unsere verschiedenen nationalen und sprachlichen Räume zu pumpen.

Eine Zusammenkunft wie diese kann uns vielleicht helfen, eine gemeinsame Sinngebung für so manches zu finden. Aber ich gestehe meine (erneute) Skepsis gegenüber der Macht und den Hoheitsrechten der »Gelehrtenrepublik«. György Konráds Vision eines literarischen *Ritterordens* ist attraktiv, besonders für jene, die annehmen mögen, ihm anzugehören. Für mich aber ist der Gedanke suspekt, daß eine intellektuelle Vorhut die Aufklärung vom Berge herab verkündet, um das Bewußtsein der Massen zu schärfen. Eine fünfte Internationale der Intellektuellen – welch ein Alptraum! Ich denke, unser Platz ist nicht auf dem Gipfel des Berges, sondern drunten, in jenen Tälern, von denen aus so viele Menschen die Berge nicht einmal sehen können.

Zum Schluß möchte ich, wenn ich darf, ein paar Worte über Polen sagen. Es ist sehr schade, daß wir keine polnischen Schriftsteller und Intellektuellen bei diesem Treffen unter uns haben. Sie fehlen uns besonders, weil die polnische Kultur, wie ich finde, in den vergangenen Jahren zum Beispiel wurde für das, was europäische Kultur unter zumindest zwei Aspekten sein könnte. Erstens konnten wir in den letzten zehn Jahren den vehementen Versuch von polnischen Intellektuellen beobachten, wenigstens jenen Teil des Trennenden aufzuheben, über den ich zuvor gesprochen habe – die Trennungen zwischen Rechts und Links zum Beispiel oder zwischen Christen und Juden, Trennungen, die aus der europäischen Kultur geboren wurden und die nun drohen, sie zu verschlingen. In der Solidarność vereinigten sich Konservative, Liberale, Sozialisten, Christen und Juden in einer gemeinsamen Bewegung für die europäischen Werte, die zu definieren und zu verteidigen unsere gemeinsame Aufgabe ist. Man sagte, Preußen sei in Deutschland *aufgegangen*. Wir könnten sagen, daß die polnische Kultur durch diese gemeinsamen Bemühungen in der europäischen Kultur »aufgegangen« ist. Außerdem, und das ist uns vertrauter, ist Polen natürlich das beste Beispiel für die jahrhundertelange erfolgreiche Verteidigung einer nationalen Kultur gegen die Staatsmacht. Wenn also Polen hier nicht sprechen kann, so fände ich es schön, wenn wenigstens das Epigraph unseres Treffens in Polnisch sein dürfte:

> Ogromne wojska, bitne generały,
> Policje-tajne, widne i dwu-płciowe-
> Przeciwko komu.z tak się pojednały?-
> Przeciwko kilku myślom ... co nie nowe!*

* »Riesige Armeen, tapfere Generäle / Polizei – geheim, offen, und von zweierlei Geschlecht – / Gegen wen haben sie sich zusammengeschlossen? – / Gegen ein paar Ideen ... nichts Neues!« Cyprian Norwid

9 Ost-Westlicher Diwan

Ein Essay, geschrieben am Jahreswechsel 1985/86, über mittel- und osteuropäische Schriftsteller und Intellektuelle im Untergrund und im Exil: Mrożek, Gorbanewskaja, Brandys, Havel und andere, die damals namenlos bleiben mußten.

Prag

»Karel ist nicht da«, sagt sie. »Er arbeitet tagsüber. Ich meine natürlich«, sie errötet, »richtig arbeitet er nachts.« Arbeit: mauern. Richtige Arbeit: schreiben. »Wissen Sie, wer sein Brot mit Schreiben verdient, der macht sich ziemlich verdächtig. Das gilt schon fast als ehrlos.«

Hier ist nun ein Zimmer voller Schriftsteller, von denen nur wenige etwas derart … Verdächtiges tun. Sie sitzen herum, Füße in Pantoffeln, trinken Wein und machen Witze über Tschernobyl. Gerade haben sie die beste Zeitschrift der neuen tschechischen Literatur produziert. Zwanzig Minuten brauchten sie dazu.

Und so wird sie gemacht. Einmal im Monat treffen sie sich zu einer kleinen »Party« in irgendwessen Wohnung. Anstelle von Blumen oder Wein bringen die Gäste zwölf Kopien ihres jüngsten Textes (meistens sind es Durchschläge. Jeder dort weiß, daß von einer Tippseite höchstens zwölf lesbare Durchschläge gemacht werden können. Zwölf ist von daher auch eine Berechnungseinheit des Samizdat – das Schriftstellerdutzend). Also hat das Redaktionstreffen auch nur diese eine Aufgabe: über die Anordnung der Texte zu entscheiden und die Inhaltsübersicht zu tippen, ebenfalls mit zwölf Durchschlägen. Ist dies geschehen, werden die Texte in der entsprechenden Anordnung in unbeschriftete Pappdeckel verteilt, die Inhaltsseite obenauf und – presto! – fertig ist der tschechische *Granta*. Für die Zwecke der Literaturkritik ist es eine Zeitschrift, *Inhalte* genannt. Für die Zwecke einer polizeilichen Untersuchung oder gerichtlichen Verteidigung ist es eine Sammlung unterschiedlicher maschinengeschriebener Papiere in einem unbeschrifteten Pappdeckel. Falls Studenten die halbe Nacht aufbleiben, um weitere Kopien zu tippen, so ist das ihre Angelegenheit (sie tun es). Falls exilierte Tschechen im Westen *Inhalte* nachdrucken (sie tun es), wie könnten die Autoren sie davon abhalten? Und wenn jemand diese Drucke nach Prag bringen will, was im Himmel können die armen Schriftsteller dagegen tun?

Früher Abend. Ein Keller unter einem massigen Backsteinbau des 19. Jahrhunderts, heute Büros des Kultusministeriums. Ein verschmutzter Läufer, zwei Sessel (einer davon mit Sprungfedern), ein alter Büroschreibtisch, ein Feldbett, ein blecherner Kaffeefilter, eine Schreibmaschine und ein Klavier, das aussieht, als wäre sein erster Einsatz 1896 im Café Evropa gewesen. An den Wänden ein Zeitungsbild, Stalin umringt von seinen bewundernden Untertanen, circa 1951, und die schwarz-weiße Silhouette eines Mädchens, circa 1963, mit Brüsten, die man nur als »stolz« beschreiben kann. Ein schmutziges T-Shirt hängt von einer der Brustwarzen herab. Durch ein schmales Oberlicht sehe ich den Regen auf der Straße vom Kopfsteinpflaster aufspringen, aber hier drinnen ist es trocken und sehr warm, dank dem Kohleofen im Nebenraum.

Mein Gastgeber geleitet mich höflich zum Sprungfedersessel, während er die Philosophie Hayeks zu diskutieren beginnt. Plötzlich sagt er: »Hören Sie – dies ist doch eine *private* Unterhaltung, nicht wahr? Sie werden nichts davon meinen Freunden erzählen?« »Nein, natürlich nicht«.«Also, wissen Sie, ich muß gestehen, daß ich nicht *alle* Elemente des Sozialismus ablehne.«

Als er die Universität verließ, war ihm klar, daß ihm sein Beruf keine Chancen für eine akademische Karriere bieten würde, ohne ihn gleichzeitig zu kompromittieren. Also beschloß er, Kohlenträger zu werden. So bleibt ihm genügend Zeit für seine wirkliche Arbeit – Philosophie. Einkommen: gering. Aussichten: keine. Lebensgeist: ungebrochen.

»Möchten Sie jetzt meinen Rag hören?« fragt er nach zwei Stunden leisen Debattierens. Er setzt sich an das alte Klavier und hämmert drauflos. *The Entertainer.* Dann *Bohemia*, »unser National Rag«. Ich bemerke, wie gesplittert und schwarz im Kontrast zu den weißen Tasten seine Fingernägel vom Kohleschaufeln sind. Er ist kein wirklich guter Spieler – den Test in irgendeinem New Yorker Jazz-Club würde er nicht bestehen –, aber endloses Üben hat ihn ein beeindruckendes Tempo gelehrt, und sein Spiel, an diesem Ort, ist irgendwie elektrisierend, von fast trotziger Wildheit. Ich sehe, wie sich die Musik aus dem Oberlicht windet, sich ihren Weg durch den strömenden Regen bahnt, dem Kultusministerium beim Vorbeihuschen den zwei-Finger-Gruß zeigt und dann hochsteigt, hoch über die dunstige Stadt, über den Rauch aus ihren Kaminen, über die Regenwolken hinaus, die zwei Finger anders herum jetzt, ein V für Victory deutend.

Wenn man ein paar Tage in dieser verkehrten Welt verbracht hat, unter den Maurer-Schriftstellern oder Fensterputzern, den Philosophen-Kohleträgern und den Dichter-Straßenkehrern, beginnt man unausweichlich das »Wenn-Spiel« zu spielen. So, wie Philip Roth in seiner Novelle *Die Prager Orgie*: »Ich stelle mir Styron vor, wie er Gläser in der Bar einer Penn-Station spült, Susan Sontag, wie sie Rosinenbrötchen in einer Broadway-Bäckerei einpackt, Gore Vidal, wie er Salamibrote zu den Schulpausen nach Queens radelt – ich blicke auf den verdreckten Boden und sehe mich selbst, wie ich ihn aufwische.« Jeder kann spielen. Man muß nur seine Lieblingsfiguren einsetzen und bei sich selber enden. »Ich? Oh, ich würde Toiletten putzen. Mit Sicherheit. Ich würde keine fünf Minuten unter einer Diktatur bestehen. Faschistisch oder kommunistisch, *mich* würden sie nie publizieren.« Aber was macht dich da so sicher? Vielleicht würden sie, aber du (ich, wir) würdest vielleicht nicht. Vielleicht würdest du (ich, wir) würdest vielleicht nicht. Vielleicht würdest du (ich, wir) selbst in einer Diktatur publizieren (schrecklicher Gedanke!). Und was ist mit all diesen offiziellen Verlagen und Literaturzeitschriften? Ihre einstigen Redakteure arbeiten als Fensterputzer oder im Exil. Wer gibt sie jetzt heraus? Jemand muß. Fensterputzer? Es wäre sicher vergnüglicher, täten sie es. Aber die Antwort heißt: Schriftsteller, Journalisten, gebildete Herren. Zweit- oder drittklassige Semi-Literaten und korrupte Schreiberlinge, so weit so sicher, aber gibt es die nicht auch in unserem eigenen Literatur-Establishment?

Hier ist die andere Seite des »Wenn-Spiels«, die Seite, die wir gerne auslassen, weil sie nicht so hübsch ist. Es wäre gehässig, Namen zu nennen. Laßt uns also wenigstens ein bißchen gehässig sein: »Ich stelle mir ... als Herausgeber der *ZEIT* vor, ... übernimmt den *Merkur*, ... bekommt eine überschwengliche Kritik von ..., und ... wird veröffentlicht, nachdem er Selbstkritik im Fernsehen geübt hat.« Und warum auch nicht, »ich blicke ins

Schaufenster des Buchladens und sehe meine Bücher die Auslage zieren«.

Was sie alle an Milan Kundera ablehnen – und wie! – ist nicht, so glaube ich, sein außergewöhnlicher Erfolg (obwohl, vielleicht auch der ein wenig), sondern seine stilisierte Alptraumversion eines Prags aus dem, per definitionem, nichts Gutes kommen kann. Nein, sagen sie, das Prag, in dem wir leben und arbeiten, ist *nicht* ein »Biafra des Geistes« – so das Aragon-Zitat, das Kundera thematisiert. Ein bekannter Schriftsteller (der liebenswürdigste aller Menschen) sagt mir, daß Kundera sich selbst gegenüber »die Tatsache, daß er fortgelaufen ist« rechtfertigen müsse (doch im gleichen Atemzug fügt er hinzu, »nein, das sind nicht die richtigen Worte – fortgelaufen – das ist zu hart«). Und die Selbstrechtfertigung erfolgt, wie bei so vielen Exilanten, durch die anschauliche Darstellung der Hölle, die man hinter sich gelassen hat – und des Himmels, der es zuvor gewesen war. Es war nicht Himmel. Es ist nicht Hölle.

Ich habe beschlossen, Václav Havel zu besuchen. Das ist nicht einfach. Er ist auf seinem versteckten Hof im nördlichen Böhmen. Es gibt kein Telefon. Man sagt mir, die Polizei werde versuchen, meinen Besuch zu verhindern. Ich starte früh am Morgen in einem Mietwagen. Nach zwei Stunden Fahrt, als ich durch eine kleine Stadt komme, sind plötzlich drei Polizeiwagen vor mir, Blaulicht eingeschaltet. Ich werde an den Rand gedrängt. *Verdammt!* Drei Wagen scheinen nun doch etwas übertrieben. Und wie um Himmels willen konnten sie es *wissen*? Dann sehe ich, daß auch andere Wagen an den Rand gewinkt werden. Es hat nichts mit mir oder Havel zu tun. Alle werden angehalten, um die Straße für ein Fahrradrennen zu räumen. Ich beobachte eine Schar ausgemergelter Jungen an mir vorbeisausen. Die *Tour de Bohème*. Ein Spruchband im örtlichen Spielwarenladen sagt *Sozialismus – ist das Lächeln eines Kindes*.

Wieder weiter, auf schmalen Wegen, die sich den Sudetenbergen entgegenwinden, durch die feuchten böhmischen Kiefernwälder. Noch eine Kurve, da liegt der Hof – und da ist die Polizei: ein Lada, genau gegenüber der Auffahrt geparkt, zwei uniformierte Beamte, einer in Zivil. Ihre Augen folgen mir, als ich innerlich fluchend vorbeifahre. Glücklicherweise aber habe ich meinen G.R.I.P.S. dabei, eines dieser Wunderdinge westlicher Technologie, mit der man die Geheimpolizei verwirren und den ganzen Ostblock unterminieren kann. Ich aktiviere meinen G.R.I.P.S., werde unsichtbar und rematerialisiere mich erst im Innenhof des Anwesens wieder.

Havel ist ein kleiner, stämmiger Mann mit krausem Blondhaar. Sein Schnurrbart und seine untere Gesichtshälfte erinnern mich an ein freundliches Walroß. Er ist in allen Schattierungen von Rosarot gekleidet – Slipper, Cordhose und ein T-Shirt mit dem Aufdruck *Versuchung ist großartig*. (Sein letztes Stück heißt *Versuchung*.) Er ist warm, intensiv und ein nervöses Energiebündel. Er erzählt mir, daß die Polizei am Abend zuvor aufgetaucht sei und seither dort stehe. »Wenn das passiert, ist es normalerweise wegen eines westlichen Besuchers in Prag. Genscher oder so jemand.« Er hat Radio Freies Europa und BBC gehört, um herauszufinden, wer es sein könnte.

Er spricht von der Nervenbelastung des Schreibens unter diesen Bedingungen, wenn die Polizei jeden Augenblick hereinkommen und die Arbeit eines Jahres konfiszieren kann. Wie er nachts in den Wald gekrochen ist und Teile seines Manuskripts in einer Baumhöhle versteckt hat. Wie er schneller und schneller schreibt, sobald ein Manuskript anzuwachsen beginnt: die Angst vor einer Hausdurchsuchung konzentriert die Gedanken wesentlich effektiver als jeder Verlagstermin. Gerade gestern schrieb er über seine Nervenanspannung. Dann kam seine Frau herein und sagte, »die Polizei ist wieder draußen. Ich fürchte, es sind nicht die gleichen wie sonst«. Und so schrieb er voller Anspannung über die Nervenanspannung beim Schreiben, wenn ...

Aber das ist nichts gegen die Bedingungen, unter denen er im Gefängnis schreiben mußte. Dort, außer eines Briefes pro Woche an seine Frau – maximal vier Seiten und nur über »persönliche Dinge«, wie es die Gefängnisordnung spezifiziert – war ihm das Schreiben grundsätzlich verboten. Die Briefe waren über einen Zeitraum von fast vier Jahren seine einzige Möglichkeit, sich als Schriftsteller auszudrücken. Falls irgendein Satz in einem Brief nicht akzeptabel war, wurde der gesamte Brief beschlagnahmt. Der Kommandant des Gefängnislagers in Hermanice, ein alter Mann kurz vor seiner Pensionierung, fand sadistisches Vergnügen daran, diese Instruktionen einzuhalten. Seine große Zeit war in den fünfziger Jahren gewesen, als er mehr als tausend politische Häftlinge hatte – Bischöfe, Professoren, ehemalige Minister –, an denen er seine Macht erproben konnte. Seither liefen die Dinge nie wieder so gut – am schlechtesten 1968, ein bißchen besser nach der Invasion. Aber jetzt, endlich, hatte er wieder ein paar politische Häftlinge, die er tyrannisieren und bevormunden konnte: gebildete Männer – ein Schriftsteller, ein Journalist, ein Philosoph. Sein ganz besonderes Vergnügen aber war die Zensur der Briefe des Schriftstellers.

Havel begann, einen »Zyklus« von Briefen über seine philosophischen Betrachtungen zu schreiben. Er erwähnte die »Ordnung des Seins«.

»Die einzige Ordnung, über die Sie schreiben dürfen«, erklärte der Kommandant, »ist die Gefängnisordnung.« Dann beschloß er, Havel sollte überhaupt nicht mehr über Philosophie schreiben. »Nur über Sie selbst«.

Also entwarf Havel einen neuen Brief-Zyklus über seine Stimmungen: sechzehn verschiedene, zwei in jedem Brief, eine gute und eine schlechte, und er numerierte sie.

Nach der achten rief der Kommandant ihn zu sich: »Hören Sie auf, Ihre Stimmungen zu numerieren!«

»Keine Fremdworte!« befahl er in der einen Woche.

»Keine Unterstreichungen!« in der anderen. »Keine Ausrufungszeichen!«

Das Buch, das unter diesen Bedingungen geschrieben wurde – Havel plante die Briefe an seine Frau bereits als Buch – ist wunderbar. Zum großen Teil sind es philosophische Reflexionen, von Havel wahrscheinlich als bedeutendster Teil des Buches konzipiert. Mich aber, und ich vermute die meisten seiner Leser, berühren diese Passagen am wenigsten: zum Teil, weil Havel viel rekapitulieren mußte, denn es war ihm ja nicht erlaubt, Kopien seiner früheren Briefe zu behalten. Zum Teil aber auch, weil er in einer fürchterlich gewundenen und elliptischen Art schreiben mußte, um seine *Pensées* am Kommandanten vorbeizuschmuggeln. Anstatt beispielsweise einfach »das Regime« zu schreiben, mußte ihm irgendwas wie »die sozial-kollektive Manifestation des Nicht-Ich« einfallen. Havel erzählt mir lachend, daß er selber nur schwer nachvollziehen könne, was er eigentlich sagen wollte, wenn er seine tiefgründigen Passagen heute liest.

Was dieses Buch so bewegend macht, sind die kleinen Details eines Gefängnislebens – die umständlichen Rituale, die das Teetrinken begleiten, die Begrüßung des neuen Jahres mit einem Glas sprudelndem Aspirin-Soda – und die intensiven persönlichen Details seiner Beziehung zu seiner Frau: als Geschenk machte er ihr ein Schmuckstück aus trockenem Brot...« Ich habe versucht, ihm einen Hauch von Jugendstil zu geben«, schreibt Havel.

Vor allem aber ist das Buch ein Selbstportrait des Schriftstellers. Da gibt es den Havel, der sich für seine vier Jahre im Gefängnis Aufgaben stellt: »... Drittens. Wenigstens vier Stücke schreiben. Viertens. Mein Englisch verbessern. Fünftens. Deutsch wenigstens so gut lernen, wie meine derzeitigen Englischkenntnisse sind. Sechstens. Die gesamte Bibel ausführlich studieren...« Da ist der Havel, der sich um seine Gesundheit und um alte Freunde draußen sorgt. Und durchgängig klingt seine überwältigende Bestimmung an, immer und immer wieder, ein *Schriftsteller* zu bleiben, auch wenn er nur vier Seiten pro Woche zur Verfügung hat und jedes Wort, das er wählt, die gesamte Arbeit gefährden kann. »Der Brief letzte Woche ist nicht gelungen«, schreibt er – und meint, er wurde konfisziert.

Zu Beginn seiner Gefängniszeit, 1979, schreibt Havel verschiedene Male über ein Faust-Stück, das er gedanklich überarbeitet, jenes Stück, das sieben Jahre später unter dem Titel *Versuchung* in Wien Premiere haben sollte. Wie die meisten seiner Stücke hat er auch dieses niemals aufgeführt gesehen. Er liest die Kritiken. Freunde rufen aus Wien an. Und während der Proben rufen ihn die Schauspieler an und stellen Fragen, die zeigen, daß sie das Stück nicht *genau* verstanden haben. In diesem Fall riefen sie ein paar Tage vor der Premiere an und fragten: »Oh, übrigens, gibt es wirklich schwarze Magie in der Tschechoslowakei?« Und doch ist es das, was er als seine wirkliche Arbeit versteht: Stücke schreiben. Seine politische Aktivität, seine Essays, seine Briefe aus dem Gefängnis, seine Rolle als moralische und politische Instanz für Tausende von Tschechen und Slowaken (und ganz und gar nicht nur für die, die aktiv in der Opposition engagiert sind) – eine Autorität, die kein Schriftsteller im Westen besitzt: all das bleibt zweitrangig für ihn.

Da ich, anders als Havel, nach Wien reisen kann, konnte ich die *Versuchung* sehen. Seine Befürchtungen über das begrenzte Verständnis des Wiener Ensembles sind gerechtfertigt. Der Direktor des akademischen Instituts, in dem Havels Dr. Faustka arbeitet, ein zutiefst korrupter Parteimann, wird gespielt, als sei er der Manager eines Warenhauses auf der Kärntnerstraße. Und doch, und doch ... so sehr ich den Wiener Faktor auch zugestehe, so kann ich doch eine tiefere Enttäuschung nicht verbergen. Das Stück, selbst unverfälscht, wie Havel es geschrieben hat, ist schwach. Und es ist schwach, wie mir scheint, aus Gründen, die in direktem Zusammenhang mit seiner Situation stehen. Die dramaturgischen und visuellen Effekte seiner äußerst detaillierten Bühnenanweisungen sind gestelzt, und wo nicht gestelzt, so überholt – all die Stroboskope und der Rauch, 1966 vielleicht. Das überrascht nicht, wenn man bedenkt, daß er seit achtzehn Jahren in keinem Theater mehr arbeiten konnte. Die dramaturgische Lösung ist dramatisch vorhersehbar und vorhersehbar politisch: die Figur des Mephisto (Fistula genannt) stellt sich als Mitarbeiter der Geheimpolizei heraus. Ungeachtet einiger schrecklich-komischer Dialoge, die sogar die Wiener Inszenierung überlebt haben, ist ein Großteil des Spiels so wohlüberlegt ränkevoll, so offensichtlich pointiert, daß es ziemlich schematisch wirkt, mehr wie der Entwurf eines Stücks, als wie ein Stück selbst. Auch das ist nicht überraschend, wenn man bedenkt, daß es während der fast vier Jahre im Gefängnis geplant und immer wieder neu geplant wurde.

Was also ist nun mit George Steiners »Muse der Zensur«? Hier scheint mir der ziemlich klare Fall einer künstlerischen Arbeit vorzuliegen, die durch Verfolgung und Zensur deformiert wurde, die nicht gewonnen, sondern verloren hat. Wäre er ein Dichter, wäre das vielleicht anders. Aber der Stückeschreiber braucht sein Theater wie der Musiker sein Instrument. Nicht nur der Künstler, auch die Kunst hat gelitten. Dennoch, zur selben Zeit, trotz Verfolgung und Zensur, oder besser: aus Widerstand dagegen, hat er einen Band Briefe und eine Anzahl Essays geschrieben, die man, so glaube ich, noch lesen wird, wenn man die *Versuchung* schon längst vergessen hat. Und welchen Teil seiner Arbeit wird man dann bedeutend finden?

Paris

Hier also ist sie, die fette Hure, die Dirne, die Harpyie, stolziert mit ihren Luxusklamotten herum und wackelt mit dem Hintern. Sie hat Geld. Sie hat Autos. Sie hat Sex. Sie hat Demokratie. Aber sie hat ihre Seele verloren. Sie ist taub. Sie ist blind. Sie weiß nicht, was sie hat, und sie weiß nicht, daß sie dabei ist, es zu verlieren. »Der Westen«? Mae West.

»Heute«, schreibt Kazimierz Brandys in seinem *Warschauer Tagebuch*, »stößt der Westen Panikschreie aus; die Intellektuellen nörgeln; das Bewußtsein von Impotenz herrscht überall. Sie warten bereits darauf, vergewaltigt zu werden, und bereiten sich darauf vor. Jetzt ist nur noch von Bedeutung, daß die Vergewaltigung nicht zur sexuellen Mordtat gerät, sondern verschwiegen in einem komfortablen französischen Bett geschieht. Wie soll man diese vorhersehbare Lage der Dinge nennen? Finnlandisierung? Skandinavisierung? ... Aber was, wenn es Tschechoslowakisierung ist? Bei den Vorbereitungen stehen die Franzosen, wie immer, in vorderster intellektueller Reihe. Niemand kann seine Beine derart ästhetisch spreizen, mit solchem *esprit* sich für den Akt bereitlegen, wie die französischen Intellektuellen. Ein alter Verdacht von mir: Wieviel Geld fließt aus der sowjetischen Botschaft in die Verlagshäuser von Paris?«

Ah, hier tönt er: der östliche Prophet, der Weise, der Seher, die gerechten Augen funkeln, die Arme streckt er zum Himmel, während er die Huren der rue de Babylone verflucht.

»Sehen Sie, es ist wirklich sehr einfach«, sagt Sławomir Mrożek und blickt aus seiner ruhigen Atelierwohnung auf den Eiffelturm, »du bist Pole, ein Intellektueller. Du empfindest dich in höchstem Grade als Westlicher, als Europäer: wäre Polen doch nur frei, es wäre ein westliches Land; wäre es doch nur westlich, alles wäre gut. Inzwischen sind die europäischen Werte im Westen konserviert, zu dem du, anders als die Russen, zweifellos gehörst. Dann kommst du in den Westen, und der Westen kennt dich nicht. Also steigst du nach einer Weile auf die Barrikaden und tobst, tobst gegen die Blindheit des Westens. Innerlich aber weinst du: ›Ihr mögt eure Autos haben, euer Fernsehen, eure Bestseller. Aber eure Seele habt ihr verloren. Eure *Seele*. Wüßtet ihr nur, wie großartig ich bin, wie scharfsinnig, wie wahrhaft europäisch, ihr würdet mich in Millionenauflage drucken. Aber da ihr es nicht tut, werdet ihr von den Russen gefressen werden‹«.

Dieses Mißverständnis resultiert vor allem aus dem, wie Mrożek es nennt, »altmodischen« Ideal von den moralischen Werten der Kultur und der Rolle des Schriftstellers, das in Prag oder Warschau noch immer besteht. Osteuropa, sagt Mrożek, ist ein sehr altmodischer Platz, sowohl materiell (Straßenbahnen), als auch sozial (Respekt vor dem Alter, der Religion). Dies hier ist nur eine weitere altmodische Geschichte.

Im Westen gibt es keine Dichter mehr. Kein Schriftsteller wird hier als moralischer oder geistiger Führer angesehen, wie Havel in der Tschechoslowakei, oder Miłosz und Herbert in Polen. Das ist ein ziemlich abgedroschener Kommentar, auch als Frage zu hören: wer war die letzte große intellektuelle Instanz in West-Europa? Und die häufigste Antwort darauf – Kunderas Antwort in seinem Essay *Der Entführte Westen* – lautet ... Jean Paul Sartre. Sartre, eine moralische Instanz! Der Autor von *Les Mains Sales*. Ja, gut, er hat seine Meinung geändert. Aber als ich mit Ivan Klíma in Prag über den *Verfolgungsneid* westlicher Intellektueller sprach, erklärte er: »Wissen Sie, der Mann, der für all diesen Quatsch verantwortlich ist, ist Sartre.« Sartre, erzählte er, war in den frühen Sechzigern nach Prag gekommen, sah sich ein, zwei Tage um und hielt dann eine Rede vor tschechischen Schriftstellern, in der er ihnen mitteilte, wie glücklich sie seien. »Sie haben noch wirkliche Themen«, hat er gesagt. »Wir im Westen haben keine wirklichen Themen mehr« – und immer so weiter. Sartre!

Wie dem auch sei, fährt Mrożek fort, Literatur im Westen ist nichts weiter als eine neue »Branche« geworden (er gebraucht das polnische Wort *branża*), so wie Fernsehen, Film, Video und Windsurfing. Eine Branche, in der Public Relations und Promotion wichtiger sind als das Produkt an sich – »das Buch zum Film«, »jetzt eine große TV-Serie«, »Gewinner des ...-Preises«.

»Ich bedaure das nicht«, sagt Mrożek. »Ich bin nicht dafür, und ich habe nichts dagegen: es ist eben so, wie die Welt sich weiterentwickelt hat.« (Modernität hat ihre Vorzüge: während wir uns unterhalten, klingelt mehrmals das Telefon. Er geht zu seinem Anrufbeantworter und hört den Anrufer auf Band sprechen. Manchmal nimmt er ab. Meistens aber dreht er den Ton ab.) Doch während Mrożek in seiner trockenen, zynischen Art weiterspricht, wird deutlich, daß er es doch bedauert. Er erwähnt die Diskussionssendungen im Fernsehen und ihre Tendenz, auf jede Frage zwei Antworten bereitzuhalten, und nennt dies die charakteristische intellektuelle Form unserer Zeit. Zu meiner Linken der Mörder, zu meiner Rechten das Opfer. Zwei Sichtweisen – und natürlich ist der Mörder oft viel *interessanter*. Orwell – er sagt »Or-vell« – sei einer der wenigen, die diesen Trugschluß entlarvt haben. Orwell habe verstanden, daß es Dinge gibt, die sich der Diskussion entziehen: auf einige Fragen gibt es nur eine Antwort. Ein Osteuropäer, sagt Mrożek, weiß dies aus persönlicher Erfahrung. Orwells Verdienst sei es gewesen, das auch ohne diese Erfahrung zu verstehen.

Mrożeks eigene Situation ist fast die Umkehr-Erscheinung derjenigen Havels. Havel ist der Erfahrung mit dem Theater beraubt – er kann seine Stücke niemals geprobt oder gespielt sehen – aber er hat noch immer, was man die *Heimat*-Erfahrung nennen könnte: er lebt in seiner eigenen Sprache. Mrożek hat die Erfahrung mit dem Theater, aber nicht die der Heimat. Er lebt seit 1963 im Ausland, seit 1968 in Frankreich. Er kann seine Stücke in Englisch, Französisch, Deutsch, Italienisch geprobt und aufgeführt sehen. Aber die polnische Sprache der Straße – wechselnder Slang, Tagespolitik und die Anspielungen darauf, all das, was den Basisstoff für die neue polnische Literatur bildet – das kann er nur aus zweiter oder dritter Hand aufgreifen. Als sein Stück *Der Botschafter* im Herbst 1981 in Warschau aufgeführt wurde, kurz bevor General Jaruzelski das Kriegsrecht verhängte, applaudierte das Publikum für die Szene, in der der Botschafter zitternd neben einem primitiven Kohleofen sitzt. Das Warschauer Publikum erkannte die politische Anspielung sofort: wer sollte dabei nicht an den bitteren Winter denken, der vor ihnen lag, an die Knappheit des Heizöls, für die Solidarność die Regierung und die Regierung Solidarność verantwortlich machte. Waren sie nicht, so wie der Botschafter, in der Gewalt einer fremden Macht? Nur, Mrożek hatte niemals irgendeine Anspielung im Sinn. In Paris dachte er nicht die Gedanken des Warschauer Publikums.

Und doch gibt es verblüffende Ähnlichkeiten zwischen einem Stück von Havel und einem Stück von Mrożek. Beide favorisieren Handlungsspielräume, die eine kafkaeske Uneindeutigkeit haben: weder Ost noch West, weder Prag noch Paris. Beide halten sich an das Thema des Individuums, das versucht, sich selbst zu behaupten – durch Heroismus, durch Kompromisse oder durch Humor, gegen die Schikanen unpersonifizierter Mächte. Beide sind hitzige Intellektuelle: wer nicht auf das ideologische Argument im Dialog reagiert, der hat die Hälfte nicht begriffen. (Wie das Wiener Publikum bei Havels *Versuchung*. Wie das Publikum bei Mrożeks *Botschafter*, als ich es in West-Berlin sah. Verlegt man dieses Theater nur ein paar Kilometer in den Osten, dachte ich, jenseits der Mauer nach Ost-Berlin, wäre das Stück verstanden worden.) Aber es wäre ein stupider Kritiker, der diese Ähnlichkeiten einzig auf einen vergleichbaren osteuropäischen Hintergrund zurückführte. Eine andere, ebenso überzeugende Erklärung dafür läßt sich mit zwei Worten sagen: Samuel Beckett.

Die Exilantenwohnung. Zwei winzige, nackte Räume, über eine enge teppichlose Stiege zu erreichen. Eine Besenkammer von Küche. Hocker als Stühle. Ein Feldbett. Und dann das wirklich Wesentliche: Zigaretten, Tee, ein Telefon mit langer Schnur, und Bücher, Bücher, Bücher. Bücher, um den Tisch zu stützen. Bücher, um die Kälte draußen zu halten, Bücher als geistige Nahrung, Bücher um den Durst zu stillen, Bücher statt Kleidung.

Natalja Gorbanewskaja, deren Wohnung ich hier beschreibe, ist eine außergewöhnliche Person. Würde man ihr in der Metro gegenübersitzen, würde man sie wahrscheinlich für eine Studentin der Sorbonne halten: eine zierliche, mädchenhafte Gestalt in Jeans und einer unförmigen Jacke, zerzaustes Haar, große Brille, Zigarette, an der sie mit einem gequält intensiven Ausdruck zieht. Auf den zweiten Blick würde man ein paar harte Linien um Mund und Augen herum bemerken, aber man würde nie, nie erraten, daß sie in Wirklichkeit eine fünfzigjährige russische Dichterin ist, daß sie die Jahre von 1969 bis 1972 in einer Gefängnis-Psychiatrie in Karzan verbracht hat, behandelt gegen etwas, das die sowjetische Psychiatrie galant »träge Schizophrenie« nennt – was heißen soll, daß sie für ihr mutiges Auftreten in der politischen Opposition bestraft wurde. Ein Gespräch mit Natalja Gorbanewskaja ist, wie an der Hand genommen und holterdiepolter durch das Unterholz eines steilen Hügels gezogen zu werden – paß auf den Sinjawski auf! spring über den Sinowjew! – man johlt aus einer Mischung von Aufregung und Vorsicht, bis man ankommt, atemlos, aber lachend, an einem See namens Solschenizyn.

Als wir auf den Hockern platznehmen und das interessante Omelette essen, das Natalja mit leichter Hand in dieser winzigen Küche vorbereitet hat – Kundera mit einem Ei zerschmettert, Brandys mit einem Ruck gewendet –, erreicht ihr sprudelnder Monolog bekanntes Terrain. Der Ärger mit Kundera sei, daß er Rußland aus seiner Definition europäischer Kultur ausschließt. Der Ärger mit Sinowjew sei, daß er die falsche westliche Gleichstellung der Sowjetunion mit Rußland – dem tatsächlich ersten Opfer der Sowjetunion – wieder aufleben läßt. Sinowjew habe einfach keine Ahnung von der unsterblichen Seele ... und sie spricht, sehr bewegend, vom ungebrochenen Mut und der Anständigkeit einiger Frauen, denen sie im Gefängnis begegnet ist, über den Glauben der verfolgten Christen, nicht nur der Orthodoxen, sondern auch der Baptisten und der evangelischen Sekten.

Ich frage sie, was der größte Schock nach ihrer Ankunft im Westen war (sie verließ Rußland 1975 und lebt seither in Paris). Nataljas Antwort ist ziemlich überraschend: »Weißt du, eines der wenigen Dinge, auf die ich mich wirklich im Westen gefreut hatte, war die Möglichkeit, in eine echte, authentische, orthodoxe Messe zu gehen.« Wo Mrożeks Karikatur eines Polen gehofft hatte, jene wahren europäischen Werte im Westen konserviert zu finden, so hatte sie sich darauf gefreut, den wahren Geist der russischen Orthodoxie, die leidenschaftliche Begeisterung und das Mysterium in der freien Welt bewahrt zu finden. Aber auch sie wurde bitter enttäuscht. Sie fand heraus, daß orthodoxe Messen zu sozialen Riten geworden waren: die Menschen kommen weniger, um zu beten, als um zu sehen und gesehen zu werden.

In Paris ist Natalja heute stellvertretende Herausgeberin des *Kontinent*, jene russische literaturpolitische Zeitschrift, mit der Solschenizyn in enger Verbindung steht, und ihre Ansichten über den Westen haben auch den entsprechenden prophetischen Anklang: »Es ist so eine Anstrengung für den Westen, mit dem Verstehen zu beginnen. Und dabei ist es so wichtig: wir haben vielleicht nur noch wenig Zeit.« Ein französischer Journalist aus ihrem Bekanntenkreis sei kürzlich aus Afghanistan zurückgekehrt und geschockt gewesen über Berichte der westlichen Presse: über Nicaragua. Nicaragua? »Ja, dort findet das letzte Gefecht statt, wie es in der ›Internationalen‹ heißt«. Das letzte Gefecht gegen das Reich des Bösen. Die Menschen hier verstehen einfach nicht, sagt sie, daß dieses »metaphysische Böse« sich über die Welt verteilt: heute in Afghanistan, und schon in Nicaragua. Und doch sind die Bilder, die sie während unseres Gesprächs malt, weder derart feierlich noch so absolut schwarz-weiß, wie es diese kalten Druckzeilen suggerieren mögen.

Übertreibt Solschenizyn nicht vielleicht ein bißchen? frage ich. Und was ist mit seiner Idealisierung des zaristischen Rußlands? Aber natürlich übertreibt er! Er müsse das, nach sechzig Jahren, in denen russische Menschen schonungslos gedrillt wurden, das Gegenteil zu glauben. Er müsse es, wenn er auch nur den geringsten Einfluß ausüben wolle. Was den Westen betrifft, so wurde Nataljas Bild um so differenzierter, je länger sie hier war. Sogar die französische Linke habe sich in den letzten Jahren verändert. Sie sei ziemlich unerschütterlich, prinzipientreu und offen, solange sie in der Opposition ist. Wenn sie an die Macht kommt, sei das jedoch eine andere Geschichte. Sieh dir die französischen Sozialisten an. Als sie die Regierung übernahmen, gaben sie dem exilierten Leonid Plyusch, noch einem Opfer der sowjetischen »Psychiatrie«, die französische Staatsbürgerschaft – und hörten augenblicklich auf, sich für das zu interessieren, was er zu sagen hatte.

Auch für Natalja ist Orwell die eine große Ausnahme unter den Westlichen. Der Osteuropäer erkennt die Wahrheit instinktiv, sagt sie, Mrożek aufgreifend. Es ist ihm angeboren – »wie die Aristokratie!« Eine Aristokratie des Leidens. Im Vergleich dazu sind die Westlichen, naja, Plebejer. »Aber ein Plebejer, der aus eigenem Antrieb ein Aristokrat wird, ist der Bewundernswerteste von allen.« So also werden die Bemühungen des alten Eton-Schülers Blair, ein wahrhafter Plebejer zu werden, belohnt – mit einer russischen Erhebung in den Adel.

Meine bleibende Erinnerung an Natalja Gorbanewskaja ist von großer Wärme, eine Wärme, die mich sogar gegen den bitterkalten Januarwind unempfindlich machte, der durch die Avenue Gay Lussac blies, als ich zurück zur Metro lief. Hier ist ein Lebensgeist, der sich unentwegt im Verbrennungsstadium befindet: gerade eben Explosionen des Lachens, nun Ausbrüche von Sympathie, und gleich darauf von Zorn – aber wenn Zorn, dann immer – um Orwells Bemerkung über Dickens zu adaptieren – ein *großmütiger*.

Party time. Eine Abschiedsparty für Seweryn Blumsztajn, ein Veteran der polnischen 68er und eine der bekanntesten Solidarność-Figuren im Westen, der sich nun entschlossen hat, nach Polen zurückzukehren. Ein ausladendes, prächtiges altes Appartement, das einer ausladenden, prächtigen Dame gehört – einer Helen Vita der russischen Emigrantenszene. Parkettböden, hohe Decken, die Tische überladen mit *kanapki*, Wodka und Wein, polnische und russische Intellektuelle zusammen, wie sie es in

Warschau oder Moskau nie sein könnten. Wer ist die Glitzernde dort hinten in der Ecke? Aber natürlich – Pani Natalja! Und glitzernd in der anderen Ecke steht der Verleger von *Aneks*. Und hier die Verlegerin von *Zeszyty Literackie*, auch glitzernd. Und der Herausgeber von *Kontakt*. Und jemand von *Kultura*. Auch einer von *Arka*. Es müssen mehr Redakteure pro Quadratmeter hier sein als bei der Frankfurter Buchmesse. Plus all den dazugehörigen Fehden, Rivalitäten, Skandalen und Affairen, am Siedepunkt brodelnd durch den Druck des Exils.

In der ersten Stunde mag man das noch wie einen Verlagsempfang irgendwo in London oder Frankfurt empfinden (oder, ja, in Paris): die eigensüchtigen Cliquen, der Klatsch, dieser Kritiker, der jenem Redakteur eins auswischt, mehr Klatsch, jener Redakteur, der sich an diese Autorengattin heranmacht, wieder Klatsch – nur, daß hier der Geräuschpegel, die Temperatur und die Intensität der Gestik um mehrere Grade höher liegen. Doch in der zweiten Stunde kommt einem dieser Vergleich nicht mehr in den Sinn. Denn nun haben sich alle in einem Zimmer zusammengepfercht und *singen*. Der exilierte Chansonnier Jacek Kaczmarski hat gerade ein Stegreif-Konzert gegeben: bissige politische Balladen mit aggressiver, rauher Stimme zu seiner eigenen Gitarrenbegleitung vorgetragen. Jetzt sitzt Sewek Blumsztajn selbst in der Mitte des Zimmers und singt in schneller Reihenfolge und offensichtlich mit dem gleichen Vergnügen ein stalinistisches Jugendbewegungs-Lied, gewaltig anti-kirchlich, und dann die alte religiös-patriotische Hymne »Rota«. Wenige, nur sehr wenige Genossen singen beim ersten Lied mit. Jeder aber beim zweiten.

Jetzt spielen wir das Wenn-Spiel. Man stelle sich vor, daß sich auf einem Frankfurter Verlagsempfang plötzlich alle feucht-fröhlichen Anwesenden von ihren Gläsern trennten und die kleinen Gruppen, die gerade über den Untergang des *Merkur* gelästert haben, sich im Nu auflösten. Niemand dächte mehr an seine eigenen privaten Interessen, Pläne, Fehden und Aversionen, und jeder drängte sich mit allen anderen in ein Zimmer, setzte sich auf den Boden, auf das Klavier, aufeinander, irgendwohin, und würde sehr laut zu singen beginnen:

»Lieb Vaterland magst ru-huig sein«.

Die Filmemacherin Agnieszka Holland bittet mich, Blumsztajn zu fragen, weshalb er nach Polen zurückkehrt, während sie uns filmt. Ich will Blumsztajn nichts fragen. Ich will weiter diese

Party genießen. Ich hasse es, Interviews zu machen, mit einem Mikrophon in der Hand die Aufmerksamkeit von Menschen einzufordern. Ich bin betrunken, ich habe eine stinkige Erkältung und Fieber, und jeder im Raum spricht besser polnisch als ich. Warum kann es kein anderer machen? Nein, sagt sie, jeder andere hier kennt Sewek zu gut. Sie könnten nicht die notwendigen brutalen, verständnislosen Fragen stellen. Dafür sind Journalisten da. Und überhaupt, dieser Film solle dazu genutzt werden, Unterstützung im Westen zu gewinnen, wenn er, wie zu erwarten, bei seiner Ankunft in Warschau verhaftet und ins Gefängnis gesteckt wird.

Unmöglich, diesem moralischen Klein-Blücher zu widerstehen. Hier also bin ich, um zwei Uhr in der Früh, sitze zwischen zerbrochenen Gläsern, von Scheinwerfern angestrahlt, habe einen Kopf wie ein zermatschter Kürbis, und frage kraftlos: »warum kehren Sie nach Polen zurück?«

»Naja«, sagt Blumsztajn, »ich bin gegen Emigration.« Alle wirklich wichtigen Entwicklungen in Polen seit dem Krieg seien *innerhalb* des Landes entstanden. Das gelte auch heute noch. Deshalb fühle er, daß er dort nützlicher wäre. Und so weiter, in wohlgeübten Argumenten. Ich fordere keine weiteren heraus. Ich habe nicht das Herz dazu, ganz zu schweigen vom Kopf, es anzuzweifeln.

Aber die Filmemacherin tut es. Das ist Quatsch, sagt sie. Er kann hier viel nützlicher sein als dort. Und warum läßt er seine Frau hier zurück? Ist es nicht so, daß er das Zusammensein mit seinen Freunden vor seine Arbeit und seine Familie stellt?

Und sie hatte gesagt, sie könnte die brutalen Fragen nicht stellen.

Nach einer Weile beginne ich mich wie ein Schiedsrichter zu fühlen, der zwei Boxer auseinanderbringen will und dabei alle Schläge mit seinem Kopf auffängt. Am Ende der dritten Runde ist die Wahrheit am Licht und mit einem traurigen Lächeln eingestanden. Der Kerl geht zurück, weil er glaubt, daß er dort glücklicher sein wird als hier.

Ein paar Tage später ist Seweryn Blumsztajn nach Polen zurückgekehrt. Eine riesige Menge Freunde, Solidarność-Aktivisten und Sympathisanten kam, um ihn zu verabschieden. Am Flughafen Orly erschien er auf einer Pressekonferenz, geleitet von André Glucksmann. Eine andere riesige Menge Freunde,

Solidarność-Aktivisten und Sympathisanten erwartete ihn auf dem Warschauer Flughafen. Jeder an beiden Orten war darauf vorbereitet, einen Sturm des Protests losbrechen zu lassen, falls er verhaftet würde.

Als er am Warschauer Flughafen ankam, wurde er augenblicklich von sechs Polizisten fortgeführt. Sie sagten ihm, sein polnischer Paß wäre »ungültig« und »mißbraucht« worden, und führten ihn ohne weitere Umstände zurück zur Air France-Maschine. Der Pilot wurde informiert, daß die Maschine keine Starterlaubnis bekommt, falls Blumsztajn nicht an Bord ist. Sie flog ab. Er war an Bord.

Manchmal frage ich mich, was aus diesem Film geworden ist.

10 Mitteleuropa – aber wo liegt es?

Dieser Essay aus dem Jahr 1986 versucht, die etwas diffuse intellektuelle Diskussion um Mitteleuropa, wie sie Mitte der achtziger Jahre stattgefunden hat, durch einen kritischen Vergleich der politischen Essays von Václav Havel, Adam Michnik und György Konrád schärfer zu fokussieren. Er wurde in viele Sprachen übersetzt und fand große Beachtung in Ostmitteleuropa.

Mitteleuropa ist wieder da. Drei Jahrzehnte lang nach 1945 sprach niemand mehr von Mitteleuropa, es war verschwunden wie Tyros und Ninive. Im deutschen Sprachraum schien allein schon das Wort *Mitteleuropa* mit Adolf Hitler untergegangen zu sein und nur noch als gespenstisches *Mitropa* auf den Speisewagen der DDR-eigenen Deutschen Reichsbahn zu spuken. Sogar in Österreich war es, laut Ex-Kanzler Fred Sinowatz, »bis vor zehn Jahren nicht erlaubt, das Wort Mitteleuropa auch nur in den Mund zu nehmen«. In Prag und Budapest wurde die Idee Mitteleuropa zwar weiterhin im Privaten gehegt, doch aus der Öffentlichkeit war sie genauso vollständig verschwunden, wie »im Westen«. Die Regeln nach Jalta diktierten eine strikte Dichotomie, von Westeuropa stillschweigend akzeptiert, indem es all jene Teile des historischen Mittel-, Ost-Mittel- und Süd-Osteuropas unter dem Begriff *Osteuropa* zusammenfaßte, die nach 1945 unter sowjetische Vorherrschaft geraten waren. Die Europäische Gemeinschaft vollendete diesen semantischen Betrug schließlich mit ihrem Alleinvertretungsanspruch auf die Bezeichnung *Europa*.

In den letzten Jahren haben wir nun wieder begonnen, von Mitteleuropa zu sprechen, allerdings in einem neuen Sinn. Aber diese Diskussion entstand nicht in Berlin oder Wien, sondern in Prag und Budapest. Der Mann, der sie im Westen mehr als jeder andere förderte, ist der Tscheche Milan Kundera, mit seinem inzwischen berühmten Essay *Die Tragödie Zentraleuropas**. Aber mittlerweile haben auch die Deutschen und Österreicher zö-

* In deutscher Übersetzung erstmals erschienen in der Zeitschrift *Kommune*, Heft 7, 1984, unter dem Titel »Un occident kidnappé oder Die Tragödie Zentraleuropas«.

gernd begonnen, auf ihre jeweils eigene Weise ein Konzept wieder aufzugreifen, das einmal so sehr das ihre gewesen war. In der DDR spricht Erich Honecker von der Gefahr eines atomaren Krieges in *Mitteleuropa*; der westdeutsche Sozialdemokrat Peter Glotz behauptet, die Bundesrepublik sei »ein Garant der *mitteleuropäischen* Kultur«, was immer das heißen mag; und Kurt Waldheims Wien war gerade erst Gastgeber eines Symposiums mit dem elektrisierenden Titel »Heimat *Mitteleuropa*«. Einen unerwarteten Tribut zollte der aktualisierten mitteleuropäischen Idee sogar das Zentralorgan der Polnischen Vereinigten Arbeiterpartei, *Trybuna Ludu*, indem es eine scharfe Attacke gegen »Den Mythos ›*Mitteleuropa*‹« veröffentlichte.

Der generelle Gebrauch des Begriffs *Mitteleuropa* (oder *Ost-Mitteleuropa*) dient durchaus einem guten Zweck, wenn es zum Beispiel darum geht, einen amerikanischen oder britischen Zeitungsleser daran zu erinnern, daß Ost-Berlin, Prag oder Budapest nicht in der gleichen Situation sind wie Wladiwostock, daß Sibirien nicht am Checkpoint Charlie beginnt; oder, um amerikanischen oder britischen Studenten zu verdeutlichen, daß die akademische Erforschung dieser Region mehr als nur eine Fußnote zur Sowjetologie sein kann. Aber für die Menschen in Prag und Budapest, die diese Diskussion ins Leben gerufen haben, hat dieser Begriff eine weit tiefgehendere, existentielle Bedeutung. Die wichtigsten politischen Essays dreier außergewöhnlicher Schriftsteller – Václav Havel, György Konrád und Adam Michnik – geben uns die Möglichkeit, den Mythos Mitteleuropa mit der Realität zu vergleichen*, wenn auch natürlich kein Schriftsteller »repräsentativ« für seine gesamte Nation sein kann. Außerdem sind Havel, Konrád und Michnik sehr unterschiedliche Schriftsteller, die unter sehr unterschiedlichen Bedingungen arbeiten.

Der Tscheche Havel entspricht am ehesten dem Bild eines Repräsentanten der unabhängigen Intelligenz seines Landes, obwohl selbst innerhalb der Charta 77 noch die unterschiedlichsten

* Dieser Essay bezieht sich auf folgende Arbeiten: Václav Havel et al., The Power of the Powerless: Citizens Against the State in Central-Eastern Europe, London 1985; –, The Anatomy of Reticence, Voices from Czechoslovakia No. 1, Stockholm 1985; György Konrád, Antipolitik, Meditationen über Mitteleuropa, Frankfurt, 1985; Adam Michnik, Letters from Prison and Other Essays, Berkeley, Ca., 1985; –, Takie czasy ... Rzecz o kompromisie, London 1985; Jan Józef Lipski, KOR: A History of the Worker's Defense Committee in Poland 1976–1981, Berkeley, Ca., 1985.

Meinungen vertreten sind. Havels »politische« Essays sind umfassende poetisch-philosophische Meditationen, auf der Suche nach dem tieferen Sinn allen Lebens. Er versucht, die Worte mit ihren Wurzeln auszugraben – wie Karl Kraus es einmal formuliert hat –, aber nur selten begibt er sich in die Niederungen klarer politischer Hintergrundanalysen (und erwähnt kein einziges Mal den Namen irgendeines derzeitigen kommunistischen Machthabers in der Tschechoslowakei. Welch fabelhafte Schmähung!). Seine Schriften sind von außerordentlicher Konsistenz, angefangen bei seinem Grundsatztext *Die Macht der Machtlosen*, den er im Herbst 1978 geschrieben hat, über seinen Redetext anläßlich der Verleihung der Ehrendoktorwürde der Universität Toulouse im Jahre 1984, bis hin zu seinem offenen Brief an die westliche Friedensbewegung, der 1985 als *Die Anatomie einer Zurückhaltung* veröffentlicht wurde. Aus all diesen Texten spricht die Stille eines Landhauses oder jener Gefängniszelle, in der er von 1979 bis 1983 gesessen hat, die leise Stimme eines Mannes, der viel Zeit für einsame Reflexionen hatte, eines Stückeschreibers, der durch die Umstände und das Diktat des Gewissens in die Rolle eines »Dissidenten« katapultiert wurde, obwohl sein Temperament ihn nicht unbedingt zum politischen Aktivisten prädestiniert. Seine Art, alles Politische zu ächten, ist ein allgemeines Charakteristikum der heutigen Tschechoslowakei. Denn kaum einer glaubt dort noch an eine Veränderungsmöglichkeit des erstarrten, gerontokratischen, »normalisierten« Regimes Husáks.

Im Gegensatz zu Havel hat Michnik in Polen das reinste Erdbeben erlebt. Obwohl als Historiker ausgebildet, hat er die meiste Zeit seines Lebens dem aktiven Engagement in der politischen Opposition gewidmet. Als zentrale Figur des Komitees für Soziale Selbstverteidigung (KOR) und später als Berater von Solidarność konnte er, im Gegensatz zu Havel oder Konrád, in dem Bewußtsein schreiben, als unmittelbar politischer Ratgeber gelesen zu werden. Aktivisten der Untergrund-Solidarność, Studenten, die an Publikationen im Samizdat beteiligt waren, sie alle wandten sich an ihn (und andere), um praktische Antworten auf ihre Frage »Was tun?« zu bekommen. Natürlich pointierte das Michniks Arbeit politischer, machte sie jedoch auch kontroverser.

Wie Havel, so ist auch er für viele seiner Landsleute ein Held. Aber im Gegensatz zu Havel sind seine Ansichten heftigst umstritten. KOR, dessen vielleicht artikuliertester Sprecher (und sicher glänzendster Essayist) er ist, muß sich im heutigen Polen gegen Ansichten behaupten, die man als katholisch-positivistisch (im spezifisch polnischen Sinn des Wortes), katholisch-nationalistisch, liberal und wechselhaft bis hin zum Neokonservatismus bezeichnen könnte. Erstaunlicherweise hat er den größten Teil seiner Arbeit im Gefängnis schreiben und unter der Nase von Jaruzelskis Wärtern herausschmuggeln können. (Abgesehen von fast dreihundert Seiten politischem Essay hat er noch ein 285-Seiten starkes Buch mit literarischen Essays geschrieben.) Sein Stil ist oft polemisch und von beißender Ironie – doch geprägt von bewundernswerter moralischer Verantwortung, von Mut und politischer Intelligenz. Wie bei Havel, so sind auch seine politischen Gedanken von großer Konsistenz, angefangen bei seinem Grundsatztext *Der neue Evolutionismus* von 1976 bis hin zu seinem *Brief aus dem Danziger Gefängnis*, 1985, und seinem neuesten Essay *Über den Kompromiß*, der bisher nur auf polnisch erschienen ist.

Konrád ist wieder anders. Er schreibt nicht im Wechsel aus den Gefängnissen, sondern abwechselnd aus Wien und West-Berlin. Im Hintergrund seiner langen, sprunghaften Abhandlungen hören wir nicht das Schlagen der Gefängnistüren, sondern das Klirren der Kaffeetassen im Café Landtmann oder das vertrauliche Gemurmel eines Friedensseminars. In seinem Buch *Antipolitik: Meditationen über Mitteleuropa* und in späteren Artikeln hat Konrád, ein ausgewiesener Schriftsteller und Soziologe, eine Art späten literarischen Jugendstil entwickelt: farbig, üppig, ausschweifend und ornamental. *Antipolitik* ist ein Sammelsurium, ein Wettstreit der Ideen, die eine nach der anderen aufgegriffen werden, fest miteinander verwoben, neu formuliert, dann wieder zugunsten anderer, hübscherer, jüngerer (aber leider dennoch widersprüchlicher) Ideen verworfen werden, nur um ein paar Seiten später neu gehätschelt und apostrophiert wieder aufgegriffen zu werden. Seine essayistischen Arbeiten stimulieren und verärgern zugleich. Konrád ist keine, wie man im Westen glaubt, »repräsentative« Figur in Budapest, nicht einmal in jenem begrenzten Maße, wie Havel und Michnik es in ihren Ländern sind. Dennoch wüßten die Ungarn keinen anderen zu nennen, der auch nur halb so viel intellektuellen Boden auf »repräsentativere« Weise beackert hätte.

Havel, Michnik und Konrád sind also unterschiedliche Schriftsteller mit unterschiedlichen Positionen in ihren eigenen Ländern, keiner von ihnen ein unbestrittener »Repräsentant«. Und doch sind alle drei ganz besonders gut geeignet und auch daran interessiert, die Fragen eines westlichen Lesers zu beantworten. Alle drei sind gleichermaßen um den Dialog zwischen ihren Ländern bemüht: Havel schrieb *Die Macht der Machtlosen* ausdrücklich als Initiative für einen Dialoge zwischen Charta 77 und KOR; Michnik hob die Arbeit des »außerordentlich populären Václav Havel« in einer Diskussion über die verschiedene Samizdat-Literatur hervor; Havel und der Ungar Miklós Haraszti sind ebenso auf dem Titelbild der unabhängigen polnischen Monatsschrift *Krytyka* erschienen wie Michnik; und Konrád bezieht sich unentwegt auf die tschechischen und polnischen Erfahrungen. Wenn es also wirklich mitteleuropäische Gemeinsamkeiten gibt, so können wir sie mit gutem Grund in den politischen Essays dieser drei Autoren zu entdecken hoffen. Wenn wir sie hier nicht finden, werden sie wahrscheinlich auch nicht existieren.

In den Arbeiten von Havel und Konrád ist eine interessante semantische Arbeitsteilung zu finden. Beide Autoren verwenden die Formulierung *Osteuropa* oder *Osteuropäer* nur in neutralen oder negativen Zusammenhängen. Schreiben sie jedoch *Mittel-* oder *Ost-Mittel*europa, so ist ihr Bezug immer positiv, bejahend, manchmal auch nur sentimental. In seiner *Antipolitik* schreibt Konrád von einer *neuen mitteleuropäischen Identität*, vom *mitteleuropäischen Bewußtsein* und einer *mitteleuropäischen Strategie. Das Verlangen nach Selbstverwaltung ist der zentrale Bezug einer neuen mitteleuropäischen Ideologie.* In seiner *Anatomie einer Zurückhaltung* schreibt Havel:

»Ein besonderer mitteleuropäischer Skeptizismus ist unausweichlich Teil des geistigen, kulturellen und intellektuellen Phänomens, das Mitteleuropa heißt ... Dieser Skeptizismus hat nur wenig gemein mit beispielsweise dem englischen Skeptizismus. Er ist im Grunde unvergleichbar, ein wenig mysteriös, ein wenig nostalgisch, häufig tragisch und manchmal sogar heroisch.«

Im gleichen Essay spricht er aber von einer *mitteleuropäischen Geisteshaltung, skeptisch, nüchtern, anti-utopisch, zurückhaltend* – kurz, von der Art, die für uns die Quintessenz alles Britischen ist.

Oder nochmals Konrád:

»Es war das Mißgeschick Ost-Mitteleuropas, daß es nicht in der Lage war, nach dem Zusammenbruch der östlichen türkisch-tatarischen Hegemonie und der späteren westlichen deutsch-österreichischen Hegemonie unabhängig zu werden, und daß es wieder einmal unter die östliche Vorherrschaft geriet, diesmal nach sowjetrussischem Muster. *Das ist es, was es unseren Gebieten unmöglich macht, die westliche Option, die vor tausend Jahren vertan wurde und unsere wirkliche historische Neigung ist, anzunehmen.*« (Hervorhebung TGA).

In dieser letzten Passage lebt Geschichte als wahrer Mythos wieder auf. Und diese mythisch-poetische Tendenz, dieser Hang, der mitteleuropäischen Vergangenheit genau das zuzuschreiben, was die Hoffnung auf eine mitteleuropäische Zukunft symbolisiert, ist typisch für den neuen Mitteleuropäismus. Es soll uns glauben gemacht werden, daß das, was *wirklich* mitteleuropäisch gewesen war, immer westlich gewesen sei, rationalistisch, humanistisch, demokratisch, skeptisch und tolerant. Der Rest sei osteuropäisch, russisch oder vielleicht auch deutsch gewesen. Zu Mitteleuropa gehörten die Dichter und Denker, zu Osteuropa hingegen die Richter und Henker.

Am deutlichsten und extremsten repräsentiert Milan Kundera diese Tendenz. Kunderas Mitteleuropa ist das Zerrbild von Solschenizyns Rußland. Solschenizyn sagt, der Kommunismus bedeute für Rußland das, was eine schwere Krankheit für den Leidenden bedeutet. Kundera schreibt, der Kommunismus bedeute für Mitteleuropa das, was eine schwere Krankheit für den Leidenden bedeutet – *aber die schwere Krankheit sei Rußland*! Kunderas mitteleuropäischer Mythos steht in totalem Gegensatz zu Solschenizyns russischem. Seine absurde Ausklammerung Rußlands aus Europa (weder von Havel noch von Konrád bejaht) kritisierte Joseph Brodsky: »Das politische System, das Herrn Kundera außer Gefecht setzte, ist ebenso ein Produkt des westlichen Rationalismus wie des östlichen emotionalen Radikalismus.« Aber könnten wir nicht noch einen Schritt weiter gehen? Gibt es denn nicht charakteristische *mittel*europäische Traditionen, die zumindest den Boden für ein kommunistisches Regime in Ungarn und der Tschechoslowakei bereitet haben, Traditionen, die diese Regime bis heute gewissermaßen verkörpern?

Bürokratische Unbeweglichkeit und formalistischer Legalismus, die bis in ihre absurden (und unmenschlichen) Extreme getrieben wurden, waren vor 1914 schließlich auch charakteristisch für Mitteleuropa gewesen. Gerade deshalb finden wir die genauesten, profundesten und schaurigsten Visionen des totalitaristischen Alptraums bei den wirklich *mittel*europäischen Autoren des frühen 20. Jahrhunderts, bei Kafka und Musil, bei Broch und Roth. Was war denn außerdem wirklich bezeichnender für das historische Mitteleuropa: kosmopolitische Toleranz oder Nationalismus und Rassismus? François Bondy schreibt treffend (in einer Reaktion auf Kundera), daß Kafka natürlich ein Kind Mitteleuropas gewesen sei, aber das sei Adolf Hitler auch gewesen. Und so stellt sich mir erneut die Frage: *Seit wann ist die mitteleuropäische Geisteshaltung skeptisch, nüchtern, anti-utopisch und zurückhaltend?* Seit tausend Jahren, wie Konrád es nahelegen möchte? Seit 1948? Seit, wie Kundera sich in *Das Buch vom Lachen und vom Vergessen* erinnert, die Intellektuellen Hand in Hand auf den Straßen tanzten, um den Himmel auf Erden zu begrüßen? Oder etwa erst seit 1968?

Vielleicht aber ist der Mythos einer unbefleckten mitteleuropäischen Vergangenheit gar nicht so schlecht? Ähnlich Solschenyzins russischem Mythos ist auch er eine verständliche Überspitzung, um die herrschende Orthodoxie herauszufordern. Ähnlich dem Mythos vom 20. Juli 1944 in der heutigen Bundesrepublik (der behauptet, die Widerstandskämpfer seien wahre liberale Demokraten gewesen, sozusagen die Ehrenbürger der späteren Bundesrepublik) könnte auch er inspirierend auf die jüngere Generation wirken. Sollten wir diesen Mythos daher doch als sinnvolle Lüge gelten lassen? Ich finde nicht. Und auch Havel und Konrád finden das nicht, wenn sie zu direkten Stellungnahmen herausgefordert werden.

In den späten siebziger Jahren initiierte der tschechische Historiker J. Mlynarik (der unter dem Pseudonym Danubius schrieb) eine faszinierende und fruchtbare Diskussion in Prag. Er argumentierte, daß die Vertreibung der Sudetendeutschen durch die nicht-kommunistische tschechische Regierung nach dem Zweiten Weltkrieg ein inhumaner und »totalitärer« Akt gewesen sei – ein Präzedenzfall und Wegbereiter für den späteren kommunistischen Totalitarismus. »Laßt uns nicht vergessen«, erinnert uns der tschechische Schriftsteller Jiřá Gruša mit bewegenden Worten während des inoffiziellen Kultur-Symposiums in Budapest, »daß wir es waren (die Schriftsteller), die den modernen Staat glorifiziert haben«, und daß »es unsere nationalistischen Oden sind, die in allen Schulbüchern Europas zu finden sind«; Havel scheut sich nicht, die Lehren aus dem »Abgleiten« seiner intellektuellen Mitstreiter »in den Nachkriegs-Utopismus« zu ziehen; und Konrád erklärt freimütig: »Schließlich haben wir Mitteleuropäer beide Weltkriege ausgelöst«. Wenn sie also auch manchmal im Mythisch-Poetischen schwelgen, so zeigen sie in all den Diskussionen über Mitteleuropa von Prag bis Budapest doch auch zunehmend ein Gespür für historische Verantwortung und für die Widersprüchlichkeit historischer Realitäten. Kurz, sie haben verstanden, daß Mitteleuropa weit, weit davon entfernt ist, einfach nur »der Teil des Westens« zu sein, »der heute im Osten liegt«.

Außer den historischen Widersprüchen gibt es natürlich auch noch die geographischen. Ob es nun um die Definition von Europa oder Mitteleuropa geht, niemand kann ganz genau sagen, wo es beginnt oder endet. Deutsche legen den Mittelpunkt Mitteleuropas natürlich nach Berlin, Österreicher nach Wien. Tomáš Masaryk definierte ihn als »einen merkwürdigen Gürtel kleiner Nationen, der sich vom Nordkap bis zum Kap Matapan hinzieht« und der die »Lappen, Schweden, Norweger und Dänen, Finnen, Esten, Letten, Litauer, Polen, Lausitzer, Tschechen, Slowaken, Magyaren, Serbokroaten und Slowenen, Rumänen, Bulgaren, Albanier, Türken und Griechen« einbezieht – nicht aber Deutsche oder Österreicher! Es sind immer die östlichen Grenzen Europas, die am schwierigsten zu definieren sind. Der Leser mag sich wundern, weshalb ich bisher so viel von Prag oder Budapest gesprochen habe, nicht aber von Warschau, von Havel und Konrád, nicht aber von Michnik. Dafür gibt es eine einfache Erklärung. Michnik selbst spricht niemals von Mitteleuropa. Seine Essays sind voller erhellender Hinweise auf die europäische Geschichte und auf die Gegenwart anderer »osteuropäischer« Länder, doch in seinem gesamten Werk konnte ich nicht einen einzigen Hinweis auf Mitteleuropa finden. Und darin ist er ganz typisch: Im gesamten polnischen Samizdat der letzten Jahre konnte dieses Konzept kaum einen Fuß auf den Boden bekommen.

Im polnischen Teil des alten Galiziens wird die elegant-chaotische Lässigkeit der Habsburger Herrschaft – von Musil einst die *kakanischen Zustände* genannt – noch immer mehr als nur nostalgisch gepflegt (im Büro der katholischen Wochenzeitung *Tygodnik Powszechny* in Krakau hängt das Portrait von Kaiser Franz Josef neben denen diverser Päpste). Für Michnik ist es ebenso klar wie für die meisten demokratischen Oppositionellen, daß die kleinen Staaten zwischen Rußland und Deutschland mit ihren nationalistischen Rivalitäten in den Jahren zwischen den Kriegen zu ihrer eigenen Zerstörung beigetragen haben. Sollten sie je wieder unabhängig werden, müßten sie daher so eng wie möglich kooperieren – wenn nicht tatsächlich konföderieren. (Die polnische Exilregierung in London und der in New York stationierte Rat für die Befreiung der Tschechoslowakei bestätigten erst kürzlich die Sikorski-Beneš-Erklärung von 1942, jenes Vorhaben, einen polnisch-tschechoslowakisch konföderierten Staat zu bilden.) Sei es nun emotional begründet, im kulturellen oder geopolitischen Sinn, der Blick in Richtung Osten ist für die meisten Polen noch immer bedeutend – der Blick über die weiten östlichen Territorien, die jahrhundertelang Teil des historischen Polens gewesen waren. Was Czesław Miłosz in seinen Gedichten und seiner Prosa zelebriert, ist ein verlorenes, halbmythisches Litauen. Und wenn Papst Johannes Paul II. über Europa spricht, so blickt er – mit den Augen eines exilierten Visionärs – nicht nur über das künstliche, synthetische, gestutzte Europa der EG hinweg nach Prag, Budapest oder in sein geliebtes Krakau, sondern weit, weit über das historische Mitteleuropa hinaus, weit über die Pripjet-Sümpfe in das historische Osteuropa hinein, in die Ukraine, nach Weißrußland, bis hin sogar zu den Zwiebeltürmen von Sagorsk. Wenn er seine europäische Vision dann auch noch in polnischer Sprache predigt, rollt er das Ł fast wie ein Pole aus Litauen.

Es wäre zweifellos zu einfach, wollte ich behaupten, Polen sei für Mitteleuropa, was Rußland für Europa ist. Sobald man den Begriff Mitteleuropa ins Spiel bringt, ist man von zänkischen Gespenstern umgeben, von rivalisierenden historischen, geographischen und kulturellen Erinnerungen und Ansprüchen. Wenn wir die Idee eines neuen Mitteleuropas wie Konrád und Kundera dazu nutzen, um uns einer jahrhundertelangen gemeinsamen mitteleuropäischen Vergangenheit bis 1945 zu versichern, dann werden wir bald in einem historischen Gestrüpp gefangen sein – in einem Gestrüpp, das Menschen, Kulturen und Sprachen phantastisch ineinander verwickelt, in dem jeder Ort viele Namen hat und Menschen ihre Staatsangehörigkeit wie Kleider wechseln, ein Gestrüpp in einem zwar reizvollen Märchenwald der Zauberer und Hexen, an dessen Pforte jedoch zu lesen ist: « Ihr, die ihr eintretet, lasset alle Hoffnungen fahren, jemals wieder den Wald vor lauter Bäumen zu sehen.« Jeder Versuch, eine gemeinsame Essenz aus der mitteleuropäischen Geschichte zu destillieren, führte zu absurden Vereinfachungen oder Trugbildern.

Glücklicherweise ist die Idee eines neuen Mitteleuropas nicht nur eine Versicherung der Vergangenheit. Sie ist auch, vielleicht in erster Linie, eine Versicherung der Gegenwart. Vereinfacht gesagt heißt das, die unabhängigen Intellektuellen aus der *heutigen* mitteleuropäischen Welt haben entdeckt, daß sie zu ähnlichen Ansichten, Ideen und Werten gefunden haben – obwohl sie das meist erst dann entdecken, wenn sie westlichen Intellektuellen in Paris, New York oder Kalifornien begegnen. Auch darin ähneln sie sich. Sicher ist, daß ihre vergleichbaren Ansichten mit vergleichbaren Erfahrungen in der mitteleuropäischen Geschichte zu tun haben – als kleine Nationen unter der Kuratel von großen Reichen hat ihre Intelligenz gleichermaßen Traditionen des zivilen Ungehorsams entwickelt und jenen Hang zur Ironie, der aus einem Leben unter ständigen Niederlagen erwächst. Aber vor allem ist ihnen die einzigartige Erfahrung eines Lebens im sowjetischen Machtbereich nach Jalta gemein. Sie sind sozusagen die Europäer, die wirklich wissen, worum es geht. Und wir könnten von ihnen lernen, wenn wir nur bereit wären, ihnen zuzuhören. Mitteleuropa ist keine Region wie Mittelamerika, deren Grenzen auf der Landkarte zu suchen sind. Mitteleuropa ist ein Königreich des Geistes.

»Im Vergleich zur geopolitischen Realität Osteuropas und Westeuropas«, schreibt Konrád, »existiert Mitteleuropa heute lediglich als eine kulturpolitische Antihypothese … Mitteleuropäer zu sein ist eine Weltanschauung, keine Staatsangehörigkeit.« Es ist »eine Herausforderung an das herrschende System der Klischees«.* In genau diesem Sinn hat sich auch Czesław Miłosz als Mitteleuropäer erklärt. Die Idee eines neuen Mitteleuropas rüttelt uns nicht nur aus unserem Jalta-Denkgebäude auf und zertrümmert die Mauer im Kopf, sie fordert auch andere Denkweisen, Prioritäten und Werte heraus. Aber mehr noch als das: Sie hat auch etwas zu bieten.

* Zitate aus seinem Essay »Mein Traum von Europa«, Kursbuch 81 (September 1985).

Inwieweit ist die Idee eines *neuen* Mitteleuropas tatsächlich in den Essays von Havel, Michnik oder Konrád zu finden? Wieviel haben diese unabhängigen Stimmen aus Prag, Warschau und Budapest wirklich gemein? Und wo liegen ihre deutlichsten Unterschiede? Wie könnten sie unseren Blick auf »Osteuropa« verändern? Und uns selbst?

Auch wenn wir danach graben müssen, bei genauerem Lesen können wir wichtige Gemeinsamkeiten finden, eine gemeinsame intellektuelle Basis, deren Hauptelemente mir zunächst einmal in jener »Antipolitik« repräsentiert zu sein scheinen, nach der Konrád sein Buch benannt hat. Auch Havel schreibt 1984 (in seinem Manuskript für Toulouse)*, »ich bevorzuge ›antipolitische Politik‹.« Und bei Michnik ist dieser Begriff in all seinen Schriften präsent, obwohl er ihn genausowenig verwendet wie den Begriff Mitteleuropa.

Der Antipolitiker lehnt die, wie Konrád sie nennt, jakobinisch-leninistische Tradition und die, wie Havel sie (nach dem tschechischen Philosophen Václav Bělohradský) nennt, »Politik als rationale Technologie der Macht« ab. In *Die Macht der Machtlosen* übt Havel taktvoll Kritik an Mitgliedern der Charta 77, die ihre Aktivitäten noch immer in erster Linie als ein Streben nach *der Macht im Staate* betrachten – und wo nicht nach der Macht im Staate, so doch wenigstens nach ein wenig Einfluß darauf. Konrád hingegen deklariert großzügig: »Keine denkende Person sollte je eine andere aus Positionen der politischen Macht vertreiben wollen, um sie für sich selbst zu beanspruchen. Ich würde kein Minister in welchem Staat auch immer sein wollen.« Nachdem man ihm wohl kaum je einen Ministerposten in Budapest anbieten wird, erscheint dieses hypothetische Opfer nicht allzu groß.

Doch im Falle Polens hat die Aussage »Wir streben nicht nach der Macht im Staate« schon eine unmittelbare, reale Bedeutung erlangt. 1981 waren viele Polen der Meinung, daß Solidarność nach der Macht im Staate streben *sollte*, was aber von allen nationalen Führern der Solidarność abgelehnt wurde. Zwar zeigte ihre Begründung, daß sie schlicht pragmatisch kalkulierten, was Moskau tolerieren würde und was nicht, doch Theorie und Ethik aus

* Zitate aus *Salisbury Review* (Januar 1985), neu aufgelegt von der Charta 77 als Nr. 2 in ihrer Reihe »Voices from Czechoslovakia«, erhältlich bei Charta 77 Foundation, Box 50041, S-10405 Stockholm, Schweden.

dem Lehrbuch der »Antipolitik« waren unverkennbar. »Durch die Geschichte erfahren«, schreibt Michnik 1985 in seinem *Brief aus einem Danziger Gefängnis*, »befürchten wir, daß wir unbeabsichtigt eine neue Bastille errichten würden, wenn wir mit Gewalt gegen die bestehende stürmen.« Und in seinem jüngsten Essay wiederholt er: »Solidarność strebt nicht nach der Macht im Staate«. Im Polen von 1986 ist das wieder einmal eine rein hypothetische Aussage. Doch diese antipolitische Hypothese – bezeichnend auch für KOR – muß sich zusätzlich noch mit einer anderen, heute weit verbreiteten Meinung messen, die die Politik in traditionelle Kategorien von rechts und links zwingen will (wenn auch bisher nur auf dem Papier).

Für Michnik und Havel sind diese Kategorien absolut irrelevant. In seiner Toulouser Rede spricht Havel über die wohlmeinenden, aber verständnislosen Fragen der westlichen Intellektuellen, und erklärt:

»Oder die Fragen über Sozialismus und Kapitalismus! Ich gebe zu, daß sie in mir den Anschein erwecken, aus den Tiefen des vergangenen Jahrhunderts zu stammen. Es scheint mir, als hätten diese zutiefst ideologischen und oft mystifizierten Kategorien längst schon nur noch vom Eigentlichen weggeführt.«

»Die eigentliche Unterscheidung ›Rechts-Links‹ entstand in einer anderen Epoche«, lehnt sich Michnik in seinem letzten Essay an Havel an, »und es ist unmöglich, im heutigen Polen (und wahrscheinlich auch in anderen Ländern unter kommunistischer Herrschaft) diese Begriffe sinnvoll wiederaufzunehmen.« Ist das Jaruzelski-Regime rechts oder links? »Für die überwältigende Mehrheit der Polen sind ›Rechts‹ und ›Links‹ abstrakte Unterscheidungen einer anderen Epoche.«

Anstelle der überholten Kategorien von rechts und links offerieren sie uns also die noch älteren Kategorien von Recht und Unrecht und insistieren, daß sie die einzig anwendbaren Kategorien für Menschen im Einflußbereich eines autoritären Regimes seien. Moralische Kategorien haben denn auch in den Schriften aller drei Autoren einen hohen Stellenwert (wenngleich bei Konrád weniger als bei Havel oder Michnik). Alle drei berufen sich auf die fundamentalen Prämissen des jüdisch-christlichen Individualismus. In Umkehrung der traditionellen sozialistischen Prioritäten setzen sie nicht bei Staat oder Gesellschaft an, sondern beim Individuum, dessen Bewußtsein und »Subjektivität«, bei dessen Pflicht, in Wahrheit, und seinem Recht, in Würde zu leben. »Zuerst ändere dich selbst«, könnte das gemeinsame Motto ihrer Arbeit heißen. Sie glauben fest daran, daß der Versuch, in Wahrheit und Würde zu leben, nicht nur das Individuum, sondern allmählich auch den kommunistischen Staat grundlegend verändern würde. Denn noch immer »ist das Leben in der Lüge die wesentliche Stütze des Systems«, schreibt Havel.

Er illustriert das mit dem Beispiel des Gemüsehändlers, der zwischen Zwiebeln und Karotten in seinem Schaufenster das Schild aufstellt »Arbeiter der Welt vereinigt Euch!« »Warum macht er das?« fragt Havel.

»Was versucht er der Welt mitzuteilen? Ist er aufrichtig von der Idee einer Vereinigung der Arbeiter dieser Welt begeistert? Ist sein Enthusiasmus so groß, daß er einen unwiderstehlichen Drang empfindet, die Öffentlichkeit mit seinen Idealen vertraut zu machen?«

Natürlich nicht. Er signalisiere den Behörden seine Bereitschaft zu Konformismus und Folgsamkeit. Das sei die eigentliche Aussage dieses Schildes. Sein semantischer Gehalt sei ihm gleichgültig. Doch »wenn der Gemüsehändler instruiert worden wäre, ein Schild aufzustellen ›Ich fürchte mich und deshalb bin ich bedingungslos folgsam‹, so wäre er nicht annähernd so gleichgültig gegenüber seinem semantischen Gehalt, selbst wenn diese Aussage der Wahrheit entsprechen würde.«

Dieses ideologische Lügengespinst verhüllt die wahre Natur der Macht. Wichtiger noch, es ermöglicht dem einzelnen Bürger, die wahre Natur seiner Unterwerfung unter diese Macht vor sich selbst zu verhüllen. Es sei genau dieses ideologische Lügengespinst, so argumentiert Havel, das dieses System wirklich zusammenhalte – und die Gesellschaft dem Staat unterwerfe. Jeder dieser winzigen Akte äußerlicher semantischer Konformität – jeder in sich so trivial, daß er fast albern wirke – sei wie einer der winzigen Stricke, mit denen die Liliputaner Gulliver gefesselt und zu Boden gezwungen haben – nur, daß sich in diesem Fall Männer und Frauen selber fesseln. Indem sie diesen scheinbar bedeutungslosen Tribut zollen, oder vor allem, weil sie nicht dagegen protestieren, »leben Menschen innerhalb einer Lüge. Sie müssen diese Lüge nicht akzeptieren. Es genügt ihnen, ihr Leben mit ihr und in ihr zu akzeptieren. Und durch genau dieses Verhalten bestätigen Individuen das System, erfüllen das System, machen sie das System, sind sie das System.«

Die »Konfliktlinie« verlaufe nicht nur einfach zwischen Opfer-Menschen und Unterdrücker-Staat, wie es die konventionelle Vorstellung besagt, oder einfach zwischen verschiedenen sozialen Gruppen, wie in einer traditionelleren Diktatur. »Im posttotalitären System verläuft diese Linie *de facto* durch jede Person hindurch, denn ein jeder und eine jede ist in der jeweils eigenen Art sowohl Opfer als auch Unterstützer des Systems« – außer den wenigen, die sich dafür entschieden haben, »in Wahrheit zu leben«, und die im Westen so irreführend als Dissidenten bezeichnet werden.

Doch selbst diese wenigen haben einen Einfluß, der in keinem Verhältnis zu ihrer Anzahl steht. Was, wenn mehr Menschen in Wahrheit, in Würde zu leben versuchten? ... Man braucht nur Polen im Jahr 1980 zu betrachten, die, wie György Konrád sie in einer Diskussion über Solidarność nannte, »friedliche Macht der deutlich ausgesprochenen Wahrheit«. Auch Michnik schreibt, »die Politik der Wahrheit«, die von Solidarność übernommen wurde, sei eines der grundlegenden Merkmale der demokratischen Opposition gewesen. (Gewaltlosigkeit hieß das andere.) Alle drei Autoren sind also davon überzeugt, daß der moralische Wertewandel einen disproportionalen politischen Effekt auslösen kann, daß letztlich doch das Bewußtsein das Sein bestimmt und daß der Schlüssel für die Zukunft nicht in den äußeren, objektiven Gegebenheiten des Staates liegt – politisch, militärisch, ökonomisch, technologisch –, sondern in der inneren, subjektiven Beschaffenheit von Individuen. Genau hier, im autonomen Bereich der Kultur, im Königreich des Geistes, findet die mitteleuropäische Herausforderung an Osteuropa statt.

Wenn nicht in staatlichen oder parteilichen Machtstrukturen, wo sonst – wenn überhaupt – können sich Individuen organisieren, die »in Wahrheit« leben? In der *Zivilgesellschaft**. Sowohl Michnik als auch Konrád verwenden diesen Begriff, und Havel verfolgt mit Sicherheit diese Idee. »In Polen«, schreibt Michnik 1985 in seinem *Brief aus dem Danziger Gefängnis*, »haben die Strukturen der unabhängigen Zivilgesellschaft mehrere Jahre lang funktioniert – ein wahres Wunder an der Weichsel«, und er

* Anm. d. Ü.: Der Autor spricht hier von *civil society.* Anstelle der allgemein üblichen Übersetzung in »bürgerliche Gesellschaft« (die die Traditionen der angelsächsischen Philosophie einer *civil society* nicht transportiert) übernehme ich die sehr viel treffendere Übertragung »(europäische) Zivilgesellschaft« von Hans Magnus Enzensberger. (Siehe: Hans Magnus Enzensberger, »Brüssel oder Europa – eins von beiden«, in: *Lettre International 1, 1988)*

benannte seinen Rückblick auf das erste Jahr der Solidarność *Die Verheißung einer Zivilgesellschaft.* »Der Antipolitiker«, sagt Konrád, »möchte den Wirkungsbereich der Regierungspolitik (besonders den ihres militärischen Apparats) unter der Kontrolle der Zivilgesellschaft halten.« Einem ideengeschichtlichen Historiker mag solcher Gebrauch eines Terminus mit einer derart langen und bewegten Geschichte unverzeihlich vage erscheinen. Doch ein Leser in Prag, Budapest oder Warschau wird ganz genau verstehen, was damit gemeint ist. »Wissen Sie, für uns ist der Kampf um eine Zivilgesellschaft ein großes tägliches Drama«, sagte mir kürzlich ein ungarischer Soziologe. Ein Satz, der ebenso in Prag oder Warschau gesagt werden könnte, wohl kaum jedoch in Paris oder London. Und wirklich könnte man die Geschichte von Ost-Mitteleuropa im letzten Jahrzehnt als Geschichte des Kampfes um eine Zivilgesellschaft schreiben.

Wie der ungarische Philosoph und Sozialkritiker János Kis geschrieben hat, war *der Grundgedanke für eine Evolution in Osteuropa* Mitte der fünfziger bis in die späten sechziger Jahre *Reformen, die von oben initiiert und von unten unterstützt werden* (wobei die Schlüsseldaten natürlich 1956 und 1968 waren). Wirklicher Wandel sollte also innerhalb der herrschenden kommunistischen Partei, die ihrerseits durch die fortschrittlichen Gedanken ihrer eigenen sogenannten Revisionisten gewandelt wäre, initiiert und nach außen getragen werden. Sozialismus mit einem menschlichen Gesicht. Doch dieser Grundgedanke wurde 1968 unter den sowjetischen Panzern in Prag und den Polizeiknüppeln in Warschau zerschlagen. Seit den späten siebziger Jahren hat sich nun ein neuer »Grundgedanke für eine Evolution« etabliert, der darauf verweist, daß es zu einem wirklichen Wandel nur durch die Organisierung der Bevölkerung *außerhalb* der bestehenden Strukturen des Parteistaates kommen kann, durch verschiedenartigste unabhängige soziale Gruppierungen. Das operative Ziel ist nicht die Reform des Parteistaats, sondern die *Wiederherstellung der Zivilgesellschaft.* Sollte diese Strategie überhaupt Erfolg haben, wäre der Parteistaat natürlich dazu aufgefordert, sich den neuen Bedingungen anzupassen, und wäre es auch nur durch die forcierte Bereitschaft, de facto die Bereiche seiner bisherigen totalen Kontrolle zu reduzieren.

Diese Strategie der »sozialen Selbstorganisation« oder der »sozialen Selbstverteidigung« wurde unter anderem auch von Adam

Michnik in seinem Grundsatztext *Der neue Evolutionismus* entwickelt, und es war auch in Polen, wo sie am weitgehendsten verwirklicht wurde. 1977, ein Jahr nach seiner Gründung, gab sich das Arbeiter-Verteidigungs-Komitee (Komitet Obrony Robotników – KOR) offiziell den neuen Namen Soziales Selbstverteidigungskomitee-»KOR«, um so seine weitgehenderen Ziele zu signalisieren. In seinem Bericht über das KOR stellt Jan Józef Lipski detailliert und gewissenhaft die unterschiedlichen Arten der »sozialen Arbeit« dar, sofern KOR-Mitglieder daran beteiligt waren – angefangen bei Literatur und Journalismus des Samizdat bis hin zur Unterstützung privater Bauern und den ersten Komitees für eine Freie Gewerkschaft. Ob die Geburt von Solidarność direkt KOR oder zu welchem Anteil sie anderen Anlässen zu verdanken ist, sei historischen Diskussionen überlassen. Doch es gibt nicht den geringsten Zweifel daran, daß Solidarność ein Kind dieses »Grundgedankens für eine Evolution« war.

Das älteste Kind, aber nicht das einzige. Verblüffend ähnliche Ideen wurden in Prag entwickelt, zum Beispiel durch Václav Benda in seinem Essay *Die parallele Polis* von 1978. Die Familienähnlichkeit der Charta 77 mit KOR ist denn auch unverkennbar. Der »Grundgedanke« ist der gleiche. In Ungarn hingegen ist die Unterscheidung zwischen den »von oben« initiierten Reformen durch den Parteistaat und dem Wandel von unten, durch eine Gesellschaft mit dem Wunsch, »zivil« zu sein, viel weniger klar. Aber auch hier wird die Idee eines »Kampfes um eine Zivilgesellschaft« von vielen unabhängigen Intellektuellen unterstützt. Es ist also keineswegs ein Zufall, daß wir das Leitmotiv der Zivilgesellschaft gleichermaßen in den Essays von Konrád, Havel und Michnik finden.

Ein weiteres gemeinsames Leitmotiv ist die Gewaltlosigkeit, wobei die Gründe für die Ablehung von Gewalt sowohl pragmatischer als auch ethischer Art sind. Pragmatisch, weil es seit 1956 keinen Zweifel daran geben kann, daß eine gewaltsame Revolte in der gegenwärtigen geopolitischen Ordnung keine Chancen hat. Ethisch, weil Gewalt – und besonders revolutionäre Gewalt – diejenigen korrumpiert, die sie ausüben, so, wie die mentale Gewalt des Hasses. Gewalt und Haß, Lügen, Verleumdungen, Schläge und Mord – dies sind die Methoden der jakobinisch-leninistischen Machthaber. »Laß diese Methoden allein die ihren sein«, sagte Michnik zu mir, als wir im Herbst 1984 in seiner Warschauer Wohnung miteinander sprachen – nur wenige Tage nach dem Mord an Pater Popiełuszko durch die Staatsterroristen des polnischen Sicherheitsdienstes. »Wir kämpfen nicht um die Macht«, fuhr er fort, »sondern für die demokratische Gestaltung unseres Landes. Jede Art von Terrorismus führt notwendigerweise zur moralischen Entwürdigung, zu geistiger Deformation.« Und in seinem jüngsten Essay wiederholt er eine Formulierung, die so oft von Popiełuszko und vom Papst benutzt wurde: »Bezwinge das Böse durch das Gute« (*zllo dobrem zwyciężaj*).

Das ist nicht nur eine Predigt. Wie sich Lipski erinnert, half Michnik im Mai 1981 persönlich dabei, mehrere Polizisten davor zu bewahren, vom zornigen Mob in der Kleinstadt Otwock gelyncht zu werden (er gewann das Vertrauen der Menge indem er erklärte: »Mein Name ist Adam Michnik. Ich bin eine antisozialistische Kraft«). Historisch betrachtet wird das Zeugnis der Gewaltlosigkeit von Solidarność demjenigen westeuropäischer Friedensbewegungen standhalten – obwohl es unter unvergleichlich größerer Provokation bewiesen werden mußte. Weder die Tschechen noch die Ungarn hatten in der letzten Zeit die Möglichkeit, Predigten in auch nur annähernd vergleichbarer Weise in die Praxis umzusetzen. Doch das prinzipielle Engagement ist bei Havel und Konrád ebenso eindringlich wie bei Michnik.

Lipski betont, daß dies der Bereich sei, wo »der Einfluß der christlichen Ethik« am deutlichsten ist. Aber Havel und Michnik verteidigen, mit einem Seitenblick auf die westlichen Friedensbewegungen, noch ein anderes, uraltes und fundamentales Prinzip der christlichen Ethik: ihre Überzeugung vom »Wert der Opferbereitschaft«. Bezogen auf die »pazifistischen Bewegungen«, wie er sie nennt, sagt Michnik, »die Ethik von Solidarność basiert auf gegensätzlichen Prämissen: es gibt Sachen, für die es wert ist zu leiden und zu sterben.« Havel wiederholt seinerseits die fast identische Formulierung Jan Patočkas: »Es gibt Sachen, für die es wert ist zu leiden.«

Ihre übereinstimmendsten Positionen sind in ihren Reaktionen auf die westlichen Friedensbewegungen zu finden: Havel nennt diese Übereinstimmung in seiner *Anatomie einer Zurückhaltung* das »gemeinsame Minimum des unabhängigen ostmitteleuropäischen Denkens über den Frieden«. Zwar würden sie eine instinktive »prä-rationale« (Havel) Sympathie für jene Menschen empfinden, die deutlich Gemeinwohl vor Eigennutz stellen, gleichzeitig aber auch gesundes Mißtrauen – genährt von der mitteleuropäischen Erfahrung – gegenüber dem tendenziellen Utopismus der Friedensbewegungen und »den verschiedenartigen, viel zu ernsthaften Übertreibungen (für die zugleich und nicht von ungefähr kein hoher Preis bezahlt werden müßte), mit denen einige westliche Friedenskämpfer zu uns kommen«. (Havels etwas komplizierter Satz ist es wert, ein zweites Mal gelesen zu werden.) Im Gegensatz zum Großteil der westlichen Friedensbewegungen glauben sie, daß »der Grund für eine Kriegsgefahr nicht in Waffen an sich besteht, sondern in politischen Realitäten ... Kein dauerhafter, wirklicher Friede kann schlichtweg durch den Widerstand gegen dieses oder jenes Waffensystem erreicht werden, denn dieser Widerstand beschäftigt sich nur mit den Konsequenzen, nicht aber mit den Ursachen.«

Soweit Havel. Aus seiner Gefängniszelle schickte Michnik eine fast identische Botschaft: »Die westliche öffentliche Meinung hat es sich erlaubt, sowjetische Denkmuster anzunehmen – Waffen sind wichtiger als Menschen. Aber das ist nicht wahr. Keine Waffe tötet von alleine.«

Die »politischen Realitäten« sind natürlich die Teilung Europas und die sowjetische Kontrolle der einen Hälfte. »Nur ein unaufmerksamer Beobachter«, erklärt Konrád, »übersieht, daß der eiserne Vorhang aus explosivem Material gemacht ist. Westeuropa lehnt sich an eine Mauer aus Dynamit, während es fröhlich über den Atlantik schielt.« »Was den Frieden in Europa gefährdet«, stimmt Havel zu, »ist nicht die Aussicht auf Wandel, sondern die bestehende Situation.« Der Schlüssel zu einem dauerhaften Frieden liegt also nicht in der Abrüstung oder Rüstungskontrolle, sondern in der Veränderung der politischen Realitäten. Auf längere Sicht heißt das: die Überwindung der Teilung Europas und die Bewegung in Richtung des, wie Havel es nennt, »Ideals eines demokratischen Europas als freundschaftliche Gemeinschaft freier und unabhängiger Nationen«. Es ist wohl kaum möglich, damit nicht einverstanden zu sein, noch weniger möglich jedoch, sich die Realisierung vorzustellen. Erst einmal heißt es, die symbiotischen Zusammenhänge zwischen »äußerem Frieden« (zwischen Staaten) und »innerem Frieden« (innerhalb der Staaten) zu verstehen – denn »ein Staat, der den Willen und die Rechte seiner Bürger ignoriert, bietet keine Garantie dafür, daß er den Willen und die Rechte anderer Bürger, anderer Nationen und Staaten respektieren wird. Ein Staat, der seinen Bürgern das Recht auf öffentliche Kontrolle der Machtausübung verweigert, kann einer internationalen Kontrolle gegenüber nicht offen sein. Ein Staat, der die Grundrechte seiner Bürger nicht anerkennt, wird auch für seine Nachbarn gefährlich sein: willkürliche Normen im Inneren werden durch willkürliche Regeln in den Außenbeziehungen reflektiert.«

Genau das sei der gegenwärtige Stand in Osteuropa, dessen Bürger im Gegensatz zu den Westeuropäern *keinen* »inneren Frieden« genießen. Deshalb – und das ist ein Hinweis an sowohl die Friedensbewegungen als auch die Regierungen im Westen – müsse der Schlüssel für einen dauerhaften und wirklichen Frieden zwischen Ost- und Westeuropa (im Gegensatz zum gegenwärtigen Stand des »nicht-Krieges«) in der Arbeit für die Anerkennung der Menschenrechte und der bürgerlichen Freiheiten in Osteuropa liegen. Der Kampf um Abrüstung gehe nicht nur unbedingt Hand in Hand mit dem Kampf um Menschenrechte (was auch eine Minorität, aber eben noch immer nur eine Minorität in den westlichen Friedensbewegungen vertritt). Mehr noch, der Kampf um die Menschenrechte habe absolute und logische Priorität. Michnik: »Vorbedingung für die Reduzierung einer Kriegsgefahr ist eine absolute Anerkennung der Menschenrechte«. Havel: »Die Anerkennung der Menschenrechte ist die grundlegende Bedingung und die einzige wirkliche Garantie des wahren Friedens.«

Einerseits warnen diese mitteleuropäischen Denker (»skeptisch, nüchtern, anti-utopisch, zurückhaltend«) also vor der wahren Natur der Staaten im sowjetischen Block, und das auf eine Weise, die Reagans Herz höher schlagen lassen würde. In seinem jüngsten Essay zitiert Michnik denn auch zustimmend einige Bemerkungen Reagans über die Schwierigkeiten, Rüstungskontrollvereinbarungen mit der Sowjetunion zu erreichen. Andererseits aber sprechen sie über die Anerkennung der Menschenrechte als *grundlegender* Bedingung und *einzig wirklicher* Garantie für *wahren* Frieden – worauf ein westlicher Friedensaktivist antworten könnte »und wer ist jetzt hier utopisch?« Die Botschaft, die beide Aspekte miteinander verbindet, könnte zusammengefaßt heißen: Das beste, was westliche Friedensaktivisten für den Frieden tun können, ist: die demokratische Opposition in Osteuropa unterstützen.

Damit schließt meine rudimentäre Liste der *gemeinsamen* Positionen, Vorgehensweisen oder Leitmotive in den politischen Essays von Havel, Konrád und Michnik. Begeben wir uns nun zurück an die Oberfläche einer gemeinsamen mitteleuropäischen Basis, so entdecken wir dort auch Unterschiede und Unvereinbarkeiten, die mindestens ebenso frappierend sind wie die Ähnlichkeiten und Vereinbarkeiten. Alle drei Autoren unterscheiden sich deutlich in ihren perspektivischen Analysen des Wandels in ihren eigenen Ländern, in den Lehren, die sie jeweils aus der Geschichte von Solidarność ziehen, und in ihren Vorschlägen für unmittelbare politische (oder antipolitische) Aktionen in Ost-Mitteleuropa.

Wie könnte ein Wandel in der Tschechoslowakei entstehen? In seinen Schriften gibt Havel keine klare Antwort darauf. Er deutet an, daß der Druck von Individuen, die in Wahrheit und Würde leben, sich in losen Strukturen »sozialer Selbstorganisationen« organisieren und eine »Fünfte Kolonne des sozialen Bewußtseins« bilden, allmählich und indirekt, auf verschlungenen und unvorhersagbaren Wegen, die Art und Weise, mit der das Land regiert wird, verändern *müssen*: doch wie und wann, das kann er nicht vorhersagen. Als wir kürzlich in seinem Landhaus im nördlichen Böhmen miteinander sprachen, illustrierte er etwas deutlicher, was er damit meint. Nach Tschernobyl, sagte er, haben die Menschen in der Tschechoslowakei offen auf den Straßen protestiert. Sicher, sie hätten keine Protestdemonstrationen oder Unterschriftenaktionen organisiert (das überließen sie einigen österreichischen Studenten, die extra dafür nach Prag gekommen waren), aber vor zehn Jahren hätten sich die meisten Menschen noch nicht einmal getraut, ihren Unmut so offen auf den Straßen zu äußern, obwohl sie das natürlich im privaten Kreis getan haben. Und deshalb würden sie vielleicht in zehn Jahren *doch* Petitionen schreiben. Die Entwicklung sei so allmählich, daß sie für einen gelegentlichen Besucher oder einen ungeduldigen jungen Menschen in der Opposition nicht wahrnehmbar ist. Doch bei seiner Rückkehr in die Gesellschaft, nach vier Jahren im Gefängnis, konnte er diesen Unterschied so deutlich sehen, als sei er auf zwei Photographien festgefroren worden. Und er war freudig überrascht.

Mit Sicherheit kann niemand vorhersagen, wie das Regime auf

diesen Druck von unten reagieren wird. In einem Buch, das er gerade beendet hatte, ein Resümee seines ersten halben Jahrhunderts, beschreibt Havel, wie entscheidend der Druck von unten für die Vorgeschichte des Prager Frühlings gewesen war. Aber gibt es denn heute noch jemanden in der Partei, der auf diesen Druck in einer Weise reagieren wird wie die Partei-Intellektuellen und Reformer damals? Damals habe es noch aufrechte, überzeugte Kommunisten und Sozialisten in der Partei gegeben. Heute scheinen dort nur Zyniker und Karrieristen zu sein – je jünger, um so schlimmer. Die »Fünfte Kolonne des sozialen Bewußseins« habe mit ihrer Arbeit begonnen, langsam, langsam (wie die Wurzeln eines Baumes, die ein Gebäude unterhöhlen). Und niemand kenne die genauen Folgen. Man könne die Wurzeln beschneiden. Man könne das Haus abstützen. Glücklicherweise aber sei es nicht die natürliche Bestimmung von Wurzeln, ein Haus zu unterhöhlen. Ein »Dissident« sei sozusagen eine denkende Wurzel. Sein Anspruch, in Wahrheit und Würde zu leben, sei ein Wert an sich, ungeachtet des langfristigen sozialen oder politischen Effekts, der dadurch entstehen könnte.

Als politische Analyse und Rezept ist all das wirklich »skeptisch, nüchtern, anti-utopisch und zurückhaltend« – Analysen, die anders aussähen, würden unter den gegenwärtigen Bedingungen in der Tschechoslowakei auch nur unser Mißtrauen erregen. Doch auch Havel hebt manchmal auf visionäre, fast apokalyptische Weise ab. »Es wird ... offensichtlich«, schreibt er in seinem Toulouser Vortrag, »daß eine einzige angeblich machtlose Person, die es wagt, das Wort der Wahrheit hinauszuschreien und mit ihrem ganzen Sein und Leben verteidigt, überraschenderweise mächtiger ist als Tausende anonymer Wähler, selbst wenn ihr formell alle Freiheiten entzogen wurden.«

Hier zeigt er Ähnlichkeit mit Solschenizyn, den er im nächsten Satz zitiert. Zwischen Lüge und Gewalt, schrieb Solschenizyn in seiner Nobelpreis-Rede 1970 (»Ein Wort der Wahrheit ...«), »gibt es den engsten, natürlichsten und fundamentalsten Zusammenhang: Gewalt kann nur durch Lüge verschwiegen und Lüge nur durch Gewalt beibehalten werden«. Und er prophezeit: »Ist die Lüge erst einmal zerstreut, wird die Nacktheit der Gewalt in ihrer ganzen Widerwärtigkeit enthüllt, und dann wird die Gewalt, hinfällig geworden, in sich zusammenstürzen.« Teil eins dieser Prophezeiung wurde im Dezember 1981 in Polen Realität. Doch leider, auch in Polen, muß Teil zwei erst erfüllt werden.

In seiner *Antipolitik* zieht Konrád eine einfache Lehre aus der Zerschlagung von Solidarność durch die mit Lügen verdeckte Gewalt. Die Ungarn hatten es 1956 versucht, die Tschechen und Slowaken 1968, die Polen 1980 und 81: »drei Versuche, drei Fehlschläge«, schreibt er. Die Lehre: »Der nationalstaatliche Weg zur osteuropäischen Befreiung hat uns nicht sehr weit gebracht.«

»Sei vorsichtig«, sagte ich zu Adam (Michnik), »beim dritten Mal muß es klappen«. Es hat nicht. Auf Adam wartet vielleicht ein Verfahren. »Es ist unglaublich«, sagte er. Unglaublich, daß er imstande war, am Warschauer Polytechnikum eine Vorlesung über Polen und Ungarn 1956 zu halten. Die Vorlesung war erstklassig: er stotterte überhaupt nicht; er war deutlich, dialektisch und traf den Kern der Sache. Dann sagten sie, er sei wie verrückt in eine große Schauspielerin verliebt. Dann sagten sie, daß er verhaftet und halb tot geschlagen wurde. Dann sagten sie, es gehe ihm gut. Was sagt uns das alles, Adam? Ihr seid fünfunddreißig Millionen, aber ihr habt nichts zuwege gebracht; was jetzt? Was würdest du sagen, wenn ich dir erklärte: »Jetzt laß es die Russen machen«?

Also, ich glaube, ich kann ganz gut erraten, was Adam Michnik dazu sagen würde: (vulgär, daher getilgt!) Aber vielleicht wird er ihm selber antworten, nachdem er unerwartet im August aus der Haft entlassen wurde. Das »es«, das die Russen »machen« sollten, ist nebenbei bemerkt: nach Hause gehen. Keine schlechte Idee, allerdings nicht besonders neu. Konráds *Antipolitik* auf eine zusammenhängende These reduzieren zu wollen, hieße, dem Text Gewalt antun. Das besondere (und besonders mitteleuropäische?) Charakteristikum dieses Buches ist, wie gesagt, das Nebeneinander bemerkenswert unterschiedlicher Aussagen und Argumente auf relativ gedrängtem Raum, so verschieden und mannigfaltig wie die Nationen der Doppelmonarchie – und ebenso schwierig miteinander in Einklang zu bringen. Beispiel: »Die Russen müssen in Ruhe gelassen werden, damit sie ihre Wirtschaft und ihr administratives System in Ordnung bringen können.« Aber andererseits: »Es wäre angemessen, wenn die Kreditwürdigkeit proportional zur Anzahl der politischen Verhaftungen reduziert würde.« Vielleicht lassen sich aber doch drei Hauptthesen hinter dem ornamentalen Überfluß dieser späten Jugendstil-Fassade unterscheiden.

Zum ersten ist da die schon erwähnte Behauptung: Nationalstaatliche Wege zur Befreiung haben versagt. Laßt uns deshalb die internationalen, gesamteuropäischen versuchen: Laßt uns vorschlagen, daß sich die sowjetischen Truppen aus Osteuropa zurückziehen, laßt uns die Blöcke auflösen! »Mir persönlich erscheint das geradezu herrlich«, kommentiert Václav Havel freundlich diesen nicht ganz neuen Vorschlag, »obwohl es mir nicht ganz klar ist, wer oder was die Sowjetunion überreden könnte, die gesamte Phalanx ihrer europäischen Satelliten aufzulösen – vor allem seitdem es klar ist, daß sie, wenn ihre Armeen ihre Territorien verlassen haben, früher oder später auch ihre politische Vorherrschaft über sie aufgeben müßte.« Basta!

Für Konrád ist das »wer oder was«, das die Sowjetunion überreden könnte, die *internationale intellektuelle Aristokratie*. Das ist seine zweite These. »Es scheint«, schreibt er, »daß die Intelligenz – nicht die Arbeiterklasse – die wirkliche Stütze des Internationalismus ist ... Dissidenten – autonome Intellektuelle – sind auf der ganzen Welt gleich, unabhängig von ihren politischen Philosophien.« Deshalb sollten wir zusammenkommen und einen internationalen Rahmen bilden, um über die »intellektuell sterilen Operationen des ideologischen Krieges« hinauszugehen. Außerdem, »jeder, der glaubt, daß sich zwei Systeme und zwei Ideologien heute noch gegenseitig aushöhlen, ist der säkularisierten Metaphysik unserer Zivilisation zum Opfer gefallen, die nach einem Duell zwischen Gott und Satan Ausschau hält, wegen etwas, das schließlich nur noch ein Spiel ist.« (Was würde Adam dazu sagen?) Daher solle die Intellektuelle Internationale seinen »Plan, den eisernen Vorhang niederzureißen«, jetzt auf die Agenda der Weltpolitik setzen. Denn es seien schließlich »unsere intellektuellen Fehler« gewesen, die »die elende Situation hervorgerufen haben, durch die unser Kontinent in zwei Hälften zerteilt wurde«. Kommt es also nur auf das richtige Denken an?

Jedenfalls hat Konrád auch eine Zwischenlösung gefunden, nur für den Fall, daß die Einfaltspinsel im Kreml und im Pentagon das Licht nicht sehen können, das die »internationale intellektuelle Aristokratie« ihnen unter die Nase hält: der ungarische Weg. Von einigen fundamentalistischen Anwandlungen abgesehen (»Die ungarische Nation ... wird nicht ruhen, bis sie hier im karpatischen Becken Selbstbestimmung erlangt hat«), findet er eher schmeichelhafte Worte über die gegenwärtigen Bedingungen in Ungarn, besonders über János Kádár, den er mit Kaiser Franz Josef vergleicht. »Das beste, was wir zu erreichen hoffen können«, schreibt er, »ist ein aufgeklärter, paternalistischer Autoritarismus, begleitet von einer angemessenen Bereitschaft, allmählich liberale Reformen einzuleiten. Für uns ist die liberalkonservative Version des Kommunismus das geringste aller Übel, jene Art, wie wir sie um uns herum in Ungarn sehen.«

Unter diesen Umständen sei es die Aufgabe der »kreativen« oder »wissenschaftlichen« Intelligenz, sich im Dialog mit der »exekutiven« Intelligenz zu engagieren, um dabei zu helfen, die aufgeklärte Diktatur noch mehr aufzuklären. »Die intellektuelle Aristokratie«, schreibt er, »ist bereit, die staatliche Administration in die Richtung intelligenterer, verantwortlicherer Strategien zu drängen.« Und er grübelt: »Ist eine moderate, autoritäre Reform im ganzen Imperium möglich – eine aufgeklärte Parteienmonarchie, ein ›ungarischer‹ Stil der Machtausübung?«

Also, das mögen ja wirklich Ideen und Vorschläge eines unabhängigen Intellektuellen sein, der sich wünscht, wirkungsvoll unter den gegebenen Umständen in Ungarn zu agieren. Aber in den Arbeiten Havels und Michniks finden sie keinerlei Echo. Für Havel ist eine solche Rolle der unabhängigen Intellektuellen in der Tschechoslowakei unvorstellbar. Wo er lebt, arbeitet die intellektuelle Aristokratie als Fensterputzer, Heizer oder Arbeiter. Und selbst wenn sie vorstellbar wäre, so würde sein Konzept der Antipolitik sie kaum wünschenswert erscheinen lassen. Für Michnik ist eine solche Rolle der Intellektuellen in Polen durchaus vorstellbar – und absolut nicht akzeptabel. Ein polnischer Kádárismus ist der Traum seiner Gefängniswärter, nicht der seine. General Jaruzelski würde der Schwarzen Madonna von Tschenstochau ein Hallelujah singen, wenn Polens kreative und wissenschaftliche Intelligenz die Rolle akzeptieren würde, die Konrád skizziert hat. Aber sie akzeptiert nicht.

Und für Michnik ist die Tatsache, daß Polen keinen Kádárismus hat, ein Zeichen des Erfolges – nicht des Versagens. Sicher würde er auch Konráds Formulierung »drei Versuche, drei Fehlschläge« nicht zustimmen. Für ihn war Solidarność wohl kaum ein »Fehlschlag«. Die Tatsache, daß Solidarność mit Gewalt zerschlagen wurde, bedeutet nicht, daß ihre grundlegende Strategie falsch war; es zeigt nur, daß Menschen ohne Waffen (und mit einer bewußten Verpflichtung zur Gewaltlosigkeit) von Menschen mit Waffen (und dem Willen, sie zu gebrauchen) von den Straßen getrieben werden können. Außerdem war es ja nicht einfach nur ein Fehlschlag. Die Ausrufung des Kriegsrechts am 13. Dezember 1981 war »ein Rückschlag für die unabhängige Gesellschaft«, aber vor allem »ein Desaster für den totalitären Staat«.

Jetzt geht es darum, eine in sich gefestigte, autonome, starke und gut organisierte Zivilgesellschaft zu unterstützen. Für Michnik, auch für Havel, ist das Individuum, das aufrecht und in Wahrheit lebt, das Basismolekül einer Zivilgesellschaft. Der moralische Absolutismus sei in solchen Zeiten der einzige Wegweiser – wie Michnik am Beispiel von Persönlichkeiten wie Zbigniew Herbert aufzeigt, die niemals, selbst in dunkelsten Zeiten nicht, moralisch »kompromittierbar« waren. Die Chance für einen konstruktiven politischen Kompromiß mit dem Staat sieht er dort, wo Individuen – und hier insbesondere Intellektuelle – die Funktion verweigern, die ihnen in einer kádáristischen Ordnung zugeteilt wird, dort also, wo eine starke und unabhängige Zivilgesellschaft existiert.

Der größte Teil von Michniks jüngstem Essay ist daher auch der Frage gewidmet, wie ein solcher Kompromiß aussehen könnte, und er versucht sie anhand einer genauen Analyse der Geschichte von KOR und Solidarność zu beantworten. Doch auch seine Schlußfolgerungen sind nicht immer überzeugend. Zum Beispiel schreibt er an einer Stelle, daß »niemand unter den Solidarność-Aktivisten heute noch an einen Dialog und Kompromiß mit den Autoren des Dezember-Coups glaubt. Auch ich nicht«. Aber wenn nicht mit ihnen, mit wem dann? Er warnt, »Solidarność sollte die Philosophie des ›Alles oder Nichts‹ ablehnen«, aber ein paar Seiten später meint er, daß die Anerkennung der Existenz einer »unabhängigen, selbstverwalteten Solidarność« eine Vorbedingung für jegliche Vereinbarungen mit der Regierung sein müsse und daß eine solche Vereinbarung auch die letzten Rudimente einer Newspeak vermeiden müsse, wie es sie in den (umstrittenen) Vereinbarungen gegeben hatte, die Solidarność 1980 und 1981 ausgehandelt hatte.

Wenn das auch noch nicht »alles« ist, so kommt es doch schon nahe dran. Durch Michniks gesamtes Buch zieht sich eine fühlbare Spannung zwischen der moralischen und politischen Argumentation. Eine Diskussion dieser Problematik würde zu einem anderen Essay führen. Hier möchte ich nur aufzeigen, daß Michnik mit Fragen ringen muß, die sich für Havel und Konrád gar nicht erst stellen, und daß seine Antworten deshalb keine Antworten für sie sein können. Wo György Konrád als wahrer Internationalist nahelegen möchte, daß der »ungarische Weg« sich schließlich doch als bester Weg für die benachbarten Nationen herausstellen könnte, da behauptet Adam Michnik das Gegenteil. Die Polen sollten stolz auf ihre Nation sein, schreibt er, denn »es sind die Polen, die der Welt gezeigt haben, daß so etwas möglich ist. Früher oder später werden diese Taten als beispielhaft angesehen werden. Wenn andere Nationen diesem Beispiel zu folgen beginnen, dann wird das sowjetische System vor seiner größten Bedrohung stehen.«

Wenn wir nun die politische Frage stellen: »Was tun?«, dann stellen wir fest, daß sogar diese drei Schriftsteller, die ja in höchstem Maße am mitteleuropäischen Trilog interessiert sind und anderen Traditionen und Ideen höchst offen gegenüberstehen, völlig unterschiedliche, ja widersprüchliche Antworten anbieten – Unterschiede, die ihre verschiedenen nationalen Gegebenheiten widerspiegeln. Mit Konrád zu behaupten, daß diese Unterschiede lediglich unterschiedliche nationale »Strategien« oder unterschiedliche Wege zu einem gemeinsamen Ziel seien, hieße nichts weiter, als Bruchstellen zu übermalen, anstatt sie zu kitten.

Bei allen drei Autoren sind auch vergleichbare Grenzen und Schwächen zu entdecken. Auffallend ist, daß sie die gesamte materielle Seite des Lebens in ihren jeweiligen innenpolitischen Analysen vernachlässigen und wirtschaftliche Aspekte mißachten. Man kann ja durchaus im Gegensatz zu Marx darauf bestehen, daß das Bewußtsein das Sein bestimmt und Ideen grundsätzlich wichtiger sind als materielle Kräfte, aber das rechtfertigt keineswegs eine totale Ignoranz des Materiellen. Ohne eine Weiterentwicklung der Ideen von KOR hätte es keine Solidarność gegeben (oder zumindest eine sehr andere) – aber Hebamme bei der Geburt von Solidarność spielte die landesweite Erhöhung der Fleischpreise. Die verbreitetste, ja universelle Form unabhängiger sozialer Aktivitäten in Osteuropa ist heute das »Operieren« in der Schattenwirtschaft. Schwarzmarkthandel ist die Antipolitik des kleinen Mannes.

Konrád erwähnt diesen Faktor kurz und favorisiert »ein Amalgam der zweiten Wirtschaft und der Zweitkultur«. Aber wie?

Tomáš Masaryk wies den Weg zur tschechischen Unabhängigkeit (vom habsburgischen »Mitteleuropa«) mit dem Doppelgebot: »Du sollst nicht lügen und nicht stehlen«. Aber Transaktionen in der Schattenwirtschaft, die auch nur den geringsten Erfolg im Staatssozialismus garantieren können, bedürfen des genauen Gegenteils dessen, was für den intellektuellen Antipolitiker geboten ist. Lüge nicht, stehle nicht? Niemand, der sich irgendwo in Osteuropa auf irgendeine Weise mit irgendeiner Art unabhängiger wirtschaftlicher Aktivität beschäftigt, wird auch nur fünf Minuten überleben können, ohne, sagen wir es mal so, einige terminologische Ungenauigkeiten zu tolerieren und sich an unorthodoxen Beschaffungsmethoden zu beteiligen.* (Ein polnischer Priester erzählte mir, daß er den Menschen, die ihm unter dem Beichtgeheimnis ihre »unorthodoxen Beschaffungsmethoden« anvertrauen, sagt, sie dürften das nicht als Sünde betrachten. In diesem gottlosen System sei dies nur eine Notwendigkeit. Und wie sonst könnten neue Kirchen zur Lobpreisung Gottes gebaut werden?)

Weder Konrád noch Havel sprechen dieses Thema an. Sie beschäftigen sich mit den Aufgaben der Intellektuellen. Und Michnik scheint davon auszugehen, daß die wirtschaftlichen Forderungen an die Solidarność-Gewerkschaft selbstverständlich Hand in Hand mit jenen moralischen und antipolitischen Forderungen gehen werden, die ihn hauptsächlich interessieren. Aber diese Annahme bedürfte schon einer etwas gründlicheren Untersuchung.

Ihre vielleicht gravierendsten analytischen Schwächen zeigen ihre jeweiligen außenpolitischen Positionen, vor allem gegenüber der noch immer bedeutendsten regionalen Macht in Mitteleuropa – Deutschland. Sicher, grundsätzlich erkennen sie, daß die Überwindung (oder Verringerung) der Teilung Europas eine Überwindung (oder Verringerung) der Teilung Deutschlands voraussetzt. Dafür sind sie alle. Konrád betont außerdem, daß die intellektuelle Aristokratie ihre geistigen Anstrengungen auf einen Friedensvertrag mit Deutschland konzentrieren sollte. Aber das ist heutzutage wirklich nicht das Entscheidende im deutschen Denken oder Handeln. Keiner der Autoren befaßt sich wirklich ernsthaft mit der realen westdeutschen Politik –

* Das trifft sogar auf den legalisierten privaten Sektor zu, wie Anders Åslund nachweist. Siehe Anders Åslund, Private Enterprise in Eastern Europe, London 1985.

mit der Deutschland- und Ostpolitik also, die eine solche Schlüsselrolle in der gegenwärtigen europäischen Politik spielt. Die deutschen Ostpolitiker ignorieren ihrerseits die osteuropäischen Ansichten »von unten« und suchen ihre Partner unter den scheinbar Allmächtigen in den herrschenden kommunistischen Parteien und in Moskau, nicht unter den scheinbar Machtlosen in der Opposition und in den Gefängnissen.

Vielleicht ist an dieser Stelle erwähnenswert, daß es Tomáš Masaryk war, der während des Ersten Weltkriegs den Gebrauch des Begriffs Mitteleuropa in Ost-Mitteleuropa prägte: als programmatische Opposition zu Friedrich Naumanns Definition des Begriffes, im Sinne einer Rechtfertigung der expansionistischen Pläne des deutschen Kaiserreichs. Die gegenwärtige deutsche Politik mit der von 1915 zu vergleichen, wäre falsch und boshaft. Aber es wäre weder boshaft noch sinnlos, jene Konzepte Mitteleuropas zu vergleichen, wie sie einerseits von westdeutschen Sozialdemokraten wie Peter Glotz vertreten werden (vor allem im Kontext ihrer »zweiten Ostpolitik«), und andererseits in den Arbeiten der unabhängigen osteuropäischen Intellektuellen zu finden ist.

Eine weitere Kritik an Konrád, Havel und Michnik wäre (und ich übertreibe hier bewußt), daß sie nichts weiter als die letzten Sprößlinge einer Tradition seien, wie es sie in Mittel- und Osteuropa seit der Aufklärung gegeben hat: jenes westlich orientierte, kosmopolitische, säkular-humanistische und rationalistische Element, das Thomas Mann verächtlich die *Zivilisationsliteraten* nannte (bevor er selber einer von ihnen wurde). Sicher, die heutigen Zivilisationsliteraten sprechen andere Texte als ihre Kollegen vor fast einem Jahrhundert, zu manchen wichtigen Aspekten haben sie inzwischen sogar vollkommen gegensätzliche Positionen entwickelt. Aber eines hat sich nicht verändert: Noch immer sind sie eine winzige Minorität. Sie waren eine winzige Minorität vor dem Ersten Weltkrieg, machtlos gegenüber dem Nationalismus, der das damalige Mitteleuropa auseinanderriß. Und sie waren eine winzige Minorität vor dem Zweiten Weltkrieg, machtlos gegenüber dem Imperialismus, der dieses damalige Mitteleuropa auseinanderriß.

Und heute? Warum ist der Nationalismus für viele unabhängige Intellektuelle, ganz zu schweigen von der Allgemeinheit, von immer noch größerer Attraktivität als Konráds Internationalismus, und gerade in jenen Ländern, die so grauenvoll von ihren zwei größten Minderheiten gereinigt wurden – von den Juden natürlich und, ja, von den Deutschen. Was ist denn für die öffentliche Meinung im heutigen Ungarn das wichtigste Thema (abgesehen vom sinkenden Lebensstandard und wachsender sozialer Ungleichheit)? Sind es die Menschen- und Bürgerrechte? Ist es die Demokratie oder »der Kampf für eine Zivilgesellschaft«? Nein. Es ist die Misere der ungarischen Minderheiten in Siebenbürgen und in der Slowakei. Ich erwähnte Mitteleuropa gegenüber einem hochintelligenten und kultivierten ungarischen Freund. »Oh, ja.« Er seufzte. »Es hätte vielleicht einmal so etwas wie ein Mitteleuropa geben können. Du weißt, daß wir eigentlich euch dafür verantwortlich machen, daß es nicht existiert.« Er spielte auf den Vertrag von Trianon an.*

Doch hier schließlich die tiefsitzendste Skepsis: Ist diese ganze gemeinsame Basis, die ich hier zu beschreiben versuchte, letzten Endes nicht mehr als das Randprodukt einer gemeinsamen Machtlosigkeit? Ist die mögliche Existenz eines Mitteleuropas letzten Endes abhängig von der Existenz eines realen Osteuropas? Ist Antipolitik letzten Endes nichts weiter als das Resultat politischer Unmöglichkeiten? Muß man, da man die Kunst des Möglichen nicht praktizieren kann, die Kunst des Unmöglichen einführen? Die moralische Kritik der Westeuropäer an der amerikanischen Außenpolitik wurde als »die Arroganz der Impotenz« bezeichnet: Ist diese Charakterisierung nicht auch auf die Moral der Antipolitik anzuwenden? Antipolitik ist ein Produkt der erlebten Niederlagen. Wie viel davon würde einen Sieg überleben?

Wenn ich hier all diese Zweifel und Fragen aufwerfe, über die Unterschiede der drei Autoren brüte, ihre Verschiedenheit und ihre gemeinsamen Grenzen herauszufinden versuche, so nicht deshalb, weil ich ihre Arbeiten letztlich sinnlos finde, sondern im Gegenteil (und im Gegensatz zu manchem westlichen Ostpolitiker), weil ich relevant und wichtig finde, was sie zu sagen haben. Obwohl noch unscharf, so scheinen mir ihre Definitionen von Antipolitik und Mitteleuropa wichtig für unsere Einschätzung dessen, was während der kommenden zehn Jahre in Osteuropa

* Der Vertrag von Trianon war 1920 Teil der Friedensverträge, dessen wichtigste Architekten Woodrow Wilson, Clemenceau und Lloyd George gewesen waren. Durch ihn wurde Ungarn mehr als zwei Drittel seiner Territorien von vor 1914 entzogen, darunter die Slowakei, die in der Tschechoslowakei aufging, und Siebenbürgen, das an Rumänien ging, sowie Kroatien, das an Jugoslawien vergeben wurde.

geschehen *könnte* und wie diese Entwicklung zu beeinflussen wäre.

Natürlich können wir die Möglichkeit neuer geopolitischer Vereinbarungen mit Moskau nicht völlig ausschließen, ein neues Jalta oder eine Finnlandisierung Osteuropas. Aber das scheint doch in höchstem Maße unwahrscheinlich. Auch die Möglichkeit weitreichender Reformen können wir nicht ausschließen, ermutigt unter der Führung Gorbatschows und praktiziert von einer neuen Generation kommunistischer Führer in Osteuropa – wirtschaftliche Reformen zu Beginn, aber mit politischen Auswirkungen, die von diesen Führern erwünscht und akzeptiert werden.

Am wahrscheinlichsten jedoch scheint das Fortschreiten eines langsamen, verwickelten Prozesses der kleinen Schritte, der den Völkern Osteuropas ganz allmählich und auf sehr unterschiedliche Weise de facto mehr Pluralismus und Unabhängigkeit in mehr und mehr Bereichen bringen wird – kulturell, sozial, und wirtschaftlich –, Fortschritte, die zum Teil von den Herrschenden bewußt eingeplant und zugestanden, ihnen jedoch hauptsächlich durch den *Druck von unten* abgerungen werden. Insgesamt also kein Fortschritt durch einen »reformierten« und daher revitalisierten Kommunismus, sondern durch den Untergang des Totalitarismus. Eine Ottomanisierung des sowjetischen Imperiums eher als eine Finnlandisierung.

Wenn diese Prognose auch nur im entferntesten stimmt, dann wäre es wichtig, zu ermitteln, welche Gestalt der Druck von unten annehmen wird. Wird er gewaltsam oder gewaltlos sein, individuell oder kollektiv bestimmt, in organisierter oder unorganisierter Form? In der Praxis existieren heute natürlich in jedem Land unterschiedliche und sich ständig verändernde Vorbedingungen: Hier ist es der Druck individueller Erwartungen, dort ist er durch die Kirchen kanalisiert, und anderswo ist es schlicht die Androhung einer gewaltsamen Revolte. Die Formulierung einer Antipolitik im weitesten Sinn ist ein Versuch, den Druck von unten sowohl zu charakterisieren als auch zu kanalisieren – zur Hälfte Beschreibung, zur Hälfte Anordnung. Das Reich der Antipolitik ist der Raum zwischen Staat und Individuum, zwischen den Mächtigen und den Machtlosen. Sie schärft den Blick auf die mittlere Distanz – über die unmittelbar selbstbezogenen Probleme des familiären Nestbauers hinaus, aber noch nicht bis hin zum Horizont der nationalen Unabhängigkeit. Auf das imperiale System, dessen Machtinstrumente Lügen, Gewalt, die Spaltung der Gesellschaft und *divide et impera!* sind, antwortet der Antipolitiker mit den Imperativen des Lebens in Wahrheit, durch Gewaltlosigkeit, mit dem Kampf um eine Zivilgesellschaft – und mit der Idee Mitteleuropa.

Aber dieses neue Mitteleuropa ist eben noch nichts weiter als eine Idee. Noch existiert es nicht. Osteuropa existiert. Das neue Mitteleuropa muß erst noch gestaltet werden. Das geht nicht allein durch die ständige Wiederholung des Wortes Mitteleuropa, wie es von Kalifornien bis Budapest in Mode gekommenen ist. Auch nicht durch die Kultivierung eines Mythos. Wenn der Begriff Mitteleuropa je einen positiven Inhalt erhalten soll, so wird sich die Diskussion vom Deklamatorischen, Sentimentalen und Beschwörenden wegbewegen müssen, hin zu einer unsentimentalen und rigorosen Erforschung des wirklichen Erbes vom historischen Mitteleuropa (das genauso eine Geschichte der Trennungen wie der Vereinigungen ist) und hin zu den realen Bedingungen des heutigen Mitteleuropas (das genauso von Unterschieden wie von Ähnlichkeiten gekennzeichnet ist). Glücklicherweise hat dieser Prozeß bereits begonnen – in Prag, wo die Gründung einer Untergrundzeitung namens *Středni Evropá* (»Mitteleuropa«) eine scharfe Debatte zwischen katholischen und protestantischen Intellektuellen über das Erbe des Habsburger Reichs und der ersten Republik herausgefordert hat. Aber noch ist es ein weiter Weg.

Wenn wir in die Zukunft sehen, so wird ein wesentliches mitteleuropäisches Thema, abgesehen von der Ausarbeitung der innenpolitischen Strategien einer Antipolitik, das Thema der Minderheitenrechte sein. Kann Mitteleuropa genau dort wieder neu zusammengefügt werden, wenn auch nur auf dem Papier, wo es am häufigsten, am schrecklichsten und (aus Sicht der benachbarten Reiche) am erfolgreichsten getrennt worden ist – an den Stellen, wo unterschiedliche Nationen, Rassen, Kulturen und Religionen eine Koexistenz versucht (oder verspielt) haben? Noch immer können selbst die tolerantesten und demokratischsten Intellektuellen in der Tschechoslowakei und in Ungarn keinen gemeinsamen Nenner zur Lage und Behandlung der ungarischen Minderheit in der Slowakei finden. In der polnischen Untergrundpresse hat eine interessante Diskussion über die Einstellung zu Deutschland und der deutschen Minderheit in Polen begonnen. Im Augenblick konzentriert sich diese Debatte hauptsächlich auf die Frage, ob eine deutsche Minderheit überhaupt existiert. (Kardinal Glemp stimmt mit General Jaruzelski darin überein, daß sie nicht existiert.) Aber vielleicht wäre es wichtiger zu fragen, ob es nicht gut wäre, wenn eine deutsche Minderheit existieren würde. Und was ist mit der jüdischen Minderheit? Und der ukrainischen? Und weshalb sollte es *keine* ungarische Minderheit in der Slowakei geben, mal angenommen, immer nur angenommen, daß jede Minderheit von den Rechten geschützt wäre, die zu definieren wir als unsere mitteleuropäische Aufgabe betrachten.

Viele Hemmschwellen zu einem mitteleuropäischen Dialog sind historischer, emotionaler und intellektueller Art. Aber es gibt andere, schlicht praktische. Denn dies ist eine Diskussion, die von den kommunistischen Regierungen mit aller Macht verhindert oder in eine chauvinistische Richtung gedrängt wurde. Und vieles liegt in ihrer Macht. Wenn wir über die Teilung Europas oder den Eisernen Vorhang sprechen, denken wir automatisch an die Spaltung in Ost und West und gewöhnlich auch an die Berliner Mauer. Aber die undurchdringlichsten Grenzen in Europa sind nicht die zwischen Ost und West, nicht einmal die deutsch-deutsche Grenze (dank mehr als einem Jahrzehnt der Deutschlandpolitik). Wenn wir vom Recht auf Bewegungsfreiheit und folglich vom wirklichen kulturellen Austausch sprechen, dann ist die heutzutage vielleicht undurchdringlichste Grenze die zwischen Polen und der Tschechoslowakei. Dort ist wirklich ein eiserner Vorhang. Führende polnische, tschechische und ungarische Intellektuelle begegnen sich häufiger in Paris oder New York als in Prag oder Warschau. Sie lesen gegenseitig ihre Bücher, wenn überhaupt, in Englisch, Französisch oder Deutsch. Mit nur wenigen Ausnahmen wurden ihre Arbeiten in keine der anderen Sprachen übersetzt. Es ist einfacher für mich, sie zu treffen, als es für sie ist, sich gegenseitig zu treffen. Wenn sie denn eine gemeinsame Basis haben, so haben sie diese im großen und ganzen unabhängig voneinander erreicht. Und unter diesen Umständen können wir freudig davon überrascht sein, wieviel Gemeinsamkeiten tatsächlich existieren.

Diese Gemeinsamkeit ist ein wichtiges Potential für den Teil Europas, in dem sie leben: Osteuropa *in actu*, Mitteleuropa *in potentia*. Aber hat sie irgendeine weitergehende Bedeutung für die Intellektuellen im Westen? Auch diese Frage gehört zur Diskussion über eine neues Mitteleuropa. Im negativen Sinn, als Erkenntnisgrundlage für die Eigenheiten der totalitären Macht und die Quellen ideologischer Indoktrination hat sie es mit Sicherheit. Beispielsweise wird wohl niemand, der sich ernsthaft mit den Arbeiten von Michnik und Havel befaßt hat, weiterhin glauben können, daß es irgendeine strukturelle Symmetrie oder moralische Äquivalenz zwischen der amerikanischen Dominanz in Westeuropa und der sowjetischen in Osteuropa gibt (ich fürchte, für den Leser von Konrád wird dies auch weiterhin möglich sein). So gesehen haben sie auch zweifellos einen positiven Einfluß auf westliche Friedensbewegungen gehabt. Doch die meisten ihrer *positiven* Ideen sind nicht wirklich neu (was sie natürlich nicht schlechter macht), und dort, wo sie neu sind, da sind sie für den Westen nicht besonders relevant. Versuche, die Aktivitäten der westlichen Friedensbewegungen als Teil eines Kampfes für die Zivilgesellschaft zu interpretieren, sind nicht sehr überzeugend; und die meisten von uns im Westen wissen auch noch immer, was wir mit den Kategorien von Rechts und Links meinen.

Dennoch bin ich davon überzeugt, daß sie uns etwas Seltenes anzubieten haben. Mit all ihren Kräften geben sie uns ein Beispiel, das wir so schnell weder in London und Washington noch in Paris finden können: nicht unbedingt ein Beispiel der Brillanz, des Witzes oder der Originalität, aber ein Beispiel von intellektueller Verantwortung, Integrität und Mut. Sie wissen und erinnern uns lebhaft drängend daran, daß Ideen von Belang und Worte wichtig sind, daß sie Konsequenzen haben und nicht leichtfertig ausgesprochen werden dürfen. Michnik zitiert Lampedusa: »Die wichtigsten Worte kann man nicht *brüllen*.« Unter den schwarzen Wolken des Totalitarismus werden Ideen und Worte deformiert, erscheinen grotesk oder gehen zugrunde. Nur wenige haben Bestand und bleiben Felsen in der Brandung. Und von diesen sind die meisten nicht neu. Doch es gibt Dinge, für die zu leiden sich lohnt. Es gibt moralische Absoluta. Nicht alles steht zur Disposition.

»Ein Leben in der Niederlage ist destruktiv«, schreibt Michnik, »aber es produziert auch große kulturelle Werte, die heilsam sind ... Zu wissen, wie man mit der Niederlage lebt, heißt zu wissen, wie man sich dem Schicksal entgegenstellt, wie man eine Stimme des Mißtrauens gegen jene Mächte erheben kann, die vorgeben, das Schicksal zu sein.« Diese Werte sind aus ihrer spezifisch zentraleuropäischen Erfahrung hervorgegangen – die zentrale europäische Erfahrung unserer Zeit. Wir können lesen, was sie schreiben, und deshalb ist es vielleicht sogar möglich, daß wir ein wenig von ihnen lernen, ohne ihre Erfahrungen selber machen zu müssen.

Die russische Dichterin Natalja Gorbanewskaja sagte mir einmal: »Weißt du, George Orwell war ein Osteuropäer«. Vielleicht würden wir heute sagen, daß Orwell ein Mitteleuropäer war. Wenn es das ist, was wir unter Mitteleuropa verstehen, dann stelle ich einen Einbürgerungsantrag.

11 Vor-Frühling

Einige mitteleuropäische Sprachen haben ein besonderes Wort für die Jahreszeit kurz vor dem Frühling: »Vorfrühling« im Deutschen, »Przedwiósnie« im Polnischen, »Předjařá« im Tschechischen. Aus heutiger Sicht scheint es, als seien die polnischen, ungarischen und selbst die tschechoslowakischen Ereignisse im Frühling 1988 so etwas wie ein politischer Vorfrühling gewesen. Aus diesem Vorfrühling stammen die drei folgenden Skizzen.

Prag: Der Freibauer und der Kardinal

Zwanzig Jahre sind seit dem Prager Frühling vergangen. Aber niemand hat vergessen. 1968 ist der zentrale Bezugspunkt aller politischen Diskussionen in der Tschechoslowakei geblieben, öffentlich oder im Stillen. Für die herrschende kommunistische Partei gerade so wie für die demokratische Opposition, symbolisiert durch die Charta 77; für desillusionierte Altkommunisten genauso wie für all die Männer und Frauen, die noch nicht einmal geboren waren, als die sowjetischen Panzer an jenem August auf den Wenzelsplatz rollten. Und über das gewaltige Massiv von 1968 hinaus blicken die Tschechen und Slowaken zurück auf 1948, als die Kommunisten mit einem Staatsstreich die Macht übernahmen, auf 1938, als die demokratische Tschechoslowakei von Briten und Franzosen in München verraten wurde, und auf 1918, als die erste Republik der Tschechen und Slowaken von Tomáš Garrigue Masaryk aus der Asche des österreichisch-ungarischen Reiches emporgehoben wurde. In der Tschechoslowakei geschah alles in Jahren, die mit einer Acht enden. Und 1988? …

Das wichtigste Dokument des April 1968 war das »Aktionsprogramm« der Tschechoslowakischen Kommunistischen Partei, das auf einer Plenarsitzung des Zentralkomitees verabschiedet wurde und dessen Intention es war, »der sozialistischen Entwicklung durch das Aufgreifen von kreativem marxistischen Gedankengut und der Kenntnisse der internationalen Bewegung der Arbeiterklasse ein neues Gesicht zu geben, unter Berücksichtigung der wahren Bedingungen der sozialistischen Entwicklung in der Tschechoslowakei«, etc, etc. Das wichtigste Dokument dieses Frühlings ist eine Petition für die Freiheit der (katholischen) Kirche. Ihre einunddreißig Forderungen enthalten die Trennung von Kirche und Staat, ein Ende des staatlichen Vetorechts bei der Ernennung aller neuen Bischöfe und größere Freiheit für kirchliche Publikationen. Sie wurde von mindestens 444 000 Menschen unterzeichnet, nicht nur von Katholiken, und ist ein überwältigendes Manifest in einem Staat, in dem jede Art von öffentlichem Dissens beinahe zwanzig Jahre lang rigoros verfolgt wurde. Der Unterschied dieser beiden Programme in Sprache, Herkunft und Zielsetzung spricht für sich selbst. Er zeigt den Weg, den die Tschechoslowakei zwischen jenem und diesem Frühling zurückgelegt hat.

Wenn auch, wie Václav Havel immer wieder betont, der Prager Frühling ursprünglich durch den Druck »von unten« begonnen hat, durch nicht-kommunistische Intellektuelle und die Gesellschaft als Ganzes, so bleibt doch die Tatsache bestehen, daß er »von oben« angeführt und vorangetrieben wurde, von Intellektuellen und Journalisten, die zumeist noch Kommunisten oder zumindest Sozialisten waren. Sein bleibendes Symbol ist weder ein Arbeiter noch ein Priester, sondern der Parteiführer Alexander Dubček. Sein Slogan war:« Sozialismus mit einem menschlichen Gesicht«. Im Vergleich dazu ist diese neue Petition kaum mehr sozialistisch zu nennen und könnte wohl kaum noch mehr »von unten« initiiert sein. Sie ist nicht das Werk eines Parteimitglieds, von Prager Intellektuellen oder der Kirchenhierarchie, sondern das eines gläubigen mährischen Bauern, Augustin Navrátil.

Ich besuche Herrn Navrátil in seinem abgelegenen mährischen Dorf Lutopecny, nahe Kroměřáž. Eine stattliche, rotbackige Frau in schäbiger Arbeitskleidung fegt gerade den Weg, als ich am bescheidenen Ziegelhaus ankomme. »Er ist auf der Parzelle«, sagt Frau Navrátil und besteigt ihr Fahrrad, um ihn zu holen. Während ich warte, kann ich die Kühe, Hühner und rostigen Landwirtschaftsmaschinen im Hinterhof bewundern, die riesigen Heiligenbilder im karg möblierten Wohnzimmer und die Bücher: christliche Texte natürlich, aber auch das Grundgesetz der Tschechoslowakischen Sozialistischen Republik, *Selbständig Französisch Lernen* und eine tschechische Ausgabe von Mark Twain. Und hier kommt er selbst: eine untersetzte Gestalt in

Gärtnerkleidung, intensiver, gerader Blick, mächtiger Händedruck. Die Navrátils leben seit mehr als dreihundert Jahren in diesem Teil Mährens, erzählt er. Einer seiner Urgroßväter war Richter gewesen. Später dann waren sie eher Freibauern* als Abhängige. Seine Ausbildung hatte unter dem deutschen »Protektorat« während des Krieges begonnen: Unterricht der deutschen Sprache (von der er das meiste vergessen hat), aber auch in Gut und Böse (von dem er nichts vergessen hat). Die Kommunisten konfiszierten das Land aus seinem Familienbesitz. Um seinen Lebensunterhalt zu verdienen, arbeitet er in der örtlichen Eisenbahnstation. Als gläubiger Katholik protestierte er zum ersten Mal aktiv gegen die örtlichen Behörden, als sie eines der zahllosen Kreuze und Kruzifixe entfernten, die noch immer entlang der mährischen Felder aufgestellt sind.

Ohne großes Getue zählt er genauestens seine Aktivitäten der vergangenen zehn Jahre auf, während seine Frau mich unentwegt mit hausgemachten Würsten versorgt. Seine erste Petition, erzählt er mir, reichte er 1976 ein. Sie umfaßte siebzehn Punkte. Seine zweite Petition, 1984–85, bestand aus zwanzig Punkten. Die letzte, Ende vergangenen Jahres, hatte einunddreißig. Er legt besonderen Wert darauf, daß ich die Anzahl der Punkte notiere. Die erste, die um eine lokale Angelegenheit ging, organisierte er mit einem Freund. Sie sammelten 700 Unterschriften, bevor er in eine psychiatrische Anstalt eingesperrt wurde. Beim nächsten Mal schickte er die Petition zuerst an das Innenministerium und an alle möglichen anderen Ministerien, mit einem Begleitschreiben, in dem er fragt: Ist es legal, dies hier in Umlauf zu bringen? Genauso machte er es mit diversen offenen Briefen zu Fragen der Religionsfreiheit und Unterdrückung. Keiner der Bürokraten, sagt er, wagte es, ihm eine direkte Antwort zu geben: Sie schickten ihn von einem Amt ins nächste und wieder zurück zum ersten. Nur die Geheimpolizei erklärte sich als *»kompetentná«*. Sie verhörten ihn, behielten ihn in Untersuchungshaft und schickten ihn dann in die psychiatrische Abteilung eines Gefängniskrankenhauses, wo ihn andere Insassen allnächtlich malträtierten: »noch vor dem Morgen bringen wir dich um«. Als sein Fall schließlich vor Gericht verhandelt wurde, berief sich der Richter

* Anm. d. Ü.: Der Autor spricht hier von »Yeomen«, wie im englischen Mittelalter alle Gemeinfreie unterhalb des Ritterstandes genannt wurden. Eine Übertragung in das deutsche Mittelalter macht diesen Stand am ehesten mit den mittelalterlichen Freibauern vergleichbar.

auf die Diagnose »paranoide Querulanz«. Bliebe er in Freiheit, wurde behauptet, wäre er eine Gefahr für die Gesellschaft. Nach fast einem Jahr Gefangenschaft wurde er entlassen – nur, um sofort von »unbekannten Angreifern« in seiner Bahnstation zusammengeschlagen zu werden.

An dieser Stelle unterbricht Herr Navrátil, um mir zu sagen, wie sehr ihm die Briefe aus dem Ausland in der Haft geholfen haben. Sie setzten die Behörden unter Druck und halfen ihm, seine Lebensgeister zu erhalten. Er hatte Briefe aus Holland, Deutschland, England und Schottland bekommen – ja, vor allem aus Schottland. Und er bittet mich, wenn es mir möglich wäre, seinen herzlichen Dank an alle zu übermitteln, die ihm geschrieben haben – vor allem an jene in Schottland –, und ihnen zu erzählen, wie sehr sie ihm geholfen haben. Diese ganz besondere Betonung Schottlands wäre unter anderen Umständen nicht ohne Komik gewesen. Aber er übertrug mir diese Aufgabe so herzergreifend aufrichtig und mit so feuchten Augen, daß ich nicht mit Sicherheit behaupten kann, meine eigenen Augen wären ganz trocken geblieben.

Dann, in einem plötzlichen Stimmungsumschwung, springt er auf und zeigt mir seine Druckmaschine: ein selbstgezimmertes Ding von der Größe eines großen Buches, mit einer seidenen Tuchauflage, schwarzer Tinte und Roller. »Sehen Sie, es ist mir *erlaubt*, sie zu besitzen«, sagt er und zieht die notariell beglaubigte Kopie eines Briefes des Kultusministeriums ab (sie liegt vor mir, während ich dies schreibe), in dem feierlich bestätigt wird, daß »der Bürger keine Erlaubnis braucht ... für die Anwendung einer Vervielfältigungsausrüstung zu seinem eigenen Gebrauch«. Ich konnte auch nicht den leisesten Schwejkschen Glanz in seinen Augen entdecken, als er fortfuhr zu erklären, auf welche Weise er die vervielfältigten Texte an alle und jeden verteilt: offene Briefe, Petitionen, offene Briefe in Verbindung mit Petitionen, Anklageschriften, eine kommentierte Liste der vakanten Diözesen, auf rosa Papier, auf blauem Papier, auf Seidenpapier – alles, was er nur von geringstem Interesse findet, wird von seiner Frau abgetippt und von ihm auf seiner herrlichen Maschine abgezogen. Und hier ist schließlich seine letzte Petition, auf grobkörnigem gelben Papier, mit einer Kopie des offenen Briefes vom 4. Januar 1988 von František Kardinal Tomášek, Erzbischof von Prag, in dem er die Gläubigen drängt, diese Petition zu unterstützen, ihnen versichert, daß weder die Unterschrift noch die Verteilung illegal sei, und den er mit dem Satz beschließt: »Ich erinnere nachdrücklich daran, daß Feigheit und Angst eines wahren Christen unwürdig sind.«

Augustin Navrátil hatte bereits früher schon persönlichen Kontakt mit dem Kardinal, der selbst aus Mähren stammt und ein Mann ist, der mit jedem weiteren Jahr aufrechter zu stehen und eine deutlichere Sprache zu sprechen scheint. Herr Navrátil erzählt mir, daß er den Text seiner Petition – sollten wir sie ›Die Einunddreißig Artikel‹ nennen? – persönlich mit dem Kardinal besprochen hat. Im Moment fährt er etwa alle vierzehn Tage nach Prag, um ihn zu besuchen. Die öffentliche Unterstützung des Kardinals war natürlich ausschlaggebend für den außergewöhnlichen Erfolg dieser Petition gewesen, die nun seit Januar in den Kirchen ausliegt und unterschrieben werden kann. Doch selbst der Kardinal wurde von dem großen Echo überrascht.

Als ich Anstalten zum Aufbruch mache, dankt mir Herr Navrátil feierlich für meinen Besuch und erzählt, daß ich der erste Ausländer sei, der je sein Haus betreten habe. Er stellt mich auch noch den Kühen vor, die reizend sind. Ich finde seine Geschichte wunderbar: das Märchen vom kleinen Freibauern und dem Kardinal. Er hat, typisch für viele Oppositionelle in Osteuropa, am charakteristischsten aber vielleicht für die Tschechen, die hohe Kunst entwickelt, die Behörden aus der Fassung zu bringen, indem er sie einfach strikt beim Wort nimmt. Außerdem besitzt er diese herrliche Sturheit, wie man sie auch im Leben der bekannteren Widerständler gegen die kommunistische Unterdrückung findet: bei Polens Kardinal Wyszinski, bei Grigorenko oder Bukowski.

Wohin das führen wird, ist natürlich eine andere Frage. Die »neue« Parteiführung unter Miloš Jakeš läßt keinen Zweifel daran, daß in diesem Jubiläumsjahr kein spontaner »Frühling« erblühen wird. Auf einer Plenarsitzung des Zentralkomitees, fast zwanzig Jahre nach jener, die das »Aktionsprogramm« verabschiedet hat, wetterte Herr Jakeš gegen die »antikommunistischen Kräfte«, die durch »gewisse westliche Massenmedien« unterstützt werden und »hinter der Maske religiöser Motive« Unruhe stiften. Ende letzten März wurde ein völlig friedlicher Fackelumzug für religiöse Freiheit in Bratislava brutal von Polizeihorden auseinandergesprengt. Aber der behördliche Griff ist unsicher. Während Wasserwerfer gegen Katholiken gerichtet werden, ist das, was man fast die »alte« Opposition nennen könnte, die Regenbogen-Koalition der Charta 77, aktiver denn je. Letzten Januar starteten einige von ihnen eine neue Monatsschrift, *Lidové Noviny* genannt (in etwa: »Volksnachrichten«), deren Machart vor allem eine breitere Öffentlichkeit erreichen soll: kurze Nachrichtenübersicht, Photos, Karikaturen, und sogar ein monatliches Lied. Die meisten Artikel sind unterschrieben, die Verfasser zeichnen mit ihrem vollen Namen – und doch befinden sie sich alle noch in Freiheit. Jede Ausgabe enthält einen Kalender der monatlichen Ereignisse von 1968. Auf der Titelseite der Januarausgabe wird die Karikatur eines traurigen 1988er Babys gezeigt, mit einem großen Schnuller im Mund und einer schweren Kugel an einer Kette um seine Fesseln. Auf der Kugel steht »1968« ... Man könnte das Spektakel genießen: die tschechoslowakische Parteiführung wird ausgerechnet durch Moskau in Aufruhr gestürzt. Fast alle Kenner der Szene sind sich einig, daß eine sowjetische Neubewertung des Prager Frühlings nur auf Drängen der Prager Führung gebremst werden konnte. Eine sowjetische Zeitung veröffentlichte kürzlich eine relativ freundliche Zusammenfassung eines Treffens mit Václav Havel. *Die Erlösung*, eine sowjetische filmische Allegorie über den Stalinismus, elektrisierte die Zuschauer in den Prager Kinos. Trotz alledem bleibt die Tatsache bestehen, daß die politischen Bedingungen für eine friedliche, evolutionäre Veränderung durch ein kontrolliert dynamisches Zusammenspiel zwischen Staat und Gesellschaft 1988 im gleichen Maße ungünstig sind, wie sie 1968 günstig schienen. Zuerst einmal ist da die gegenwärtige Führung. »Wann wird die Perestroika Erfolg haben?« fragt ein Prager Witz. »Wenn Bilaks Witwe Štrougal im Gefängnis besucht, um ihm zu berichten, daß Jakeš auf Husáks Begräbnis erschossen wurde.« Doch selbst wenn die alte Riege – nach 1988 – durch jüngere, flexiblere und realistischere Männer ersetzt werden sollte, erscheinen die Möglichkeiten eines konstruktiven Kompromisses (oder Modus vivendi) zwischen Staat und Gesellschaft noch immer gering.

Anders als 1968 wird die Gesellschaft heute ihrer kommunistischen Regierung nicht mehr so leicht Glauben schenken. Die Geschichte der gespaltenen tschechischen und slowakischen Länder und die Erinnerung an ihre gemeinsamen Niederlagen ('38, '48,

’68) machen die Vorstellung schwer, daß diese Gesellschaft wirklich je einer Meinung sein und ihr eigenes, gemeinsames »Aktionsprogramm« entwickeln könnte, anstatt eines zu unterstützen, das durch die Partei »von oben« entworfen wurde. Diese Petition für die Freiheit der (katholischen) Kirche ist eine inspirierende Sache. Doch man muß sich nur für einen Augenblick den Zustand dieser Kirche betrachten. Nur drei von dreizehn Diözesen haben Bischöfe, zwei von ihnen, in der Slowakei, sind alt und kompromittiert, der dritte – Kardinal Tomášek – ist eine Führerfigur, spricht zunehmend Klartext, aber ist neunundachtzig Jahre alt. Priester werden vom Staat bezahlt, streng von einem örtlichen Parteisekretär für religiöse Angelegenheiten beaufsichtigt und sind abhängig von ihm, um die jährliche Erneuerung ihrer Predigtlizenz zu bekommen. (Es gibt natürlich auch eine florierende Katakomben-Kirche der verbannten Priester.) Die Orden wurden 1950 brutal aufgelöst. Die Kirche besitzt effektiv kein eigenes Eigentum. Es gibt keine Seminare, die dieses Namens wert wären. Es geht ihr unendlich viel schlechter als den Kirchen (sowohl protestantisch als auch katholisch) in der DDR, ganz zu schweigen von den Kirchen in Polen. Weit davon entfernt, für die universellen Menschenrechte der gesamten Gesellschaft zu intervenieren (wie jene), kämpft diese Kirche um ihre eigenen Rechte.

Dann gibt es noch die Spaltung der Protestanten und Katholiken, die in der Tschechoslowakei fast irische politisch-historische Ausmaße hat: Katholizismus, im Bündnis mit der Habsburgischen Gegenreformation und dem Habsburger Reich, aber auch mit dem Widerstand nach 1948; Protestantismus, mit Masaryk für die Unabhängigkeit, aber auch mit den Kollaborateuren nach 1948, und so weiter. Auch innerhalb der Charta 77 gibt es noch immer tiefe Gräben zwischen Protestanten und Katholiken, Altkommunisten, demokratischen Sozialisten und Liberalkonservativen, auf der Suche nach einer Vergangenheit. Eine Übereinstimmung, die über die grundsätzliche Menschenrechtsstrategie hinausgeht, ist kaum zu erreichen. Im ganzen Land sind Tschechen noch immer Tschechen und Slowaken noch immer Slowaken. Wirtschaftliche Stagnation, das ständig weiter sinkende Niveau der Gesundheitsversorgung und der Sozialhilfe und wachsende Umweltprobleme sind zusätzliche Irritationen für einen Großteil der Bevölkerung. Ganz offensichtlich finden es die Menschen absurd, ärgerlich und beunruhigend, daß sich die Tschechoslowakei, einst eine fortgeschrittene europäische industrielle Demokratie, allmählich von Europa entfernt, während die lächerliche Regierung jenen vorfabrizierten Nonsens plappert, den sogar der Kreml inzwischen verbannt hat. Doch wo liegt der gemeinsame Nenner all dieser Unzufriedenheiten? Und wo die Strategie für eine Veränderung?

Ob gut oder schlecht, wir können die Zukunft nicht vorhersagen. Wahrscheinlich wird gerade in Mitteleuropa die Veränderung aus einer Ecke kommen, aus der wir sie am wenigsten erwarten. Wir verbringen unsere Zeit damit, uns die Namen aus den Schlagzeilen zu merken, die der Mächtigen und Berühmten. Doch inzwischen plackt sich hinter unserem Rücken dieser unbezähmbare alte Freibauer mit seinen selbstgedruckten Einunddreißig Artikeln in seiner schäbigen Ledertasche im Bummelzug von Kroměříž ab – und *er* ist es, der Geschichte macht.

Danzig: In der Lenin-Werft

»*Cicho!* Still!« ruft ein müde und ernst dreinblickender Arbeiter. »Der Boss will schlafen!« Ganz sicher, hier liegt Lech Wałęsa flach am Boden, sein unverkennbarer Schnauzbart von einem improvisierten Kissen umrahmt, die Füße hoch auf einen Stuhl gelegt. Die Verhandlungen befinden sich in einem kritischen Stadium. Polizeimannschaften umstellen die Werft. Alle Polen schauen zu. Aber innerhalb von fünf Minuten ist Lech im Tiefschlaf. Sein Majordomus zieht vorsichtig, fast zärtlich den Vorhang zu, um »den Boss« vor der hellen Nachmittagssonne zu schützen. An den Holztischen im Zimmer des Streik-Komitees, unterhalb des Kruzifix, sitzen Arbeiter und ihre intellektuellen Berater, entwerfen Texte, hören aus einem Kurzwellen-Transistorradio die neuesten Nachrichten von Radio Free Europe und kauen auf trockenem Brot herum. Andere schlafen unter den Tischen, erschöpft und selbstvergessen.

Sieht man das graublaue Haupttor, vollgesteckt mit Blumen, Fähnchen und Bildern vom Papst und der Schwarzen Madonna, sieht man die jungen Arbeiter, die obendrauf sitzen, nackt bis zu den Hüften, aber nie ohne ihre rot-weißen Armbänder, kneift man die Augen etwas zusammen, dann könnte man glauben, man wäre im August 1980, als Solidarność gerade geboren wurde. Nicht nur Wałęsa, viele Gesichter um ihn herum sind vertraut. Hier das melancholisch-humorvolle Gesicht von Tadeusz Mazowiecki, dem katholischen Redakteur, den er 1980 gebeten hatte, ihn zu beraten, und der dies seither tut. Dort die vierschrötige Gestalt von Andrzej Celiński, dem Soziologen, der hie und da als Berater fungiert.

Und doch ist alles anders, ganz anders. Damals stand eine riesige Menge aus Ehefrauen und Sympathisanten vor den Toren und reichte Essen und kleine Gaben durch die Gitter. In ihrer Mitte war ein rohes Holzkreuz aufgestellt, an das Verse aus Byrons *Giaour* geheftet waren, in der Übersetzung von Adam Mickiewicz:

> Der Freiheit Kampf, einmal begonnen,
> Vermacht vom blutenden Vater dem Sohn,
> Wird auch vereitelt stets gewonnen …*

Doch wer immer diese Widmung angebracht hatte, das Wort *blutend* ließ er aus. Heute stehen hier, anstelle des Holzkreuzes, die emporstrebenden Metallkreuze des Solidarność-Denkmals. Doch um sie herum herrscht unheimliche Stille, nur die Polizeimannschaften und ihre blauen Minnas ein paar hundert Meter entfernt sind zu sehen. Damals wurde das Tor unentwegt geöffnet, um Delegierte des Streikkomitees aus allen Teilen Polens, westliche Journalisten, reichhaltig Essen und jede Menge Besucher einzulassen. Heute müssen westliche Journalisten dem Polizeikordon entgehen und durch obskure Hinterecken in die weiträumige Werft schlüpfen. Karges Essen und Nachrichten werden auf dem gleichen riskanten Weg hineingeschmuggelt.

Am achten Tag des Streiks von 1980 hielten Tausende Arbeiter die Werft besetzt, nicht zu reden von den Hunderten Delegierten aus den anderen bestreikten Fabriken des Landes. Ein stellvertretender Ministerpräsident begann bald die direkten und öffentlichen Verhandlungen mit dem »Gesamt-Streikkomitee der Fabriken«. Am achten Tag des heutigen Streiks ist die Anzahl der Arbeiter innerhalb der Werft von Tausenden auf Hunderte geschrumpft. Kein Gesamt-Streikkomitee der Fabriken. Kein stell-

* For Freedom's battle once begun, / Bequeath'd by bleeding sire to son, / Though baffled oft is ever won …

vertretender Ministerpräsident. Keine direkten oder öffentlichen Verhandlungen.

Einige der Streikenden waren auch im August 1980 hier gewesen. Aber die meisten von denen, die heute geblieben sind, sind noch sehr jung, um die Zwanzig. Ihre prägende Erfahrung war eher das Kriegsrecht als der »August« oder die fünfhundert Tage der Solidarność am Tageslicht. Sie unterbrechen Wałęsas Reden mit jenem harten, rhythmischen Skandieren , das typisch für die Zeit nach dem Kriegsrecht ist: *»Sol-i-darność! Sol-i-darność!«*, *»nie ma wolności bez Solidarności«* (es gibt keine Freiheit ohne Solidarność). Er kann sie kaum bändigen. Zu niemandes Überraschung haben einige offizielle polnische Quellen behauptet, Wałęsa habe diesen Streik geplant. Soweit man das beurteilen kann, ist dies das Gegenteil der Wahrheit. Mit Sicherheit hat er ihn nicht begonnen, und mit ziemlicher Sicherheit hat er ihn nicht gewollt. Diese Arbeiter haben den Streik selbst begonnen. Wenn die Stahlarbeiter von Nowa Huta streiken können, so sagten sie sich, wie könnten wir selber dann – am Geburtsplatz von Solidarność – weniger als das tun?

Sie hängten fünf Forderungen am Tor auf: eine Lohnerhöhung von 15–20 000 Złoty als Kompensation für die Preiserhöhungen, die Wiederherstellung der unabhängigen Gewerkschaft Solidarność in der Werft, die Entlassung aller politischen Gefangenen, die Wiedereinstellung aller, die aus politischen Gründen entlassen worden waren, und keine Repressalien gegen die Streikenden. In Gesprächen erwähnten sie einige der sozialen Umstände und Mißstände, die es bereits 1980 gegeben hatte und die in der Tat chronisch sind. »Ich habe vierzehn Jahre auf eine Wohnung gewartet«, sagt ein blonder, schnauzbärtiger Schweißer. »Wenn ich zur Wohnungsabteilung gehe (Wohnungen werden über die Werft vermittelt), dann sagen sie: ›Gehörst du einer (offiziellen) Gewerkschaft an? Gehörst du irgendeiner (offiziellen) Organisation an? Nein? Na dann, zu schade.‹« Die Ungerechtigkeit schmerzt genauso wie der materielle Verlust. Sein Kamerad sagt schlicht:« Vierzig Jahre Sozialismus, und es gibt noch immer kein Klopapier!«

Viele westliche Regierungen und Beobachter (und der Internationale Währungsfonds) stimmen darin überein, daß die Lohnforderungen unrealistisch und unverantwortlich sind. In der Tat wären gerade Lohnkürzungen eine notwendige (wenn auch in keiner Weise ausreichende) Bedingung für eine wirtschaftliche Wiederbelebung oder Reform. Auch die Führer und Berater der Solidarność wissen das. Selbst ein Teil der Streikenden weiß das. Als Wałęsa sie fragte, ob sie bereit wären, die Lohnforderung zu streichen, wenn sie dafür eine wirklich unabhängige Gewerkschaft bekämen, riefen sie: »Ja.« (Was diese Gewerkschaft dann tun würde, steht auf einem anderen Blatt.) Für all diejenigen, die auch am Montag weiterstreikten, blieb im Grunde nur noch die eine Forderung: die Wiederherstellung der Solidarność in jener Werft, in der sie geboren wurde. Aber die Ironie ist, daß die inflationären Lohnerhöhungen genau das sind, was die Behörden bereit sind zuzugestehen. Wie Schafsböcke waren die Löhne mehrere Jahre vor den Preisen hergesprungen, nur weil verunsicherte Manager auf diese Weise die potentielle Unzufriedenheit aufgekauft haben. Genau das war auch im vergangenen Monat den streikenden Transportarbeitern in Bydgoszcz geschehen. Es geschah in den benachbarten Werften, als gravierende Lohnerhöhungen bewilligt wurden, um Solidarność-Streiks zuvorzukommen. Und es ist hier geschehen, wo das Management einer Erhöhung von 15500 Złoty zugestimmt hat. Das einzige, was die Behörden wirklich ablehnen, ist das einzige, was die Streikenden wirklich wollen: die Wiederherstellung von Solidarność.

Ein alter Streikender, der in der Sonne nahe dem Tor sitzt, ein Techniker, weist auf den Unterschied zu 1980 hin. Heute, sagt er, seien die *externen* Bedingungen besser und die *internen* schlechter. 1980 habe es wirkliche Angst vor einer sowjetischen Invasion gegeben. Sie sei aber mit dem Auftreten von Gorbatschow verschwunden. »Das Problem mit den Ostgrenzen«, wie er sich kurioserweise ausdrückt, gebe es nicht mehr. Er weist erfreut auf die Reaktionen der amerikanischen, britischen und westdeutschen Regierungen hin. Sie würden helfen. 1980 hätte es auch noch Hoffnung auf eine Verständigung mit der Regierung gegeben. Und er erwähnt den guten Willen des damaligen Danziger Parteisekretärs, Tadeusz Fiszbach. Hoffnung auf einen historischen Kompromiß. Aber heute ...

Heute führen die Behörden einen, wie Wałęsa es nennt, psychologischen Krieg. Es herrscht polizeilicher Belagerungszustand. Die Nachrichten aus Nowa Huta treffen ein, wo der Streik mit mutwilliger Gewalt zerschlagen wurde, nicht nur durch Polizei, vor allem durch eine spezielle Antiterroristen-Brigade. Der fabrikeigene Sender bringt alle paar Stunden ein Kommuniqué des Verwaltungsdirektors, daß die Nationalbank im Lichte dieser Entwicklungen gesagt habe, sie könne keine weiteren Kredite mehr geben, und das Finanzministerium gesagt habe, es könne keine weitere Beihilfe leisten, und daher habe er den Industrieminister um eine Entscheidung über die Zukunft der Werft gebeten. Kurz, die Drohung einer endgültigen Schließung. Aber es gibt auch wichtige und schwierige Verhandlungen: zwischen den Vermittlern der Kirche (Tadeusz Mazowiecki und Rechtsanwalt Władysław Siła-Nowicki) und dem Management innerhalb der Werft, zwischen dem Bischof von Danzig und dem Leiter der Danziger Polizei und, auf höchster Ebene, zwischen der Kirche und der Regierung in Warschau. Aber niemandem gelingt die Quadratur des Kreises: Streikende, die Solidarność verlangen, Behörden, die über alles außer über Solidarność zu sprechen bereit sind.

Und Wałęsa? Wałęsa besteht darauf, nicht der Streikführer zu sein. Formal ist er nicht einmal im Streikkomitee. »Ich bin ein Berater beider Seiten«, scherzt er. Aber natürlich ist in Wirklichkeit er »der Boss«. Als ich damals zum erstenmal den Streik vom August 1980 beschrieb, sah ich »einen komischen kleinen Mann mit schlaff hängendem Schnauzbart, in schlechtsitzenden Hosen« (*The Spectator, 30.* August 1980). Heute sehe ich eine schwergewichtige Gestalt, mit wohlfrisiertem Haar und Schnauzer, im modischen Sportjackett (wenn auch noch immer mit Ansteckern der Schwarzen Madonna und Solidarność' am Revers), gutsitzenden Nadelstreifenhosen und, eher komisch, ledernen Hausschuhen. Er kaut Vitamin C-Tabletten und hat ständig eine Ärztin um sich, eine charmante, ältere Professorin im weißen Kittel. Er ist ruhig und würdevoll, von Beratern umgeben wie ein König. 1980 war er, wohin er auch ging, von aufgeregten Arbeitern in blauen Overalls umringt – er war einer von ihnen. Heute behandeln ihn die jungen Streikenden fast ehrfurchtsvoll – er ist doppelt so alt wie sie und eine Weltberühmtheit. Aber sein flinkes Mundwerk hat er nicht verloren. Am Montagnachmittag erweckt er ihre Lebensgeister aufs neue und stärkt ihre Moral mit einer seiner charakteristischen Schnellfeuer-Reden. »Wir sind gar nicht so wenige«, sagt er. »Es reicht ...«

Es wirkt unversöhnlich. Aber so meint er es nicht. Wałęsa ist ein geborener Politiker, schon fast genial, und er weiß genau, was er tut. Er weiß, daß er Solidarność nicht mit dreihundert Burschen und einem Gebet zurückbekommen kann. Aber als nationaler Führer und weltweites Symbol der Solidarność kann er auch keine weiteren Konzessionen machen. Also ermutigt er zu Verhandlungen – »Panie Tadeuszu«, ruft er Mazowiecki zu, »Sie sind der Mann für Verhandlungen, Sie vertreten die Weisheit« – und er spielt auch um Zeitgewinn, um zu sehen, ob sich schließlich doch noch, gegen alle Unbill, andere große Fabriken solidarisch erklären würden, wie sie es 1980 getan hatten. Inzwischen geht er der Menge weiter voran, um sicher zu sein, daß er sie auf dem einzig möglichen Weg herausführen kann: durch einen würdigen, freiwilligen Rückzug ohne Übereinkunft. Für einen kurzen Moment am Montagnachmittag scheint es, als ob noch ein Wunder geschehen könnte: »Ursus streikt!« ruft jemand. Die Nachricht kam durch Radio Free Europe. Aber das ist bestenfalls die halbe Wahrheit, und bis der Abend kommt, erfahren Wałęsa und seine Berater, daß die Geschichte sich nicht wiederholt. Sie haben es nicht anders erwartet. Also marschieren sie am Dienstag hinaus, Arm in Arm, Pater Jankowski zu Wałęsas Rechten, Tadeusz Mazowiecki zu seiner Linken, und begeben sich zu einer Dankesmesse in die St. Brigitten-Kirche. Vor ihnen trägt jemand das hölzerne Kreuz, das innerhalb der Werfttore gestanden hat. Darauf geschrieben stehen die Worte *Gott, Ehre, Vaterland*, und darunter: 1970, 1980, 1988 …

Budapest: Tod dem Nero!

Höchst unbequem kauere ich unter dem schweren Roß von Árpád, dem legendären Magyaren-Anführer aus dem 9. Jahrhundert in seiner gußeisernen Reinkarnation aus dem 19. Jahrhundert, und blicke über eine unüberschaubare Menge, die den Heldenplatz füllt. Zwischen den aufgerichteten Köpfen verkünden Transparente: »Nieder mit der Ceauşescu-Diktatur« und »Ceauswitz Endlösung«. Kleinere Plakate tragen den Namen jener Dörfer in Siebenbürgen, die der rumänische Diktator mit seinem wahnsinnigen »Umsiedlungs«-Programm dem Erdboden gleichzumachen plant. Um sieben Uhr abends schallen Kirchenglocken von Tonbändern über den dämmrigen Platz. Es wird uns mitgeteilt, daß die Glocken auch über die Grenze klingen, in die bedrohten ungarischen Siedlungen von Siebenbürgen hinein. »Vierundvierzig Jahre nach dem Krieg gibt es wieder einen Diktator in Europa, der Hunderttausende Menschen ermorden will«, deklamiert ein Sprecher. »Tod dem Nero!« skandiert die Menge. Dies sei die erste echte »ungarische« Demonstration »seit Jahrzehnten«, wird etwas später mitgeteilt. »Ungarisch! Ungarisch!« rufen sie zurück. In einiger Entfernung entdecke ich ein Transparent, auf dem es in Englisch heißt: »Where are the Great Powers now?«

Ein Engländer kann nicht durch Ungarn reisen, ohne daran erinnert zu werden, daß es die Westmächte waren, die Ungarn nach dem Ersten Weltkrieg zerstückelt haben, die Siebenbürgen an Rumänien gaben und andere Landesteile an die Tschechoslowakei und an Jugoslawien. Auch nach 1945 änderten sich die territorialen Umstände kaum. Die Ungarn in Rumänien sind die größte nationale Minorität in Europa westlich der sowjetischen Grenze geblieben. Ihre Zahl wird heute mit ungefähr zwei Millionen angegeben. Zwischen den Kriegen herrschte in Ungarn allgemein Empörung und Sorge über ihr Geschick, was sich häufig in virulentem Nationalismus äußerte, der nach dem Krieg zwar wieder gedämpfter, in den letzten Jahren jedoch erneut aktuell wurde, als das Ceaușescu-Regime in eine groteske, korrupte Misere abzugleiten begann, in der es anstelle von Brot einen absurden Dacianischen Nationalismus gibt.

Alle Rumänen leiden unter den akuten wirtschaftlichen Entbehrungen und politischen Repressionen, doch die Ungarn – ebenso wie die kleinere deutsche Minorität – sind außerdem noch systematischer rassistischer Verfolgung und Diskriminierung ausgesetzt. Nicht ein »Genozid« findet dort statt, wie der ungarische Sprecher hysterisch verkündet, aber etwas Scheußliches, das in der Tat an die Politik und Ideologie des Vorkriegs-Faschismus erinnert. Seit mehreren Jahren nun stelle ich fest, daß dies Thema Nummer eins in fast jedem Gespräch in Ungarn ist, das Kádár-Regime sich jedoch kaum dazu äußerte. Die neue ungarische Führung von Károly Grósz verspricht, mehr zu tun. Und als erstes genehmigte sie diese Demonstration, die von den nationalistischen »Populisten« organisiert wurde. Es ist das erste Mal, daß ein Ostblock-Staat offiziell eine Demonstration erlaubt (und stillschweigend sogar ermutigt), die sich ausdrücklich gegen die Regierung eines benachbarten, verbündeten »sozialistischen« Staats richtet. Und das Ergebnis ist die größte freie Demonstration in Ungarn seit der Revolution von 1956.

Als die Dämmerung in Dunkelheit übergeht, setzt sich die Menge in Bewegung, vielleicht vierzigtausend Menschen, um in einem Fackelzug an der rumänischen Botschaft vorbeizumarschieren. Das Botschaftsgebäude, von ungarischen Polizeitruppen geschützt, ist vollkommen dunkel und still, die Rolläden sind heruntergelassen. Nur einer ist ein paar Zentimeter hochgezogen, und als der Fackelzug vormarschiert, sehen wir ein Blitzlicht dahinter aufleuchten. »Wo versteckt ihr euch? Kommt raus, ihr Rumänen!« ruft jemand, begleitet von Pfiffen und Gröhlen. Aber die Organisatoren hatten wiederholt zu absoluter Ruhe aufgefordert und vor der Gefahr rumänisch initiierter »Provokationen« gewarnt. Der größte Teil der buchstäblich schweigenden Menge leistet diesem Appell Folge und bringt die kleinere Gruppe der Aufrührer zum Schweigen. »Durch unser Schweigen«, erklärt ein Sprecher über das Megaphon, »durch unser Schweigen beweisen wir, daß wir Europäer sind und keine Barbaren.«

12 Die Prager Warnung (November 1988)

Das Symposium

»Was habt ihr zum Jubiläum vor?« fragte ich Václav Havel zu Beginn dieses Jahres. Ganz klar, welches Jubiläum gemeint war.

»Wir werden ein Symposium veranstalten«, sagte er. Es sollte nicht nur die Bedeutung diskutiert werden, die der Prager Frühling und die sowjetische Invasion noch immer haben, sondern vor allem über all die »Jahre mit Acht« gesprochen werden: 1918, 1938, 1948, 1968, Wendejahre für die Tschechoslowakei und für Europa insgesamt. Interessierte Wissenschaftler, Intellektuelle und Schriftsteller aus dem Westen würden herzlich dazu eingeladen sein. Vielleicht könnte ich so nett sein und ein Papier vorbereiten? Sie würden versuchen, das Treffen so offiziell wie möglich zu veranstalten. Sie würden die Behörden davon in Kenntnis setzen.

Anfang November, ein paar Tage vor dem geplanten Treffen, ging Havel persönlich zum Büro des Ministerpräsidenten und erläuterte das Projekt einem Beamten, der dazu abgestellt war, ihn zu empfangen. Er äußerte sich dazu weder positiv noch negativ. Aber Taten sagen mehr als Worte. Am 10. November, als wir, die Gäste aus dem Westen, in Prag eintrafen, waren wirklich alle unsere tschechischen Gastgeber eingesperrt oder unter Hausarrest gestellt – Wissenschaftler und Mitglieder der wichtigsten unabhängigen Gruppierungen des Landes. Havel hielt sich versteckt.

Die Warnung

Es wurde uns mitgeteilt, eine Dame mit einer roten Blume würde uns zum Frühstück aufsuchen und dann zum Treffpunkt führen. Also saßen wir am 11. November, einem Freitag, in der verblichenen Jugendstilpracht des Hotels Pařáž, eine Handvoll Akademiker, Schriftsteller, Menschenrechtler und Parlamentarier aus Westeuropa und den Vereinigten Staaten, und warteten auf die Dame. Einigen prominenten Gästen aus dem Westen, darunter

Marion Dönhoff von der *Zeit* und Ove Nathan, dem Rektor der Universität Kopenhagen, war die Einreise verweigert worden, weil das Treffen »illegal« sei – obwohl nicht einmal die tschechischen Diplomaten sagen konnten, aufgrund welches Paragraphen. Unsere Gastgeber saßen im Gefängnis. Zivilbeamte der Polizei schwärmten um das Hotel. Ich wartete auf Verhaftung, Ausweisung.

Dann bewegte sich die Glastür, und herein kam weder eine Dame mit einer roten Blume noch ein Polizist mit Handschellen, sondern ... Václav Havel. Er eilte zu unserem Tisch, setzte sich und erklärte das Treffen offiziell für eröffnet. Innerhalb von Sekunden standen drei Zivilbeamte hinter ihm. »Also, nun bin ich verhaftet«, sagte Havel. Aber bevor sie ihn wegschleppen konnten, gelang es ihm noch, nachdrücklich zu wiederholen, daß er die Veranstaltung für eröffnet erklärt hat.

Sally Laird vom *Index on Censorship* fotografierte die Szene. Andere Zivilbeamte kamen herein und beschlagnahmten ihren Film. Noch während wir mit ihnen stritten, bemerkten wir eine große, kräftige Frau in einer engen Lederjacke, die nicht nur eine rote Blume, sondern einen ganzen Blumenstrauß mit sich trug. Sie kam auf uns zu und begann mit theatralischen Bewegungen unadressierte Briefumschläge zu verteilen, darin das seltsamste anonyme Pamphlet, das ich je die Ehre hatte zu erhalten. Viersprachig auf englisch, deutsch, französisch und italienisch war dort zu lesen:

»ACHTUNG:
Ich möchte Sie darauf aufmerksam machen, daß die als Symposium Tschechoslowakei 88 bezeichnete Veranstaltung illegal ist und ihre Abhaltung im Widerspruch zu den Interessen des tschechoslowakischen werktätigen Volkes und deshalb auch ungesetzlich wäre. Bezüglich dieser Tatsache wäre Ihre Bestrebung zur Teilnahme an der Veranstaltung als Ausdruck Ihrer Feindschaft gegen die ČSSR zu sehen, woraus die entsprechenden Konsequenzen Ihrer Person gegenüber zu ziehen wären.«

»Ich möchte Sie darauf aufmerksam machen ...«, aber das Dokument war nicht unterschrieben. Kafka, du solltest heute leben!

Jemand forderte die Dame mit dem Blumenstrauß auf, sich auszuweisen. Sie sagte, sie sei für die Sicherheit im Hotel zuständig. Im Laufe eines späteren Gesprächs konnten wir sie als Offizier der Geheimpolizei identifizieren, die gelegentlich den Auftrag hatte, Havel und einige Mitglieder seiner Familie zu überwachen. Sie stellte sich als »Oberleutnant Novotná« vor, was soviel heißt wie »Oberleutnant Schmidt«. Als wir am nächsten Tag kurzfristig in einem Polizeiwagen festgehalten wurden, bekamen drei von uns erneut eine zerknitterte Kopie dieser unglaublichen Warnung von einem Zivilbeamten ausgehändigt. Wir fragten ihn, woher sie stamme. Von der Prager Stadtverwaltung, sagte er. Aber wir blieben stur. Wer ist denn dieser »Ich«? Er zeigte auf sich und fügte hilfreich aufklärend hinzu: »Polizei!« – wie hätten wir es in einem Polizeiwagen auch sonst erraten können.

Zu dieser Zeit besuchten wir gerade die wenigen tschechischen und slowakischen Symposiumsteilnehmer, die noch zu Hause waren – normalerweise unter Hausarrest –, und die Familien derer, die im Gefängnis saßen. Zuvor hatten wir noch versucht, das Symposium in einer Privatwohnung zu organisieren, wie es uns beim Budapester Symposium von 1985 gelungen war.* Doch die Prager Polizei hatte sich vor der Haustür postiert und hinderte jeden Tschechen am Zutritt.

Wir hatten ein heftiges Protestschreiben gegen diese »eklatante Verletzung der Schlußakte von Helsinki« entworfen und direkt an alle Delegationen der Wiener Helsinki-Konferenz geschickt, wissend, daß es innerhalb von Stunden über BBC, Radio Free Europe und Voice of America zu den Tschechen zurückkehren würde. Wir hatten unsere Botschafter informiert. Wir hatten Blumen auf das Grab des Philosophen und Gründungsvaters der Charta 77, Jan Patočka, gelegt. Zu unserer Gruppe gehörte auch Max van der Stoel, der 1977, während seiner Zeit als Außenminister der Niederlande, der erste westliche Politiker gewesen war, der Patočka in seiner Eigenschaft als Führer der Menschenrechtsbewegung besucht hatte. Im Anschluß an diesen Besuch wurde Patočka elf Stunden im Gefängnis verhört. Dann brach er zusammen und starb. Jetzt, während seines ersten Besuchs in Prag nach diesem Ereignis, hielt van der Stoel eine bewegende Rede an Patočkas Grab. Patočka ist tot, sagte er, aber wir alle wissen, daß sein Geist und der Geist der Freiheit in der Tschechoslowakei leben. Die Zeremonie wurde von einem unabhängigen Videoteam gefilmt.

* Siehe »Eine Lektion über Ungarn«, Seite 127ff.

Dann marschierten wir zum Hauptquartier des Zentralkomitees und gaben ein Protestschreiben an den Parteiführer Miloš Jakeš ab. Ein listiger Beamter am Tor versicherte uns – in fließendem Russisch –, daß er den Brief an »den Genossen Jakeš« weiterleiten wird, und bedauerte, daß an einem Samstag niemand hier sei, um uns zu empfangen. Und er? Sein Rang und seine Stellung? »Ich arbeite hier nur«, erwiderte er, und *Glasnost* funkelte auf seinen Brillengläsern. Zwei Fotografen machten von einem Parkplatz gegenüber Aufnahmen von uns. Nun gingen wir zum Hauptquartier der Staatssicherheit in der Altstadt und verlangten zu wissen, weshalb und wo unsere Gastgeber inhaftiert seien. Und wieder erklärte der Offizier am Portal, daß niemand am Wochenende hier arbeite – während sich gleichzeitig ein Zivilbeamter einen Weg durch unsere Gruppe bahnte, hinter der Tür verschwand und unser Wortgefecht sozusagen ad absurdum führte.

Ich war neugierig, wie die Überwachungstechniken der Polizei während unserer Besuchsrunden sein würden. Es war mir bisher nicht klar gewesen, daß sie auch adrett gekleidete junge Pärchen, Jungen und Mädchen, Arm in Arm, einsetzen. Drei von uns, die Pariser Wissenschaftler Pierre Hassner und Aleksander Smolar und ich, wurden denn auch von wenigstens zwei ausländischen Wagen begleitet, einem blauen Ford Sierra und einem roten Fiat Uno. Offensichtlich litt die Staatssicherheit keine Not an harter Währung. Nachdem wir den Fiat während eines unserer Besuche erspäht hatten, beschlossen wir, müde und hungrig wie wir inzwischen waren, unseren Verfolger um eine Beförderung nach Hause zu bitten («nach Hause« war in diesem Fall höchst passend das Hotel Jalta). Als wir auf den Wagen zugingen, ließ der Fahrer schnell den Motor an und fuhr langsam los. Wir verfolgten ihn die Straße entlang.

Für uns eine recht erheiternde Episode, aber ganz und gar kein Witz für unsere Freunde im Gefängnis. Theoretisch hatten die tschechoslowakischen Behörden die Handhabung dieser »Aktion« relativ klug geplant. Nachdem sie zu Beginn des Jahres harsche Kritik in der westlichen Presse provoziert und eine Tracht Prügel von der Wiener Konferenz bezogen hatten, weil sie eine ost-westliche Friedensbegegnung abgebrochen und alle ausländischen Teilnehmer ausgewiesen hatten, ließen sie diesmal eben alle Ausländer im Land und warfen alle Tschechen ins Gefängnis – ursprünglich für 48 Stunden, später aber in einigen Fällen für weitere 48 Stunden. Uns war es mittlerweile gestattet hinzugehen, wohin wir wollten. Wir hatten sozusagen Narrenfreiheit. Alle Türen standen uns offen, und die Polizei geleitete uns freundlichst in leere Räume. Immer noch besser, als Unschuldige zu gefährden. Denn wären wir verrückt genug gewesen, jemanden zu besuchen, der der Polizei noch unbekannt war, dann hätte er mit Sicherheit jene »Konsequenzen« zu spüren bekommen, deren Androhung uns in Wirklichkeit nicht einmal gefährden konnte.

In der Praxis verlief die Schadensabwendung dieser »Aktion« jedoch nicht ganz so, wie sie es geplant hatten: wegen Havels *coup de théâtre*, wegen der Farce des »Oberleutnants Novotná«, weil wir dramatisch protestierten, *urbi et orbi*, und weil es dem westdeutschen Fernsehen gelungen war, Havels Verhaftung durch die Fenster des Restaurants zu filmen und den Film nach draußen zu bringen. Er wurde in den Nachrichtensendungen fast aller westeuropäischen Länder gezeigt. Die Menschen in der Slowakei sahen ihn im österreichischen Fernsehen. Unisono verurteilten die westlichen Botschafter bei der Wiener KSZE-Folgekonferenz die Aktion der tschechoslowakischen Behörden.

Nun wurde es eine »Warnung« an das Prager Regime, zur besten Sendezeit.

Der Kommentar

Am Montag, 14. November, erschien auf Seite 2 der *Rudé Právo*, dem Zentralorgan der kommunistischen Partei der Tschechoslowakei, der folgende Kommentar, unterschrieben mit »Václav Dolezal«:

»Versuch einer Provokation:
Vierzehn Tage nach der provokativen Demonstration antisozialistischer Kräfte *(der nicht genehmigten Demonstrationen zum Unabhängigkeitstag am 28. Oktober)* unternahm die gleiche Gruppe eine neuerliche Provokation. Sie nutzte ihre Kontakte mit Organisationen der psychologischen Kriegsführung des Nord-Atlantik-Vertrages. Auch westliche Radiostationen spielten eine aktive Rolle. Um was ging es? Am vergangenen Wochenende wollte die sogenannte Charta 77 ein »Symposium«, genannt Tschechoslowakei 88, in Prag organisieren. Laut ausländischer

Presse wurden etwa zwanzig Personen, die verschiedene offizielle und private westliche Organe vertreten, unter dem Deckmantel des Tourismus als Teilnehmer dieser Aktion erwartet. Das Interesse dieser »auch-Touristen« war nicht der Bekanntschaft mit der kulturellen Pracht unserer Hauptstadt gewidmet, sondern vielmehr der Unterstützung sogenannter Dissidenten zu weiteren antisozialistischen Aktivitäten. Dieses Ziel haben sie nicht erreicht. Mit vorbereiteten Materialien wollten sie unser soziales System diskreditieren und unser Heimatland bei unseren Nachbarn anschwärzen. Wie die ausländische Presse schreibt, sollten diese Materialien, die auch die politischen Strukturen der Zeit von vor 1938 verherrlichen, unsere bisherigen politischen Positionen als subjektivistisch und antagonistisch darstellen. Einige der Organisatoren dieser Provokation wurden in Haft genommen. Eine ähnliche Aktion mit den gleichen politischen Zielen wurde von Emigré und anderen Zentren am Sonntag in Wien organisiert. Hinter der Absicht beider dieser Aktionen stand ein gemeinsames Ziel: die Umstrukturierungsbemühungen unserer Partei und Gesellschaft zu diffamieren, aber auch, das Wiener Treffen *(der KSZE)* zu komplizieren und, in Unvereinbarkeit mit der Schlußakte der Konferenz über Sicherheit und Zusammenarbeit in Europa, sich in die inneren Angelegenheiten der ČSSR einzumischen und die tschechoslowakische Souveränität zu verletzen.«

Ich fürchte, keine Übersetzung kann hier wirklich der semantischen Absurdität des Originals gerecht werden. Während ich es las, erinnerte ich mich an die Zeilen, die Auden nach der sowjetischen Invasion vor zwanzig Jahren schrieb:

> »Das Scheusal tut wie ein Scheusal geraten,
> Dem Menschen ganz undenkbare Taten,
> Nur der eine Sieg will ihm nicht gelingen,
> Das Scheusal kann nicht das Wort bezwingen.
> Durch unterjochtes Ödeland,
> Verzweiflung und Tod in seiner Hand,
> Stolziert das Scheusal mit gespreiztem Schritt,
> Während Schaum ihm aus dem Munde tritt.*«

* The Ogre does what Ogres can, / Deeds quite impossible for Man, / But one prize is beyond his reach, / The Ogre cannot master Speech. / About a subjugated plain, / Among its desperate and slain, / The Ogre stalks with hands on hips, / While drivel gushes from his lips. (Übersetzung Y. B.)

Das Scheusal, das Auden im Sinn hatte, war die Sowjetunion. Das Scheusal aber verändert sich. Es beginnt, das Wort zu bezwingen. So bleiben nun seine Untertanen in Prag einsam sich selbst überlassen. Noch immer steht ihnen Schaum vorm Mund. Dabei mangelt es ihnen selbst noch an der argumentativen Kraft konsistenter Absurdität. Die Materialien für unser Symposium »verherrlichen die politischen Strukturen von vor 1938«, plappern die Untertanen, die sich nicht einmal getrauen, mit ihren Namen zu zeichnen – aber sie selbst verbeugen sich vor dem großen Architekten jener »Strukturen«, vor Tomás Garrigue Masaryk, um so wenigstens versuchsweise ihren Patriotismus zu untermauern. Und die Menschen in den Straßen lachen sie aus.

Ich bat die Empfangsdame in einem Hotel um eine Ausgabe der *Rudé Právo*. »Warum in aller Welt wollen sie das lesen?« fragte sie. Ich erklärte ihr, daß ich von einem Kommentar über unser Symposium gehört hatte. »Oh, das muß ich lesen«, rief sie, aber als sie bei dem Satz über »Organisationen der psychologischen Kriegsführung des Nord-Atlantik-Vertrages« angelangt war, konnte sie sich vor Lachen nicht mehr halten.

Das ständige Symposium

Am Sonntag reisten fast alle Teilnehmer nach Wien weiter, zu einem »parallelen« Symposium, das von exilierten Tschechen und Slowaken organisiert wurde, und zu einer Pressekonferenz der Internationalen Helsinki Kommission. Am Montag waren alle unsere Gastgeber aus dem Gefängnis entlassen. Einige von ihnen hatten kilometerweit nach Hause laufen müssen, weil man sie so früh am Morgen entlassen hatte, daß weit und breit kein Transportmittel aufzutreiben war. Sie ließen Berichte über ihre neuesten Gefängniserfahrungen kursieren, wie ärgerlich die Gefängniswärter über die Störung ihrer Alltagsroutine gewesen waren, wie oberflächlich und absurd die Verhöre.

Havel war auch von unserem charmanten »Oberleutnant Novotná« vernommen worden. Sie war hereinspaziert und hatte verkündet, »ich bin gekommen, um den Einsatz mit Ihnen zu besprechen«. Ich schlug ihm vor, daß sie nach der Befreiung wirklich zum Theater geschickt werden sollte, mit ihrem Aussehen und ihrem Hang zum Absurden. Er sagte, er würde ihr vielleicht eine Rolle in einem seiner Stücke schreiben.

Er und die anderen waren durch ihre Tage im Gefängnis natürlich erschöpft. Aber die internationale Unterstützung hatte sie über Wasser gehalten. Sie waren bewegt über die Nachricht von der Feierstunde an Patočkas Grab, ermutigt durch die Proteste, die sie über westliche Sender gehört hatten, und begeistert von unserer Interpretation der Eröffnungsworte Havels. Für uns waren sie eine Aufforderung, das Treffen mit besten Kräften fortzuführen. Ich glaube, es war Pierre Hassner, der als erster meinte, nachdem Havel das Treffen formell eröffnet habe, könne es auch nicht enden, bevor er es formell für beendet erkläre.

Und so dauert das Treffen an. Es wurde zum ständigen Symposium erklärt. Bevor ich wegfuhr, hatte Havel darum gebeten, daß alle, die etwas zu diesem Thema schreiben würden, wo immer es auch erscheinen mag, es als »Beitrag zum ständigen Symposium Tschechoslowakei 88« kennzeichnen sollten. So lange, bis wir uns alle wieder in Prag zusammenfinden können, um das Treffen zu beenden.

Tschechoslowakei 88

Was sagt uns diese Tragikomödie über das Thema unserer abgebrochenen Diskussion, Tschechoslowakei 88? Ganz offensichtlich, daß die Tschechoslowakei noch immer rückwärts marschiert, während Ungarn, Polen und, allen voran, die Sowjetunion vorwärts gehen – wenn auch nicht im Gleichschritt. Nach der Entfernung von Lubomir Štrougal aus dem Amt des Premierministers wurde die Regierung reaktionärer als je zuvor. Zwischen Verhören kommentierte ein tschechischer Historiker: es sei bittere Ironie, daß sie schließlich 1988, im Zeitalter Gorbatschows, eine Regierung hätten, wie sie sich Breschnew nach der Invasion vor zwanzig Jahren gewünscht hatte. Doch dies ist eine Breschnew-Regierung ohne Breschnew, ein Regime, dessen Zeit abgelaufen ist.

Diese Episode zeigt uns aber auch, daß das Regime, das der Tschechoslowakei seit zwei Jahrzehnten jene groteske Anormalität der »Normalisierung« aufbürdet, inzwischen zutiefst verunsichert und unentschlossen ist. Verunsichert vom Osten, denn, wenn Gorbatschow sich wie Dubček verhält, wenn Polen und Ungarn fast freie Staaten geworden sind, wie in aller Welt können sie dann noch ihre Unbeweglichkeit rechtfertigen? Mit Verweis auf das bedeutende sozialistische Beispiel der Deutschen Demokratischen Republik? Oder vielleicht Bulgariens? Es war schon interessant, daß sowohl die polnische wie die ungarische Presse über Dubčeks Rede am 13. November in Bologna und die Bedeutung, die der Prager Frühling noch immer hat, berichteten. Es gab Anzeichen dafür, daß enge Berater Gorbatschows eine Neubewertung des Prager Frühlings im Sinn hatten, wie Dubček es gefordert hatte. Und es muß ihnen schwergefallen sein, davon Abstand zu nehmen. Gorbatschows politischer Berater Aleksandr Jakowlew war einen Tag nach unserem Treffen in Prag. *Rudé Právo* brachte sein Bild auf der ersten Seite. Nachdenklich war er dort zwischen den freudestrahlenden Gesichtern von Jakeš, dem reaktionären Veteranen Vasil Bilak und ihrem ideologischen Wachhund Jan Fojták zu sehen. *»Que diable allait-il faire dans cette galère?«* hätte es untertitelt sein können.

Aber das Regime wird auch »von unten« verunsichert, durch neue unabhängige Initiativen und die wiedererwachte Zivilcourage der Bürger, die natürlich von Gorbatschow, vom benachbarten Ungarn und Polen und durch die neue Ost-West-Entspannung beeinflußt sind. Verunsichert aber auch als Resultat der inneren Prozesse, des politischen und wirtschaftlichen Verfalls einerseits und der intellektuellen und sozialen Emanzipation andererseits. Während die politische Führung physisch wie psychisch überaltert ist, strebt eine neue Generation vorwärts, eine Generation voller Ungeduld den Kompromissen und Ausflüchten ihrer Eltern gegenüber. Ich erfuhr von einem Mädchen, das bei der Demonstration am 28. Oktober, dem Unabhängigkeitstag, am Wenzelsplatz war. Am 21. August 1968 war sie am selben Platz den sowjetischen Panzern gegenübergestanden – als dreiwöchiges Baby im Kinderwagen.

Die Behörden sehen sich heute nicht nur mit der Opposition und dem Protest der alten Kampffront aus der Charta 77 konfrontiert, nicht nur mit dem intellektuellen Samizdat, sondern mit Tausenden junger Menschen, die den Mut haben, sich offen zu wehren, und mit nicht weniger als sechshunderttausend Menschen, die inzwischen jene Petition für Religionsfreiheit unterzeichnet haben, die von einem einfachen mährischen Bauern zu

Beginn dieses Jahres initiiert wurde. Am zwanzigsten Jahrestag der sowjetischen Invasion demonstrierten Tausende junger Menschen in der Stadtmitte Prags und riefen »Dubček!« und »Freiheit!«.

Dann, Mitte Oktober, sahen sich die Behörden plötzlich mit einem ernstzunehmenden politischen Forum der Opposition konfrontiert: mit dem Manifest einer »Bewegung für bürgerliche Freiheiten«, betitelt »Demokratie für alle«. Obwohl viele der Erstunterzeichner dieses Manifests Chartisten sind, so unterscheidet es sich doch fundamental vom ursprünglichen Programm der Charta 77. Hier wird versucht, ein konkretes Programm für den systematischen politischen Wandel zu formulieren. Und dieses Programm reicht weit über jenes des »Sozialismus mit einem menschlichen Gesicht« hinaus, das Dubček während seiner Rede in Bologna nostalgisch in Erinnerung rief. Dubček zählte Machiavelli und Gramsci zu seinen intellektuellen Ahnen. Aber die Schutzheiligen dieses Manifests sind eher Montesquieu und Keynes. Es ist ein etwas aufgebauschtes Dokument, wie man es von einer Koalition unabhängiger Personen und Gruppen mit sehr unterschiedlichen politischen Ansichten erwarten würde. Aber die gemeinsame Basis ist deutlich formuliert: liberale Demokratie, Rechtstaatlichkeit und ein gemischtes Wirtschaftssystem.

Später, beim neuerlichen Versuch, ihre patriotische Glaubwürdigkeit zu beweisen, erklärten die Machthaber plötzlich, daß der siebzigste Jahrestag der tschechischen Unabhängigkeit am 28. Oktober 1918 als Nationalfeiertag begangen werden könne. (Clevere Ladenbesitzer sicherten sich nach allen Seiten ab und stellten Schilder in ihre Schaufenster, »Lang lebe der Oktober«, womit sowohl die russische Revolution von 1917 als auch die tschechoslowakische Unabhängigkeit von 1918 gemeint sein konnte. Nur ein paar riskierten es, ein Bild von Masaryk auszustellen.) Dann sperrten die Behörden effektiv alle Oppositionsführer ein, um sicher zu gehen, daß es zu keiner wirklich patriotischen Kundgebung kommen konnte. Und doch war es genau das, was stattgefunden hat. Eine mehr oder weniger spontane Menge hauptsächlich junger Menschen rief erneut nach »Freiheit!« und wurde von ziemlich wirkungslosen Wasserwerfern durch die engen Straßen getrieben.

Der neue Innenminister František Kincl war Polizeibeamter von Beruf, und so haben sich auch die polizeilichen Methoden verschärft. Die Treibjagd auf Oppositionelle im Zusammenhang mit dem 28. Oktober und unserem Symposium war die schlimmste seit Jahren. Während ich dies schreibe, wurden und werden Menschen zu Verhören wegen des Manifests »Demokratie für alle« abgeholt. Ein deutlicher Versuch, andere daran zu hindern, sich ihnen anzuschließen. Am schlimmsten erging es dem Initiator der Petition für Religionsfreiheit, Augustin Navrátil, den sie wegen »paranoider Querulanz« in ein Irrenhaus gesperrt haben – und das zu einer Zeit, in der sogar die Sowjetunion vom Mißbrauch der Psychiatrie für politische Zwecke Abstand zu nehmen scheint.

Gleichzeitig bietet das Regime halbherzige Gesten der Reform und Entspannung an. In der offiziellen Presse erschienen außergewöhnlich offene Rechenschaftsberichte zur wirtschaftlichen Stagnation des Landes. Der slowakische Kultusminister äußerte in *Rudé Právo*, daß die Tatsache zweier Kulturen in einem Land höchst ungesund sei und man ernsthaft darüber nachdenken müsse, was die Gründe gewesen seien, die zur Entstehung der Charta 77 geführt haben. Es werden mehr offizielle Theatergruppen erlaubt. Und, konfrontiert mit der Formierung einer unabhängigen Helsinki-Gruppe und in Erwartung einer neuerlichen inoffiziellen Demonstration zum Menschenrechtstag am 10. Dezember, haben die Behörden die Gründung einer offiziellen Menschenrechtskommission am selben Tag vorgeschlagen.

Wie uns Tocqueville vor langem beigebracht hat, sind diese inneren Widersprüche, dieses Schwanken zwischen zunehmenden Repressionen und halbgaren Reformen, charakteristisch für ein Ancien Régime in seinen letzten Zügen. Wie lange diese Periode der Dämmerung anhalten und wie ein Wandel in Erscheinung treten wird, plötzlich oder allmählich, friedlich oder weniger friedlich, ist natürlich schwer vorherzusagen. Man vermutet, daß jüngere Männer, wie der Prager Parteisekretär Miroslav Štěpán, demnächst in höhere Positionen aufsteigen werden. Auch sie hatten ihren Anteil, wenn auch einen geringeren, am schmutzigen Geschäft der »Normalisierung«. Die meisten glauben, daß Štěpáns politische Generation hauptsächlich aus Opportunisten, Karrieristen und Zynikern besteht. Aber das allein disqualifiziert sie noch nicht. Károly Grósz und seine Zeitgenossen in Ungarn sind kaum zu den puristischen Idealisten dieser Welt zu zählen. Und doch unternehmen sie, aus Einsicht in die Notwendigkeiten, wirklich eindrucksvolle Versuche für politische und wirtschaftliche Reformen. Der Zynismus des einen kann der Realismus des anderen sein. Es ist auch keineswegs gesagt, daß das, was die Tschechoslowakei heute am dringendsten braucht, ein neuer, anständiger und idealistischer Alexander Dubček wäre.

Außerdem darf man annehmen, daß die Tschechoslowakei im Augenblick des Wechsels in einer besseren Position sein wird als Polen und Ungarn, denn ihre einst mächtige Wirtschaft ist, wenn auch ziemlich heruntergekommen, noch immer in einem weniger katastrophalen Zustand als die polnische und ungarische, und relativ frei von der Schuldenlast in harter Währung. Doch diese Situation birgt eine Doppelwirkung in sich: Hätten die polnischen und ungarischen Führer sich jemals genötigt gefühlt, derart radikale Reformen einzuleiten, wären da nicht ihre massiven Wirtschaftskrisen und daher Abhängigkeiten vom Westen gewesen? Hier liegt die Crux des osteuropäischen Dilemmas. Es kann eine Wirtschaftskrise und politische Reformen geben (Polen, Ungarn). Es kann keine Wirtschaftskrise und keine politischen Reformen geben (DDR, Tschechoslowakei). Es kann sogar eine Wirtschaftskrise und keine politischen Reformen geben (Rumänien). Aber kann es politische Reformen ohne eine Wirtschaftskrise geben? Vielleicht wird die Tschechoslowakei das erste Land sein, das dieses Kunststück fertigbringt, wie Milan Šimečka es optimistisch in einem Papier für unser Symposium formulierte. Vielleicht.

Die Welt

Was auch immer geschehen wird, es wird vor allem von den innenpolitischen Entwicklungen in der Tschechoslowakei, in der Sowjetunion oder anderswo in Osteuropa abhängen – in genau dieser Reihenfolge. Aber auch von uns. »Die Welt sieht euch!« rief die Menge der Polizei während der Demonstrationen am 28. Oktober zu. Tut sie das wirklich?

Das Schicksal dieses kleinen Landes in der Mitte Europas hängt 1988 noch immer genauso von der Haltung der westlichen wie der östlichen Welt ab – so, wie in all den Wendejahren, jenen »Jahren mit Acht«, die Themen unseres Symposiums waren: 1918, als England, Frankreich und die Vereinigten Staaten Masaryk die internationale Zustimmung erteilten, einen unabhängigen tschechischen Staat zu gründen; 1938; 1948, als der kommunistische Staatsstreich, und 1968, als die sowjetische Invasion stattfanden.

Heute lautet der Spruch, den Jakeš' Mannschaft an den Westen verkaufen will, ungefähr so: »Wir wollen wirklich unsere eigene Perestroika *(prestavba)* vorantreiben, vor allem mit einem wirtschaftlichen Wiederaufbau. Aber dafür brauchen wir Ordnung und Stabilität zu Hause. Ordnung muß sein. Deshalb müßt ihr uns Kredite und technologisches Know how geben und verstehen, warum wir unsere gefährlichen kriminellen Elemente einsperren müssen« ... gefährlich, wie der berühmteste Stückeschreiber des Landes, Václav Havel? Ein schwachsinniger Satz, mag man denken. Doch seltsamerweise scheinen einige westliche Regierungen durchaus bereit zu sein, ihn zu schlucken. Das gilt für Österreich und bis zu einem gewissen Grad auch für die Bundesrepublik, die beide ein besonderes Interesse an einem stabilen Szenario für ihre eigene nationale Annäherung an Ungarn respektive die DDR haben und die historisch wirtschaftlichen Beziehungen immer ungeachtet der politischen Umstände gefördert haben.

Überraschender ist der Fall Frankreichs, dessen Außenminister dieses Jahr behauptete, daß die Menschenrechte in der Tschechoslowakei mehr Beachtung gefunden hätten (eine Einschätzung, die er bald darauf modifizierte), und dessen Präsident François Mitterrand ausgerechnet Prag, und ausgerechnet Prag zu dieser Zeit, für einen Staatsbesuch, der im Dezember stattfinden soll, auserkoren hat. Man mag ja Verständnis für seinen königlichen Widerwillen haben, in Mrs. Thatchers Kielwasser nach Polen oder Ungarn zu schwimmen, aber das treibt die persönliche Konkurrenz denn doch ein wenig zu weit.

Dem tschechoslowakischen Regime eine derart hochrangige politische Anerkennung oder wirtschaftliche Unterstützung zukommen zu lassen, ist nicht nur moralisch fragwürdig. Es ist auch politisch kurzsichtig. Denn auf diese Weise wird eine wesentliche Lektion aus der jüngsten osteuropäischen (und nicht nur der osteuropäischen) Geschichte ignoriert: je länger fundamentale Reformen hinausgezögert werden, um so schwieriger werden sie herzustellen sein und um so geringer ist die Wahrscheinlichkeit, daß sie unter friedlichen Bedingungen stattfinden werden. Ein derartiges fragwürdiges Verhalten wird daher auf längere Sicht den gegenteiligen Effekt erzielen.

Es gibt eine Zeit zu loben und eine Zeit zu tadeln, eine Zeit für Finanzierungshilfe und eine Zeit, davon Abstand zu nehmen, eine Zeit zu reisen und eine Zeit zu warten. Im Falle des tschechoslowakischen Regimes, in seinem derzeitigen repressiven und wankelmütigen Zustand, ist es Zeit für letzteres, Zeit für beobachtendes Abwarten und für Unterstützungen, die strikt mit Bedingungen verbunden sind. Unterstützung, damit die alte Mannschaft abtritt. Unterstützungen für die neue, wenn sie da ist, damit sie sich so verhält, wie es einem hochzivilisierten Land im Herzen Europas im ausgehenden 20. Jahrhundert ansteht.

Die Erklärung

Einiges deutet darauf hin, daß sich endlich einmal in der tschechoslowakischen Geschichte ein solcher Wetterwechsel vollziehen könnte, bevor der Kalender ein weiteres »Jahr der Acht« zeigt. Fast ist es schade, diese Regel zu brechen. Aber sie haben nun lange genug darauf gewartet.

Also freue ich mich darauf, dabeisein zu können, wenn Václav Havel unser ständiges Symposium Tschechoslowakei 88 für beendet erklären wird – in der Slovanský Dům, Na Přikopě 22 (erster Stock), Prag 1 – und längst vor 1998.

13 Reform oder Revolution?

Dieser lange Essay, geschrieben im Sommer und Herbst 1988, war ein Versuch, Zeitgeschichte zu beschreiben und zu prognostizieren. Natürlich wurde die Prognose, vor allem die ausgiebige Diskussion der Reformen in Polen und Ungarn, von den Geschehnissen überrollt. Doch die zeitgeschichtliche Analyse der Krise, in der sich das »äußere Imperium« der Sowjetunuion in Osteuropa befindet, und die vorgeschlagene Metapher der »Ottomanisierung« erhielt durch die jüngsten Entwicklungen eine noch pointiertere Aktualität.

Seit vierzig Jahren

Acht Jahre nach der Geburt von Solidarność breiten sich in ganz Polen wieder Streiks aus. Die Hauptforderung der Arbeiter heißt: Solidarność. Am zwanzigsten Jahrestag der sowjetischen Invasion marschieren zehntausend Tschechen durch die Prager Straßen und rufen »Dubček!« und »Freiheit!«. In Budapest demonstrieren mit offizieller Genehmigung vierzigtausend Menschen gegen die Politik eines benachbarten sozialistischen Staates. Ohne eine solche Genehmigung unterzeichnen mehr als eine halbe Million Tschechen und Slowaken eine Petition für religiöse Freiheit. Die protestantischen Kirchen in der DDR versuchen trotz staatlicher Zensur die neue Politik der Sowjetunion zu predigen. Der polnische Regierungssprecher lädt sich selbst zu einem Besuch bei Radio Free Europe ein. Ein ungarisches Politbüromitglied sagt, es habe »keine grundsätzlichen Argumente zugunsten des Einparteiensystems«.[1]

Heutzutage ist man schon enttäuscht, wenn man beim Lesen einer polnischen oder sowjetischen Zeitschrift feststellt, daß es noch immer große, starre, vierzig Jahre alte Tabus gibt, mit denen

[1] Imre Pozsgay, zitiert nach BBC, Summary of World Broadcasts-Eastern Europe (SWB-EE). Der Autor bedankt sich bei Ivo Banac, Archie Brown, Włodzimierz Brus, Norman Davies, Charles Gati, Elemér Hankiss, Philip Hanson, Pierre Hassner, Tony Judt, Leszek Kołakowski, Miłowit Kuniński, Zbigniew Pełczyński, Jacques Rupnik, George Schöpflin, Aleksander Smolar und Rudolf Tökes für ihre Kommentare zu einem ersten Entwurf dieses Essays.

nicht kurzerhand gebrochen wurde. Es wäre amüsant, wenn auch vielleicht ein wenig boshaft, eine kleine Anthologie jener Expertenaussagen über die Sowjetunion und Osteuropa zusammenzutragen, die mit den Worten beginnen »Undenkbar ist ...« oder »Eines ist sicher ...«

Nicht nur einzelne Tabus fallen wie Kegel. Ganze Konzepte wurden umgestoßen. Normalisierung zum Beispiel. Nach Verhängung des Kriegsrechts in Polen schrieben seriöse westliche Analytiker über die »Perspektiven der Normalisierung« in Polen, wobei diese Normalisierung als der Versuch definiert wurde, ein ost-mitteleuropäisches Land gewaltsam wieder sowjetischen Normen anzupassen. Als Maßstäbe galten Ungarn nach 1956 und die Tschechoslowakei nach 1968. Dieses analytische Grundprinzip schien zu jener Zeit durchaus vernünftig. Doch welche Relevanz hat dieses Konzept heute? Die Gruppe um Jaruzelski ist, wie es die besten Analytiker vorhergesehen hatten, mit der Vision gescheitert, durch einen *Kádárismus à la Polonaise* eine Normalisierung zu erreichen.[2] Aber auch die gesamte Vorstellung dessen, was normal ist, scheint sich verändert zu haben.

Alte Konzepte fallen in sich zusammen, wo aber bleiben die neuen? Abgesehen von der Komplexität und Fragilität innenpolitischer Entwicklungen, von der großen Ungewißheit über Art, Tempo und Dauerhaftigkeit des Wandels in der Sowjetunion, bleibt noch immer das Problem der Divergenz. Die osteuropäischen Länder in einen Topf zu werfen war schon immer ein schwieriges und fragwürdiges Unterfangen, selbst auf der Höhe stalinistischer Gleichschaltung. Zunehmend schwieriger und fragwürdiger aber wird es, je unterschiedlicher sich die einzelnen Länder von der Sowjetunion, aber auch voneinander entwickeln. Der Historiker Joseph Rothschild nennt sein neues Buch über die Geschichte Ost-Mitteleuropas seit dem Zweiten Weltkrieg *Return to Diversity*. Das Wissen um die Vorkriegsgeschichte ei-

[2] Siehe beispielsweise: Włodzimierz Brus, »The Prospect of ›Normalization‹ in Poland«, in: W. Brus, P. Kende, Z. Mlynář, »Normalization« Processes in Soviet-dominated Central Europe, 1982, Studie Nr. 1 des Forschungsprojekts »Crisis in Soviet-type Systems«, unter dem Vorsitz von Zdeněk Mlynář; Jacques Rupnik, »The Military and ›Normalization‹ in Poland«, Nachdruck in: Paul Lewis (Hrsg.), Eastern Europe: Legitimation and Political Crisis, New York 1984; Timothy Garton Ash, The Polish Revolution: Solidarity, London 1983. Zwei interessante Hinweise auf den kádáristischen Traum der polnischen Behörden findet man bei: Adam Bromke, Eastern Europa in the Aftermath of Solidarity, East European Monographs, Boulder, Colorado 1985, S. 41.

nes jeden Landes, seiner Geschichte vor Jalta, ist heute mindestens so notwendig wie grundsätzliche Kenntnisse eines Systems nach sowjetischem Muster.

Osteuropa heute erinnert an eine Landschaft, auf deren Feldherrnhügeln vor etwa vierzig Jahren zahllose gleichförmige Betonfestungen errichtet wurden. Noch immer stehen sie dort, noch immer besetzt, noch immer häßlich, vom Thüringer Wald bis hin zur weiten ungarischen Ebene. Auf ihren Terrassen sitzen noch immer erbärmlich zufrieden die vertrauten, feistgesichtigen Bewohner. Noch immer pflegen sie ihre schwarzen, vorhangbewehrten Autos und ihre vorfabrizierten Lügen. Aber auf den zweiten Blick sieht man seltsame Veränderungen. Hier liegt ein ganzer Burgflügel als Ruine am Boden, rostiges Stahlgestänge stakt aus verrottetem Zement. Dort hat das Anwesen eine völlig unpassende Barockfront erhalten, hier romanische Fresken, einen Außenanstrich in den nationalen Farben der Vorkriegszeit. Aus der Halle tönen die Klänge eines patriotischen Marsches. Anderswo ziehen sich kleine Häuschen den Hügel hinauf, deren Bauweise man fast schon wieder traditionell nennen könnte. Um die Ecke hat sich ein privater Unternehmer etwas weit Moderneres und Luxuriöseres hingestellt. Und wer ist dieser Mann in der schwarzen Soutane, der unterwürfig über die Terrasse geleitet wird? Und seit wann haben Betonburgen eigentlich Kirchturmspitzen?

Gorbatschow

Beginnen wir mit Herrn Gorbatschow – was allerdings nicht heißt, am Anfang zu beginnen. Angesichts der verwirrenden Ausblicke auf Osteuropa haben sich die meisten westlichen Nachrichtenkommentatoren auf eine Rezeptur geeinigt, die ebenso einfach wie unerprobt ist. Jede neue Entwicklung in Osteuropa wird als Bestandteil der sowjetischen *glasnost* und *perestroika* behandelt oder, alternativ, als Herausforderung an beide. Eine ernsthafte Analyse des augenblicklichen Dilemmas in Ungarn oder Polen könnte jedoch genauso gut im Mittleren Osten[3]

[3] Der Mittlere Osten ... der das Öl produzierte, das die Petrodollars verdiente, welche die Polen und Ungarn leihen mußten, was ihre Schulden verursachte, welche die Krise bedingten, die die Reform herausforderte.

ansetzen wie in Moskau. Natürlich war Gorbatschows Einfluß groß gewesen, aber auch überall anders, uneindeutig, eher indirekt als direkt. Außerdem wirkte der »Gorbatschow-Faktor« in politische Szenerien hinein, die, zumindest in Ungarn und Polen, bereits eine mächtige Eigendynamik entwickelt hatten.

Die radikalste und spekulativste Frage über Moskaus Einstellung zu seinem »äußeren Imperium«[4] könnte die TITO-Frage genannt werden: »Troops In, Troops Out?« Unter welchen Bedingungen würden sowjetische Truppen erneut in ein osteuropäisches Land einmarschieren? Unter welchen Bedingungen würden sie abziehen?

Hat die sogenannte Breschnew-Doktrin der begrenzten Souveränität innerhalb des sozialistischen Staatenbundes, die so eloquent von S. Kowalew in der *Prawda* vom 26. September 1968 dargelegt wurde, zwanzig Jahre nach dem Einmarsch der Warschauer-Pakt-Truppen in die Tschechoslowakei noch immer Gültigkeit? Zumindest zwei hochrangige Berater Gorbatschows haben ausdrücklich erklärt, daß sie eine Invasion unter den gegebenen Umständen für undenkbar halten.[5] Rein theoretisch müßte die Ideologie des »neuen Denkens« in der sowjetischen Außenpolitik zumindest auch eine neue ideologische Rechtfertigung derartiger Aktionen liefern, nunmehr im Sinne des »Menschheitsinteresses«, nicht mehr also im Klasseninteresse. (Die Sowjets könnten zum Beispiel sagen, daß die Ozonschicht durch die Verschmutzung aus tschechischen Industrieschloten gefährdet sei.) Zwei führende sowjetische Rechtsgelehrte stellten in einem kürzlich veröffentlichten Artikel die These auf, daß das Prinzip der »friedlichen Koexistenz« im Kontext mit dem »neuen Denken« auch auf Beziehungen zwischen Staaten mit dem gleichen politischen und sozialen System ausgedehnt werden müsse.[6] Gorbatschow selbst hat das Recht der sozialistischen Staaten auf Findung ihres eigenen sozialistischen Weges während seines Besuchs in Belgrad ausdrücklich betont.

[4] »Äußeres Imperium« heißt: die sechs Mitgliedstaaten des Warschauer Pakts, im Gegensatz zum »inneren Imperium« der nicht-russischen Republiken innerhalb der Sowjetunion.

[5] Oleg Bogomolov, zitiert in: *Financial Times*, 27. Juni 1988, S. 17; Wiatscheslaw Daschitschew, in: *Der Spiegel*, Nr. 27, 1988, S. 126. Bogomolov wurde auch in der *Washington Times* vom 8. Juli 1988 zitiert: »Die Breschnew-Doktrin ist vollständig inakzeptabel und undenkbar ...«

[6] Der Artikel aus *Soviet State and Law*, Mai 1988, wurde zusammengefaßt und analysiert von Theodor Schweisfurth, in: *Frankfurter Allgemeine Zeitung*, 13. Mai 1988, S. 9–10.

Andererseits wurde für den außerordentlichen Parteitag der KPdSU im Mai 1988 die These aufgestellt: »Unsere internationalen Verbindungen sind auf der Grundlage des gegenseitigen Nutzens gebaut, auf einem Gleichgewicht der Interessen und der gemeinsamen Verantwortung für das Schicksal und Ansehen des Sozialismus und der Stärkung seiner Rolle in den weltweiten Entwicklungen.« Offizielle sowjetische Kommentare zum zwanzigsten Jahrestag der Invasion der Tschechoslowakei (20.–21. August) ließen keinerlei Reue erkennen, wenn das auch damit erklärt werden kann, daß man das Husák-Jakeš-Regime in Prag nicht verärgern wollte. Im Juni, während seines Besuchs in Warschau, lehnte es Gorbatschow trotz der öffentlichen Aufforderung eines polnischen Intellektuellen ab, sich von der Breschnew-Doktrin loszusagen.[7]

Solche Aussagen sind wichtig, nicht zuletzt wegen ihrer direkten Auswirkungen – schlichtweg als Aussagen – auf Osteuropa. Aber sie bringen uns (oder die sowjetische Führung) nicht weiter, wenn es um die Überlegung geht, was die Sowjets heute tatsächlich unternehmen würden, wenn ein osteuropäisches Land vor ihren Augen einen Sturm entfachen würde. Niemand weiß das, nicht einmal Gorbatschow selbst. Diese Frage kann nur die Praxis beantworten. Alles was wir sagen können, ist, daß die Sowjetunion mit ihrer Antwort auf die drei großen osteuropäischen Herausforderungen der Nachkriegszeit jedesmal länger gezögert hat – nur Tage 1956 in Ungarn, Monate 1968 in der Tschechoslowakei und schließlich länger als ein Jahr 1980–81 in Polen. Sie hat sich zunehmend bemüht, ihre Interventionen zu verschleiern – unilateral 1956, multilateral (Warschauer Pakt) 1968, polnisch-»intern« 1981. Heute hat sie mehr Gründe denn je für eine Verzögerungs- und Verschleierungstaktik, denn eine Invasion würde die Reformen innerhalb der Sowjetunion genauso gefährden wie ihre Beziehungen mit dem Westen, die doch so wichtig für diese Reformen sind. Die Einschätzung jeder osteuropäischen Herausforderung war schon immer eine Frage der

[7] Die Frage wurde von Marcin Król, Redakteur der unabhängigen Monatsschrift *Res Publica*, am 14. Juli während eines Treffens zwischen Gorbatschow und ausgewählten Intellektuellen im Königlichen Palast gestellt. In seiner Rede zum siebzigsten Jahrestag der Oktoberrevolution sprach Gorbatschow auch über den Schaden, den die Beziehungen zwischen den sozialistischen Ländern erleiden könnten, »durch eine Vernachlässigung der gemeinsamen sozialistischen Interessen auf der internationalen Bühne«.

Definition gewesen: Was heißt »Reform« und was »Revolution«? Was hilft und was schadet dem »Schicksal und Ansehen des Sozialismus«? Was bedeutet – um eine beliebte westliche Formulierung aufzugreifen – »Stabilität« und was »gefährliche Destabilisierung«?

Seit Stalin waren alle sowjetischen Machthaber (ausgenommen die Interimsfiguren Andropow und Tschernenko) einer großen Herausforderung durch Osteuropa ausgesetzt. Man darf mit gutem Grund annehmen, daß der derzeitige sowjetische Machthaber mit einer solchen Herausforderung eher früher als später konfrontiert sein wird. Es ist daher von größter politischer Bedeutung, daß sich der Westen analytisch, psychologisch und durch die Planung möglicher Reaktionen auf eine solche Krise vorbereitet. Und zu dieser Reaktion gehört gerade die Frage der Definition. In der Vergangenheit wurde »Stabilität« von den westlichen Großmächten, ganz besonders aber von der Bundesrepublik, viel zu restriktiv, tendenziell fast schon auf sowjetische Weise definiert. Phänomene wie Streiks und Straßendemonstrationen, die in unseren eigenen Ländern als vollkommen natürliche Bestandteile der politischen und öffentlichen Kultur gelten, wurden als Symptome »gefährlicher Destabilisierung« behandelt. Natürlich *ist* ein Streik in einem sozialistischen Land von wesentlich größerer Bedeutung als der Streik in einer freiheitlichen Demokratie. Dennoch ist es heute von größter taktischer Bedeutung, daß der Westen seine Reaktionen modifiziert. Er müßte der Sowjetunion sagen (während er sie gleichzeitig vor den verhängnisvollen Konsequenzen der offenen oder versteckten Gewaltanwendung warnt): »Aha, in (Name des Landes) sind fünfzigtausend Menschen auf der Straße? Jede Woche gibt es einen neuen Streik? Unabhängige politische Parteien sind entstanden? Na und? Das ist doch normal. Das ist gut. Das ist Reform, nicht gefährliche Destabilisierung. Wir nennen das *glasnost* und *perestroika*.« Das ist ein politisches Argument. Analytisch gibt es jedoch nichts mehr zu tun, als die sowjetischen Statements und Signale zu registrieren.

Über Truppenbewegungen zu spekulieren ist angenehmer, wenn sie in die entgegengesetzte Richtung marschieren. Mitte Juli sagte der außenpolitische Sprecher der Ungarischen Kommunistischen Partei im Fernsehen, daß die sowjetischen Truppen »in absehbarer Zukunft« aus Ungarn abgezogen werden könnten.[8] Diese mögliche Entwicklung hat immense Aufmerksamkeit im Westen hervorgerufen – hauptsächlich durch die alte »Militarisierung des Denkens« über die Ost-West-Beziehungen, eine bekannte Schwäche des amerikanischen Denkens seit den Zeiten des kalten Krieges in den fünfziger Jahren, aber auch eine Schwäche der europäischen Friedensbewegung der achtziger Jahre. Klipp und klar ist, daß sich jede quantitative Verringerung oder qualitative Veränderung der militärischen Konfrontation in Mitteleuropa unausweichlich auf die Politik der osteuropäischen Länder auswirken würde. Klar ist aber auch, daß ein Rückzug der sowjetischen Truppen – Stützen und Symbole der Vorherrschaft – weit mehr politische Auswirkungen haben würde als jede strukturelle Veränderung der Streitkräfte, der Rüstung oder der Militärdoktrin. In jedem Fall aber wird es zunehmend schwieriger, die wirklichen politischen Auswirkungen vorherzusagen.

Jede These, die impliziert: »sowjetische Truppen haben vor fünfundvierzig Jahren den Kommunismus mit sich gebracht, und wenn sie abziehen, werden sie auch den Kommunismus wieder mit sich nehmen«, simplifiziert in hohem Maße und folgert einen deutlichen Trugschluß.[9] Trotzdem ist es alles andere als sicher, ob eine derartig naive Hoffnung nicht doch in vielen patriotischen Herzen genährt würde, wenn diese Truppen abziehen. Der neue ungarische Parteiführer Károly Grósz könnte kurzfristig durchaus Popularität für eine derartige Äußerung gewinnen. Doch würde er damit nicht Erwartungen schüren, die er längerfristig gar nicht erfüllen könnte?

[8] Géza Kótai, zitiert in: SWB-EE, 14. Juli 1988, B/6. Laut dieser Übersetzung waren seine genauen Worte: »Es herrscht Einverständnis auf sowjetischer Politikebene gegenüber den Bestrebungen Ungarns, daß wir von der ersten Stufe betroffen sein sollten, laut Zeitplan, was bedeutet, daß wir, Ungarn, davon in der vorhersehbaren Zukunft betroffen wären. Das ist unser Ziel, das ist unser Bestreben …« Während des Warschauer-Pakt-Gipfels in Budapest, nur wenige Tage später, hatte es jedoch keine weiteren Hinweise in dieser Richtung gegeben. Es wurde berichtet, daß Károly Grósz, der neue ungarische Parteiführer, diese Geschichte Ende Juli während seines Besuchs in den Vereinigten Staaten abgestritten habe. Daher war wohl die Bemerkung des Herrn Kótai kaum mehr als ein verbales Kokettieren, hauptsächlich zum innenpolitischen Gebrauch bestimmt.

[9] Eine Simplifizierung vor allem im Falle der Tschechoslowakei. Obwohl zur Zeit des Februar-Coup 1948 Stalins Emissär bei Klement Gottwald »ausdrücklich vorschlug, daß Gottwald die sowjetische Regierung um militärische Unterstützung bitten sollte; sowjetische Truppen waren bereits an der ungarischen Grenze zusammengezogen worden.« Siehe Karel Kaplan, The Short March: The Communist Takeover in Czechoslovakia 1945–1948, London 1987, S. 175 pass. Ein ebenso differenziertes Bild der kommunistischen Machtübernahme in Ungarn findet man bei Charles Gati, Hungary and the Soviet Bloc, Chapel Hill 1986.

Eine Verringerung der sowjetischen Truppen, die das System schließlich einmal eingeführt oder zumindest gestützt hatten, würde die innenpolitischen Probleme des jeweiligen Landes um einiges brutaler auf den Umbruch des politischen, wirtschaftlichen und gesellschaftlichen Systems konzentrieren. Wachsende militärische »Stabilität« kann durchaus abnehmende politische »Stabilität« bedeuten. Das soll gewiß kein Argument gegen umsichtige Abrüstung sein, doch wir sollten unsere Augen offenhalten. Beide Teile der TITO-Frage sind eng miteinander verknüpft: Ein Abzug der Truppen heute kann die Gefahr eines Einmarsches der Truppen morgen erhöhen. Doch eine gewisse Verringerung der politischen »Stabilität« wird unausweichlich einen wirklichen politischen Wandel in Osteuropa begleiten müssen – sonst wäre es kein wirklicher Wandel.

Die Länder Ost-Mitteleuropas[10] sind gegenwärtig in zwei Kategorien gespalten: in jene, deren Regime Gorbatschow theoretisch bereitwillig als Vorbild annehmen, und in jene, deren Regime sich dem Beispiel Gorbatschows noch immer verweigern, ungeachtet der Tatsache, daß ihre Völker ihn sehnsüchtig in die Arme schließen. Jaruzelskis Gruppe in Polen und die neue Führung in Ungarn halten sich nicht einfach nur an die Buchstaben in Gorbatschows Buch. Sie holen sich außerdem noch seine Genehmigung für ihre nationalen Strategien ein. An sich schon sehr unterschiedlich, sind diese Strategien in mancher Hinsicht sogar noch radikaler oder »fortgeschrittener« als jene, die derzeit in Moskau diskutiert werden. Das Jakeš-Husák-Regime in der Tschechoslowakei (Wölfe im Schafspelz) und die Honecker-Gerontokratie in der DDR verweigern sich Glasnost und Perestrojka nicht einfach nur. Sie verteidigen auch nationale Strate-

[10] Das heißt, Tschechoslowakei, Ungarn, Polen und die DDR. Da die Begriffe »Ost«- und »Mittel«-Europa derart häufig gebraucht werden, sollte ein weiterer Gebrauch dieser Unterscheidung hier vielleicht begründet werden. Der Begriff Ost-Mitteleuropa faßt die Merkmale des Osteuropas aus der Zeit nach 1945 und des Mitteleuropas aus der Zeit vor 1914 zusammen. Osteuropa nach 1945 umfaßt die formell unabhängigen Mitgliedstaaten des Warschauer Paktes, ausgenommen die Sowjetunion. Der Begriff Mitteleuropa ist natürlich wesentlich problematischer, für die Zeit vor 1914 aber auf jene Länder anwendbar, die, ungeachtet ihrer Zugehörigkeit zu jeweils einem der drei großen multinationalen Imperien (Österreich-Ungarische, Preußisch-Deutsche oder Russische Rechtstaatlichkeit), wesentliche Elemente westlicher Traditionen bewahrt hatten: dazu gehörten beispielsweise die westliche Kultur des Christentums, Gewaltenteilung und schließlich das, was man eine Zivilgesellschaft nennen könnte. Die westliche Ukraine und die baltischen Staaten sind von daher aus ersterem Kriterium ausgeschlossen, während Bulgarien aus dem zweiten ausscheidet. Rumänien ist ein Grenzfall, gegenwärtig jedoch ein derart ungewöhnlicher, daß ich ihn hier nur am Rande erwähnen werde.

gien, die sie seit nahezu zwanzig Jahren an der Macht und ihre Bevölkerung in relativer Ruhe (oder »Stabilität«?) gehalten haben.[11]

Es ist wahrscheinlich falsch zu behaupten, Gorbatschow wäre mit diesen beiden Regimen unzufrieden. Wenn er auch nicht immer seiner Vorliebe widerstehen kann, eigene Lösungsvorschläge zu predigen, so war seine Botschaft doch immer: ihr müßt eure Probleme auf eure eigene Weise lösen. Das letzte, was er möchte, ist ein neuer Prager Frühling, der seinen eigenen nur verkomplizieren würde. Es ist auch unwahrscheinlich, daß Ungarn und Polen ihn als besonders bequemen Patron erleben. Wirtschaftlich gesehen war Breschnews Sowjetunion in vieler Hinsicht ein »sanfterer« Partner gewesen. Gorbatschows energisch-nüchterne Konzepte für die sowjetisch-osteuropäischen Handelsbeziehungen, sein Bestehen auf der Lieferung qualitativ hochwertigerer Güter, sein Wunsch, die Integration des Comecon neu zu beleben, sein Hang zu sowjetisch-osteuropäischen Joint Ventures (wie er sie an prominenter Stelle in seinem Buch *Perestroika* erwähnt): nichts davon wird automatisch den wirtschaftlichen Reformprogrammen helfen, deren Erfolg oder Mißerfolg letztlich in harter Währung gemessen werden wird.

Die allgemeine Lage ist ebenso klar wie ungewöhnlich. Zum erstenmal seit Jahrzehnten wird eine politische Veränderung in Osteuropa nicht allein durch außenpolitische Beschränkungen verhindert. Die letzten Grenzen des Möglichen werden noch immer von Moskau bestimmt. Doch keiner weiß, wo genau sie liegen. Die Grenzen, an die die wirtschaftlichen und politischen Liberalisierungsprozesse in Polen und Ungarn heute stoßen, sind jedoch eindeutig innenpolitischer Art. Vergleiche mit Jugoslawien, einem sozialistischen Staat ohne außenpolitische Grenzen, sind zunehmend treffend.

Selbst wo die Sowjetunion keinen direkten Druck auf widerspenstige Regime ausübt, sind diese Regime zunehmend dem indirekten Druck aus ihrer eigenen Bevölkerung ausgesetzt, auf die der Gorbatschow-Effekt stark einwirkt, wie bereits in der DDR und der Tschechoslowakei erkennbar. Hier läßt sich eine gewisse Parallele zwischen den Auswirkungen von Gorbatschows »zweiter Entstalinisierung« und Chruschtschows erster »Entstalini-

[11] Hier sollte jedoch auch darauf hingewiesen werden, daß die DDR das »neue Denken« der Sowjetunion enthusiastisch in ihrer Außenpolitik unterstützte.

sierung zuerst einmal innerhalb der herrschenden Parteien in Osteuropa niederschlug, können wir heute beobachten, daß es die Bürgerrechtsbewegungen sind, die Kirchen, die Intellektuellen ohne Parteibuch, junge Menschen, ja, »die Masse«, die Gorbatschow willkommen heißen und seinen Predigten lauschen – und damit die herrschenden Parteien fassungslos und verwirrt weit zurücklassen.

Sowohl in der Tschechoslowakei als auch in der DDR ist die Bevölkerung immer mehr davon überzeugt, daß sich ihre alte, griesgrämige, hölzerne Breschnewistische Führungsriege kaum mehr als noch ein, zwei Jahre halten wird. Im Mai 1988 blickten die Menschen mit großem Interesse auf Ungarns Palastrevolution, auf den außerordentlichen Parteitag, der János Kádár auf den neu geschaffenen Posten eines Parteivorsitzenden bugsierte und seinen gesamten inneren Führungszirkel aus dem Politbüro wie aus dem Zentralkomitee rausschmiß[12]. Wenn die Parteiführung der Tschechoslowakei und der DDR fallen wird, dann wird es sicher nicht damit getan sein, daß die Partei auf eine neue Gorbatschow-Linie einschwenkt und auf die Gefolgschaft der Massen zählt. Auch hier wird es, wenn auch in geringerem Maße als in Polen oder Ungarn, Intellektuelle ohne Parteibuch geben, Kirchen, Bürgerrechtsgruppen, die oppositionelle Regenbogenkoalition der Charta 77 in der Tschechoslowakei, Ökologie-, Friedens- und Menschenrechtsaktivisten und die Systemverweigerer in der DDR. Und alle werden sie ihr jeweils eigenes Reformprogramm vorantreiben. Der Prozeß wird in beiden Fällen unterschiedlich sein: in der Tschechoslowakei, wegen ihres Erbes von 1968; in der DDR, wegen der Bundesrepublik. In beiden Fällen aber wird die Probe auf das Exempel erst noch stattfinden. In Polen und Ungarn hingegen wird das Exempel bereits statuiert.

Ottomanisierung

Finnlandisierung heißt die vergröbernde Metapher, die im Westen – aber auch von unabhängigen osteuropäischen Intellektuellen – benutzt wurde, um die mögliche Richtung und die von

[12] Mit einer Ausnahme: György Aczél. Eine ausführliche Analyse findet man bei: George Schöpflin, Rudolf Tökés, Îván Völgyes, »Leadership Change and Crisis in Hungary«, in: *Problems of Communism*, Sept./Okt. 1988.

außen gesetzten Grenzen eines Wandels zu beschreiben, der für osteuropäische Länder wünschenswert und vorstellbar scheint. Finnlandisierung, oder Selbst-Finnlandisierung, wird als Alptraum des Westens und als Traum des Ostens dargestellt. Die Metapher macht durchaus Sinn, will man jene Bedingungen darstellen, unter denen ein osteuropäischer Staat die innenpolitische, gesellschaftliche, wirtschaftliche und politische Autonomie nach dem Muster Finnlands erhalten könnte, während er im militärischen und außenpolitischen Bereich notgedrungen der Sowjetunion untertan bleiben müßte.[13]

Sinnlos aber scheint diese Metapher, will man jenen Prozeß beschreiben, durch den ein osteuropäisches Land von hier nach dort gelangen könnte. Bedeutet sie, daß die Osteuropäer den Russen erst einmal die Nase in einem Winterkrieg blutig schlagen müßten? Das ist offensichtlich auszuschließen. Aber würden die Finnen selbst das gegenwärtige Maß an Autonomie genießen können, ohne ihren tapferen Widerstand 1939–1940? Bedeutet sie, einen neuen Status im Rahmen einer internationalen Vereinbarung anzustreben, eines »neuen Jaltas«? Im gesamten »neuen Denken« der sowjetischen Außenpolitik – jener fundamentalen Neubewertung sowjetischer Positionen in vielen Teilen der Welt – hat es keinerlei Hinweise auf ein sowjetisches Interesse an einer derart grundlegenden Neuverhandlung des Status quo in Europa gegeben. Die Ungenauigkeit dieser Metapher wird besonders deutlich, wendet man sie auf Westeuropa an. Dann nämlich stellt man fest, daß sie das genaue Gegenteil dessen bedeutet, was für Osteuropa angestrebt wird. Während sie für Westeuropa einen Prozeß der wachsenden Abhängigkeit von der Sowjetunion bedeutet, bedeutet sie für Osteuropa einen Prozeß der schwindenden Abhängigkeit.

In früheren Artikeln habe ich bereits eine andere Metapher angeboten, die zwar fast ebenso vergröbernd, doch ein wenig geeigneter scheint, den Verlauf des angestrebten Prozesses aufzuzeigen, wenn auch ebenfalls nicht sein endgültiges Ergebnis: die

[13] Man bedenke jedoch, daß Finnland selbst scheinbar so nahe wie möglich an Westeuropa rücken möchte. Siehe Daniel Vernets Artikel in *Le Monde* vom 9. Juli 1988. Eine für Osteuropa recht repräsentative Anwendung des Begriffs »Selbst-Finnlandisierung« kann man bei Ferenc Fehér finden, »Eastern Europe's Long Revolution Against Yalta«, in: *East European Politics and Societies* (einer exzellenten neuen Zeitschrift), Bd. 2, No. 1, 1988, S. 34. Wie die Finnen der Finnlandisierung tatsächlich widerstanden haben, daran erinnert James H. Billington in: Cyril E. Black (Hrsg.), Communism and Revolution, Princeton, NJ 1964, S. 117–144.

Metapher der *Ottomanisierung* des sowjetischen Imperiums. Damit meine ich, in freier Analogie zum Untergang des Osmanischen Reichs, einen langen, langsamen Prozeß des imperialen Untergangs, in dessen Verlauf eine unvorhersehbare, allmähliche, schrittweise Emanzipation der Staaten vom imperialen Machtzentrum stattfinden würde, aber auch die Emanzipation der Gesellschaften von diesen Staaten. Eine Emanzipation in doppelter Hinsicht, die sich nicht auf Reformpläne für umfassende Modernisierungen durch das imperiale Machtzentrum stützen würde, sondern auf mehr oder weniger unkoordinierte, unabhängige Aktionen im Kontext der zunehmenden Rückständigkeit im Vergleich zur entwickelten Außenwelt, besonders aber im Vergleich zu Westeuropa. Auf Aktionen, die von Individuen, kollektiv oder national, durch den Druck von unten oder außen gefördert werden können. Mit einem Wort, Ottomanisierung bedeutet die *Emanzipation im Untergang*.

Es ist verlockend, diese historische Analogie weiterzuverfolgen. Schließlich hat auch das Osmanische Reich als ideologisches Imperium begonnen: »die von Gott geschützte, blühende, absolute Herrschaft des Hauses Osman«. Ein Imperium, das seine alte herrschende Klasse in den verschiedenen eroberten Territorien liquidiert und diese durch eine neue herrschende Klasse ersetzt hat, die im wesentlichen aus den niederen sozialen Schichten gebildet wurde. Diese Osmanen hatten ihre eigene Sprache, das Osmanli; die kommunistische Nomenklatura hat ihre spezielle Newspeak. Zwischen den Osmanen und den *Reaia*, der »Herde«, entstand eine tiefe sozialpolitische Kluft. Das osmanische System ging wie der Kommunismus davon aus, daß seine Funktionäre Engel seien: selbstlose Diener der Sache, frei von den Sehnsüchten nach kleinbürgerlichen Freuden. Resultat war, daß sie sich teuflisch benehmen konnten. Die neue herrschende Klasse degenerierte in einem, wie es der Historiker Peter Sugar nennt, »verknöcherten Funktionalismus« der wachsenden Korruption, der Absicherung lokaler und persönlicher Interessen und des Aufstiegs einer allesbeherrschenden Bürokratie.[14] Das Osmanische Reich war in einem rigiden archaischen Wirtschafts- und Finanzsystem gefangen, unvereinbar mit den Ansprüchen der modernen industriellen Wirtschaftssysteme, die rundherum in Erscheinung traten, und unfähig, mit dem Westen zu konkur-

[14] Peter F. Sugar, Southeastern Europe Under Ottoman Rule, 1354-1804, Seattle 1977, passim.

rieren. Von Hugh Seton-Watson stammt noch eine andere Parallele: daß der endgültige Zusammenbruch des Imperiums dem Aufstieg einer Macht im Osten zu verdanken sein könnte. Also, China für das russische Imperium, was Rußland dem Osmanischen Reich gewesen ist!

All das scheint verlockend, doch man muß dieser Verlockung widerstehen. Denn Tausende von Historikern werden sofort zu ihren Federn greifen, um die unzähligen Aspekte aufzuschreiben, die den Untergang des Osmanischen Reiches auf keinen Fall mit dem der Sowjetunion vergleichbar machen. Und irgendjemand wird hinzufügen, mit gutem Grund, daß das Osmanische Reich schließlich im Krieg, nicht im Frieden gefallen ist. »Ist es das, was du willst?« werden sie indigniert fragen. Also möchte ich erneut betonen, daß dies keine detaillierte historische Analogie sein soll. Dies ist nichts als eine vergröbernde Metapher, »good enough for government work« wie man im amerikanischen State Department sagt.[15]

Die Metapher der Ottomanisierung betont den Gesamtzusammenhang des imperialen Untergangs und des damit verbundenen unvorhersehbaren, allmählichen und schrittweisen Prozesses. Sie erlaubt sowohl Vorstellungen von Reformbestrebungen, die vom Zentrum der Macht aus initiiert werden (Gorbatschow als Selim III.), aber auch revolutionäre Ansätze, ausgehend von der Peripherie. Sie faßt Teilerfolge beider Bestrebungen ins Auge, und sie verdeutlicht den langfristigen dialektischen Zusammenhang von Reform und Revolution. In den kaum fünfundvierzig Jahren des äußeren sowjetischen Imperiums konnten wir bereits verschiedene Wendungen dieser Dialektik beobachten: Die Reformen von János Kádár waren ebenso eine versuchte Antwort auf die ungarische Revolution von 1956, wie die Reformen Jaruzelskis der Versuch waren, auf die polnische Revolution von 1980–81 zu reagieren. Diese Metapher legt uns also nahe, Revo-

[15] Die letzten Vorgänge in Transkaukasien und den baltischen Republiken legen die Frage nahe, wieweit die Metapher der Ottomanisierung auch auf das innere Imperium angewandt werden könnte. Eine vernünftige Antwort wäre wahrscheinlich »noch nicht«. Inwieweit aber könnte das Anwachsen innenpolitischer Spannungen in der Sowjetunion direkt den osteuropäischen Prozeß beeinflussen? Vorstellbar wäre, daß dies in zweierlei Hinsicht geschehen könnte: auf negative Weise, zum Beispiel als Rückschlag für das Reformprogramm Gorbatschows oder als Herausforderung schärferer imperialer Kontrolle (Polen könnte als Beispiel für Litauen gelten); auf positive Weise, indem sie den sowjetischen Machthabern mehr als genug im eigenen Haus zu tun geben und somit die Versuchung erhöhen, die osteuropäischen Staaten ihre Probleme auf ihre eigene Weise bewältigen zu lassen.

lution nicht als das Ende von Reform zu betrachten oder Reform als die einzige Alternative zur Revolution, sondern beide miteinander verbunden als Teil eines langfristigen historischen Prozesses zu sehen – dessen Endergebnis allerdings kaum vorstellbar ist, denn bisher wurden die meisten Imperien durch Kriege gestürzt. Dieses Imperium aber besitzt Atomwaffen.

Wir müssen uns natürlich auch die einzelnen Länder sehr genau ansehen. Wie im Verlauf einer Ottomanisierung nicht anders zu erwarten ist, vergrößern sich vorhandene Unterschiede im Laufe dieses Prozesses noch. Im folgenden werde ich kurz einige Symptome des Untergangs und Konturen der Emanzipation skizzieren, wobei die meisten meiner Beispiele aus Polen und Ungarn stammen werden. Ich werde dann die Frage nach Reform oder *Transformation* stellen, danach also, ob in irgendeinem dieser Pionierländer eine reale Chance besteht, daß die unterschiedlichen Elemente der Emanzipation im Untergang in ein neues sozialpolitisches System einfließen können: zum Teil initiiert durch die gegenwärtigen Machthaber und herrschenden Klassen, die ein »entwicklungsfähiges«[16] System etablieren, das keine liberale Demokratie ist, wie wir es aus dem westlichen, nördlichen und südlichen Europa kennen, oder einfach eine mitteleuropäische Variante dieser Demokratien.

Untergang

Wieso sollte heute noch irgend jemand in Osteuropa einen sozialistischen Staat mit engen Bindungen an die Sowjetunion unterstützen? Vor vierzig Jahren hatte es dafür vielleicht noch drei Motive gegeben. Da war einmal die Logik der Macht. Zum anderen jenes Motiv, das sich selbst als die Macht der Logik präsentierte: die Ideologie. Und zum dritten hatte es die Hoffnung auf emanzipatorische Modernisierung gegeben. Die Logik der Macht hatte zwei Seiten. In Osteuropa war es die sowjetische Armee gewesen, die Nazi-Deutschland geschlagen hatte. Das rechtfertigte die Behauptung, daß eine sowjetische Macht die neuen Territo-

[16] Ich gebrauche den Begriff »entwicklungsfähig« in jenem Sinn, den Włodzimierz Brus in seiner Besprechung von Alec Noves Buch, *Economics of Feasible Socialism*, untersucht hat. A. N., »Socialism – Feasible and Viable?«, in: *New Left Review*, Nr. 153 Sept/Okt. 1985, S. 43–62.

rien in Polen und das zurückeroberte Territorium in der Tschechoslowakei erneut gegen ein revanchistisches Deutschland verteidigen würde. Dafür empfanden nicht wenige Dankbarkeit. Auf der anderen Seite der Münze stand schlicht die höhere Gewalt. Selbstverständlich war die Sowjetunion die unumschränkt herrschende Macht in dieser Region. Sie, oder ihre kommunistischen Bruderparteien, hatten die Gewehre, die Munition, die Soldaten, die Polizei und den Willen, sie einzusetzen. Wer Widerstand leistet, wird zermalmt. Es gab keine Alternative. Nicht unbedingt ein erhabenes Motiv, um einen Staat zu unterstützen, aber ein gewaltiges.

Sowjetische Macht trat als »Rad der Geschichte« in Erscheinung. Sie versprach eine Zukunft, die sie als ebenso unvermeidlich wie grandios darstellte. Es gab viele Gründe, die sensible und intelligente Menschen dazu verleiten konnten, den unwahrscheinlichen, utopischen Ansprüchen jener Ideologie zu trauen. Gründe, die mit ihren Erfahrungen von sozialer Ungerechtigkeit, mit rassischen Vorurteilen, der Bigotterie der Vorkriegsregime, der unbeschreiblich grausamen Erfahrung Mitteleuropas im Krieg, mit der Besatzung und mit dem Holocaust zu tun hatten. Gründe, die man weder summieren noch synthetisieren kann, denn es waren dies nicht einfach nur Begründungen. Es waren Motive, Antriebskräfte, Verbindungen aus Angst und Sehnsucht, aus »Eros und Staub«: Hunger nach Macht, Lust an der Zerstörung, niedere Ambitionen, doch auch verzweifelte Reaktionen auf jene Art von Leid und Schrecken, die der menschliche Geist nicht imstande ist, als vergeblich zu verstehen. Literatur und Biographien, nicht Philosophie oder Geschichte, sind hier der einzige Weg zum Verstehen.[17]

Rationaler gestaltete sich die Hoffnung auf eine emanzipatorische Modernisierung. 1948 war der Glaube keineswegs irrational, daß mit Hilfe der sowjetischen sozialistischen Planwirtschaft große Teile Osteuropas aus ihrer historischen Rückschrittlichkeit und Abhängigkeit herausgeführt werden könnten. Besonders in den bereits höher entwickelten Gebieten, in den tschechischen Ländern oder Schlesien, hoffte man, sogar das kapitalistische Wirtschaftssystem überrunden zu können. Keines-

17 Neben Czesław Miłosz' klassischer Abrechnung *The Captive Mind* sollten hier die deftigeren Beobachtungen des anderen größten lebenden polnischen Dichters Zbigniew Herbert erwähnt werden. In: Jacek Trznadel, Hańba Domowa, Paris 1986.

wegs völlig absurd auch war die Vorstellung, ein sozialistischer Staat könnte ein Ausmaß an sozialer Gerechtigkeit und an »sozialen Rechten« erringen – Arbeit für alle, Wohnungen, Gesundheitsversorgung, Ausbildung, usw. –, das dem miserablen Standard in großen Teilen des Vorkriegs-Osteuropas weit überlegen wäre, vielleicht sogar dem, den die kapitalistischen Staaten inzwischen erreicht hatten.

Bis Mitte der sechziger Jahre noch war es möglich geblieben, zu glauben, eine derartige Entwicklung sei tatsächlich in Gang. Die Wachstumsraten waren tendenziell hoch, wenn die Statistiken auch übertrieben. Westliche Forscher beschäftigten sich ernsthaft mit dem Thema »Konvergenz«. Chruschtschow brüstete sich damit, den Westen »begraben« zu wollen. Der tschechoslowakische Regierungschef Antonán Novotny sorgte sich insgeheim sogar über die Probleme des wirtschaftlichen Erfolges.[18] Die »sozialen Rechte« waren allerdings bereits durch eine besondere strukturelle Ungleichheit beeinträchtigt – durch den automatisch privilegierten Status der Nomenklatura. Und doch sah es wirklich noch immer so aus, als könnte es Arbeit, Wohnung, Gesundheitsfürsorge und Ausbildung für alle geben. Ein gewisses Maß an grundlegender sozialer Sicherheit war unbestreitbar, ebenso wie der soziale Aufstieg einer ganzen Generation von Arbeitern und vor allem Bauernkindern, die sich zum erstenmal in einer modernen Wohnung mit fließend Wasser und Innentoilette fanden oder gar in einem gardinenverhängten Büro mit Kübelpflanze und Leninbüste.

Aber wie sieht es heute aus? Die Wachstumsraten sind seit Mitte der siebziger Jahre gefallen. In manchen Jahren war das Bruttosozialprodukt in Polen, Ungarn und selbst in der Tschechoslowakei abgesunken. Osteuropas Gesamtanteil am Weltmarkt schrumpft ständig. Polen, Ungarn und die DDR sind weltweit unter den höchsten Devisenschuldnern.[19] Die vorbildlichen

[18] Zbigniew Brzezinskis Buch *Alternative to Partition*, 1965, enthält ein Kapitel über »die ideologische Neutralität der industriellen Entwicklung« und statistische Tabellen, die aufzeigen, daß sich Polen und Italien, Ungarn und Österreich, die Tschechoslowakei und Schweden auf ähnliche Weise entwickelten. Zu »Konvergenz« siehe auch Zbigniew Brzezinskis und Samuel P. Huntingtons Buch *Political Power: USA, USSR* von 1964. Der Hinweis auf Novotny stammt aus den Erinnerungen von Vasil Bilak, veröffentlicht in der slowakischen Zeitung *Nedelna Pravda*, 4. März 1988.

[19] Eine sehr nützliche Übersicht bietet *Eastern Europe and the USSR: Economic Structure and Analysis* von Economist Intelligence Unit, London 1988, besonders das Kapitel von Lázlo Számuely, S. 7–14.

Betriebe der stalinistischen Modernisierungsphase, all die Lenin-Stahlwerke, Lenin-Hütten und Lenin-Werften, sind heute nichts als Schuldenmacher. Selbst die von der Bundesrepublik subventionierte DDR ist kaum mehr in der Lage, lebensnotwendige Investitionen für Industrieanlagen, vor allem aber für die Infrastruktur, für Straßen, Eisenbahnlinien, Schiffahrtswege, Telefonnetze usw., zu leisten.

Aus der Sowjetunion kommt weniger offene oder versteckte Subvention und so gut wie nichts, was sie als Vorbild für wirtschaftliche Reformen, Managementtechniken oder Technologie ausweisen könnte.[20] Nur durch ihre Verbindungen mit Westeuropa konnten sich einige dieser Länder gerade noch an den Rockzipfel der technologischen Revolution hängen, die den industrialisierten Westen und Fernen Osten gerade transformiert. Die Abrechnung mit der Geschichte ist denn auch drastisch: »Wir haben vier Jahrzehnte verloren«, »Wir kehren gerade zu unseren Ausgangspunkten von 1945 und 1946 zurück«. Die das sagen, sind nicht Dissidenten, sondern hochrangige Mitglieder der wirtschaftlichen Reformkommissionen der Regierungen in Ungarn und Polen. Denkt man an die zusätzliche Dynamik, die westeuropäische Wirtschaftssysteme ab Mitte der neunziger Jahre durch den EG-Binnenmarkt erfahren werden, so scheint die Feststellung gerechtfertigt, daß Osteuropa wieder einmal mit der Perspektive wachsender Rückständigkeit im Vergleich zu Westeuropa konfrontiert ist.

Wenn das die objektive Realität ist, so ist die subjektive Realität für den einzelnen Bürger noch härter. Wirtschaftswissenschaftler sagen, daß die materiellen Lebensbedingungen in Polen und Ungarn durch Inflation immer weiter zurückfallen oder stagnieren werden. Doch viel härter noch werden die miserablen Lebensbedingungen des Alltags durch Umweltverschmutzung, Defizite in den Bereichen des Wohnungsbaus, der Krankenhäuser und Schulen empfunden. Und die jüngere Generation mißt ihre Lage nicht an der Vergangenheit ihres eigenen Landes, sondern am Wohlergehen ihrer Altersgenossen in Westeuropa, wohin sie in wachsender Zahl reisen können.[21]

20 Selbst der konformistische Redakteur der FDJ-Zeitung *Junge Welt* vermerkte kürzlich, daß die Sowjetunion zwar großen Respekt dafür verdiene, Hitler geschlagen zu haben, doch sei sie ihnen, was Technologie und Fortschritt anbelangt, »kein Vorbild« (zitiert nach *Die Zeit*, 27. Juni 1986).

21 Man sollte auch den Einfluß der Medien erwähnen – nicht nur das westdeutsche Fernse-

Auf internationalen Foren, zum Beispiel bei der Wiener Helsinki-Nachfolgekonferenz, halten sich die Sowjets und osteuropäischen Regierungen noch immer an ihr offizielles Konzept der »sozialen Rechte«. Sie behaupten, daß die Menschen im Westen zwar mehr persönliche Freiheit und Bürgerrechte genießen, die Menschen im Osten aber mehr soziale Rechte. In großen Teilen Osteuropas wurden jedoch genau diese »sozialen Rechte« (um einmal den fragwürdigen Terminus zu übernehmen) in beispiellosem Maße abgebaut, sowohl was die Qualität der Versorgungsgüter anbelangt, als auch das Recht eines jeden, sie zu erhalten. Polen, wo es den Krankenhäusern am einfachsten Medikament fehlt, wo die Kinder aus Platzersparnis in drei Schichten zur Schule gehen müssen und wo ein junges Paar derzeit von einer zwanzigjährigen Wartezeit für eine eigene Wohnung ausgehen muß, ist ein extremer Fall. Doch selbst ein gutes Krankenhaus mitten in Prag erinnert höchstens an ein englisches Krankenhaus der frühen sechziger Jahre.

Und es herrscht Ungerechtigkeit: offizielle einerseits (separate, besser ausgestattete Krankenhäuser für die Nomenklatura und die Polizei), inoffizielle andererseits, wo Gerechtigkeit mit Korruption erkauft werden muß. Faktisch muß der Chirurg bestochen werden (vorzugsweise in harter Währung), um eine Operation durchzuführen, die Krankenschwester, um den Kranken im Krankenhaus zu versorgen; es müssen extra Zahlungen für Sonderunterricht geleistet werden, um dem schulischen Mißstand zu entgehen, oder für eine Wohnung, die dem Bürger theoretisch zusteht.

Die begonnenen Projekte der Wirtschaftsreform werden mit Sicherheit eine weitere Zersetzung dieser »sozialen Rechte« hervorbringen. Sie werden auch mit der Unantastbarkeit des absoluten Tabus Vollbeschäftigung brechen, wenn unwirtschaftlich arbeitende Fabriken geschlossen werden müssen. Ungarn erwartet offiziell etwa 100 000 Arbeitslose (ca. 2 Prozent der arbeitenden Bevölkerung). Selbst die derzeit noch Beschäftigten sind durch die völlige Sinnlosigkeit ihrer Arbeit frustriert und fühlen sich ausgebeutet. Für die jüngere Generation der Arbeiter und Bauernkinder gibt es kaum mehr eine Perspektive, wie die Elterngeneration sozial aufzusteigen. Solidarność war bis zu einem ge-

hen kann in der DDR, sondern auch das österreichische in Teilen von Ungarn und der Tschechoslowakei empfangen werden.

wissen Grad auch das Ergebnis dieser blockierten gesellschaftlichen Mobilität. In manchen Ländern ist nicht nur der soziale Aufstieg verhindert, sondern die tatsächliche Lebenserwartung gesunken. Berichte aus Ungarn zeigen, daß die durchschnittliche Lebenserwartung des Mannes in den vergangenen acht Jahren von siebenundsechzig auf dreiundsechzig zurückgegangen ist. Statistiken über Selbstmorde, Alkoholismus und Drogenmißbrauch zeigen ebenfalls drastische Verschlechterungen.[22]

Natürlich ist das Bild nicht überall so grimmig. Natürlich haben viele junge Menschen in Osteuropa ein rosarotes Bild vom Westen. Doch allein das ist schon eine Realität, der sich ihre Regierungen stellen müssen. Die allgemeine Stimmung kommt sehr schön in einem Gespräch zum Ausdruck, das Teresa Torańska, eine jüngere polnische Journalistin, mit Julia Minc, einer alten Stalinistin, führte. Julia Minc hatte gerade die afghanische Regierung verteidigt, »die sich bemüht, den Sozialismus aufzubauen«:

Torańska: Was ist Sozialismus?

Minc: Ein höherer Lebensstandard für jeden, freie Ausbildung und soziale Sicherheit.

Torańska: Wie im Westen?[23]

Ach ja, Sozialismus! Das Ende der Ideologie und der Bankrott des Sozialismus in Osteuropa wurden bereits so oft proklamiert, daß man schon genauer sagen muß, was man damit meint. Was heißt, im Osteuropa der achtziger Jahre sei die Ideologie toter und der Sozialismus bankrotter, als es in den Siebzigern der Fall war? Natürlich glaubte schon damals niemand mehr daran, der Himmel könne auf Erden erbaut werden. Mehr noch als durch den Sozialismus versuchten sich die Regierungen durch Nationalismus oder mehr Konsumgüter zu »legitimieren«. Die allgemeine ideologische Ignoranz oder Indifferenz hatte bereits eindrucksvolle Dimensionen angenommen. Grundsätzlich ist wohl jeder Mensch bereit, etwas zu lernen; aber diese Millionen von Menschen, die sich unzählige Stunden den Marxismus-Leninis-

[22] Die offiziellen ungarischen Schätzungen zur Arbeitslosigkeit werden näher erläutert. Sowohl der Papst als auch Pater Jósef Tischner haben das Problem der »sinnlosen Arbeit« vorzüglich beschrieben. Der Hinweis auf Solidarność als Produkt der blockierten gesellschaftlichen Mobilität stammt aus einem unveröffentlichten Aufsatz von Aleksander Smolar; die Statistik über die Lebenserwartung in Ungarn verdanke ich George Schöpflin. Für weitere Details über Selbstmorde, Krankheit, Umweltverschmutzung, Armut und Ungerechtigkeit in Polen, siehe George Kolankiewicz und Paul G.Lewis, Poland: Politics, Economics and Society, London 1988, S. 30–32, 42–43, 58–64.

[23] Teresa Torańska, Oni, London 1987, S. 24.

mus eintrichtern ließen und nichts, aber buchstäblich *absolut nichts* davon behalten haben, waren eine herrliche Ausnahme der Regel. 1985 schickte Radio Budapest zwei Reporter auf den Karl-Marx-Platz, um Passanten zu befragen, wer Karl Marx gewesen sei. Folgende Antworten stammen aus der Abschrift:

Andere Stimme: Er war ein sowjetischer Philosoph, Engels war sein Freund, was soll ich noch sagen? Er starb im hohen Alter.

Weibliche Stimme: Ein Politiker natürlich. Und er war, wissen Sie, er war, wie heißt er noch – Lenins, Lenin, Lenins Arbeiten – naja, er hat sie ins Ungarische übersetzt.

Die Reporter gingen zum Engels-Platz.

Q: Wer war Engels?

A: Er war Engländer, und er hat mit dem Kommunismus herumgemacht.[24]

Das ist das Unterhaltungsprogramm. Ernsthaft aber kann der schleichende Niedergang der Ideologie in den achtziger Jahren anhand dreier Elemente beschrieben werden. In den siebziger Jahren hatte zwar niemand mehr etwas mit dem offiziellen Marxismus-Leninismus anzufangen gewußt, doch die meisten Menschen in Osteuropa hätten sich wahrscheinlich für bestimmte Variationen dessen entschieden, was sie »Sozialismus« nannten. Selbst wer absolut gegen diesen Begriff eingestellt war (da durch den offiziellen Gebrauch vergiftet), der schien dennoch die angeblichen Grundwerte des Sozialismus verinnerlicht zu haben: Gleichheit, Vollbeschäftigung, volkseigene Produktionsmittel, der Staat als Garant der sozialen Wohlfahrt. Die soziologische Forschung, die Meinungsforschung und nicht zuletzt die Forderungen der Arbeiter-Aktivisten und Führer der Solidarność in Polen haben diese Haltung bestätigt. Heute, unter dem Einfluß wirtschaftlicher und sozialer Krisen, scheint von dieser Haltung nicht viel übriggeblieben zu sein. Zumindest jüngere und besser ausgebildete Polen und Ungarn (Studenten wie Arbeiter) stellen nicht nur das sowjetische System infrage, sondern die genannten Grundwerte des Sozialismus insgesamt. Dennoch scheint es noch immer unwahrscheinlich, daß freie und geheime Wahlen eine Mehrheit für die Privatisierung der Schwerindustrie ergeben würden. (Abgesehen von theoretischen Präferenzen: dies würde bedeuten, daß viele Menschen sich selbst oder ihre Verwandten

[24] Zitate aus *Radio Free Europe Research*, Hungarian SR/6, 16. Mai 1985, S. 39–41.

in die Arbeitslosigkeit wählen würden. Noch immer herrscht die alte Haltung vor: »sie geben vor, uns zu bezahlen, und wir geben vor, für sie zu arbeiten«.) Vielleicht aber wird es bald nötig sein, über eine fundamentale Veränderung zu sprechen, über die Ablehnung des Sozialismus von Grund auf.[25]

Ein zweites Element ist, daß das Wort Sozialismus aus dem Sprachschatz der Opposition fast schon verschwunden ist. Natürlich haben KOR in Polen und Charta 77 in der Tschechoslowakei bereits in den späten siebziger Jahren einen entscheidenden Schritt, über die revisionistische Hoffnung auf einen »Sozialismus mit menschlichem Antlitz« hinaus, in diese Richtung getan. Noch 1976 aber beendete Adam Michnik sein Grundsatzpapier *Der Neue Evolutionismus* mit dem Satz: »Jeder Akt des Widerstands gestattet und erlaubt es uns, Fundamente für den Aufbau eines demokratischen Sozialismus aufzustellen ...« Und ein Großteil des oppositionellen Vokabulars in Polen, Ungarn und in der Tschechoslowakei stammte unmißverständlich von der Linken.

So ist es heute nicht mehr. Die kleine, wiedergegründete Polnische Sozialistische Partei (PPS) und die schwindende eurokommunistische Fraktion der Charta 77 sind Ausnahmen, die die Regel bestätigen. Wer fragt, »wie erkennt man heutzutage die linke intellektuelle Opposition in Ost-Mitteleuropa?« könnte die Antwort bekommen: »Ein linker Intellektueller ist der, der behauptet, daß die Kategorien von Rechts und Links im heutigen Ost-Mitteleuropa ohne jede Bedeutung sind.« Das sagt die Rechte – inzwischen kann man durchaus auch von einer »rechten« Opposition sprechen – natürlich nicht. Heute ist, ob es einem gefällt oder nicht, Opposition in Mode. Sei es in Polen,

[25] Byron sagte einmal, da die Engländer das Wort »longueur« nicht hätten, hätten sie dafür »the thing« in Hülle und Fülle. Das gleiche könnte man von Solidarność und Sozialismus behaupten. Das Wort ist im Programm der Solidarność von 1981 nicht aufgetaucht, die Angelegenheit selbst war jedoch reichlich vorhanden. Auf Gleichheit wird im gesamten Ostmitteleuropa noch immer größter Wert gelegt, und die Gewohnheit, den Staat als Garant dafür anzusehen, ist noch immer weit verbreitet. Aber der Trend weicht davon ab. Siehe beispielsweise den Artikel von Lena Kolarska-Bobinska in der Sondernummer über Mittel- und Osteuropa von *Social Research*, Bd. 55, Nr. 1, Frühling/Sommer 1988. Ein Bericht der faszinierenden Forschungsreihe über polnische Meinungen, »Poles ›88‹«, konstatierte, daß 30 bis 40% der Befragten ohne Einschränkung für die Erlaubnis von Privatbesitz im Einzelhandel, bei Restaurants, im Dienstleistungsgewerbe, im landwirtschaftlichen Großhandel, und im Wohnungsbau waren. Die Mehrheit war jedoch noch immer gegen die Reprivatisierung von Krankenhäusern, Sozialversicherungen, Banken und der Schwerindustrie. Siehe Władysław Adamski u.a., »Konflikty i Reformy«, in: *Polityka*, 23. Juli 1988.

Ungarn oder in der Tschechoslowakei, bei den Liberalen, Konservativen, nationalen Erweckern, Nationaldemokraten, Populisten und / oder einfach den Rhetorikern.

Drittens schließlich hat sich auch die offizielle Ideologie gewandelt. Wie sich die sozialistischen Machthaber öffentlich an sie klammerten, das war schon zum gewohnten Bild geworden. Auch wenn sie persönlich kein Wort ihrer eigenen offiziellen Doktrin mehr glauben mochten, so blieb sie doch noch die einzig wirkliche Legitimation ihres Machtmonopols. Historische Notwendigkeit mußte Charisma, göttliches Recht oder die Wahlurne ersetzen. Aber in Polen und Ungarn wurde die ideologische Maske inzwischen fast völlig fallengelassen. Der neue ungarische Parteiführer Károly Grósz sagte, es sei nichts als »Pech« gewesen, daß Ungarn bei einem Einparteiensystem gelandet sei.[26] Zu Beginn dieses Essays zitierte ich den artikuliertesten Reformer im ungarischen Politbüro, Imre Pozsgay, der sagte, er verfüge nur über ein einziges praktisches Argument für das Einparteiensystem: die Notwendigkeit politischer Stabilität.

Das Jaruzelski-Regime hat die ideologische Selbstrechtfertigung noch immer nicht ganz aufgegeben. Der redseligste Reformer im Politbüro, Mieczysław F. Rakowski, ist inbrünstiger von der führenden Rolle der kommunistischen Partei überzeugt als so mancher »Hardliner«.[27] Doch das Kriegsrecht – noch immer eine Obsession dieser Gruppe – wurde nicht unter Einsatz des ideologischen Vokabulars verteidigt, eher mit dem Wortschatz dessen, was man den Neo-Brutalismus nennen könnte: Wenn wir es nicht getan hätten, hätten es die Russen getan! Und sowieso haben wir die Gewehre, ihr habt keine. Was könnt ihr schon dagegen tun? Kommt und holt uns! Wir wissen, daß wir die Regierung einer Minderheit sind. Wir wissen, daß ihr uns haßt. Aber wir werden diese Nation an ihren eigenen Haaren aus dem Sumpf ziehen, ob es ihr gefällt oder nicht. Die Geschichte wird uns Recht geben! Genauso lautete die Botschaft von Leuten wie

[26] Zitat nach Charles Gati, »Reforming Communist Systems: Lessons from the Ungarian Experience«, in: William E. Griffith (Hrsg.), Central and Eastern Europe and the West, Boulder, Colorado 1989.

[27] Das wird in einem bemerkenswerten internen Memorandum von Rakowski, das der Öffentlichkeit bekannt wurde, überaus deutlich. Sein Titel: »Überlegungen zu einigen Aspekten der politischen und wirtschaftlichen Situation in der Volksrepublik Polen in den zweiten Hälfte der 1980er«(in der Folge: Rakowski, »Überlegungen ...« genannt). Das sechzigseitige Manuskript ist unterschrieben und datiert »Warschau, 8.6.–10.10.1987«. Rakowski hat inoffiziell bestätigt, daß es authentisch ist.

Rakowski, Regierungssprecher Jerzy Urban oder dem Polityka-Kolumnisten Daniel Passent. Die wirtschaftliche Überlegenheit des Kapitalismus ist in Polen wie in Ungarn schon fast offiziell anerkannt.

Die ideologische Legitimation ist fadenscheinig geworden, ihre totale Preisgabe zugunsten von Argumenten der Staatsraison, der Zweckdienlichkeit und der Leistungsfähigkeit deutet auf eine wichtige Entwicklung hin. Kurzfristig wird dies die Popularität der Machthaber stärken: »Wenigstens nennen sie das Kind beim Namen.« Aber langfristig gesehen? Wenn es stimmt, daß das Gespinst der ideologisch gefärbten alltäglichen Lügen eine wichtige Rolle für den Erhalt des Systems spielt, wie Václav Havel schreibt, so kann es nicht ohne Folgen bleiben, wenn dieses Gespinst in aller Öffentlichkeit zerrissen wird.

Die Hoffnung auf eine emanzipatorische Modernisierung ist geschwunden. Ideologie ist nicht nur tot, sondern fast schon offiziell begraben. Damit bleibt nur noch die Logik der Macht – doch nur unter einem einzigen Aspekt. Falls die sowjetischen Machthaber noch immer glauben, daß Osteuropa der Sowjetunion eine »Blutschuld«[28] für die Befreiung von der Naziherrschaft abzuleisten hat, so frage ich mich, ob es in Osteuropa auch nur noch einen einzigen Menschen gibt, der glaubt, diese »Schuld«, soweit sie je existiert hat, sei noch immer nicht abgetragen. General Jaruzelski mag zwar noch immer den alten Spruch leiern, die Sowjetunion sichere die polnischen Grenzen gegen den deutschen Revanchismus. Doch die meisten jungen Polen sehen die Bundesrepublik zunehmend positiv, und mit Sicherheit glauben sie keinen Moment daran, daß die Rote Armee da ist, um sie vor den Westdeutschen zu beschützen.[29]

28 Zu den sowjetischen Ansprüchen auf eine »Blutschuld« in der Zeit der Invasion der Tschechoslowakei siehe Karen Dawisha, The Kremlin and the Prague Spring, Berkeley, California 1984.

29 Laut der soziologische Forschungsreihe »Polen, '80, '81, '84« und als letztes »'88« sank die prozentuale Zustimmung der Befragten, die die Unabhängigkeit des polnischen Staates durch die Bundesrepublik bedroht sahen, von 10,7% 1980 (als die Zahl in der Sowjetunion 49,6% gewesen war!) auf 4,7% 1984 (UdSSR: 23%). Andererseits sahen sich 1980 noch immer 4% und 1984 2,9% von »den Deutschen« bedroht – ohne allerdings zu spezifizieren, wen sie mit »Deutsche« meinten! (Siehe Jan Powiorski, »Polacy '84 ...«, in: *Krytyka*, Warschau, Nr. 27, 1988, S. 63). Aus »Polen '88« liegen mir noch keine Zahlen vor. Matthias Rust ist wahrscheinlich der erste Deutsche seit Beginn des zweiten Weltkriegs, der ein öffentlicher Held in Polen ist. Eine der surrealistischen Gruppen der »Orangenen Alternative« in Poznán nennt sich »Kommando Matthias Rust«: »Am 8. März landete dieser Matthias Rust vor einer Schranke in der Półwiejska Straße, in einer Gruppe von Frauen, die Transparente trugen mit

Noch immer herrscht Angst vor einer sowjetischen Invasion und vor innenpolitischen Repressionen. Das »Kriegsrecht« in Polen hat sie in ganz Osteuropa neu geschürt. Doch selbst diese Angst ist heute, im Sommer 1988, fühlbar zurückgegangen. Wie gesagt, man darf mit gutem Grund davon ausgehen, daß die Gefahr einer sowjetischen Invasion zumindest derzeit kaum gegeben ist. Auch innenpolitische Repressionen sind weniger geworden, sogar in der Tschechoslowakei und in der DDR.

Aber immer noch geschehen häßliche Dinge. Im Mai lösten »Antiterror«-Truppen gewaltsam einen friedlichen Streik in den Stahlwerken von Nowa Huta in Krakau auf. Mit ebensolcher Gewalt sprengte die ungarische Bereitschaftspolizei eine kleine, friedliche Demonstration in Budapest, am dreißigsten Jahrestag der Verurteilung von Imre Nagy, dem Führer der revolutionären Regierung von 1956. Der Anführer einer Petition für religiöse Freiheit in der Tschechoslowakei, der mährische Kleinbauer August Navrátil, wurde in eine psychiatrische Klinik eingeliefert. Noch immer werden Deutsche bei dem Versuch, von Deutschland nach Deutschland zu laufen, verhaftet oder erschossen.[30] Doch die Risiken, frei auszusprechen, was man denkt, sind kalkulierbarer geworden und weniger extrem, wenn auch von Land zu Land verschieden. Adam Michnik sagt, dies sei kein »Sozialismus mit menschlichem Antlitz«, sondern ein »Totalitarismus mit ausgeschlagenen Zähnen«. Die Metapher trifft nur die halbe Wahrheit. Ja, dies sind Symptome des Untergangs eines ehemals totalitären Systems. Doch die Zähne – Instrumente zur Ausübung von Druck – sind noch immer da und, im Falle Polens, zahlreicher und schärfer als vor zehn Jahren. Der Unterschied ist nur, daß die heutigen Machthaber weniger bereit sind zuzubeißen oder eher bereit, gar nicht zu beißen.

Sicher aber ist das der Trend zum Untergang, der am wenigsten irreversibel ist. Eine erfolgreiche Wiederbelebung der Ideologie ist kaum mehr vorstellbar. Eine Neubelebung der staatlich gelenkten emanzipatorischen Modernisierung genausowenig.

der Aufschrift ›Wir, die polnischen Frauen, unterstützen die Regierung‹ und so ähnlich. Die Gruppe ... wuchs schnell auf einige hundert Menschen an und setzte sich in Marsch, mit dem Ruf ›Danke für die Preissteigerungen‹ und ›Lang lebe die Regierung‹.« (*Obserwator Wielkopolski*, Nr. 119, März 1988).

[30] Im Moment scheint es jedoch, dank des beständigen Drucks der Bundesrepublik, daß die DDR-Truppen in der Regel keine »Todesschüsse« mehr abgeben. Zu Augustin Navrátil siehe »Der Kleinbauer und der Kardinal«. Seine Einweisung in eine psychiatrische Anstalt wurde in der *Frankfurter Allgemeinen Zeitung* vom 2. Juli 1988 berichtet.

Aber daß Staaten, die noch immer im Besitz tüchtigster Repressionsapparate sind, die Einsatzmöglichkeit von Gewalt wiederentdecken, ist nur allzu leicht vorstellbar. Sie könnte neue Formen annehmen: die Ermordung von Pater Popiełuszko in Polen vor vier Jahren erinnerte auch eher an El Salvador als an eine »klassische« totalitäre Repression. Sie könnte, sich verselbständigend, ebenso eine Antwort auf innenpolitische Unruhen wie auf konservative Rückschläge aus Moskau sein. Doch selbst wenn es tatsächlich neue Formen der systematischen Anwendung von Gewalt in Polen gäbe, so kann man heute schon davon ausgehen, daß sie andere Prozesse des Untergangs nicht aufhalten, sondern höchstens verzögern würden.

Der Reingewinn des Untergangs – imperial, regional, national; wirtschaftlich und gesellschaftlich; ideologisch und politisch – heißt bereits heute, zumindest in Ungarn und Polen: mehr und größere Bereiche, in die sich der Staat faktisch nicht mehr einmischt oder nur erfolglos einzumischen versucht, mehr Möglichkeiten der Bürger, für sich selbst sprechen und handeln zu können (aber auch mehr Zwang, für sich selbst zu kämpfen), mehr wirklicher Pluralismus, als es ihn zu fast jeder anderen Zeit in den vergangenen vierzig Jahren gegeben hat.[31] Was aber sagen und wie handeln die Menschen in diesen hinzugewonnenen Bereichen? Was sind die Konturen der Emanzipation?

Emanzipation

Eine Landkarte der Opposition im heutigen Ost-Mitteleuropa würde an nichts so sehr erinnern wie an eine jener kaleidoskopischen, vielfarbigen Landkarten der ethnischen Gruppen dieser Region aus der Vorkriegszeit. In Polen und Ungarn haben sich Gruppen und Grüppchen gebildet, deren Identitäten und Programme ihre Realitäten der Nachkriegszeit widerspiegeln. Aber sie überschneiden oder vereinigen sich mit Gruppen, die beinahe jedes Fähnchen schwenken, jedes Schlagwort, jede Sehnsucht oder jedes Vorurteil aus dem politischen Spektrum der Vorkriegszeit auf ihren Schild geschrieben haben: Populisten, Reformwirtschaftler, radikale Soziologen, Kleinbauern, Lutheraner, katholi-

[31] Ausgenommen natürlich die wenigen Wochen 1956 und, in Polen, die sechzehn Monate 1980–81.

sche »Basisgruppen«, evangelische Splittergruppen, demokratische Jugendopposition, demokratische Akademiker, Solidarność, die Kämpfende Solidarność, Nationaldemokraten, Liberaldemokraten, liberale und konservative Katholiken, christliche Sozialisten, Juden, Antisemiten, Verfechter einer Arbeiterregierung, Apostel des freien Unternehmertums, Syndikalisten und Monetaristen, selbsternannte »verrückte Liberale«, »Neo-Realisten«, »Neo-Positivisten«: was immer man will, hier ist es zu finden. Und das ist nur ein Teil der offenen Opposition. Man könnte immer weitere Listen der offiziellen oder halb-offiziellen »Reform«-Projekte aufstellen. Ungarische Politologen haben dafür den Begriff »paradigmatische Ekstase« geprägt.[32]

Hier werde ich nur vier Elemente erwähnen, die jeder Kartograph der Emanzipation im Auge behalten sollte. Das erste könnte man die Wiederentdeckung der nationalen Vergangenheit nennen: ein weitverbreitetes und leidenschaftliches Interesse an der Geschichte[33], an den nationalen Traditionen der Vorkriegszeit, an vergessenen Autoren, ethnischen Minderheiten der Vergangenheit und Gegenwart (Juden, Deutsche, Ukrainer, Ungarn in Siebenbürgen und in der Slowakei) und an regionalen Bindungen (»Mitteleuropa«, Deutschland, Litauen, Ukraine). Es wäre zu einfach, all dies unter dem Begriff »Nationalismus« zu subsumieren. Oft ist es nichts weiter als das Bedürfnis nach etwas, das der Westen als »normale« kulturelle Kontinuität versteht: nach der Identifikation mit nationalen Symbolen, Traditionen und sogar Mythen, die in ihrer moderaten Form ebenso anerkennenswert sind, wie sie gefährlich sind im Exzeß. Das Fehlen eines »normalen« Zugangs zur nationalen Vergangenheit war eine Art Entbehrung, ihre Wiederentdeckung ist eine Art Emanzipation. Tradition, sagte G. K. Chesterton, ist die Demokratie der Toten. Aber ist die Wiederbelebung von Tradition notwendigerweise einer Demokratie der Lebenden förderlich? Was ist mit den ebenso authentischen nationalen, undemokratischen und antidemokratischen Traditionen? Kann der Nationalismus eine Demokratie nicht auch verdrängen – oder sie ersetzen?

Diese Angst herrscht vor allem unter der »demokratischen

[32] Siehe Rudolf L. Tökes, »Die Politikwissenschaft in Ungarn in den Achtziger Jahren«, in: *Südosteuropa*, Bd. 37, 1/1988, S. 15, passim.

[33] Das Interesse an Geschichte wurde wiederholt in Berichten über den polnischen Samizdat in der führenden Untergrundzeitung *Tygodnik Mazowsze* bestätigt.

Opposition« in Ungarn. Weshalb, so fragen sie, hat die neue Parteiführung als eine ihrer ersten Handlungen eine Massendemonstration gegen Ceauşescus Verfolgung der ungarischen Minderheit in Siebenbürgen erlaubt? Natürlich, um sich dadurch Popularität zu verschaffen. Vielleicht aber auch, weil das Volk weniger über die Menschenrechte in Ungarn nachdenkt, wenn man ihm erlaubt, nach den nationalen Rechten in Siebenbürgen zu rufen. Diese Fackeldemonstration am Heldenplatz in Budapest war schon eine merkwürdige Angelegenheit. Die Reden waren eine seltsame Mischung verdrehter liberaler Gefühle (universelle Menschenrechte, die armen Rumänen leiden schließlich auch) und effektvoller patriotischer Rhetorik.[34] Für mich war der überwältigendste Eindruck jedoch der einer verlorenen Menschenmenge: sichtlich verwirrte Männer und Frauen singen fast vergessene Hymnen und entdecken langsam wieder, was Nationalbewußtsein heißt. Ein Spektakel, das gleichermaßen pathetisch, bewegend und verstörend wirkte.

»Wir wollen nichts weiter als Freiheit und Demokratie für die Ungarn in Siebenbürgen«, sagte ein Sprecher. Heftiger Applaus. Und dann, fast wie ein nachträglicher Einfall, » … und Freiheit für uns selbst«. Noch mehr Applaus. Wäre ich Károly Grósz, ich wäre mir nicht sicher, daß ich die nationale von der demokratischen Angelegenheit trennen könnte. Von der Frage, weshalb die ungarische Regierung nicht mehr für die Ungarn in einem benachbarten sozialistischen Staat unternimmt, bis hin zu der Frage, weshalb man eine solche Regierung hat, ist es nur ein kleiner Schritt. Die brennende nationale Frage über das Massaker in Katyn und über andere »weiße Flecken« der sowjetisch-polnischen Geschichte setzt das Jaruzelski-Regime einem ähnlichen Dilemma aus. Wer keine klare, wahrheitsgetreue Aussage machen oder bekommen kann, der sagt besser gar nichts.

Das zweite Element ist die Wiederbelebung der Religion in Polen, in der Tschechoslowakei, der DDR, und, in geringerem Maße, auch in Ungarn. Auch dieses Element besteht aus vielen Dimensionen, je nachdem, ob man nach den gesellschaftlichen Wurzeln, den konfessionellen Formen oder den politischen Auswirkungen fragt. Wieso wenden sich so viele junge Menschen in Osteuropa, die doch zumeist in einer völlig atheistischen Um-

[34] Es ist anzumerken, daß bei dieser Demonstration auch rumänische Flüchtlinge in Ungarn repräsentiert waren.

welt aufgewachsen sind, plötzlich der Religion oder zumindest den Kirchen zu? Geschieht dies einfach deshalb, weil die menschliche Natur ein moralisches Vakuum, wie es durch den Zusammenbruch der sozialistischen Ideologie entstanden ist, nicht zuläßt? Ist es die Suche nach Schutz inmitten des materiellen Untergangs, der Misere und der Hoffnungslosigkeit?

Ist es Teil der Wiederentdeckung der Vergangenheit? Ist es der Einfluß des polnischen Papstes? Göttliche Fügung? Alles zusammen? Die Kirchen bieten eine Möglichkeit, säkulare gesellschaftliche und politische Sehnsüchte auszudrücken, wie die von der Kirche geschützte Friedens- und Menschenrechtsbewegung in der DDR zeigt. Aber Religion kann auch ein Ersatz für gesellschaftliches und politisches Engagement sein. Die Welle der Kirchgänger nach der Ausrufung des Kriegsrechts in Polen hatte etwas von beidem. Wie die Wiederentdeckung der nationalen Geschichte, so hat auch die Wiederbelebung der Religion verschiedene Seiten, und es ist schwer zu sagen, welche davon einschneidender ist.[35] Für einen Wissenschaftler mag das eine analytische Herausforderung sein, für die Behörden aber ist es ein akutes politisches Dilemma.

Das dritte Element ist das, was man gemeinhin die Wiederherstellung einer »Zivilgesellschaft« in Ost-Mitteleuropa nennt. Zu diesem Thema wurde bereits viel Bedeutendes geschrieben[36], dennoch wurde dieser Begriff kaum präzisiert, was auch an der Vielzahl früherer Gebrauchsformen (Hegel sei hier erwähnt) liegen mag, doch vor allem daran, daß er heute zur Beschreibung zweier unterschiedlicher Dinge eingesetzt wird: (A) für die nicht-staatlichen sozialen Vereine, gesellschaftlichen Verbindungen und Aktivitäten, vom Gesangsverein bis hin zur Charta 77, vom Samizdat bis hin zu den kirchlichen Brevieren, von unabhängigen Bauern bis hin zu Homosexuellen;[37] (B) spezifischer und politischer, für alle Produkte jener Strategie der »gesell-

[35] Selbst die politischsten Kirchen riefen ein undurchdringliches Wirrwarr an nationalen, sozialen und religiösen Themen hervor. Während der letzten »Messe für das Vaterland«, die ich in Pater Popiełuszkos Kirche in Warschau erlebte, endete der Prediger damit, die Gläubigen zum Kampf des Guten gegen Alkoholismus, Diebstahl, Abtreibung und Kommunismus aufzurufen – in dieser Reihenfolge.

[36] Siehe auch John Keane, Democracy and Civil Society, London 1988, und John Keane (Hrsg.), Civil Society and the State, London 1988, hier besonders der Aufsatz von Z. A. Pełczyński.

[37] Die Erwähnung der Homosexuellen kommt nicht von ungefähr. Ein Verein der Homosexuellen hat gerade einen Antrag auf Registrierung in Warschau gestellt.

schaftlichen Selbst-Organisation«, die in den späten siebziger Jahren gleichermaßen von der demokratischen Opposition in Polen, Ungarn und in der Tschechoslowakei aufgegriffen wurde. Für sie war die Wiederherstellung einer »Zivilgesellschaft« sowohl ein Ziel an sich als auch ein Mittel für den politischen Wandel und letztendlich für den Wandel des Staates an sich.

(B) ist eine Unterkategorie von (A). Die Entwicklung von (A) wird im allgemeinen ungeplant, zumindest nicht Teil einer politischen Gesamtstrategie sein. Doch die Gründung unpolitischer gesellschaftlicher Vereine und Verbände wurde durch die Strategie von (B) erleichtert und bewußt in sie integriert. Man könnte (A) auch ganz einfach »Gesellschaft« nennen, nur, der Begriff »Gesellschaft« wird mittlerweile in Polen (*spolleczeństwo*) gerade auf die zivilgesellschaftlich organisierten, aktiven Teile der Gesellschaft (Arbeiter, Bauern oder Intellektuelle) angewandt, die seit dem August 1980 die bedeutendste Opposition gegenüber allen Formen der Macht (*wlladza*) bilden. Während man andernorts von einer »Zivilgesellschaft« spricht und die Gesellschaft meint, sprechen die Menschen hier von »Gesellschaft« und meinen die Zivilgesellschaft.

In Ungarn war die Zivilgesellschaft, selbst im Sinne von (A), fast völlig durch den Stalinismus und János Kádárs Konterrevolution nach 1956 zerstört worden. Ganz allmählich und im Stillen wurde sie inzwischen wiederhergestellt. Als Maßstab dafür kann die Anzahl der unabhängigen Verbände und Vereine genommen werden: Von mehr als 13 000 in den dreißiger Jahren sanken sie bis auf 1 000 in den fünfziger Jahren ab, stiegen aber bis 1981 wieder auf 3 500 an.[38] In den letzten ein, zwei Jahren, am drastischsten aber in den letzten Monaten, blühte die Zivilgesellschaft im Sinne von (B) plötzlich wieder auf. Mehr oder weniger spontan schossen überall Debattierclubs, Vereine und Lobbies der verschiedensten sozialen und intellektuellen Gruppen aus dem Boden, deren Mitglieder sich als besorgte Bürger verstehen und weniger aus individuellem Bedürfnis oder Gruppeninteressen heraus agieren als aus dem Wunsch, ihren Staat und ihre Nation mitzugestalten. Der Aufruf zu jener Demonstration am

[38] Ausgenommen Sportvereine. Zitiert aus einem Papier von Elemér Hankiss für die Konferenz der Woodrow Wilson Center European Alumni Association »The European Question«, im Mai 1988. (Die Aufsätze für diese Konferenz werden zur Zeit in Buchform gefaßt.) Auch die Anzahl privater Stiftungen stieg von Null 1977 auf 380 bis 1986.

Heldenplatz war von nicht weniger als zwölf solcher Gruppen unterzeichnet, zwei von ihnen in sich bereits aus einer Vielzahl Gruppen bestehend: das Ungarische Demokratische Forum und das Netzwerk der freien Initiativen.

Am bemerkenswertesten unter diesen neuen Gruppen sind die Demokratische Gewerkschaft der Wissenschaftlichen Arbeiter (der Akademiker also) und der Verband Junger Demokraten (FIDESZ) (hauptsächlich Studenten), die beide im Frühling 1988 gegründet wurden. Sie sind die ersten unabhängigen Gewerkschaften in Osteuropa, seit dem Verbot der Solidarność. Die Unterschiede zwischen diesem Ferment der Zivilgesellschaft und Polen im Jahr 1980 sind Legion. Doch ich muß sagen, daß die herrlichen Diskurse bei den Treffen der neuen Akademiker-Gewerkschaft (nur Akademiker sind in der Lage, Fußnoten zu einer Demonstration zu schreiben) und die Gespräche mit den wunderbar frischen und gescheiten Studentenaktivisten der FIDESZ das Gefühl in mir hervorriefen, wieder in Polen im Herbst 1980 zu sein.

In Polen ist die Situation sowohl besser als auch schlechter. Als Mitte der siebziger Jahre die demokratische Opposition zum ersten Mal die Strategien der »gesellschaftlichen Selbst-Organisation« und des »Wandels von unten« aufgriff, hätte sie sich eine Massenbewegung wie Solidarność niemals vorstellen können. Was sie sich vorstellen konnte, war, daß sie mögliche Partner, wenn auch zögerliche, innerhalb des Systems finden würde und daß aus einer solchen Partnerschaft explizit oder implizit sogar ein neuer »Sozialvertrag« entstehen könnte. Heute, am Ende der achtziger Jahre, existiert in Polen eine zivile oder selbst-organisierte Gesellschaft, deren Ausmaß sich damals niemand hätte träumen lassen. Es existiert eine weite Landschaft unabhängiger Vereine, Verbände, Zeitschriften, Verleger usw., die von den realistischeren Mitgliedern der Nomenklatura, ja, sogar von der Geheimpolizei, als ebenso beständiges Abbild des polnischen Lebens akzeptiert wird wie die Existenz dessen, was man »die Opposition« nennt. In seinem langen Memorandum von 1987 schrieb Mieczysław F. Rakowski, daß »wir in der Praxis die Opposition als bleibendes Element auf der politischen Landkarte unseres Landes akzeptiert haben«.[39]

[39] Rakowski, »Überlegungen ...«, S. 40.

Zu Beginn des Jahres 1988 sahen sich die Behörden durch die tiefe Wirtschaftskrise und die allgemeine Unzufriedenheit in der Bevölkerung dazu gezwungen, wieder im Stillen Gespräche mit der Opposition aufzunehmen und sehr behutsam die Möglichkeit eines »Antikrisen-Pakts« auszuloten. In den vergangenen Wochen waren sie durch eine neue Streikwelle gezwungen, direkt und öffentlich mit jenem Mann zu sprechen, von dem sie so oft gesagt hatten, daß er nicht länger ein »Partner« für sie sei: Lech Wałęsa. Doch bis heute, Mitte September 1988, hat sich noch immer nichts entwickelt, was auch nur im entferntesten eine »Partnerschaft« zwischen den Behörden und der »Gesellschaft«, repräsentiert durch Solidarność, genannt werden könnte. Weder gibt es einen »historischen Kompromiß« noch einen »Sozialvertrag«.

Diese siebenjährige historische Sackgasse hatte viele demoralisierende Auswirkungen. Durch sie wurde die »Zivilgesellschaft« weitgehend in das Reich der Worte verbannt. Geschriebene Worte – zu viele, um sie aufzählen zu können: in Samizdat-Zeitungen, in legalen unabhängigen katholischen Zeitungen wie *Tygodnik Powszechny*, *Znak*, oder *Więz*, in internen Universitäts-Veröffentlichungen, in Samizdat-Büchern von Verlagen wie Krąg, Nowa oder cdn, in politischen Programmen, breitgewalzt oder nur kurz umrissen, moderat oder ins Extrem getrieben; gesprochene Worte – in Predigten, Liedern, Vorlesungen, in legalen und illegalen Seminaren, in Fortbildungsgruppen für Arbeiter, in Theatern, Kabaretts und auf heimlich kursierenden Kassetten; audiovisuelle Worte – in herrlich komischen Videos des Satirikers Jacek Fedorowicz oder herrlich ernsthaften Videos über Friedrich von Hayek, die auf den inzwischen unzähligen Videorecordern des Landes herumgereicht wurden; Worte, Worte, Worte.

Für viele sind sie noch immer erheiternd – besonders für die Schriftsteller. Aber die meisten Menschen sind keine Schriftsteller. Zu behaupten, Arbeiter oder Bauern seien nicht an Worten, Ideen, freien Diskussionen, Gottesdiensten oder Dramen interessiert, wäre falsch und überheblich. Doch sie geben den Arbeitern keine unmittelbaren Antworten auf ihre dringlichsten Fragen: Wie geht es weiter mit den Löhnen, den Wohnungen, der Gesundheitsversorgung, der Umweltverschmutzung? Auch ein Akademiker kann der Worte überdrüssig werden, wenn sie niemals greifbare Resultate hervorbringen. Die defensive Botschaft der Untergrundpresse drückt sich im Titel einer Zeitung aus, die ich gerade entdeckte: *Jestésmy*, was soviel heißt wie »wir sind«. Die polnische Version von Descartes heißt heute: »Ich drucke, also bin ich.«

Die faktische Verbannung der Ideologie durch das Regime, verbunden mit einer relativen Redefreiheit sogar in zensierten Publikationen, hat eine merkwürdige Abwertung der Sprache hervorgebracht. Solschenizyns *Ein Wort der Wahrheit* war von immenser Bedeutung, als es in einem Wald voller Lügen ausgesprochen wurde. Aber wenn man alles sagen kann, was man will, und es von den Machthabern sogar öffentlich gestattet wird (natürlich ohne daß es etwas verändern würde), dann verlieren Worte, so wahr und aufrecht sie auch gemeint sein mögen, etwas von ihrer Wirkung.

Nicht zuletzt als Antwort auf diese ausweglose Situation haben viele gescheite junge Menschen ihre Aufmerksamkeit der neuesten und dynamischsten Form der gesellschaftlichen Emanzipation zugewandt: dem vierten Element, dem privaten Unternehmertum. Natürlich setzen die klassischen Definitionen der Zivilgesellschaft gewisse wirtschaftliche Grundbedingungen wie Privatbesitz, gesetzlich verankerte Eigentumsrechte, freien Warenaustausch usw. voraus. Deshalb ist das Streben nach einer Marktwirtschaft in gewissem Sinne die logische Ergänzung des Strebens nach einer Zivilgesellschaft. In der Praxis aber wurden freie marktwirtschaftliche Aktivitäten bislang eher als Alternative zum Streben nach einer Zivilgesellschaft im oben erwähnten Sinn angesehen.

Ich vermute, daß nur wenigen Menschen im Westen (und vielleicht auch im Osten) das tatsächliche Ausmaß der privatwirtschaftlichen Aktivitäten in Polen und Ungarn klar ist. Anders Åslunds vermutete in seinem ausgezeichneten Buch von 1985, *Private Enterprise in Eastern Europe*, daß die legalen privatwirtschaftlichen Aktivitäten in Osteuropa weiterhin nur auf der niedrigen Basis, wie es sie schon seit den fünfziger Jahren gibt, stattfinden werden. In einem neueren Aufsatz des anglo-polnischen Ökonomen Jacek Rostowski wird jedoch überzeugend dargestellt, weshalb »Åslund's Law« nicht länger für Polen gelten kann. Und das trifft auch auf Ungarn zu.

Rostowski schätzt, daß inzwischen etwa 38 bis 45 Prozent des Einzeleinkommens in Polen aus (mehr oder weniger legalen) privatwirtschaftlichen Aktivitäten stammt. Die Arbeitsanstellungen im privatwirtschaftlichen Bereich binden inzwischen beinahe ein Drittel der gesamtgesellschaftlichen Arbeitskraft. Die Herstellung von zwei Fünfteln des neuen Wohnungsbaus kann als privatwirtschaftlich klassifiziert werden. 1986 und 1987 lagen die privat nach Polen eingeführten Devisen fast auf gleicher Höhe mit dem Devisen-Handelsüberschuß des gesamten sozialisierten Bereichs.[40] In Ungarn schätzt man, daß die privatwirtschaftlichen Aktivitäten mindestens dreißig Prozent des durchschnittlichen Haushaltseinkommens ausmachen. Obwohl es dort keine private Landwirtschaft gibt, wächst der privatwirtschaftliche Anteil in der arbeitenden Bevölkerung ständig weiter an. Schätzungen über den privatwirtschaftlichen Anteil am Wohnungsbau belaufen sich inzwischen auf 85 Prozent. In den polnischen und ungarischen Stadtzentren und auf dem Land ist die Bedeutung des privatwirtschaftlichen Bereichs nicht mehr zu übersehen. Hier eine Bar, dort eine Boutique, hier eine Software-Firma, dort eine hübsche neue Villa oder ein Bauernhaus.

In vielerlei Hinsicht ist dieses dramatische Anwachsen der privatwirtschaftlichen Aktivitäten in den achtziger Jahren ein klassisches Beispiel für die Emanzipation im Untergang – für die gesellschaftliche Ottomanisierung. Privates Unternehmertum springt da ein, wo die staatliche Versorgung im Untergang Lükken hinterlassen hat (buchstäblich im Falle von privaten Zahnärzten). Privates Unternehmertum floriert dort, wo der Staat die Versorgung nicht mehr gewährleisten kann, sei es im Wohnungsbau, im Dienstleistungsgewerbe, bei Konsumartikeln oder in der medizinischen Versorgung. Die Vielzahl der Menschen, die sich der freien Marktwirtschaft zugewandt haben, entspricht der Vielzahl jener, die sich der Religion zuwandten. In beiden Fällen findet man auch eine Vielzahl von Motiven. Eine Hinwendung zur Religion bedeutet nicht immer nur reine Gottesliebe, die zur Marktwirtschaft nicht immer nur die Vergötzung des Geldes. Menschen nutzen privatwirtschaftliche Aktivitäten auch als Mittel zum Zweck der Unterstützung oppositioneller Publikationen. Geheimpolizisten nutzen sie, um ein offizielles Auge darauf zu haben, aber auch eine inoffiziell geöffnete Hand in der Ladenkasse. Ungarn und Polen liefern außerdem genügend Hinweise

[40] Jacek Rostowski, »The Decay of Socialism and the Growth of Private Enterprise in Poland«, unveröffentlichtes Manuskript, 1988.

auf hochrangige Mitglieder der Nomenklatura oder ihre Verwandten und Vertreter, die bei privaten Betrieben ihre Hände im Spiel haben.

Für viele Menschen ist die privatwirtschaftliche Aktivität eine klare Alternative zur politischen. Ein ungarischer Professor erzählte mir, daß es zwei grundverschiedene Typen von Studenten gebe: jene, die den Wunsch haben, in die Privatwirtschaft zu gehen, und jene, die sich an oppositionellen Aktivitäten beteiligen möchten – auf der einen Seite anscheinend die Partei des Gewinns, auf der anderen die Partei der Werte. Der Soziologe Robert Manchin konstatierte in einer Untersuchung, daß ungarische Bürger mit privatwirtschaftlichen Einkommensquellen kaum dazu tendieren, Unzufriedenheit mit dem gegenwärtigen politischen System auszudrücken oder politische Reformkonzepte zu entwickeln. »Wenn private Teilzeitarbeit wirklich eine wertebegründende Strategie ist«, schreibt er vorsichtig, »dann ist die individuelle Freiheit sicher nicht einer ihrer Hauptwerte.«[41] In Polen wurde mir wiederholt von Universitätslehrern berichtet, daß sich inzwischen selbst das Interesse der begabtesten Studenten auf das private Geschäftemachen konzentriert. Die offizielle Politik »der Roten« (wie die kommunistischen Behörden von den ungezwungenen Jungen genannt werden) steht nicht zur Debatte. Doch die inoffizielle Politik der Opposition scheint ebenfalls nur geringe Perspektiven anzubieten. Was sie wollen, ist, für ein Jahr in den Westen reisen, harte Mark verdienen, ein wenig vom Kapitalismus lernen und dann zurückkehren und eine kleine private Firma in Polen gründen, sei es nun der Handel mit Videokassetten, Teppichen, Dekorationsstoffen, Schmuck, Spielwaren oder mit Computer-Software.[42]

[41] Robert Manchin, »Individual Economic Strategies and Social Consciousness«, in der Sonderausgabe Mittel- und Osteuropa von *Social Research*, Bd. 55, Nr. 1–2 (Frühling/Sommer 1988) S. 77–96. Zitat auf S. 93.

[42] Laut Rostowski, der J. Baczyński in *Polityka* Nr. 37, 1987, zitiert, sind etwa 30% der Unternehmer unter fünfunddreißig Jahren. »Fast 90 Prozent der Abiturienten, die 1987 befragt wurden, sagten, daß sie Polen für eine längere Zeit verlassen wollten, um Devisen zu verdienen.« (RFE/RL *Soviet East European Report*, Bd. V, Nr. 32, 10. August 1988). Eine weitere Beobachtung der Attraktion des Kapitalismus konnte vergangenen November, während der für das Fernsehen aufgezeichneten »Begegnung General Jaruzelskis mit der Jugend« gemacht werden. Ein gewisser Wojciech Nowakowski sagte: »Mein Professor meinte immer, der Sozialismus sei eine wunderbare Idee, aber sehr arm, weil er keine wirtschaftliche Basis hat. Und unsere Wirtschaftsklasse schien das zu bestätigen, denn als wir die Prinzipien der kapitalistischen Wirtschaft lernten, fanden wir die sehr klar und einfach zu behalten. Aber um die Prinzipien unserer Wirtschaft behalten zu können, kamen wir wirklich ins Schwitzen.« (*Stzandar Mllodych*, 28.–29. November 1987).

Es gibt natürlich auch einzelne und Gruppen, die ihre Bejahung (und die Praxis) des privaten Unternehmertums mit der Vorstellung von gesellschaftlichem und politischem Wandel verbinden. Die Strategie der demokratischen Opposition der siebziger Jahre kann als »Wandel von unten«, die der früheren Revisionisten als die Hoffnung auf einen »Wandel von oben« beschrieben werden. Die Ideen der achtziger Jahre würde ich als »Wandel von der Seite« beschreiben. In Polen wären wohl die meisten Vertreter dieser Linie mit der Bezeichnung liberal ganz einverstanden – und viele gebrauchen sie auch selbst. Amerikaner würden sie wohl eher als neoliberal oder sogar neokonservativ bezeichnen, obwohl es auch zwischen ihnen stilistische und philosophische Unterschiede gibt. Den Warschauer *Towarzystwo Gospodarcze* (Wirtschaftsverband) mit dem Krakauer *Towarzystwo Przemysllowe* (Produktionsverband) zu verwechseln, ist mindestens so frevelhaft wie eine Verwechslung der *Zeit* mit der *FAZ*. Die Bewegung hat viele intellektuelle Fürsten[43], diese beiden Verbände jedoch, Theoretiker und Praktiker der Privatwirtschaft vereinend, sind bis heute ihr wahrscheinlich bedeutendster Ausdruck.

Der Krakauer Verband begann, wie es sich für Galizier gehört, als Dining Club. Intellektuelle und private Unternehmer trafen sich zu einem vorzüglichen Essen in einem Privathaus, bei dem die Intellektuellen die Theorie (Michael Novak versus Hayek) und die Unternehmer die Praxis erklärten (Bakschisch versus Hinterhof), wobei sich beide Seiten entspannt auf den Wodka verließen. Nicht ganz seriöse Berichte über diese Treffen wurden in der Untergrundzeitung dieser Gruppe, 13, veröffentlicht. Nachdem sie »die beiden mächtigsten Institutionen in Krakau« – die Universität und die katholische Wochenzeitung *Tygodnik Powszechny* – ausgestochen hatten, wie Mirosław Dzielski, Akademiker und führende Figur im Verband, erklärte, machten sie sich daran, den Status ihres Verbandes auf »die Vermehrung der privatwirtschaftlichen Aktivitäten der Bürger und das Verbreiten der marktwirtschaftlichen Prinzipien«[44] in ihrem Krakauer Ein-

[43] Erwähnenswert unter ihnen der publizistische Veteran Stefan Kisielewski, einer der Gründer der »Partei der verrückten Liberalen«; der Wirtschaftler Stefan Kurowski, der Solidarność bereits 1981 mit einigen dieser Ideen vertraut machte und heute im Vorstand der *Towarzystwo Gospodarcze* sitzt; die Wirtschaftsjournalisten Janusz Korwin-Mikke und Piotr Wierzbicki.

[44] »Statut Krakowskiego Towarzystwa Przemysłowego«, Paragraph 7 (Manuskript).

flußbereich auszudehnen, und beantragten in aller Form ihre Registrierung. Diese wurde ihnen zur Überraschung aller Ende des vergangenen Jahres gewährt, und sofort boten sie einen öffentlichen Kurs an. Thema: »Wie man beginnt« (im Geschäftsleben). Der Erfolg bestätigte das große öffentliche Interesse, besonders unter den Studenten, jungen Berufsanfängern und Handwerkern.

Dem Warschauer Verband ist seine Registrierung bis jetzt noch nicht geglückt. Angeführt unter anderem von Aleksander Paszyński, einem ehemaligen *Polityka*-Journalisten, der zur Zeit des Kriegsrechts bei seiner Zeitung gekündigt hatte und eine höchst erfolgreiche Gutachterfirma für den privaten Wohnungsbau gründete, waren die formulierten Ziele des *Towarzystwo Gospodarcze* immer etwas direkter und ambitionierter. Zum Beispiel die Forderung, legal im gesamten Land arbeiten zu können. Der Verband ist eine potentielle wirtschaftliche Macht, denn das Gesamtkapital seiner Mitgliedsfirmen beläuft sich auf wahrscheinlich Hunderte Millionen Złoty, oder, was noch wichtiger ist, auf Hunderttausende Dollar. Als ich einen hochrangigen Regierungsbeamten befragte, weshalb die Behörden ihre Zustimmung zur Registrierung verweigern, antwortete er schlicht: »aus Angst vor einer verdeckten Opposition«.

In Wirklichkeit stand die Mehrheit der Opposition solchen Initiativen erst einmal sehr kritisch gegenüber, nicht zuletzt weil sich einige der Initiatoren ausdrücklich als Alternative zu Solidarność darstellten. Die Förderung privatwirtschaftlicher Unternehmen wurde wie eine neue Version der post-revolutionären Strategie des 19. Jahrhunderts, der »organischen Arbeit« behandelt. Mirosław Dzielski sagte selbst, daß er vor allem an jenen interessiert sei, die sich »in einem sozialistischen Staat neben dem und trotz des Sozialismus arrangieren wollen«.[45] Ihre theoretische Position ist: Wir sind nicht gegen und nicht für die Regierung; sie soll uns das Instrumentarium zur Verfügung stellen, und wir werden uns um die Arbeit kümmern. Betrachtet man die Bedingungen für ein langfristig stabiles Umfeld im privatwirtschaftlichen Bereich genauer, dann weiß man die Radikalität dieser Forderung schnell zu schätzen. Der Kommentar des Krakauer Verbands zum Regierungsprogramm der »zweiten Stufe der wirtschaftlichen Reform« beginnt damit, daß er es »mit

[45] Siehe *Kurs*, Nr. 27, 1987

Genugtuung begrüßt«. Er endet mit einem Vorschlag für ein stabiles Finanzierungsprogramm durch »Umverteilung«, »Privatisierung«[46] und eine Steuerreform, die Margaret Thatcher ohne zu zögern unterzeichnen würde.

Der Katalog der Neo-Liberalen zu langfristigen Maßnahmen unterscheidet sich nur geringfügig von der Botschaft, die ein Gespräch zweier junger Männer enthielt, das ich 1987, zur Zeit des Referendums über wirtschaftliche Reformen, in einer überfüllten Warschauer Straßenbahn mitanhören konnte. Zuerst lachten sie sich halbtot über einen Freund, der zur Wahl gegangen war, weil er Angst hatte, daß ihn die Behörden (»*oni*« – »sie«) sonst nicht ins Ausland gehen lassen würden. Dann sagte der eine: »Aber ich denke, wir *sollten* zumindest versuchen, diese Wirtschaft irgendwie zu reformieren.« »Hör doch auf«, sagte der andere, »diese Reform hat keine Chance. Das einzig Vernünftige wäre, es wie in Amerika zu machen[47]«. Eine absolut vernünftige Position, wenn auch kaum eine, die die Behörden aufgreifen werden. Dennoch gäbe es gute Gründe, zum eigenen Nutzen der Behörden, kurzfristig eine Expansion im privatwirtschaftlichen Bereich zuzulassen.

In Ungarn ist die politisch-philosophische Theorie noch nicht so weit ausgearbeitet, die unternehmerische Praxis dafür um so mehr. Hier gibt es bereits wohlorganisierte Unternehmerverbände, die direkt mit der Regierung verhandeln. Hauptorgan des Unternehmertums und der freien Marktwirtschaft ist keine Samizdat-Zeitung, sondern ein völlig offizielles Wochenmagazin, *HVG*, das man den ungarischen Economist nennen könnte. Zwischen einer Menge Anzeigen von privaten Firmen und Koopera-

[46] »Privatisierung sollte den schrittweisen Verkauf der gesamten volkseigenen Industrie in Privathand bedeuten!« Zitiert aus »Opinia Krakowskiego Towarzystwa Przemysłowego na Temat Programu Realizacyjnego Drugiego Etapu Reformy Gospodarczej«, Manuskript, Krakau, Oktober 1987, S. 15, passim.

[47] Hat der Papst aber nicht den amerikanischen Kapitalismus kritisiert? Es scheint eine gewisse Spannung zwischen den sozialen Lehren des Papstes und den Reden der Neoliberalen zu geben, wie »dem Kapitalismus eine moralische Ethik zukommen« könnte. (Mirosław Dzielski, in *Kurs*, Nr. 27, 1987). Seine Enzyklika »Solicitudo Rei Socialis« von 1988 enthält jedoch eine bedeutende Passage über die Übel, die »im Namen einer angeblichen ›Gerechtigkeit‹« aus der Unterdrückung privatwirtschaftlicher Initiativen fließen und die »eine Art Frustration oder Verzweiflung provozieren, die die Menschen dazu veranlassen, sich gegen das nationale Leben zu entscheiden, sie dazu drängen, zu emigrieren«, etc. Das Kommuniqué des polnischen Episkopats erklärte unmittelbar nach der Veröffentlichung dieser Enzyklika rundweg, daß es »im Lichte der katholischen sozialen Lehre von Bedeutung ist, die Rolle des privatwirtschaftlichen Bereichs in der nationalen Wirtschaft entscheidend auszuweiten« (26. Februar 1988).

tiven bringt es ausgezeichnete Berichte über die wirtschaftlichen und politischen Entwicklungen in Ungarn und anderswo und veröffentlicht die radikalsten Reformvorschläge jenseits des Samizdat. Eine Analyse dieses vierten Elements der gesellschaftlichen Emanzipation wird aber unausweichlich in eine Diskussion über die offiziellen Vorschläge für wirtschaftliche und politische Reformen führen.

Reform

Das Wort »Reform« wurde durch den übermäßigen Gebrauch in den Artikeln westlicher Journalisten und Wissenschaftler, aber auch in der Rhetorik kommunistischer Machthaber entwertet. Zu Lenins Zeiten bedeutete »Reformismus« die Verwerfung der Gesetze des Kommunismus. Heutzutage bedeutet es seine Rettung. Der Westen bemächtigte sich dieses Begriffs, um damit einfach alles zu beschreiben, angefangen bei einer bescheidenen Korrektur der Wirtschaftspolitik bis hin zur fundamentalen Transformation des politischen und wirtschaftlichen Systems.

Was versuchen die Reformer im heutigen Polen und in Ungarn zu reformieren, und weshalb versuchen sie es? Eine deutliche Antwort darauf ist im Memorandum von Mieczysław F. Rakowski, der im Herbst 1988 Premierminister von Polen wurde, zu finden.[48] Polen, so sagt er, habe seit den achtziger Jahren, womöglich sogar seit 1976, eine wirtschaftliche, soziale und politische »Krise« (noch ein inflationäres Wort!) durchlebt. Eine Krise *sui generis*. Doch »wir sollten nicht vergessen, daß Symptome einer grundlegenden Krise in allen sozialistischen Ländern zutage treten«. »Nicht nur Polen«, schreibt er, »sondern die meisten sozialistischen Länder sind davon bedroht, auf die Position von Ländern zurückzufallen, die unfähig sind, mit der Revolution der technologischen Entwicklung im Kapitalismus Schritt zu halten.«

Und weiter:

»Wenn man eine kapitalistische Gesellschaft in unsere alltägliche Realität transportieren könnte, so würde sie sich sehr schnell zu einem revolutionären Kampf erheben.«

[48] Siehe auch Fußnote 27.

Doch nicht nur eine kapitalistische Gesellschaft. Denn »durch die Entwicklung der Massenmedien können die Gesellschaften unserer Länder in das Alltagsleben der Massen im Kapitalismus ›lugen‹«. Die Schlußfolgerung zieht er ein paar Seiten später. Wenn die sozialistische »Formation« nicht die Kraft finde, sich selbst zu reformieren, »wird die zukünftige Geschichte unserer Ordnung von Schocks und revolutionären Ausbrüchen gekennzeichnet sein, die von einem zunehmend aufgeklärten Volk initiiert werden«.

Ganz genau. Von ein paar unwesentlichen Unterschieden in der Terminologie einmal abgesehen, könnte dies fast eine akademische Analyse für die CIA sein. Doch dies ist der Text eines Mannes, der nicht nur Mitglied des Politbüros ist, sondern, wie gut begründete Gerüchte verbreiten, gerade aufgrund dieses Textes Politbüromitglied wurde. Auch ungarische Politbüromitglieder diagnostizieren im Privaten den Untergang mit schlagendem Sinn für Realismus – wenn sie auch, wie Rakowski, nur halb so realistische Gegenrezepturen entwickeln. Mit anderen Worten, einige der Machthaber schätzen den Untergang und die Perspektive relativer Rückschrittlichkeit durchaus realistisch ein. Sie wissen auch, daß ihre Völker sie höchst unfreundlich dazu auffordern werden, die Bühne zu verlassen, wenn sie keine drastischen Maßnahmen für die Modernisierung ihrer Wirtschaft ergreifen. Eine jüngere Generation, besser ausgebildet, besser informiert, relativ angstfrei, mit dem Blick auf Gorbatschow im Osten und auf die Europäische Gemeinschaft im Westen, läßt sich nicht mehr mit einfältigen Ideologien, Papierpatriotismus oder immer weiteren Versprechungen für das Paradies von morgen für dumm verkaufen.

Deshalb wollen die Reformer in erster Linie die Wirtschaft reformieren. Nun gibt es natürlich eine mehr als dreißigjährige Geschichte wirtschaftlicher Reformversuche in Osteuropa. Doch wie der Doyen dieses Themas, Włodimierz Brus, kürzlich schrieb, sind diese Versuche »mit einer einzigen Ausnahme fehlgeschlagen, selbst was die Institutionalisierung eines neuen Systems betrifft, ganz zu schweigen von realen Auswirkungen auf die Umsetzung«.[49] Die einzige Ausnahme ist Ungarn. Doch

[49] Zitiert aus W. Brus, »The Experience of Economic Reforms: 1956–1987«, Manuskript, S. 3. Siehe auch Brus' Beitrag für Band 2 der *Economic History of Eastern Europe*, herausgegeben von M.C. Kaser, Oxford 1987.

buchstäblich alle ungarischen Wirtschaftswissenschaftler sind sich heute darin einig, daß zwanzig Jahre des »neuen Wirtschaftsmechanismus« keine wirkliche Transformation der Planwirtschaft zum Marktsozialismus zeigten. Die zentrale politische Bürokratie mischt sich immer noch allgegenwärtig und überall ein. Verlustmachende volkseigene Betriebe wurden durch beliebig hohe Steuerbefreiungen oder Subventionen entlastet. Anstelle eines freien Kräftespiels des Marktes entstand ein unüberschaubarer grauer Markt des verwaltungsbürokratischen »Handels«.[50]

Die Aufgabe einer Wirtschaftsreform wird mit jedem Jahr schwieriger. Die Kluft zum Westen vertieft sich immer mehr. Die Liste der aufgeschobenen Modernisierungsprobleme verlängert sich ständig, wobei es nicht nur um die Schließungen altmodischer Fabrikanlagen und um die Eröffnung modernerer geht, sondern auch um all die vernachlässigten Investitionen in die Infrastruktur, ganz zu schweigen von solchem Luxus wie Umweltschutzmaßnahmen. Die unvermeidlichen sozialen Kosten einer Reform wachsen immer weiter an, während die Glaubwürdigkeit der Regime immer weiter sinkt. Sie wissen, daß eine »radikale« Wirtschaftsreform notwendig ist. All die großen beispielhaften Betriebe der heroischen Phase stalinistischer Modernisierung haben Verluste erarbeitet und Investitionen verschlungen, die mindestens so maßlos waren wie ihre Fassaden. Schon längst hätten sie geschlossen werden müssen. Jetzt müssen sie geschlossen werden. Die Subvention von Gebrauchsgütern lastet schwer auf dem Staatshaushalt. Viele der offiziellen Preise sind vollkommen unrealistisch im Vergleich zu den Binnenmärkten, ganz zu schweigen von den westlichen. Deshalb müssen Subventionen sinken und Preise steigen. Die Menschen werden nur dann besser arbeiten, wenn sie mehr Geld dafür erhalten. Deshalb wird auch mancher mehr verdienen müssen als ein anderer.

Was bedeutet die Perspektive einer solchen Reform für einen sozialistischen Staat? Die stolzeste Errungenschaft des Sozialismus war Vollbeschäftigung. Reform erfordert Arbeitslosigkeit. Sozialismus versprach Gleichheit. Reform bedeutet mehr Ungleichheit: eine zweite Pyramide der Ungleichheit, die der bereits existierenden der Nomenklatura übergestülpt

50 Siehe János Kornai, »The Hungarian Reform Process: Visions, Hopes, and Reality«, in: *Journal of Economic Literature*, Bd. XXIV, Dezember 1988, S. 1687–1737.

wird.[51] Sozialismus sagt: »Von jedem, was er kann, für jeden, was er braucht«. Und es werden gerade die ungelernten Arbeiter sein, die Alten, die Schwachen und die Bedürftigen, die aus einer radikalen Reform am schlechtesten hervorgehen werden. Polnische Soziologen sagen, daß es nach einer Reform gerade jenen am schlechtesten gehen wird, die der heutigen Regierung das meiste Vertrauen schenken. Andererseits sind jene, die die Idee einer Reform unterstützen, kaum die gleichen, die die Regierung unterstützen. Und wieso sollte überhaupt noch einer daran glauben, daß diese Todeskämpfe noch irgend etwas Gutes hervorbringen könnten? Wie oft hat das Regime schon das Paradies für morgen versprochen! Wo bleiben die Garantien dafür?

Seitdem sie die Kosten einer Wirtschaftsreform und ihre politische Unglaubwürdigkeit erkannt haben, sprechen die Reformer in Ungarn und Polen davon, daß eine politische Reform unvermeidlich Hand in Hand mit der Wirtschaftsreform gehen müsse. Also erklärt die neue ungarische Führung, daß die politische Reform der wichtigste Teil der Gleichung sei. Das aber steht diametral jenen Reformen entgegen, die unter János Kádár durchgeführt wurden und die gerade deshalb so attraktiv auf die Bruderstaaten gewirkt hatten, weil sie den scheinbaren Beweis dafür lieferten, daß Wirtschaftsreformen ohne politische Reformen möglich sind. Mittlerweile aber wird sogar die »bewußte Selbstbeschränkung der Macht der Partei« für Reformen notwendig erachtet, wie es ein Mitglied des polnischen Politbüros, Marian Orzechowski, kürzlich nannte.[52] Die gebräuchlichere, euphemistische Terminologie hierfür heißt »Neudefinition der führenden Rolle der Partei«. Die »Strategie des Rückzugs« ist der älteste Trick im kommunistischen Lehrbuch der Wirtschaftsreform. Sie läßt sich bis zu Lenins Neuer Wirtschaftspolitik (NWP) zurückverfolgen. Doch als bewußt eingesetzte politische Strategie ist sie eher ungewöhnlich. Natürlich hat auch hier das Beispiel Gorbatschows die Diskussion in hohem Maße gefördert.

Was bedeutet ein »Erfolg« dieser Reformen? Die Minimaldefinition ist einfach: das Verhindern einer Revolution. Eine Maximaldefinition ist schon schwieriger. Man darf davon ausgehen,

[51] Das Bild der übereinandergestülpten Pyramiden stammt von George Kolankiewicz und Paul Lewis, Poland: Politics, Economics and Society, London 1988, Tabelle 2.1, S. 64, unter Bezug auf die Arbeit von Ivàn Szelényi.

[52] Siehe *Trybuna Ludu*, 6. September 1988.

daß für kommunistische Reformer wie Rakowski oder Grósz ein Erfolg gleichbedeutend mit der Erfüllung des vierzigjährigen Versprechens auf Modernisierung wäre, mit der sie ihre Staaten zu respektablen, wettbewerbsfähigen Mitgliedern einer erweiterten Europäischen Gemeinschaft machen *und gleichzeitig ein Maximum an eigener Macht wahren wollen.* Mit anderen Worten, sie wollen den ganzen Kuchen haben. Ein Rückzug der Partei, wenn Rückzug denn nötig wäre, ist ein taktischer oder strategischer Zug. *Reculer pour mieux sauter.* Am unteren Ende des Parteiapparats könnten aber auch egoistische Motive der Macht- und Privilegienerhaltung schnell den Sorgen um die Zukunft des Landes vorangestellt werden. (Damit soll nicht gesagt sein, daß es an der Spitze weniger Egoismus gäbe, nur ist man dort weniger unmittelbar bedroht.) Alles menschlich, allzumenschlich. Eine der wenigen allgemeingültigen historischen Wahrheiten heißt: Menschen klammern sich an die Macht.

Die Maximaldefinition der Reformwilligen außerhalb der Partei, deren aktive Beteiligung an einer Reform ausschlaggebend für Erfolg oder Mißerfolg sein wird – Wirtschaftler, Journalisten, Akademiker, Anwälte, Unternehmer, private oder kooperative Bauern, Facharbeiter –, lautet anders. Für sie bedeutet Reform Transformation. Ein Rückzug der Partei müßte dauerhaft sein. Gerichte müßten wirkliche Gerichte sein. Das Parlament ein wirkliches Parlament. Gewerkschaften wirklich Gewerkschaften. Eine Reform, die auf Geheiß der Parteiführung initiiert würde (aus Einsicht in die Notwendigkeit), würde unausweichlich über die Maximalziele der Parteiführung hinausgehen. All die Kräfte des Wandels von oben, des Wandels von unten, und dessen, was ich einen Wandel von der Seite nannte, würden sich irgendwie im Prozeß der Transformation vereinigen: vorsätzlich, aber auch ungewollt, doch sie würden sich in jedem Fall vereinigen. Die Energien einer gesellschaftlichen Emanzipation würden dazu genutzt, den Prozeß des wirtschaftlichen und gesellschaftlichen Untergangs aufzuhalten oder ihn sogar rückgängig zu machen. Reform könnte tatsächlich eine gewaltsame Revolution abwenden und statt dessen eine friedliche begünstigen.

Der Staat würde eine Art »innerer Souveränität« wiedergewinnen, so, wie es ein polnischer Politologe, der zur Zeit in Rom lebt, vorzüglich beschrieben hat. »Der Staat ist dauerhaft souverän, wenn er die Gesellschaft ebenso regiert, wie er ihr dient, und wenn er der Nation ermöglicht, ihre eigene Subjektivität zu erkennen«, schreibt dieser Autor. »Königin von Polen!« fährt er fort. »Königin von Polen, ich möchte Dir auch die schwierige Aufgabe anvertrauen, die all jene leisten müssen, die auf polnischem Boden Autorität ausüben. Der Staat gewinnt seine Kraft vor allem durch die Unterstützung der Gesellschaft.« Das mag vielleicht nicht die Sprache sein, die wir von der politischen Wissenschaft erwarten, doch diese Worte von Papst Johannes Paul II., ausgesprochen, als seien sie direkt an die Ikone der Schwarzen Madonna im Kloster von Jasna Góra gerichtet, enthalten dennoch eine analytische Wahrheit.[53]

Die Frage, wie sich die Wiederherstellung der »inneren Souveränität« zur Ausweitung der »äußeren Souveränität« verhalten würde oder, um zur zentralen Metapher der Ottomanisierung zurückzukehren, wie sich die Emanzipation der Gesellschaft vom Staat zur Emanzipation des Staates vom imperialen Machtzentrum verhalten würde, ist von Bedeutung. Westliche Analytiker haben den vorsichtigen Äußerungen außenpolitischer Autonomie zwischen 1983 und 1985 in Ungarn, der DDR und, bis zu einem gewissen Grad, auch in Bulgarien große Aufmerksamkeit geschenkt. Das könnte als positive Ausnutzung der begrenzten Souveränität dieser Staaten verstanden werden. Seit Gorbatschow ist ein solcher außenpolitischer Wagemut nicht mehr notwendig. Die äußeren Grenzen der Souveränität für osteuropäische Länder haben sich erweitert, zumindest in der Praxis und bis jetzt. Man sollte annehmen, daß dies faktisch auch die Möglichkeit zu einer verstärkten inneren Souveränität ergeben würde, doch es gibt absolut keine Garantie dafür, daß einzelne Staaten, oder Staaten und Gesellschaften gemeinsam, fähig sein werden, diese Chance auch wahrzunehmen. Die Erweiterung der äußeren Begrenzungen ist eine notwendige, doch keineswegs ausreichende Bedingung.

Die kausalen Zusammenhänge in die andere Richtung sind noch weniger klar. Man könnte behaupten, daß ein Staat, der aus eigenem Antrieb auf seinen eigenen Füßen stehen kann, weder die Androhung von Gewalt noch ein imperiales Machtzentrum nötig habe. Je mehr sich ein Staat auf sein eigenes Volk verlassen kann, desto weniger muß er sich von Moskau abhängig machen.

[53] Gesprochen während seines Besuchs in Polen 1983. Siehe auch »Der Papst in Polen«. Das Zitat stammt aus *Więz*, Nr. 8–10, August–Oktober 1983, S. 52.

Aber folgert daraus auch, daß das imperiale Machtzentrum für diesen Staat weniger Gebrauch haben wird oder weniger Macht über ihn? Die friedliche Transformation, die von den meisten Reformern außerhalb des inneren Zirkels so heiß ersehnt wird, könnte, wie der Papst annimmt, durchaus die außenpolitische Autonomie und die »Stärke« des Staates erweitern. Doch dies ist nicht unbedingt das vorrangige Ziel jener politischen Führer, die gegenwärtig »Reformen« einleiten. Bevor man sich aber weiter mit den möglichen »Problemen des Erfolges« beschäftigt, sollte man erst einmal nach den praktischen Chancen der polnischen und ungarischen Reformexperimente fragen, ob sie zumindest minimal erfolgreich sein könnten, gar nicht zu reden von ihren maximalen Erfolgschancen oder einer friedlichen Transformation.

Polen

In Polen sind die Voraussetzungen ganz eindeutig schlechter, bedenkt man die gewaltige Wirtschaftskrise, die Widersprüche des wirtschaftlichen Reformprogramms, die Mischung aus Apathie und Verzweiflung im Volk und vor allem den noch immer bestehenden Graben zwischen den Behörden und den aktivsten organisierten Teilen der Bevölkerung. Das Bruttosozialprodukt liegt noch immer um 13 Prozent niedriger als 1978, und das Realeinkommen um ein Fünftel niedriger als 1980. Allein für August wurde eine zwanzigprozentige Inflation vorhergesagt, die bis Ende des Jahres wahrscheinlich auf 100 Prozent steigen wird. Zunehmend ersetzt der Dollar den Złoty als Landeswährung. Die Versorgung mit Konsumgütern hat sich eher verschlechtert als verbessert. Und all das sieht die Bevölkerung als Früchte der so sehr geförderten »zweiten Stufe der Wirtschaftsreform«, mit der im Herbst 1987 begonnen wurde.

Das ist natürlich nicht ganz gerecht. Es gibt sicher Fehler im technischen Konzept dieser Reform. Ihr Hauptarchitekt Zdzisław Sadowski ist ein fähiger und angesehener Reformwirtschaftler. In der Tradition von Oskar Lange und Włodzimierz Brus hat er einen Entwurf für eine »sozialistische Marktwirtschaft« ausgearbeitet. Doch so radikal dieser Entwurf gemessen an den meisten früheren Reformplänen auch scheinen mag, so zeigen die ungarischen Erfahrungen in den letzten zwanzig Jahren, daß selbst dieses Konzept noch nicht radikal genug ist. Sadowski spricht ganz allgemein von »einer Gleichbehandlung des öffentlichen und privaten Bereichs und der ... Marktzuteilungen«[54], doch die Einzelheiten dieses Plans, ganz zu schweigen von der behördlichen Praxis, haben noch nicht einmal damit begonnen, den privatwirtschaftlichen Bereich ebenbürtig zu behandeln. Neo-Liberale würden sagen, daß die Bedeutung privatwirtschaftlicher Unternehmen – Kapitalismus in Reinform – unterschätzt wird, gerade weil es eine starke und authentische polnische Tradition des »Marktsozialismus« gibt. Unterschätzt, nicht nur von Sadowski und seinem Team, sondern auch von Beratern der Solidarność, die ja ebenso Abkömmlinge dieser Tradition sind.

Wichtiger aber als dieser konzeptionelle Fehler ist die Unfähigkeit, wenigstens bereits existierende Entwürfe in die Tat umzusetzen. Das offizielle »Realisierungsprogramm der zweiten Stufe der Wirtschaftsreform« vom Oktober 1987 ist ein hastig vorbereitetes und plumpes Dokument, bestehend aus einem Zeitplan für 130 »Aufgaben«, die während der vier Jahre bis zum Dezember 1991 ausgeführt werden sollen, wenn, wie es dort heißt, »die Gestalt aller Dinge gut« sein wird. Die Definition der Aufgaben ist zumeist vage. Heute, fast ein Jahr später, kann man diese Liste durchgehen und feststellen, was von all dem, was getan werden sollte, nicht getan wurde.

Diese Unfähigkeit resultiert aus äußeren wie inneren Hindernissen. Äußere Hindernisse gibt es vor allem zwei. Die aus dem Westen herrührenden, besonders im Zusammenhang mit der großen Devisenknappheit des Landes, mit der Abhängigkeit eines Großteils der polnischen Industrie von Materialien, die man nur für harte Währung bekommen kann, mit den Schulden über 39 Milliarden Dollar und mit den Bedingungen, die von westlichen Banken, Regierungen und dem Internationalen Währungsfonds auferlegt wurden, um diesen Betrag zumindest »umzuschulden«. Laut Sadowski hält die Regierung den Ausgleich ihres westlichen Kontos für eines ihrer »Hauptziele« und plant, dieses Ziel bis 1991 zu erreichen.[55] Die meisten der unabhängigen Wirtschaftler halten das für illusionär. Zum zweiten gibt es die

[54] Das Zitat stammt aus Sadowskis Rede vor dem Royal Institute of International Affairs, Chatham House, London, am 21. Juni 1988.

[55] Aus Sadowskis Rede vor dem Royal Institute of International Affairs.

Hindernisse im »Osten«, durch die Notwendigkeit, die Handelsbilanz mit der Sowjetunion auszugleichen, durch die direkten Anteile der Sowjetunion an der polnischen Industrie und durch die Probleme der Verpflichtungen innerhalb des Comecon.

Aber auch innere Hindernisse gibt es zwei. Zum einen den aktiven oder passiven Widerstand der herrschenden Klasse, des Parteiapparats, der Industrieministerien, der politischen Bürokratie auf Gemeinde- und lokaler Ebene und der vielen Manager. Zum zweiten gibt es den aktiven oder passiven Widerstand eines großen Teils der Arbeiterklasse. Der Versuch, zumindest einen Teil des Gleichgewichts im Binnenmarkt durch scharfe Preiserhöhungen der Konsumgüter und gleichzeitiges Drücken der Löhne zu erreichen, mag technisch kritisierbar sein. Tatsache aber ist, daß diese Strategie durch den aktiven Widerstand der Arbeiter beeinträchtigt wurde, für die es ein leichtes war, in den großen Fabriken, den Festungen der Solidarność, hohe Lohnausgleichszahlungen durch Streiks oder durch die bloße Androhung von Streiks durchzusetzen.

Abgesehen von diesem aktiven Widerstand herrscht fast überall tiefes Mißtrauen gegenüber Jaruzelskis Fähigkeiten, irgendein Reformprogramm in die Tat umsetzen zu können. Die wenigen, die nach dem 13. Dezember der Jaruzelski-Gruppe noch ihr Vertrauen zu schenken bereit waren, wurden durch das zugestandene Versagen der »ersten Stufe der Wirtschaftsreform«, die unter dem Schutz des Kriegsrechts durchgeführt werden sollte, vor den Kopf gestoßen. Diese beiden innenpolitischen Hindernisse, einerseits im Volk und andererseits in der Politbürokratie, werden immer gewaltiger. Wie zwei führende Solidarność-Berater nüchtern konstatierten, werden politische Führer, die keine gesellschaftliche Unterstützung finden, »zu Gefangenen ihres eigenen konservativen Apparates und können schon von daher keine bleibenden Förderer der Reform sein«.[56]

[56] Dieses Zitat stammt aus einer scharfsinnigen Kritik von Ryszard Bugaj und Andrzej Wielowieyski am Reformprogramm der Regierung und seiner Umsetzung. Ihre Thesen wurden auf einem Treffen der »Gruppe der Sechzig« intellektuellen Berater der Solidarność in der Krypta der Warschauer Kirche während der Streiks im vergangenen Mai diskutiert. (Dieselbe Gruppe wurde von Wałęsa im September nach Gdańsk gerufen, gemeinsam mit alten und neuen Arbeiterführern, um seine Verhandlungsstrategie auszuarbeiten.) Der Text von Bugaj und Wielowieyski wurde nach schwierigen Verhandlungen in *Tygodnik Powszechny* am 19. Juni 1988 veröffentlicht, jedoch mit nicht weniger als 18 Streichungen durch die Zensur, der auch dieses Zitat zum Opfer fiel.

Seit acht Jahren nun sagen Solidarność, die Kirchen und westliche Politiker, daß die einzige Möglichkeit für eine Unterstützung derart schmerzhafter, aber unumgänglich notwendiger Wirtschaftsreformmaßnahmen durch das Volk ein historischer Kompromiß sei, der durch den Dialog zwischen den selbstorganisierten Arbeitern und einer selbstbeschränkten kommunistischen Macht zustande kommen muß. Die Gesellschaft könnte dabei auf verschiedene Weise repräsentiert sein, doch in irgendeiner Form muß Solidarność einbeschlossen werden. Seit nahezu sieben Jahren haben die kommunistischen Machthaber fast alles getan, *außer* mit Solidarność zu sprechen. Es gab jede Menge Konsultationsgruppen, außergewöhnliche Konzessionen an die Kirchen, bemerkenswerte Liberalität, was die Zensur anbelangt, fast völlige Reisefreiheit in den Westen, privatwirtschaftliche Unternehmen, Lohnerhöhungen – nur keine Gespräche mit Solidarność. Und nach fast sieben Jahren stehen die Arbeiter in den Festungen der Solidarność auf und rufen: Solidarność! Also tun die Behörden, wovon sie so oft gesagt haben, daß sie es nie tun würden: Sie beginnen Gespräche mit Lech Wałęsa. Im Gegenzug versucht Wałęsa unter Schwierigkeiten, die letzten Streiks zu beenden.

Eine Landschaft, die zunehmend verwirrend und unübersichtlich schien, sieht auf einmal sehr einfach und vertraut aus. Da steht das eiserne Tor. Auf der einen Seite steht die Polizei, hinter der Polizei die Armee, hinter der Armee Jaruzelski, hinter Jaruzelski Moskau. Auf der anderen Seite stehen die Arbeiter, hinter den Arbeitern Wałęsa, hinter Wałęsa der Papst. Es sieht so einfach und vertraut aus. Aber das täuscht. Zwei Unterschiede zwischen der Situation heute und der von 1980 wurden von einem Arbeiter während des Streiks im Mai in der Lenin-Werft dargestellt. Heute, sagte er, sind die außenpolitischen Bedingungen besser, dafür die innenpolitischen schlechter. 1980 hatte es wirklich Angst vor einer sowjetischen Invasion gegeben. Die sei mit Gorbatschow verschwunden. Aber 1980 vertraute man doch darauf, daß die Machthaber ihr Wort halten würden; daß sie so sprechen würden, »wie ein Pole mit einem Polen spricht« (*jak Polak z Polakiem*). Wo ist dieses Vertrauen heute?

Noch immer geschieht in Polen das Unmögliche. Es wäre gewagt, irgendeine Vorhersage über den Verlauf machen zu wollen, den die versprochenen Gespräche am runden Tisch zwischen

Regierungsvertretern und unabhängigen Repräsentanten der »Gesellschaft«, Lech Wałęsa eingeschlossen, nehmen werden. Mieczysław F. Rakowski, der neue Premierminister, ist ein Realist und Parteireformer, wie das zitierte Memorandum deutlich macht. Er genießt noch immer ein gewisses Ansehen als »Liberaler« im Westen. Doch in Polen wird er als der Mann gesehen, der 1981 Solidarność während seiner Verhandlungen als damaliger stellvertretender Premierminister mißbrauchte. Und der mit großer Heftigkeit, fast obsessiv, die Ausrufung des Kriegsrechts verteidigte. Mit seiner Ernennung wurde daher eher eine alte als eine neue Seite aufgeschlagen. Wie auch immer, die allgemeine Prognose kann kaum sehr optimistisch sein. Auf seiten der Solidarność herrscht tiefes Mißtrauen gegenüber der Regierung, und unter den Machthabern eine vielleicht noch tiefer sitzende Angst vor einer wiederbelebten Solidarność. Es ist auch schwer zu sagen, wie eine wiederbelebte oder neue Solidarność wirklich aussehen würde und wie sie mit dem Ziel einer Wirtschaftsreform verbunden werden könnte.

Wenn Solidarność nur das Mitspracherecht in den Fabriken erhalten würde, müßte sie als Gewerkschaft antreten und für die Arbeitsbedingungen und Löhne der Arbeiter kämpfen. Als demokratische Organisation und im Wettstreit mit den offiziellen Gewerkschaften um Mitglieder wäre sie dazu gezwungen, gegen genau die Fabrikschließungen und Lohnkürzungen anzukämpfen, die ihre eigenen Wirtschaftsberater für unerläßlich halten. Außerdem wird niemand ernsthaft annehmen, daß sie lange ohne ein nationales Netzwerk bleiben würde. Die Alternative wäre also, daß Solidarność in anderer Gestalt wiedererscheinen müßte: als unabhängiger Wachhund und Garant der Interessen der gesamten Gesellschaft an den höchsten Stellen des Staates.

Auf diese Weise wäre Solidarność im Parlament vertreten, gemeinsam mit Katholiken und anderen unabhängigen Gruppen. Ihre Experten könnten in Komitees mitarbeiten, die die Vollmacht hätten, die Ausführung der Wirtschaftsreform zu überwachen. Ihre Repräsentanten oder Mitglieder könnten sogar Regierungsämter übernehmen. Als unabhängige, legale, nationale Institution könnte sie das schmerzhafte wirtschaftliche Reformprogramm als einzig mögliches Programm für den nationalen Wiederaufbau »verkaufen« , könnte Maßnahmen unterstützen, die sie als Gewerkschaft abzulehnen gezwungen wäre.

Wie Churchill 1940 könnte Wałęsa sagen, »ich habe nichts als Blut, Schweiß und Tränen anzubieten ...«, und die Nation würde sich um ihn scharen. Tatsächlich ist es genau das, was Wałęsa und seine Berater den Behörden seit Juli 1981 vorschlagen.[57]

Warum sollte heute möglich sein, was damals nicht möglich war? Weil Gorbatschow nicht Breschnew ist? Weil es der Westen wünscht und Polen die westliche Wirtschaftshilfe mehr denn je braucht? Die innenpolitischen Hindernisse sind noch immer gewaltig. Es gibt keinen Entwurf für irgendein Arrangement der Gewaltenteilung. Die Koalitionen in Ost-Mitteleuropa in den Jahren 1945–48 wären kaum ein ermutigendes Beispiel dafür. Die Tragfähigkeit eines solchen Arrangements wäre nur dann vorstellbar, wenn es eine klare, einfache und rechtlich bindend definierte Gewaltenteilung zwischen den Parteien gäbe, unterstützt von einem unabhängigen Rechtssystem. Aber das steht außer Frage. Eine Tragfähigkeit ist also höchstens vorstellbar, wenn großes gegenseitiges Vertrauen zwischen den Parteien bestünde, ähnlich wie in einem Allparteien-Kriegskabinett. Aber das besteht nicht.

Was bleibt, ist der Kompromiß zweier Boxer, die beide begriffen haben, daß eher der Ring um sie herum zusammenbricht, als daß sie den anderen k.o. schlagen können. Doch woher nimmt der Boxer sein Stehvermögen? Jaruzelskis Stehvermögen stützen noch immer Militär und Polizei (mehr als der Parteiapparat) und die Bereitschaft der sowjetischen Machthaber, ihm den Rücken zu stärken, wie es Gorbatschow demonstrativ während seines Besuchs im Juli in Polen getan hat. Wałęsas Macht basiert bis zu einem gewissen Grad (wie Regierungssprecher Jerzy Urban behauptet) auf der westlichen Unterstützung, auch auf seiner symbolischen Bedeutung für die gesamte polnische Gesellschaft. Aber seine wirkliche Macht stützt sich von jeher auf die Arbeiter einiger großer Kombinate: auf die Bergarbeiter in Schlesien, die Werftarbeiter in Gdańsk, Gdynia und Szczecin, die Stahlarbeiter in Krakau und Warschau, die Maschinenarbeiter in Poznań und Wrocław. Fragt man: warum ist Wałęsa zurück am Verhandlungs-

[57] Siehe Kapitel 6 in meinem Buch The Polish Revolution: Solidarity, New York 1984; in dem ich ihre Verhandlungen mit Rakowski beschreibe. Laut der bereits erwähnten Studie »Polen ›88‹« waren 84,3 % der Befragten der Ansicht, daß »fundamentale Änderungen zum Besseren nur dann eingeführt werden können, wenn die Behörden zu einer Verständigung mit der Gesellschaft finden«. Zitiert in einem kurzen Bericht über die Studie von der Gruppe, die sie ausgeführt hat (Władysław Adamski, et al.) in *Polytika*, 23. Juli 1988.

tisch? lautet die Antwort: weil die Arbeiter ihn dorthin gesetzt haben.

Die logische Schlußfolgerung heißt schlicht, daß es sich Solidarność nicht leisten kann, das Vertrauen dieser Arbeiter, ihrer Grenadiere, zu verlieren, es sei denn, sie hätten feste Garantien für eine dauerhafte, unabhängige Rolle im nationalen politischen Leben des Landes. Selbst diesmal war es schon schwierig für Wałęsa, die zornigen jungen Männer in der Lenin-Werft und die schwerfälligen, dickköpfigen Steiger von Jastrzębie davon zu überzeugen, an ihre Arbeit zurückzukehren. Die Interessen der Arbeiter in diesen industriellen Hochburgen sind außerdem keineswegs identisch mit den gesamtwirtschaftlichen Interessen. Während des Streiks auf der Lenin-Werft im Mai riefen die Arbeiter: »Es gibt keine Freiheit ohne Solidarność.« Gleichzeitig übertrugen Lautsprecher die Nachricht der Fabrikleitung, daß die Werft geschlossen werden müßte. Im Interesse der nationalen wirtschaftlichen Stabilisierung hätten die Solidarność-Truppen wahrscheinlich zurückrufen sollen: »Schließt die Werft! Eröffnet eine Börse!« Doch niemand kann von Solidarność erwarten, daß sie den Ast absägt, auf dem sie sitzt, bis sie einen anderen sicheren Ast gefunden hat, auf den sie sich retten kann.

Man könnte spekulieren, daß die polnische Regierung nicht nur einen, sondern zwei radikale Schritte unternehmen müßte, um die gewaltigen Barrieren der Entfremdung und des Untergangs zu durchbrechen: Wiederherstellung der Solidarność und Wiederherstellung des Kapitalismus. Ein expandierter privatwirtschaftlicher Bereich und gemischte Eigentumsverhältnisse im öffentlichen Bereich könnten wirtschaftliche Dynamik herstellen und die Energien der Facharbeiter, der Jungen und der Reichen für sich nutzbar machen. Doch ebenso könnten sie die sozialen Spannungen weiter anheizen. Und auch dem privatwirtschaftlichen Bereich könnte niemals eine stabile Zukunft garantiert werden ohne politische Repräsentation (oder zumindest Protektion) auf höchster Ebene. Solidarność, als eine nationale politische Kraft wiederbelebt, könnte in diesen sozialen Konflikten gerade noch vorstellbar als Vermittler fungieren (oder sie zumindest mildern) und eine derartige Garantie bieten, aber sie könnte kaum über ihren eigenen christlich-sozialen Gewerkschaftsschatten springen und zum Vorreiter des radikalen wirtschaftlichen Umbruchs werden. Halb im Scherz und halb in

Trauer könnte man also sagen, daß Polen auf dem richtigen Weg wäre, wenn eine Solidarność-Gruppe einem privaten Wirtschaftsunternehmen den legalen Streik ankündigen würde.[58]

Das wahrscheinlichste Ergebnis wird ein anhaltendes Durchmuddeln sein, oder, eher noch, ein Heruntermuddeln. Nach allen bisherigen Erfahrungen in Polen kann man davon ausgehen, daß es früher oder später zu neuen explosiven Protesten in der Bevölkerung kommen wird. Das Resultat solcher Proteste wäre entscheidend von der Lage in der Sowjetunion abhängig. Doch wenn sich die derzeitigen Trends dort fortsetzen (und wenn Entwicklungen in anderen Teilen Osteuropas nicht dazu beitragen, diese Trends wieder ins Gegenteil zu verkehren), so ist es nicht völlig unvorstellbar, daß jener historische Kompromiß, der nicht durch Reform erreicht werden konnte, schließlich doch durch Revolution erreicht wird. In einer außergewöhnlichen Passage seines Memorandums schreibt Mieczysław F. Rakowski, daß einige Leute in Polen noch immer denken könnten, falls es zu einer neuen Revolte käme, »rufen wir unsere Staatsraison zu Hilfe und erinnern die Menschen daran, daß vielleicht jemand anderes in unsere inneren Angelegenheiten eingreifen könnte. Aber was«, fährt Rakowski fort, »wenn dieser *jemand* seine eigenen Interessen voranstellt und gar nicht intervenieren *will*?«[59] Ein wunderbarer Einfall, um die Gedanken eines Funktionärs zu kanalisieren. Natürlich wäre es für niemanden im Westen moralisch vertretbar, zu diesem Wagnis zu ermutigen, doch verhindern kann es auch keiner. Und auf lange Sicht der Ottomanisierung wird sogar eine verfehlte Revolution nicht das letzte Wort gewesen sein.

Ungarn

In Ungarn sind die Vorbedingungen etwas besser. Die Wirtschaftskrise ist noch nicht so katastrophal, und trotz gravierender individueller Entfremdung gibt es noch keine vergleichbare Kluft zwischen »Gesellschaft« und »der Macht«. Eines der vie-

[58] Ein alternativer Ansatz, der noch immer Anhänger in Polen findet, heißt, die Arbeiter-Selbstverwaltung zu fördern. Doch die jugoslawische Erfahrung damit zeigt, daß dies unter den gegenwärtigen polnischen Bedingungen ein wirtschaftliches Desaster ergeben würde.

[59] Rakowski, »Überlegungen ...«, S. 18.

len Reform-Manifeste, die im Budapester Frühling erblühten, stammte von einer Gruppe, die sich selbst den Namen März-Front gab. Seine zwanzig Unterzeichner rangierten von Resző Nyers, der im Mai Politbüromitglied wurde, bis zu Miklós Vásárhelyi, der 1956 Imre Nagys Pressesekretär gewesen war und heute als Nestor der demokratischen Opposition gelten kann. Die März-Front hat nichts Aufsehenerregendes geleistet, doch in Polen wäre es noch nicht einmal möglich gewesen, solch ein Spektrum von Namen auf das gleiche Stück Papier zu bringen.

Die Verflechtung zwischen der kritischen Intelligenz und den Reformern in der Regierung wird durch ein gegenwärtiges Wirtschaftsreform-Projekt deutlich. 1986 entwickelte eine Gruppe von Wirtschaftsreformern, die unter der Ägide von Imre Pozsgays Patriotischer Volksfront arbeitete, einen radikalen Reformplan mit dem Titel »Wendepunkt und Reform«. Im Januar 1988 zogen mehrere Autoren dieses Dokuments in vollgestopfte Büros des Parlamentsgebäudes, ein wirtschaftliches Küchenkabinett des stellvertretenden Premierministers Péter Medgyessy. Mitte Juli wurden dem Zentralkomitee zwei Varianten einer Wirtschaftsreform vorgelegt: der radikale Plan A und der eher vorsichtige Plan B. Plan A, für den sich das Zentralkomitee entschied, basierte im wesentlichen auf den Entwürfen des Küchenkabinetts, das selbst wiederum auf dem Entwurf basierte.

Miklós Németh, Sekretär des Zentralkomitees für wirtschaftliche Angelegenheiten, definierte das Ziel von Plan A als »eine authentische Marktwirtschaft ohne jegliche qualifizierende Tauglichkeit«.[60] Offiziell hieß es, der privatwirtschaftliche Bereich könne bis zu 30 Prozent dieser »mixed economy« beitragen. Eine Börse müsse etabliert werden. Westliche Mehrheitsanteile sollten sowohl an Firmen des privaten, des kooperativen wie des staatlichen Bereichs möglich sein. Eine Veränderung der Eigentumsgesetze innerhalb der volkseigenen Betriebe, die in Polen nur am Rande diskutiert wurde, ist hier Teil des Plans. Die ungarischen Reformwirtschaftler (wer in der Welt wäre schon genialer) erarbeiteten ein Konzept, das den Nettowert der volkseigenen Betriebe in Aktien umwandeln würde, die der Staat an örtliche Räte, Rentenfonds und andere ausgeben würde. Diese Räte und Rentenfonds müßten dann (zumindest teilweise) von den Dividenden dieser Aktien leben anstatt von direkter staatlicher

[60] Während eines Radio-Interviews, zitiert in SWB-EE, 3. Juni 1988, B/3-4.

Subvention, wie noch zur Zeit. Dadurch würde in gewisser Weise das Interesse eines Aktionärs an der Rentabilität eines Unternehmens entwickelt werden. Unverbesserliche Verlustmacher wolle man bankrott gehen lassen, und man kalkulierte daher 100 000 Arbeitslose in den nächsten zwei, drei Jahren ein. In absehbarer Zeit solle eine krasse Entwertung zumindest die Teilkonvertibilität des Forint ermöglichen. »Was ist Sozialismus?« fragt der Witz des Jahres. Antwort: »Der längste und schmerzlichste Weg vom Kapitalismus zum Kapitalismus.«

Politische Reform wird aus zwei Gründen als unumgänglich angesehen. Zum einen, damit die politische Bürokratie nicht auch weiterhin die Autonomie von Unternehmen beeinträchtigen kann, wie sie es in den letzten zwanzig Jahren getan hat. Was ein führendes Mitglied der Denkfabrik der Wirtschaftler lachend die »unsichtbare Hand« des Zentrums nennt, solle auf einen unsichtbaren Finger reduziert werden. Die Partei »sollte aus dem wirtschaftlichen Leben ausgeschlossen werden«. Wirtschaftspolitik solle allein Aufgabe der Regierung sein, beaufsichtigt und kontrolliert durch das Parlament. Ein neues Betriebsverfassungsgesetz solle präzise, rechtlich bindende Definitionen der vorher politisch »verhandelbaren« Beziehungen liefern.

Zum zweiten müssen politische Reformen die bittere Pille der Sparmaßnahmen versüßen und Unterstützung in der Bevölkerung fördern. Neue Gerichtshöfe und neue Gesetze, um die Einschränkungen der Versammlungs- und Redefreiheit aufzuheben, wurden ebenso auf den Weg gebracht wie eine verstärkte Rolle des Parlaments und der örtlichen Räte durch liberalisierte Wahlgesetze. Zur Zeit versammelt sich das ungarische Parlament nur acht Tage im Jahr. »Wir wollen den Parteistaat abschaffen«, sagte ein führender Reformer aus dem Politbüro zu mir. »Wir wollen die Prinzipien von Montesquieu in neuer Form wieder einführen.« Das hört sich interessant an aus dem Munde eines Politbüromitglieds, wenn auch in einem privaten Hintergrundgespräch ausgesprochen. Doch wir wissen, wie billig Worte im Klima der neuen Entideologisierung sind. Noch müssen die Taten erst folgen. Die wesentlichen wirtschaftlichen Maßnahmen sollen bis Ende 1988 unternommen sein, die konstitutionellen Änderungen vielleicht bis 1990.

Was sind das für Änderungen? Selbst wenn es keinerlei politische, bürokratische oder gesellschaftliche Hindernisse für eine radikale Wirtschaftsreform gäbe, so würde Ungarn immer noch der zunehmend dynamischen Europäischen Gemeinschaft und den »neuen industrialisierten Ländern« hinterherrennen müssen, um einigermaßen Schritt halten zu können. Technisch gesehen ist es nun einmal nicht einfach, einen Lada in einen Mercedes zu verwandeln, während man gleichzeitig damit noch auf der Autobahn fährt. So genial die Vorschläge für neue Eigentumsbeteiligungen auch sind, sie werden wohl dennoch kaum einen vergleichbaren Einfluß haben wie die Auswirkungen der brutalen Reprivatisierung des Thatcherismus (der so eloquent durch *Towarzystwo Gospodarcze* in Krakau vertreten wird). So radikal die Wiedereinführung der freien Marktkräfte auch gemeint sein mag, so scheint sie jedoch noch nicht einmal im Ansatz etwas von jenem Schumpeterschen »schöpferischen frischen Wind der Zerstörung« mit sich zu tragen. Zwei Prozent Arbeitslosigkeit ist eine Menge für ein sozialistisches Land, doch der Thatcherismus in England brachte – und erforderte vielleicht auch – 12 Prozent, um eine sehr viel weniger marode Wirtschaft zu revitalisieren.

Devisenschulden sind ein Ansporn für Reform, doch wenn das Verhältnis von Schulden und Rückzahlungsfähigkeit zu weit auseinanderklafft, können sie zu einem weiteren Hindernis für Reformen werden (siehe Polen). Die Ungarn rechnen damit, noch bis 1991 Luft zu haben. Dann allerdings werden die Rückzahlungsforderungen westlicher Banken drastisch ansteigen. Das ist nicht lange. Dazu kommt, daß sie noch immer die Last des Comecon tragen, während ihre westeuropäischen Konkurrenten in spe die Möglichkeiten des Gemeinsamen Marktes bereits ausschöpfen können. Einen Binnenmarkt an die westlichen Märkte anzupassen ist eine Sache. Den Comecon den Bedürfnissen des eigenen Binnenmarktes anzupassen ist eine andere. Soweit ich das beurteilen kann, haben die ungarischen Wirtschaftspolitiker mehr oder weniger jede Hoffnung aufgegeben, den Comecon in einen gemeinsamen Markt zu verwandeln, und sind im Prinzip nur noch auf realistische, bilaterale Handelsbeziehungen mit seinen Mitgliedstaaten, einschließlich der Sowjetunion bedacht.[61]

Aus politischen Gründen ist es aber zweifelhaft, ob das ge-

[61] In einem Bericht der *Financial Times* vom 9. August 1988 heißt es: »Ungarns Eisen- und Stahlproduzenten haben damit gedroht, unprofitable Exporte in andere Comecon-Länder aufzuhalten, wenn die Regierung die Subventionierung der Metall-Exporte einstellt.« Eine gute Illustration en miniature.

samte Reformpaket zum Tragen kommt. Erstens ist Károly Grósz nun wirklich in keiner Hinsicht mit Gorbatschow, geschweige denn mit Mrs. Thatcher zu vergleichen. Er ist ein cleverer, mächtiger, opportunistischer Politiker, doch nichts läßt darauf schließen, daß seine Billigung radikaler Reformen aus tiefer Überzeugung kommt. Sein Politbüro enthält nur drei Mitglieder, die eindeutig als Reformer gelten können (Nyers, Pozsgay, Németh), und in János Berecz hat er seinen Ligatschow (*mutatis mutandis*). In den höheren Rängen des Parteiapparats sitzen einige intelligente, realistische, reformwillige Männer. Aber keiner von ihnen weiß, wie die neuen Machtverhältnisse, die Trennung der Rollen von Partei und Staat, von Zentralkomitee, Parlament und Gericht funktionieren sollen. Wenn die Partei keine Wirtschaftspolitik mehr treiben darf, was in aller Welt soll sie dann noch tun? Die Menschen klammern sich an die Macht: auch hier, mit Sicherheit. Ich befragte ein energisches, realistisches und reformwilliges neues Mitglied aus dem Sekretariat des Zentralkomitees, was er dort wirklich zu tun haben werde. »Naja«, antwortete er, »wir arbeiten die großen strategischen Linien der Politik aus, und dann leiten wir sie an Parteimitglieder im Staatsapparat weiter.« Das klang ziemlich vertraut.

Dann gibt es noch die korrupten örtlichen Oligarchien, wie sie unter dem späten Kádárismus nur so blühten. Kann ihr Zugriff wirklich gestoppt werden? Auch Grósz hat ein ähnliches, wenn auch geringeres Problem, wie Gorbatschow. Theoretisch möchte er dezentralisieren. Doch bevor er dezentralisieren kann, muß er die zentrale Kontrolle erst einmal wiederherstellen. Und dann kommt die große Unbekannte. Die Reaktion der Gesellschaft. Die Führung hat eindeutig klargemacht, daß die meisten Ungarn in einem Reformprozeß erst einmal ärmer werden würden. Das verantwortliche Politbüromitglied Miklós Németh bestätigte dem Zentralkomitee, daß Plan A zu Anfang ein niedrigeres oder sogar negatives Wachstum bedeuten würde, und »einen niedrigeren Konsumstandard in der Bevölkerung«[62], ganz zu schweigen von den 100000 Arbeitslosen. Die ungarische Gesellschaft ist viel zu gespalten, um eine Solidaritäts-Bewegung à la Polen auch nur möglich erscheinen zu lassen. Doch immerhin hat es bereits einen Streik im Bergbau gegeben. Wiederholte lokal begrenzte

[62] SWB-EE, 15. Juli 1988, C1/1-5.

Streiks, wie in Jugoslawien, oder sogar die Gründung einer unabhängigen Gewerkschaft scheinen andererseits durchaus möglich. Jede dieser Widerstandformen reicht wahrscheinlich aus, um den wirtschaftlichen Start in eine konkurrierende Welt zu verzögern. Alle gemeinsam scheinen schon fast unüberwindlich. Außer, vielleicht, durch Demokratie. Aber Demokratie ist nicht im Angebot. Die kommunistischen Machthaber Ungarns wollen verständlicherweise alle Vorteile der Demokratie nutzen, ohne den Preis der Gewaltenteilung oder des Wettbewerbs um Macht zahlen zu wollen. Gesetzliche Festschreibungen von Rechten können auch Möglichkeiten bieten, sie zu beschneiden. »Eine moderne Gesetzespraxis kann eine noch viel effizientere Möglichkeit für politische Verordnungen sein als direkte administrative Instruktionen«, meinte der neue Vorsitzende der Agitprop-Abteilung des Zentralkomitees.[63] Was Grósz Opposition nennt, ist nicht, was wir Opposition nennen würden. Und was wir Opposition nennen, nennt Herr Grósz noch immer den Feind. Während die Behörden die populistische Demonstration für Siebenbürgen erlaubten, löste die Polizei ziemlich brutal eine sehr viel kleinere demokratisch-oppositionelle Demonstration am Jahrestag der Verurteilung von Imre Nagy auf.

Das lebendigste, aber in gewisser Weise auch traurigste Treffen, das ich in Budapest im Juni 1988 hatte, fand mit einer Gruppe Jurastudenten, alle Anfang Zwanzig, statt. Sie waren entscheidend am Aufbau des neuen demokratischen Jugendverbandes (FIDESZ) beteiligt. Sie haben ein vorzügliches Programm, das man in zwei Worten zusammenfassen kann: freiheitliche Demokratie. Während wir sprachen, entstand in mir, wie schon so oft zuvor, schlichtweg Zorn. Wieso sollten sie, die doch in jedem Punkt ebenso zivilisiert, verdienstvoll, tapfer und schlau wie ihre Zeitgenossen in Wien sind, sich mit immer weiteren halben Maßnahmen und Halbwahrheiten herumschlagen müssen? Um Gottes willen, gebt ihnen Demokratie – *jetzt*! Schließlich wissen wir mittlerweile, daß eine freiheitliche Demokratie funktioniert. Nicht perfekt natürlich, nichts ist jemals perfekt, aber sie ist in jeder ihrer westeuropäischen Varianten besser als jede osteuropäische Variante von irgendetwas anderem. Wenn Spanien einen friedlichen Übergang von der Diktatur zur Demokratie schaffte,

[63] *Magyar Hirlap*, 24. Juni 1988.

weshalb sollte Ungarn das nicht können? Die herrschende Partei bietet weder eine moralische noch eine ideologische Antwort. Und doch hat mir dort keiner, nicht einmal im Scherz, geantwortet, daß Sozialismus der längste und schmerzlichste Weg von einer Autokratie in eine Demokratie sei.

Traurige Tatsache ist, daß der Sozialismus in allen osteuropäischen Ländern eine Unzahl *innenpolitischer* Barrieren gegen die Transformation zur liberal-demokratischen Gesellschaft und eine gemischte Wirtschaftsform errichtet hat, die einmal mindestens so groß waren, wie jene, die in den untergegangenen west- oder südeuropäischen Diktaturen wie Spanien, Portugal oder Griechenland existierten. Diese Barrieren wurden nicht nur durch das System der politbürokratischen Diktatur (um einen Begriff von Rudolf Bahro aufzugreifen) errichtet, auch nicht allein durch Charakter und Interessen der Regierenden, sondern auch durch die Interessen, die Haltung und die Ängste vieler Regierter. Natürlich würden diese Hindernisse unter voller außenpolitischer Souveränität, mit freiheitlichen Demokratien jenseits aller Grenzen, schlicht weggefegt werden, so, wie es in Spanien, Portugal und Griechenland geschehen ist. Aber so sind die Bedingungen nicht. Der polnische Revisionist Władysław Bieńowski schrieb den berühmt gewordenen Text, den er *Die Motoren und Bremsen des Sozialismus* nannte. Wir haben bisher die Motoren und Bremsen der Transition aus dem Sozialismus diskutiert. Bedauerlicherweise muß die Schlußfolgerung lauten, daß selbst in Ungarn, selbst in der Gorbatschow-Ära, die Bremsen noch immer stärker sind als die Motoren.

Man darf die Hoffnung nicht aufgeben. Die ungarischen Reformer beginnen ihr Experiment mit jenem aufmunternden Pessimismus, der eines der wunderbarsten Kennzeichen des ungarischen intellektuellen Lebens ist. Einer der Architekten des Reformprojekts sagte mir, daß er ihm nur 30 bis 40 Prozent Erfolgschancen einräumt. Man darf getrost davon ausgehen, daß diese Reform eine Chance auf einen *Minimal*erfolg hat – das heißt, eine Revolution abzuwenden – sei es auch nur wegen der vielfältigen gesellschaftlichen Interessen, die sie hervorbringen wird. Die weitere Öffnung des privaten Bereichs wird bedeuten, daß Ungarn zu einer unternehmerischen Bourgeoisie kommen wird, die womöglich auf die Barrikaden steigt – gegen revoltierende Arbeiter. Kapitalisten und Kommunisten Schulter an

Schulter gegen das Proletariat: ein durchaus stimmiges mitteleuropäisches Ergebnis des Sozialismus. Um die prozentuale Chance für eine friedliche Transformation vorhersagen zu können, genügten allerdings die Finger einer Hand.

Zurück nach Mitteleuropa?

»Nur ein Idiot generalisiert. Spezifizierung ist das unverwechselbare Markenzeichen der Vortrefflichkeit.« Wir wollen vielleicht nicht ganz so weit gehen wie William Blake, doch buchstäblich alles, was gemeinhin über »Osteuropa« geschrieben wird, ist ein Katalog oder, falls analytisch ambitionierter, Extrakt jener ein, zwei Länder, die der jeweilige Autor am besten kennt. Dieser Text hat etwas von beiden Fehlern. Doch die Konzentration auf Polen und Ungarn scheint im Herbst 1988 gerechtfertigt, weil dies die einzigen beiden Länder in Ost-Mitteleuropa sind, wo gerade fundamentale Reformexperimente unternommen werden. Was in diesem Essay angesprochen werden konnte, muß notgedrungen fragmentarisch und provisorisch bleiben. Doch es gibt auch viele gemeinsame Merkmale. Ich wage vorherzusagen, daß wir auch in der Tschechoslowakei, wenn dort ein Reformexperiment auf den Weg gebracht werden wird, eine Menge jener Merkmale wiederfinden werden, wie ich sie für Polen und Ungarn beschrieben habe.

Im Falle der DDR werden die Unterschiede wahrscheinlich gravierender sein als die Ähnlichkeiten. Ein Staat, der mit seinen jährlichen Devisentransfers aus der Bundesrepublik die Zinsen seiner gesamten Auslandsschulden decken kann, dessen Bürger täglich die Nachrichten über ihr eigenes Land dem Westfernsehen entnehmen können, ist in einer anderen Lage als seine osteuropäischen Nachbarn. In einer schlechteren und besseren zugleich. Rumänien oder Bulgarien in meine Analyse einzubeschließen, habe ich gar nicht erst versucht.

Für das Herzland des derzeitigen Ost-Mitteleuropas, für die Europäer, die in den heutigen Gebieten der Tschechoslowakei, Ungarns und Polens leben, konturiert sich jedoch ein gemeinsames Schicksal. Der älteste aller mitteleuropäischen Sprüche wird einem deutschen General in den Mund gelegt, der zu seinem österreichischen Verbündeten sagt: »Die Situation ist ernst, aber nicht tragisch.« Der österreichische General erwidert darauf: »Nein, die Situation ist tragisch, aber nicht ernst.« Heute könnte man sagen, daß die Situation in Ost-Mitteleuropa tragisch, aber nicht hoffnungslos ist.

Sie ist tragisch, weil ein halbes Jahrhundert voller Kämpfe, Aufstände, Arbeit und Leid nur so wenig dauerhaften Fortschritt hervorgebracht hat. Es ist in Mode gekommen zu sagen, Osteuropa befinde sich auf dem Weg »zurück nach Mitteleuropa«, wie Zbigniew Brzezinski es im Titel seiner Seton-Watson Memorial Lecture 1988 getan hat. Höflich wird auf die positiven Ideale jenes Mitteleuropas verwiesen, das Milan Kundera, Czesław Miłosz, Václav Havel, György Konrád und viele andere wieder heraufbeschworen haben.[64] Aber eine »Rückkehr nach Mitteleuropa« könnte sowohl im negativen wie positiven Sinn stattfinden. Der Traum einer emanzipatorischen Modernisierung, keineswegs der Alleinanspruch der Kommunisten von 1945, kann in einer Realität enden, die nur allzu vertraut aus der mitteleuropäischen Geschichte ist: in einer wachsenden Rückschrittlichkeit im Vergleich zum Westen, zum »modernen« Europa. Er könnte in einer neuen Version von Giselher Wirsings *Zwischeneuropa* enden, jener Zone, die von ungarischen Schriftstellern und Historikern verbildlicht wurde: Wirtschaftssysteme, die Kupferpfannen, eingelegte Früchte, billige Saucen und billige Arbeitskräfte exportieren und deren Import aus deutschen Touristen und japanischem Kapital besteht. Eine Zone aus schwachen Staaten, nationalen Vorurteilen, Ungerechtigkeit, Armut und Schlamassel. Es ist schon beinahe wahr, in den Fällen von Polen und Ungarn von einer doppelten Abhängigkeit zu sprechen – von den Großmächten im Westen wie im Osten.

Die Lage ist tragisch wegen ihres vermeidbaren menschlichen Leids. Manchmal auch im Sinn einer antiken Tragödie: voll der unbarmherzigen Logik, die weit über den Wunsch der beteiligten Figuren hinausgeht. Denn die kleinen Funktionäre, die ihre Privilegien verteidigen, sind nicht wirklich die Bösen; noch weit weniger sind das die ungelernten Arbeiter, die ihre Arbeitsplätze in Fabriken verteidigen, die schon längst hätten geschlossen werden müssen. Die aufgeklärteren Regierungsmitglieder in Ungarn und Polen sind heutzutage persönlich auch nicht schlechter als die

[64] Siehe »Mitteleuropa, aber wo liegt es?«.

meisten westlichen Politiker. Sie sorgen sich genauso um ihr Land wie um sich selbst. Doch ob gut oder böse, sie können die Verstrickungen, die der Sozialismus im Netz der inneren Widersprüche hervorgebracht hat, auch nicht besser vermeiden, als Ödipus es vermeiden konnte, seine Mutter zu heiraten.

So völlig hoffnungslos ist die Lage nicht. Sie ist nicht hoffnungslos, denn im Untergang gibt es Möglichkeiten zur individuellen Emanzipation oder zur Emanzipation von Gruppen, Möglichkeiten zu reden, zu lernen, zu reisen, für produktive Arbeit und für Selbsthilfe, die nicht existierten, als ich vor zehn Jahren das erste Mal nach Osteuropa reiste. Die Lage ist nicht hoffnungslos, denn diese Staaten besitzen theoretisch ausreichend Spielraum, in dem sie ein größeres Maß an innerer Souveränität herstellen könnten. Sie ist nicht hoffnungslos, denn die Großmacht im Osten befindet sich selbst in einem Umbruch, dessen Ausgang niemand vorhersagen kann. Die Lage ist schließlich auch deshalb nicht hoffnungslos, weil die Großmächte im Westen eine offenere, erfolgreichere, attraktivere und freundlich gesonnenere Gruppe gegenüber Ost-Mitteleuropa bilden als zu irgendeiner Zeit in der neueren Geschichte. Das trifft auf die Vereinigten Staaten zu, auf Westeuropa als Ganzes, aber besonders auf Deutschland, von dessen Haltung die zukünftige Gestaltung dieser Region entscheidend abhängig sein wird.

Um zu diskutieren, was wir im Westen zur Unterstützung des Wandels in Ost-Mitteleuropa tun könnten, müßte ich einen anderen Essay schreiben, nein, ein Buch.[65] Doch wenn sich die derzeitigen Trends fortsetzen, dann könnte man auf eine Zeit vorausschauen, in der der Westen nicht mehr, wie seit Jalta, drittrangiger Akteur in Ost-Mitteleuropa (nach der Sowjetunion und den einzelnen Ländern selbst) ist, sondern zum zweiten avancieren wird – ebenso bedeutend wie die Sowjetunion, wenn auch in anderem Sinn. Wenn wir diese Rolle vernünftig spielen wollen, dann heißt der erste Imperativ: sehen wir Ost-Mitteleuropa so, wie es wirklich ist. Nicht als Projektion unserer eigenen Phantasie oder als Unterkategorie der sowjetischen Politik. Die Metapher Finnlandisierung und die Begriffe Glasnost und Perestrojka

[65] Zwei exzellente Bände mit Essays vieler Autoren sind: Lincoln Gordon, Hrsg., Eroding Empire: Western Relations with Eastern Europe, Brookings Institute, Washington, DC 1987, und William E. Griffith, Hrsg., Central and Eastern Europe and the West, Boulder, Colorado 1989. Ich arbeite zur Zeit an einem Buch über die Rolle, die Deutschland in dieser Region spielt.

sind nur von begrenztem Nutzen, um die neuesten Entwicklungen in Ost-Mitteleuropa analysieren zu können. Der Einfluß von Gorbatschow und die »neue Détente« in den Ost-West-Beziehungen waren bedeutend, aber auch komplex, indirekt und manchmal zweideutig. Begriffe wie »Krise«, »Reform« oder »Stabilität« sind sinnlos ohne eindeutigere Definition.

Ich habe die vergröbernde Metapher der Ottomanisierung angeboten, weil sie wenigstens etwas erhellender scheint als die der Finnlandisierung. Die zwei Gesichter der Ottomanisierung, Emanzipation und Untergang, haben viele Dimensionen: imperiale, regionale und innenpolitische; wirtschaftliche, gesellschaftliche, ideologische und politische; die Emanzipation der Staaten vom imperialen Machtzentrum; die Emanzipation der Gesellschaft vom Staat; ineinander greifende Bereiche von Religion, nationaler Selbstartikulation, Zivilgesellschaft, privaten Unternehmen – und die mehr oder weniger bewußten oppositionellen Varianten einer jeden davon. Revolution, die nur halb erfolgreich bleibt, ist ebenso wahrscheinlich, wie Reform, deren Ausgang nur zum Teil erfolgreich sein wird. Ersteres scheint eher in Polen wahrscheinlich zu sein, das zweite in Ungarn. Ein maximaler Erfolg von Reform scheint ein wenig wahrscheinlicher zu sein als ein maximaler Erfolg von Revolution. Jeder nationale Fall muß historisch und für sich allein genommen studiert werden.

So, wie diese Länder ihre eigene Historie entdecken, sind es auch die Historiker, die jetzt am dringendsten gefordert sind, wenn wir im Westen die Gegenwart Ost-Mitteleuropas und seine Chancen für die Zukunft begreifen wollen. Wir brauchen die Geschichtswissenschaft, mit Unterstützung der Wirtschaftswissenschaften, der Soziologie, der politischen Wissenschaften, selbst der sicherheitspolitischen Analysen – doch allem voran: der Geschichte. Tschechen, Slowaken, Ungarn und Polen sind dabei, ihre Geschichte wiederzuentdecken. Aber sie sind auch dabei, neue Geschichte zu machen. Um einen deutschen Philosophen aufzugreifen, dessen Einfluß sich auf Ost-Mitteleuropas zukünftige Historiker verderblich, aber flüchtig erweisen wird, begrenzt auf nur ein paar Jahrzehnte in der zweiten Hälfte des 20. Jahrhunderts: Die Völker Ost-Mitteleuropas machen ihre eigene Geschichte, wenn auch nicht immer aus freien Stücken.

Ein Lebewohl in Moll an das alte System. Die Bedingungen, die ich im letzten Absatz dieses Essays gestellt habe, wurden 1989 triumphal erfüllt. Und nun, im Januar 1990, habe ich ein neues Notizbuch.

»A. M. für ZL?« steht in bewußt unleserlichem Gekritzel in meinem zerfledderten Notizbuch. »Berlin-Berdjajew«. »Offizielle Einladung für K. B. & E. K.?« Und daneben eine andere Hieroglyphe: »Wo unveröffentlichter Roman *Die Erbschaft*?«

Während des Kriegsrechts trug Jurek einen anderen Namen, falsche Papiere und einen Bart. Ein Kurzwellenempfänger krächzt den Polizeifunk in unser Gespräch. Mozart der Konspiration.

Wenn du den Samizdat ausfährst, dann mußt du die hintere Federung am Wagen verstärken. Sonst können die Schweine das Fernlicht sehen.

»Wieso rufen sie ›Gestapo‹?« fragt ein älterer Beobachter der Demonstration. »Es müßte ›SS‹ heißen«.

Untergrundgruppen werden »Strukturen« genannt. Manchmal bietet einer seinen Freunden die Dienste seiner »Strukturen« an. Deshalb sind sie wichtig. Dann stellt sich heraus, daß es gar keine Strukturen gibt. Solche Leute nennt man dann »Strukturalisten«.

Ich kam aus London an dem Tag angeflogen, an dem Felek sein Versteck verließ. Nach zwei Jahren. »Wir warten auf die Polizei«, sagten sie. Wir tranken. Wir hörten nostalgische Musik. Bob Dylan. Pink Floyd. Felek und Spot erzählten Geschichten von Verhaftung, Konspiration, Okkupation: von dieser, der letzten, der vorletzten. Wir warteten. Ich beobachtete die zitternden Hände der kleinen Tochter mit den strahlenden Augen. Papa war aus dem Krieg zurückgekommen.

Ich flog British Airways: nur zweieinhalb Stunden vom Frieden in den Krieg. Abflug: 1983. Ankunft: 1945.

»She'll eat her words«, lautet ein englisches Sprichwort. Und das tat sie denn auch. Worte, geschrieben auf Zigarettenpapier. Wir saßen auf der Parkbank. Sie las die kryptische Botschaft vor. Dann schob sie sich das Papier in den Mund. Einfach so. Das schmeckt! Willst du auch eines?

Zu Hause sagst du kein Wort von Bedeutung. Du schreibst es auf. Vor allem Namen. Dann verbrennst du das Papier an einer Kerze. Es sei denn natürlich, du hättest Hunger.

Freunde aus einem Untergrundverlag glaubten einen Polizeispitzel im Verlag enttarnt zu haben. Sie schickten ein hübsches Mädchen zu ihm. Mit einer Mission. Sie verführte ihn. Er gestand ihr. Er ist kein Verleger mehr. Wie hieß es doch von einer Dame im Maquis: *»Elle a couché pour la France«*.

Hier ist ein brillanter neuer Schriftsteller: Dawid Warszawski. Laßt uns ein Profil für die Beilage schreiben. Bitten wir ihn, etwas für *Die Zeit* zu schreiben. Nur leider weiß niemand, wer er ist. Das Pseudonym darf nicht enttarnt werden. Zu Beginn des Krieges, erzählt er mir, erhielt er einen Brief von mehreren Professoren, vermittelt über eines der Samizdat-Magazine. Sie bewunderten seine Arbeit. Sie würden ihn gerne persönlich treffen. Er antwortete über den gleichen Weg, daß dies »aus konspirativen Gründen« leider unmöglich sei. Sie antworteten mit einer kühlen, kurzen Nachricht. Es sei ihnen unverständlich, schrieben sie, da sie Dawid Warszawski ja schließlich nicht nur einmal, sondern bereits mehrmals begegnet seien. Ihre Gespräche seien höchst interessant gewesen. Irgendwo da draußen muß ein preisgekrönter Strukturalist sitzen. Oder ein gescheiter Polizist.

Eine Katze springt auf meinen Schoß. Ihr Name? »Offset«. Ein Kätzchen des Kriegsrechts, wenn der Traum ihres Besitzers eine Offset-Maschine für die Produktion des Samizdat war.

So viel zum Lachen. Doch dieser Krieg forderte auch seine Opfer. Im Powązki gibt es frische Gräber.

1988 war ein »Jahr der Entscheidung«, »ein Jahr des Friedens«, erzählen sie uns jetzt. Der Kalte Krieg ist vorbei. Die Teilung Europas wird überwunden werden. Der Adler wird sich zum Bären legen, und alles wird gut sein, und die Gestalt aller Dinge wird gut.

Das lese ich in der Zeitung. Also muß es stimmen. Aber glauben werde ich es erst

wenn Zigarettenpapier zum Drehen von Zigaretten benützt wird,

wenn Kätzchen Figaro genannt werden und aus den Radios Mozart ertönt,

wenn ZL dort sein kann und A. M. hier,

wenn in meinem Notizbuch nur richtige Namen und vollständige Adressen stehen.

Zweiter Teil
Wir das Volk

Tvá vláda, lide, se k tobě navrátila!
Volk, deine Regierung ist zu dir zurückgekehrt!

Präsident Václav Havel in seiner Neujahrsansprache 1990. Havel wandelte einen berühmten Satz des tschechischen Gelehrten Comenius ab, den Tomáš Garrigue Masaryk seinerseits 1918 in seiner Antrittsrede als erster Präsident der Tschechoslowakei zitiert hatte.

15 Augenzeuge und Geschichte (1990)

Eines schönen Tages im April 1989 fand ich mich im Dimitroff-Kohlebergwerk in Bytom, Oberschlesien. Anlaß war das erste offizielle Treffen der Solidarność in diesem Bergwerk, seit General Jaruzelski im Dezember 1981 das »Kriegsrecht« erklärt hatte. Die staubverkrusteten Gesichter um mich zeigten verhaltene Wut. Ein untersetzter Mann, auffällig mit saubergewaschenem Gesicht und Anzug, saß in der ersten Reihe. Der Parteisekretär. Nach einer Schweigeminute für alle, die während des »Kriegsrechts« getötet worden waren – viele von ihnen Bergarbeiter –, stellte der Solidarność-Vorsitzende die Kandidaten Lech Wałęsas aus dieser Region für die Parlamentswahlen vor: ein Bergbauingenieur, ein Lehrer und der Oppositionsführer und Essayist Adam Michnik. Nacheinander hielten die Kandidaten ihre Reden. Michnik hob hervor, daß sie nun zum ersten Mal in ihrem Leben für einen Abgeordneten ihrer Wahl stimmen könnten. Diese Wahl, sagte er, bedeute das Ende des »stalinistisch-totalitären Systems«. Der Parteisekretär umklammerte seine Papiere mit feuchter Hand.

Kurz darauf verkündete der Solidarność-Vorsitzende den Bergarbeitern, in ihrer Mitte befände sich ein Besucher aus England, der ein Buch über Solidarność geschrieben habe. Dann übergab er mir das Mikrophon. Vollkommen perplex stammelte ich eine Rede, in der ich, soweit ich mich erinnern kann, drei wesentliche Aussagen machte. Erstens sagte ich, daß ich als unabhängiger Beobachter gekommen sei, um über diese bemerkenswerte Wahlkampagne, die wieder einmal die Augen der Welt auf Polen lenke, zu schreiben. Zweitens sagte ich, als unabhängiger Beobachter wollte ich ihnen mitteilen, daß man den Namen Adam Michnik überall im Westen kenne und daß er zum Synonym für Integrität, Mut und Widerstand geworden sei. Und drittens sagte ich ihnen – als unabhängiger Beobachter –, daß der Westen Polen wahrscheinlich mit mehr Geld unterstützen würde, wenn sie für den Kandidaten Michnik und seine bewundernswerten Freunde stimmen würden.

Alle drei Aussagen entsprachen absolut der Wahrheit. Aber ich kann nicht leugnen, daß sie so ausgelegt werden konnten, als hätte ich den Zuhörern gewisse Handlungsrichtlinien erteilen wollen, oder, anders gesagt, als »Einmischung in die inneren Angelegenheiten der Volksrepublik Polen«. »Sofortige Ausweisung!« sagte Bronisław Geremek, Veteran unter den Solidarność-Beratern, als er hörte, was geschehen war. Doch diesmal wurde ich nicht ausgewiesen, und am Ende des Jahres gab es keine polnische *Volks*republik mehr, in die man sich hätte einmischen können. Im Namen des Volkes wurde der Name des Volkes aus seiner Republik getilgt.

So jedenfalls kam es, daß ich die erste – und ich hoffe aufrichtig auch letzte – Wahlkampfrede meines Lebens hielt, auf Polnisch, in einem schlesischen Bergwerk.

Eine Woche zuvor war ich in Budapest auf einem sogenannten Straßenfest, einem Fest der Opposition. Bei den Buden, die anstelle von selbstgemachter Marmelade den Samizdat verkauften, stand schlicht »Hyde Park«. Im großen Zelt war eine Diskussion mit den Vertretern von nicht weniger als sieben politischen Gruppen organisiert worden, wobei der Mann der Ungarischen Sozialistischen Arbeiterpartei, der herrschenden kommunistischen Partei, nur einer von vielen war. Es gab Freie Demokraten, Sozialdemokraten, Kleinbauern, eine sogenannte Volkspartei, das Ungarische Demokratische Forum und die Gastgeber, der Bund der Jungen Demokraten. Der Sprecher der Freien Demokraten, ein Soziologe namens Bálint Magyar, sagte: »Unser Programm ist es, das System zu ändern, nicht es zu reformieren.« Wunsch der Freien Demokraten sei es, die neo-stalinistische Diktatur in eine Mehrparteiendemokratie zu verwandeln und die Planwirtschaft in eine Marktwirtschaft zu transformieren, die auf privatem Eigentum basiere. Den heftigsten Applaus des Tages erhielt Viktor Orbán, der hitzige, schwarzbärtige Anführer der Jungen Demokraten, als er verkündete, Ungarn solle den Warschauer Pakt verlassen.

Als ich aus dem Zelt heraustrat, wurde ich plötzlich hinter einen wackligen Tisch neben einer Bude gezerrt, in der die Samizdat-Übersetzung meiner jüngsten Essays über Mitteleuropa verkauft wurde. Ich bekam Order, sie zu signieren. Und der Budenbesitzer begann meine Aktion wie ein Marktschreier auszurufen, gerade so, als riefe er: »Kaufen Sie ein Los, meine Damen und Herren, alles geht noch, alles dreht sich.«

Nach vielen Wintern war nun Frühling. Doch dieser April, in dem bereits erste Vergleiche mit 1848 in den Sinn kamen, war erst der Frühling zweier Nationen. Polen und Ungarn. Die anderen vier Staaten jenes Gebiets, das fälschlicherweise noch immer Osteuropa genannt wurde, waren noch in unterschiedlichen Diktaturen erstarrt, in der breschnewistischen Unbeweglichkeit der Tschechoslowakei und DDR oder in der grauenhaften Tyrannei des rumänischen »Einfamiliensozialismus«. Für mich persönlich bedeutete das nach wie vor die Einreiseverweigerung für die DDR und daß ich unter dem Pseudonym Edward Marston über die Tschechoslowakei schreiben mußte. Einmal auch, ich gebe es nicht ohne Erröten zu, unter dem Namen Mark Brandenburg. (Edward Marston begann für den *Spectator* erstmals in den späten siebziger Jahren aus der DDR zu schreiben. Jetzt, da die Akten des Staatssicherheitsdienstes eventuell für Forschungszwecke zur Verfügung stehen könnten, wäre es mir ein großes Vergnügen, diejenigen über Marston E. genauer unter die Lupe zu nehmen.) Ein amerikanischer Spezialist nannte diese Staaten in ihrem damaligen Zustand »die Viererbande« – eine Beschreibung, die ebensogut auf ihre Führer Honecker, Husák, Schiwkoff und Ceauşescu zutraf.

Selbst in Polen und Ungarn konnte das, was geschah, noch immer kaum als Revolution bezeichnet werden. Es war eine Mischung aus Revolution und Reform, eine »Refolution«. Einerseits gab es ein wichtiges Element des Wandels »von oben«, angeführt von einer aufgeklärten Minderheit in den noch immer herrschenden kommunistischen Parteien, andererseits ein starkes Element des Drucks »von unten«. Vorherrschend in Ungarn war eher ersteres, in Polen eher letzteres. In beiden Ländern aber gab es das Zusammenspiel beider Elemente, vermittelt durch Verhandlungen zwischen den herrschenden und den oppositionellen Eliten.

Diese Geschichte kann hier nicht im Detail wiedergegeben werden, doch ein paar wichtige Marksteine seien erwähnt. In Polen wie in Ungarn führen die Wurzeln der »Refolutionen« von 1989 direkt zum Mai 1988 zurück. Charakteristischerweise begann die Refolution in Polen mit Streiks, in Ungarn mit einem Parteitag. Dieser Parteitag ersetzte den kränklichen János Kádár durch Károly Grósz, der, gerade erst siebenundfünzig, vom Westen natürlich als jung, pragmatisch und dynamisch gepriesen wurde. Doch was Grósz dann im folgenden Jahr betrieb, war weniger ein dynamisches Voranschreiten als ein ungeordneter Rückzug, in dessen Verlauf die Partei Position auf Position aufgab. Ende 1988 erlaubte sie die Gründung von Oppositionsgruppen und die Organisation von Demonstrationen; im Januar 1989 wurden vom Parlament Rechtsgarantien für Versammlungs- und Verbandsfreiheit verabschiedet (wenn auch noch nicht für die Gründung politischer Parteien); im Februar erklärte die Partei ihre grundsätzliche Unterstützung des Wandels zum Mehrparteiensystem, und im April warf sie das leninistische Prinzip des »demokratischen Zentralismus« über Bord.

Bis zu einem gewissen Grad war all dies Resultat der bewußten Strategie eines geordneten Rückzugs im Vormarsch – *reculer pour mieux sauter*. Das Problem war nur – sie kamen nie bis zum *sauter*. Die es schafften, waren die vielen Oppositionsgruppen und neu gegründeten Parteien. Sie und die Journalisten. Denn dies war eine Bewegung, die von den Medien mindestens so stark vorangetrieben wurde wie auf den Straßen. Natürlich hatte es Demonstrationen in wachsender Zahl gegeben, vor allem zu den Jahrestagen der vorangegangenen ungarischen Revolutionen, zum 15. März (1848) und zum 23. Oktober (1956). Doch selbst da hatten die Berichterstattungen der Medien, vor allem des Fernsehens, größere Auswirkungen auf das Land. Insgesamt war ein merkwürdiges Mißverhältnis zwischen dem relativ schwachen »Druck« aus dem Volk und dem relativ starken »Zug« der Partei entstanden.

Nicht so in Polen. Hier übte Solidarność seit 1980 den heftigsten und ausdauerndsten Druck von unten aus, den die Geschichte des kommunistischen Osteuropas je gesehen hat. Und hier wurde der Weg zu Verhandlungen über das Ende des Kommunismus durch eine weitere Streikwelle im Mai 1988 geebnet, während der die Arbeiter – zur Verzweiflung der Machthaber, zur Begeisterung der Solidarność und irgendwie zur Überraschung beider – riefen: *»Nie ma wolności bez Solidarności!«* Es gibt keine Freiheit ohne Solidarność.

Ich verbrachte einen Tag in der Geburtsstätte von Solidarność, der Lenin-Werft in Gdańsk. Ein charmanter Student führte mich hinein, über die Begrenzungsmauer, unter einem riesigen Rohr hindurch, um den verrosteten Rumpf einer sowjetischen Fähre herum. Wir mußten die Bereitschaftspolizei umgehen, die die

Werft besetzt hielt. Im Hauptquartier des Streikkomitees fand ich Lech Wałęsa, in gestreiften Hosen und ledernen Hausschuhen, im Streit mit einem seiner Ratgeber, dem katholischen Redakteur Tadeusz Mazowiecki, während das halbe Komitee sich um sie scharte. Mazowiecki versuchte Wałęsa davon zu überzeugen, seine Autorität in den Verhandlungen einzusetzen. Doch Wałęsa widersetzte sich geschickt. »*Panie Tadeuszu*«, sagte er mit komisch verdrehter Grammatik, »Sie sind der Mann für Verhandlungen, Sie sind für Weisheit!« Und Pan Tadeusz warf einen verzweifelten Blick über Wałęsas Schulter, als wolle er sagen: »Was soll man nur mit so einem Kerl machen!«

Später sprach ich mit einigen der relativ wenigen Arbeiter, die es riskiert hatten, die Werft zu besetzen. Einer brachte ihren Groll auf einen ganz und gar nicht trivialen Punkt: »Vierzig Jahre Sozialismus und noch immer gibt es kein Klopapier!« Als ich ihnen viel Erfolg wünschte, zuckte ein anderer mit den Achseln: »Vielleicht in dreißig Jahren ...«. So war die Stimmung. Und nur dreißig Stunden später marschierten die noch übrigen Streiker Arm in Arm aus der Fabrik, Pater Henryk Jankowski zu Wałęsas Rechten, Mazowiecki zu seiner Linken, vor ihnen jemand mit einem Holzkreuz, auf dem die Worte standen »Gott, Ehre, Vaterland« und darunter »1970, 1980, 1988 ...«.

Es sah wie eine Niederlage aus. Noch im Juli 1988 konnte der damalige Regierungssprecher Jerzy Urban sagen, daß »die Solidarność-Bewegung ... für immer der Vergangenheit angehört«. Doch im August folgte eine neue Streikwelle, größer als die vorangegangenen. Und noch mehr Streikende forderten noch heftiger die Rückkehr der Solidarność. Am 31. August, dem achten Jahrestag der Gdańsker Vereinbarung von 1980, der Geburtsurkunde der Solidarność, hatte Innenminister General Czesław Kiszczak ein allenthalben publiziertes, demonstratives Treffen mit Lech Wałęsa, den die Machthaber so lange als »Privatbürger« zu ignorieren versucht hatten. Wałęsa setzte daraufhin seine ganze Autorität ein, um die Streiks zu beenden.

Es folgten vier Monate quälender, oft geheimer Verhandlungen zwischen Führern der Solidarność und einer Gruppe aus der Parteiführung. Zur gleichen Zeit wurde Wałęsa klarer Sieger einer Fernsehdebatte mit dem Vorsitzenden des offiziellen Gewerkschaftsverbands, einem Alfred Miodowicz. Wałęsas große Gefolgschaft hauptsächlich intellektueller Ratgeber konstituierte sich formal als »Bürgerkomitee«. Immens wichtig war, daß die Verhandlungspartei nun die Unterstützung von General Jaruzelski gewann. Indem er seine ganze Autorität in die Waagschale warf, gelang es ihm im Januar 1989, auf einem stürmischen Plenum des Zentralkomitees, die Entscheidung für die Rückkehr von Solidarność durchzuboxen. Der Weg für noch nie dagewesene Gespräche am Runden Tisch war bereitet. Am 6. Februar fand die erste Sitzung statt. Die vogelperspektivische Fotografie des Runden Tisches, geformt wie ein riesiger Mohnkringel mit einem großen Blumenbouquet in der Mitte, ging, wie man so sagt, um die ganze Welt. Wichtiger aber war eher: um ganz Osteuropa.

Die Geschichte des Runden Tisches und seiner diversen Katzentische, seiner informellen Gipfeltreffen im Dörfchen Magdalenka nahe Warschau, seiner bizarren Gespräche zwischen ehemaligen Gefangenen und deren Richtern, verdient ein eigenes Buch. Die vielleicht größte historische Ironie dieser Gespräche ist, daß es die Regierung war, die sich einen frühen Wahltermin wünschte. Sie glaubte, je kürzer die Wahlkampfzeit, um so größer wären ihre eigenen Chancen, eine völlig unvorbereitete Opposition zu schlagen. Solidarność hingegen ging mit der einzigen Absicht in die Verhandlungen, die legale Wiederherstellung der Solidarność zu erreichen. Erst dann wollten sie sich für fundamentale Änderungen im Bereich der Medien, des Rechtswesens, der Erziehung und der örtlichen Verwaltungen stark machen. Ein früher Wahltermin mit vereinbarten Einschränkungen wäre, so glaubten sie, eben Teil des Preises, den sie zu zahlen hätten. Ein anderer Teil wäre eine starke Präsidentschaft für General Jaruzelski. Im Laufe der Verhandlungen aber entdeckten sie, daß sie mehr bekommen konnten als nur das, worum es ihnen ursprünglich gegangen war. Und am Ende hatten sie nicht nur einen freien Wettbewerb um 35 Prozent der Sitze im Sejm erreicht, sondern auch noch freie Wahlen für eine neue Parlamentskammer, den Senat. Der erste Vorschlag für freie Senatswahlen kam während einer jener informellen Gipfeltreffen, im Volksmund »ein Magdalenka« genannt – von einem Mitglied der kommunistischen Seite.

Die Vereinbarung des Runden Tisches wurde am 5. April unterzeichnet. Die Präambel dieses langen und komplexen Dokuments erklärte es »zum Beginn des Weges zu einer parlamentarischen Demokratie«. In einem der Entwurfskomitees hatte ein

Partei-Delegierter vorgeschlagen, nach diesem Satz eine Klammer zuzufügen, die ausdrücklich betonen sollte, daß »die Seite der Regierungskoalition eine parlamentarische Demokratie als sozialistische Demokratie betrachtet«. Die Solidarność-Delegation sagte nach einigem Überlegen, daß sie damit einverstanden wäre – wenn ein weiterer Satz hinzugefügt werden würde, daß dies auch »der Beginn des Aufbaus eines souveränen, unabhängigen Polens« sei. Die Partei-Delegation ließ daraufhin ihren ursprünglichen Vorschlag wieder fallen. So viel zur sozialistischen Demokratie.

Drei Wochen später zuckelte ich im Morgenexpress nach Gdańsk. Der Buffetwagen war voll mit Warschauer Oppositions-Intelligenz, von denen die meisten vom Bürgerkomitee offiziell zu Kandidaten für die Parlamentswahlen gekürt waren. Wir waren auf dem Weg zur Lenin-Werft, für ein Treffen der 261 Solidarność-Kandidaten aus dem ganzen Land. Es fand in der gleichen Halle statt, in der das Streikkomitee im August 1980 getagt hatte. Noch immer standen dort in den gleichen Glasvitrinen dieselben Schiffsmodelle, hing derselbe weiße Adler an der Wand, stand sogar dieselbe Leninbüste noch dort. Als Lech Wałęsa – derselbe – auf das Podium ging, warf er Lenin ein verschmitztes Lächeln zu, als wollte er sagen, »und wer nun wem? alter Kumpel«. Später wurde jeder Kandidat händeschüttelnd mit Lech Wałęsa fotografiert. Zweihunderteinundsechzig Hände. Die Aufnahmen wurden von Filmregisseur Andrzej Wajda überwacht. In meinem Notizbuch ist die Erklärung Bronisław Geremeks festgehalten, diese Wahlen seien noch nicht demokratisch, daß aber »die Hoffnung der Schlüssel für freie demokratische Wahlen in vier Jahren ist«.

In vier Jahren! Wie mutlos all die kühnen Gedanken heute scheinen! Wenn das alles gewesen wäre, was aus den letzten sieben Monaten des Jahres 1989 hervorgegangen wäre, so würden uns die ungarischen und polnischen Geschehnisse von Januar bis Mai spektakulär, einzigartig und historisch vorkommen. All die Durchbrüche in den Verhandlungen, die »Refolutionen«, sie sind fast schon vergessen, weil sich die Geschichte in schwindelerregendem Tempo weiterentwickelt hat. Zuerst hatte es den großen Sieg der Solidarność in den Juni-Wahlen gegeben, der zur Ernennung des ersten nicht-kommunistischen Ministerpräsidenten in Osteuropa seit vierzig Jahren führte. Dann folgte das feierliche

Begräbnis von Imre Nagy, dem Helden der ungarischen Revolution von 1956, das den Fortgang der ungarischen Geschichte bis hin zur ersten formellen Auflösung einer herrschenden osteuropäischen kommunistischen Partei bedingte.

Inzwischen hatte jedoch ein ungeplanter Nebeneffekt dieser ungarischen Refolution – das »Zerschneiden des Eisernen Vorhangs« zwischen Ungarn und Österreich – einer wachsenden Anzahl von DDR-Bürgern die Flucht über die nunmehr »grüne« Grenze erlaubt, was wiederum zum Katalysator jener Revolution wurde, die feierlich zum vierzigsten Jahrestag der DDR ausbrach. Bulgarien schloß, mit ein wenig Hilfe von der Straße, durch eine Palastrevolution auf. Die Tschechoslowakei folgte unmittelbar. In Prag, spät in der Nacht und nicht ganz nüchtern, sagte ich zu Václav Havels Frau Olga, Ceauşescu würde bis zum Jahresende gestürzt sein. Sie wettete eine Flasche Champagner dagegen. Am nächsten Morgen, wieder nüchtern, glaubte ich, eine Flasche Champagner verloren zu haben. Doch dann, kurz vor Weihnachten …

Niemand zögerte, das Geschehen in Rumänien als Revolution zu bezeichnen. Schließlich sah es ja auch wirklich nach einer aus: zornige Massen auf den Straßen, Panzer, Regierungsbäude in Flammen, der Diktator an die Wand gestellt und erschossen. Doch es stellt sich ernsthaft die Frage, ob das, was in Polen, Ungarn, Bulgarien und selbst in der Tschechoslowakei und in der DDR geschah, nicht doch nur sehr entfernt mit dem Begriff »Revolution« in Verbindung zu bringen ist – ein Zweifel, der selbst von verschiedenen Intellektuellen aus den betroffenen Ländern geäußert wurde. Sollten Volksbewegungen, die fast völlig gewaltfrei geblieben sind, obwohl sie überall spontan und effektiv um sich gegriffen hatten, wirklich mit einem Wort beschrieben werden, das so eng mit Gewalt verknüpft ist? Doch der Systemwechsel, nein, der Wandel des gesamten Lebens in all diesen Ländern war kaum weniger grundlegend als in Rumänien. Durch eine Kombination aus Volksprotest und Verhandlungen wurden aus Gefangenen Ministerpräsidenten und aus Ministerpräsidenten Gefangene.

Dieses so plötzliche und allumfassende Ende eines Ancien Regime und die Tatsache, daß es sich im Zeitraum von nur wenigen Monaten in allen Ländern Osteuropas vollzog, rechtfertigt vielleicht doch den Gebrauch des Wortes »Revolution«. Der Titel dieses zweiten Teils meines Buches, die ersten Worte der Verfassung der Vereinigten Staaten von Amerika, soll auf drei Aspekte dieses Geschehens hinweisen: auf die möglichen Gebrauchsformen wie Ambiguitäten des Begriffes »das Volk« (die übrigens auch bei der Gestaltung der amerikanischen Verfassung selbst eine Rolle gespielt haben); auf die Tatsache, daß zumindest in Ungarn, Polen und in der Tschechoslowakei die Revolutions- oder Refolutionsführer eine klare Vorstellung von dem Verfassungssystem hatten, das sie aufzubauen gedachten, ein System, das nicht wenig an jenes erinnert, das in den Vereinigten Staaten (die man auch ein transatlantisches Europa nennen könnte) vor zweihundert Jahren eingeführt wurde; und schließlich daran, daß all diese Geschehnisse mit ihrer spezifischen Rhetorik und ihren Straßenschauplätzen irgendwie eher früheren Jahrhunderten anzugehören schienen als unserer gemeinsam vermarkteten Welt.

Ich muß entschieden darauf hinweisen, daß dies keine umfassende Geschichtsschreibung des Jahres 1989 in Europa sein kann. Ich behaupte keinesfalls, eine vollständige Analyse der sowjetischen Politik anbieten zu wollen, der wirtschaftlichen Faktoren, der Entwicklungen innerhalb der kommunistischen Parteien, ganz zu schweigen von langfristigen Ursachen. Noch weniger behaupte ich, irgendwelche gültigen Aussagen über die Zukunft machen zu können. Zu Beginn des Jahres 1990 über das Jahr 1989 zu schreiben, scheint zwar etwas weniger tollkühn, als zu Beginn des Jahres 1790 über 1789 geschrieben zu haben. Aber es ist tollkühn genug.

Die Ereignisse in Bulgarien oder Rumänien beschreibe ich nicht, weil ich nicht dort war. Ich war in den entscheidenden Momenten in den anderen Ländern gewesen, doch selbst hier sammelte ich meine Erfahrungen im großen und ganzen nur innerhalb der Oppositionsbewegungen und bei den sogenannten »gewöhnlichen Menschen« auf den Straßen – und auch das im wesentlichen nur auf den Straßen der Großstädte. Das Kapitel über Prag ist bei weitem das längste, denn dort waren meine Bedingungen als Augenzeuge einzigartig.

Der Nachteil des Augenzeugen gegenüber dem Historiker ist die zeitliche, räumliche und analytische Unvollständigkeit. Ein Augenzeuge kann nicht an mehreren Orten zugleich sein und ist darüber hinaus versucht, dem eigenen Sehen und Hören eine übertriebene Bedeutung zuzuschreiben. Der Historiker hingegen kann alle verfügbaren Augenzeugenberichte sammeln und ist normalerweise durch Erfahrungen aus erster Hand nicht zu verwirren. Was den aktuellen Ereignissen später folgt, ändert unsere Ansicht über das Vorangegangene. Der Historiker weiß mehr von dem, was später geschah. Weil er später schreibt.

»Ich bin eine Kamera«, sagte Isherwood. Ich war keine Kamera. Eine Kamera hätte keine Wahlrede in einem oberschlesischen Bergwerk gehalten. Natürlich habe ich mich bemüht, an alle Fakten heranzukommen, allen Seiten Gehör zu schenken, sowohl fair als auch kritisch zu sein. Doch der Leser wird leicht feststellen, daß meine Sympathien eher jenen gehören, die die Revolutionen machten, als jenen, die den Versuch machten, sie zu verhindern, eher den ehemaligen Gewissenshäftlingen als den ehemaligen Gewissenswächtern.

Nur wenige Gesetze sind so allgemeingültig wie Actons »Alle Macht korrumpiert«. Voraussichtlich werden auch die neuen Regierungen dieser Länder korrumpierbar sein. Die Erfahrung eigener Verfolgung schützt nicht notwendigerweise vor der Versuchung, selber auch andere zu verfolgen. (Viele der kommunistischen Machthaber Osteuropas waren selbst ehemalige politische Gefangene gewesen: Honecker, Husák, Kádár, sogar Ceauşescu). Aber wie die meisten Bewohner Ostmitteleuropas bin ich mir des menschlichen Leids, das der Preis für das alte Übel gewesen war, nur allzusehr bewußt, und auch ich verspüre die Erleichterung, davon losgekommen zu sein. Deshalb bin ich auch nicht allzusehr geneigt, augenblicklich mit dem Aufspüren neuen Übels zu beginnen.

Soweit also die gravierenden Nachteile des Augenzeugen. Doch da sind auch Vorteile. Der Augenzeuge kann, wenn er Glück hat, Dinge sehen, die der Historiker in keinem Dokument finden wird. Manchmal kann ein Blick, ein Achselzucken, eine Randbemerkung enthüllender sein als hundert Reden. Während dieser Ereignisse blieb viel Bedeutendes ungeschrieben, entweder weil es ohne Anwesenheit eines Protokollanten in hastigen Gesprächen gesagt wurde, weil die Geschäfte am Telefon gemacht wurden oder weil die Worte und Bilder über das Fernsehen entstanden. (Die Bedeutung des Fernsehens kann nicht hoch genug eingeschätzt werden. Zukünftige Historiker werden bei der Erforschung dieser Ereignisse mindestens so viel Zeit in Fernseharchiven verbringen müssen wie in Bibliotheken.) Der

Augenzeuge kann beobachten, daß scheinbar ganz spontane Ereignisse in Wirklichkeit geplant waren, aber auch, daß scheinbar umsichtig vorbereitete Handlungen in Wirklichkeit das hilflose Ergebnis reiner Konfusion sind. Für den Historiker ist es vielleicht am schwierigsten, zu rekonstruieren, was die Menschen in einem historischen Moment tatsächlich *nicht* über die Zukunft wußten.

Im Versuch, die Qualität der Augenzeugenschaft zu erhalten, habe ich diesen Buchabschnitt in der folgenden Weise geordnet. Die vier Hauptkapitel enthalten Berichte über die Juni-Wahlen in Warschau, die offizielle Beisetzung von Imre Nagy, ebenfalls im Juni, die Öffnung der Berliner Mauer im November und über zwei Wochen der Revolution in Prag, im November und frühen Dezember. Jedes Kapitel endet mit einer kurzen Zusammenfassung der folgenden Ereignisse bis zum Ende des Jahres 1989, die ebenfalls, wo es angemessen schien, auf Materialien aus erster Hand beruhen, doch rückblickend im Januar 1990 geschrieben wurden. Sie mögen darunter gelitten haben, daß sie unmittelbar und unter dem noch frischen Eindruck der Ereignisse geschrieben wurden – vielleicht aber ist das auch ihr Vorzug. Das abschließende Kapitel beinhaltet Reflexionen über die Revolutionen, die zuerst als Notizen für eine Vorlesung im Dezember 1989 ihren Niederschlag fanden und im Januar 1990 wesentlich umgearbeitet wurden.

Dieser Teil des Buches umfaßt also zwei zeitliche Rahmen: den unmittelbaren, im Zuge der Ereignisse, und einen zweiten, im Rückblick von 1990. Der Leser wird nun einen dritten hinzufügen, seinen eigenen, der Monate oder Jahre später entstanden sein wird. Falls sich die Dinge in Ostmitteleuropa bis zu der Zeit, in der Sie dies lesen, nachteilig entwickelt haben werden, dann werden Sie das Folgende wahrscheinlich absurd hoffnungsfroh und erschreckend sorglos finden. Ich aber könnte dann sagen, daß auch dies zur Geschichte gehört: so dachte und fühlte man zur damaligen Zeit.

16 Warschau: Die erste Wahl (Juli 1989)

Im Rückblick scheint es selbstverständlich, daß Solidarność an jenem Sonntag, dem 4. Juni, mit einem Erdrutschsieg die erste Runde der ersten fast freien Wahl seit einem halben Jahrhundert in Polen gewinnen mußte. Es sollte ihnen klar gewesen sein, daß sie gewinnen würden! Aber das war es nicht. Ich saß an jenem Sonntag mit einem übernächtigten und deprimierten Adam Michnik beim Mittagessen. Er wußte es nicht. Ich trank am späten Abend jenes Tages ein Glas mit einem nervösen und aufgeregten Jacek Kuroń. Auch er wußte es nicht. Niemand wußte es.

Der Wahlkampf war gut verlaufen. Trotz der anfänglichen Handicaps, dem Mangel an Organisation, Geld, Büros, Mitarbeitern, vor allem aber der fehlenden Unterstützung der Medien, war die Wahlkampagne der Solidarność-Opposition zu einem Fest der nationalen Improvisationskunst geworden. Trotz ihrer anfänglichen Vorteile – Organisationsstruktur, Geld, Büros, Mitarbeiter und monopolistische Kontrolle über Radio und Fernsehen –, war der Wahlkampf der Polnischen Vereinigten Arbeiterpartei und ihrer untergeordneten Koalitionspartner außergewöhnlich schwach gewesen. Solidarność stellte pro Sitz nur einen Kandidaten zur Wahl, wie es laut Abkommen vom Runden Tisch ihr Anspruch war. Ihre Auswahlprozedur war nicht gerade demokratisch, aber höchst effektiv. Die Partei und ihre Koalitionspartner verschenkten Wochen mit quasi-demokratischen Streitereien, kamen schließlich mit verschiedenen Kandidaten für fast alle Sitze heraus und provozierten auf diese Weise ein Stimmensplitting.

Überall waren die Wände mit den Namen und Gesichtern von Solidarność-Kandidaten tapeziert, wurde jeder einzelne gemeinsam mit Lech Wałęsa auf einem Photo gezeigt – die Bilder jenes Treffens in der Lenin-Werft. Darunter stand in Wałęsas Handschrift die schlichte Botschaft »Wir müssen gewinnen«. Um die Namen der Parteikoalitions-Kandidaten herauszufinden, bedurfte es manchmal langwieriger Nachforschungen. Die Plakate der Solidarność waren in jenem unverkennbar typischen rot-weißen Buchstabengewirr gehalten. Die Partei zeigte sich häufig in fadem, konservativen Blau. Ein typischer Slogan der Partei hieß »Mit uns ist es sicherer« – eher eine Werbung für Verhütungsmittel als für Parlamentskandidaten, stellte ein italienischer Beobachter fest.

Am Tag vor der Wahl sah ich Kuroń, wie er auf der Bühne des schäbigen Tęcza-Kinos im Warschauer Arbeiterbezirk Zoliborz hin und her rannte, um die Gläubigen zusammenzutrommeln. Zuerst bekamen wir ein langes und fast unverständliches Videotape über die Geschichte des Arbeiterverteidigungskomitees KOR zu sehen. Für den größten Teil des Publikums war dies bereits alte Geschichte. Dann beantwortete Kuroń Fragen. Bei einer ging es um den großen Zankapfel des Wahlkampfs, die Kontrolle über das Fernsehen. Fernsehen, sagte Kuroń, sollte »öffentlich«, aber nicht »staatlich« sein. Wie die BBC. Dann zitierte er die entlarvende Bemerkung eines hochrangigen Parteioffiziellen während der Gespräche am Runden Tisch: »Wir würden Euch eher die Zomo (Bereitschaftspolizei) geben als das Fernsehen.« »Und damit hat er ganz recht«, sagte Kuroń, »ich hätte viel lieber das Fernsehen.«

Am bewölkten Morgen des Wahlsonntags ging ich mit meinem unbezähmbaren Samizdat-Verleger Andrzej Rosner, seiner Frau Ania und ihrer siebzehnjährigen Tochter Zuzia zu den Wahlen in Zoliborz. Ania berichtete stolz, dies sei das erste Mal in ihrem Leben, daß sie zu einer Wahl gehe, da sie all die vorangegangenen, unfreien Wahlen boykottiert hatte. Andrzej gestand gequält, er habe schon einmal zuvor gewählt, doch sei er damals gerade erst achtzehn gewesen, und deshalb zähle es nicht. Ein stetiger Menschenstrom ergoß sich über das Brachland zwischen den halbfertigen, hoch aufragenden Wohnblocks. Man sprang zur Wahl von einer riesigen Matschpfütze zur anderen. Vor dem Wahllokal gab es nur einen »Informationspunkt« für Solidarność. Drinnen war alles im offiziellen Rot-Weiß gehalten: die Fahnen, die Plakate, sogar die Wahlurnen.

Andrzej und Ania bekamen ihre komplizierten Wahlpapiere ausgehändigt: separate weiße für jeden Sitz im Sejm; die »Nationale Liste« der fünfunddreißig prominenten Partei-Koalitions-Kandidaten, die kaum mehr als fünfzig Prozent der Stimmen brauchten, um die Sitze ohne Gegenkandidaten zu erhalten; und ein langes, rosafarbenes Papier, auf dem die unzähligen Kandidaten für den Senat aufgelistet waren. Andrzej und Ania ignorierten die Wahlkabine, setzten sich an einen Tisch und begannen die siegreiche Aktion des Ausstreichens: denn die Partei hatte darauf bestanden, daß die Wahl durch Ausstreichen der unerwünschten Kandidaten erfolgen sollte. Zick-Zack ratschten die Kugelschreiber über das Papier, als meine Freunde Namen nach Namen all der offiziellen Kandidaten ausstrichen. Sie nahmen sich Zeit, kosteten diesen Moment aus. In einem Anfall weiblicher Güte ließ Ania einen der fünfunddreißig Namen auf der Nationalen Liste stehen – den eines Richters, der, wie man meinte, kein ganz so übles Schwein gewesen sein soll. Dann gingen wir nach Hause, immer um die riesigen Matschpfützen herum, an den halbfertigen Wohnblocks, den Wahrzeichen des Kommunismus, vorbei, mit einem stillen Gefühl tiefster Zufriedenheit.

Die Szenerie glich sich fast überall in Warschau. Überall standen am späten Vormittag lange Schlangen. »Wissen Sie, die Messe ist gerade vorbei«, erklärte man mir den Grund für die Länge der Schlangen. Noch ein Grund: die Umständlichkeit des Wahlverfahrens. Einige Wähler kamen direkt von der Erstkommunion ihrer Kinder, zogen kleine Mädchen in langen, weißen Kleidern hinter sich her. Erstkommunion und Erstwahl. Und nicht nur für die Kinder. »Ja, mein Herr«, gestand ein nicht mehr ganz so junges Paar, während es sich an den Händen hielt und verlegen lächelte, »es ist ... für uns ... das erste Mal!« Am anderen Ufer in Praga, Warschaus Bronx, beobachteten die Kinder, wie ihre Klassenzimmer zu Wahllokalen umfunktioniert wurden. Die Schule der Demokratie. Unter ihren Armen trugen sie klebrige, schmutzige Wahlplakate, die sie als Souvenirs von den Wänden gerissen hatten.

Im Flur kam verwirrt ein alter Mann auf mich zu. »Entschuldigen Sie«, sagte er, »Byliński – ist er unser (*nasz*)?« Ja, sagte ich, er ist unser. Zick-Zack schabte der Füller über die Nationale Liste, während der Mann murmelte, »ich hab genug von euch, all die Jahre ...«. Dann nahm er das rosafarbene Blatt. »Und Findeisen, ist er unser?« Ja, er ist unser. »Und Trzeciakowski, wo steht er?« Wir gingen das engbedruckte Stück Papier gemeinsam durch. In diesem Moment kam ein nervöser Wahlkommissionssekretär auf mich zu und fragte aggressiv, »welche Rolle spielen Sie eigentlich hier?« – als ob ich antworten würde, »einen Agenten des Imperialismus«.

Am Abend besuchte ich die völlig veraltete Druckerei der Parteizeitung *Trybuna Ludu*, die mittlerweile auch die hastig improvisierte Tageszeitung *Gazeta Wyborcza*, »die Wahlzeitung« der Solidarność-Opposition, druckte. Die gesamte Technologie schien noch aus Dickens' Zeit zu stammen, aber das Interessanteste war der Zensor im Nebenzimmer. Zu meinem großen Vergnügen erlaubten mir die Redakteure der *Gazeta*, eine Karikatur zur Abnahme hineinzubringen. Ich klopfte an die Tür seines Büros, trat ein und sagte, wie man mich angewiesen hatte, in einem lässigen Ton: »N'abend, *Gazeta Wyborcza*, Seite fünf«. Anstelle irgendeines sinistren Typs hinter dunklen Brillengläsern fand ich mich einer Frau im billigen Kittelkleid gegenüber. An ihrer Unterlippe klebte eine Kippe, vor ihr ein Glas Tee. Der Zensor. Sie nahm den Abzug der Karikatur, las sich den dazugehörigen Artikel genau durch, wahrscheinlich auf seinen subversiven Inhalt hin – aber ich hatte auch das Gefühl, um mir zu zeigen, daß sie wirklich lesen konnte –, dann markierte sie die Rückseite der Karikatur, händigte sie mir mürrisch aus und widmete sich wieder ihrem Tee. Dankbar und unter Verbeugungen trat ich meinen Rückzug an. Selbst damals noch – in Unkenntnis dessen, was die nächsten Monate bringen würden – hatte ich das Gefühl, der privilegierte Beobachter des Unterwerfungsrituals eines gefährdeten Stammes mitten im Amazonas gewesen zu sein.

Später traf ich mich auf ein Glas mit Jacek Kuroń, der uns die Zeit, bevor seine Resultate herauskamen, mit einem köstlichen Bericht über seine erste USA-Reise und sein Treffen mit Präsident Bush vertrieb. Was hat Bush ihm gesagt? »Er sagte, er sei für Demokratie. Ich sagte, ›ich auch‹«.

Am nächsten Morgen wurde ich kurz vor acht durch einen Anruf von Janusz Onyszkiewicz geweckt, dem nationalen Sprecher der Solidarność während all der dunklen Jahre seit 1981. Er war ins Parlament gewählt worden, und es sah so aus, als hätten sie landesweit einen Riesensieg errungen. Während des Tages wurden die Nachrichten immer besser. Das Warschauer Bürgerkomitee hatte sein Hauptquartier in einem Café mit dem höchst passenden Namen »Niespodzranka« (Überraschung) aufgeschlagen. Im ersten Stock war eine ganze Reihe Computer-Bildschirme aufgestellt, auf denen die ersten Resultate abliefen.

Bis zum Nachmittag wußten die Solidarność-Führer, daß sie einen Bombenerfolg gehabt hatten: Bereits in der ersten Runde hatten sie bis auf eine Handvoll alle Sitze gewonnen, für die sie sich zur Wahl gestellt hatten. Drei Dinge waren auf einmal geschehen: Die Kommunisten hatten eine Wahl verloren, Solidarność hatte gewonnen, die Kommunisten hatten den Sieg der Solidarność anerkannt. Das mag wie eine Tautologie klingen, doch noch bis vor kurzem wäre jeder, der dieses Ergebnis vorausgesagt hätte, ein unlogischer Irrer geheißen worden. Und diese drei Dinge, obzwar logisch miteinander verbunden, hatten jeweils noch einen sehr spezifischen Aspekt.

Erst einmal und allem voran hatten die Kommunisten verloren. Sie hatten nicht die Macht verloren. Noch immer gehörten ihnen die Armee, die Polizei, der Parteiapparat und die Nomenklatura. Aber sie hatten die Wahl verloren. Während effektiv alle Solidarność-Kandidaten bereits bei der ersten Runde durchgekommen waren, mußten die Partei-Koalitions-Kandidaten am 18. Juni durch eine Stichwahl gehen. Und am erniedrigendsten von allem war, daß nur zwei der fünfunddreißig Kandidaten der Nationalen Liste die erforderlichen 50 Prozent gültiger Stimmen für Sitze ohne Gegenkandidaten erhielten. Mit anderen Worten, mehr als die Hälfte der Wähler hatte auf der Liste Namen für Namen ausgekreuzt, darunter mit einem großen Strich auch den Innenminister, den Verteidigungsminister und andere, weniger prominente Figuren des Establishments.

Zweitens hatte Solidarność gewonnen. Sie hatte nicht nur gegen die Partei gewonnen, sondern auch gegen viele wohlbekannte, sogar berühmte Gegenkandidaten: gegen erfolgreiche Manager, Fernsehpersönlichkeiten, Repräsentanten radikalerer Oppositionsgruppen und, am eindrucksvollsten, gegen Christdemokraten, denen die ausdrückliche Unterstützung hochrangiger Kirchenmänner gehörte – der hochrangigsten. Noch am Abend der Wahl hatte Kardinal Primas Józef Glemp demonstrativ die christdemokratischen Gegenkandidaten zu Adam Michnik und Jacek Kuroń empfangen – beide offizielle Kandidaten der Solidarność-Opposition, aber von jener Seite, die Michnik einmal die »säkulare Linke« genannt hat. Trotz dieser außergewöhnlichen Einmischung hatte Solidarność einen gewaltigen Sieg errungen. »Der Primas sollte seinen Rücktritt erklären«, hieß der Witz des Tages.

Man könnte meinen, Solidarność hätte sich um ihre Popularität keine Sorgen zu machen brauchen. Aber sie machte sich Sorgen. Die meisten Meinungsumfragen hatten ein Aufsplitten der nicht-kommunistischen Stimmen ergeben. Was auch immer die historische Legitimation der Jahre 1980–81 gewesen sein mag, was immer die geistige durch den Segen des Papstes (eins höher als der Primas), was immer die kulturelle durch Filmstars und Nobelpreisträger, was immer die gewerkschaftliche durch die Streiks des letzten Jahres – es gibt nichts, aber auch gar nichts, was auch nur annähernd mit der Legitimation vergleichbar wäre, die von den Stimmzetteln aus den Wahlurnen herrührt.

Es hat nur einen Gegner gegeben, den Solidarność nicht schlagen konnte. In Analogie mit General Winter könnte man ihn General Stimmenthaltung nennen. Im Wahlkampf waren sich alle Seiten einig: Ein jeder sollte zur Wahl gehen. Doch das Endergebnis war sehr bescheiden: Knapp 62 Prozent Wahlbeteiligung, die, laut (unverläßlichen) offiziellen Zahlen, geringer noch war als die Beteiligung an einem Referendum zur Wirtschaftsreform im Jahr 1987. Vielleicht waren einige Menschen den Aufforderungen der radikalen Opposition gefolgt, selbst diese Wahl zu boykottieren, da sie nicht ganz frei war. Vielleicht waren einige laue Parteigetreue so angewidert von allem, daß sie gleich zu Hause geblieben sind. Meinen eigenen Umfragen aber konnte ich entnehmen, daß es vor allem der Müdigkeit zuzuschreiben war und tiefstem Mißtrauen gegenüber der Fähigkeit jeglicher politischer Kraft – rot, weiß oder blau – ,den verzweifelten materiellen Abstieg des Landes aufhalten zu können.

Auch das dritte Geschehen war bemerkenswert. Die Partei sagte die Wahrheit. Montagabend, als die ersten Ergebnisse bekannt wurden, erschien Jan Bisztyga, Sprecher des Zentralkomitees, Seite an Seite mit Janusz Onyszkiewicz von der Solidarność in den Fernsehnachrichten und sagte: »Die Wahlen hatten einen plebiszitären Charakter, und Solidarność hat die klare Mehrheit gewonnen.« Er sagte noch mehr. Zum Beispiel: »Wenn Siegestaumel und Abenteuerlust die Situation in Polen anarchisch verändern, werden Demokratie und sozialer Friede ernsthaft gefährdet sein.« (Fast hätte man das für eine Drohung halten können.) Aber als erste Reaktion einer Partei, die die Macht seit mehr als vierzig Jahren monopolisiert und Solidarność seit mehr als sieben Jahren mit Zähnen und Klauen bekämpft hatte, war das schon viel. Zwei Tage später erklärte General Jaruzelski schlicht: »Es war das erste Mal, daß sich die Wähler frei entscheiden konnten. Diese Freiheit wurde dazu genutzt, die Namen derer auszukreuzen, die bis heute an der Macht waren.«

Sonntag, der 4. Juni, war eine Wendemarke nicht nur in der polnischen Nachkriegsgeschichte, nicht nur in der Geschichte Osteuropas, sondern in der Geschichte der gesamten kommunistischen Welt. Aber, als sie sich fieberhaft in Diskussionen stürzten, bei Verhandlungen und spätnächtlichem Pläneschmieden, reagierten die Solidarność-Führer mit einer merkwürdigen Mischung aus Begeisterung, Ungläubigkeit und Bestürzung. Bestürzung über die neue Verantwortung, der sie sich nun gegenüber sahen – den Problemen des Erfolges. Sie hatten auch Angst davor, die Dinge könnten sich nicht so gut weiterentwickeln wie bisher. Eine Angst, die noch zusätzlich durch die Nachrichten aus China geschürt wurde. Das Massaker an den Studenten, die auf dem Tiananmen-Platz für Demokratie demonstriert hatten, geschah am gleichen Tag. Es war unheimlich, gemeinsam mit einer Gruppe polnischer Oppositionsjournalisten gerade am Tage der Wahl diese Fernsehbilder aus Peking zu sehen. Kriegsrecht. Panzer. Tränengas. Leichen, die auf Schultern fortgeschleppt wurden. Wir hatten das schon einmal gesehen: in Danzig, in Warschau.

Als die Solidarność-Führer Realpolitik zu machen begannen, hatten viele sehr gemischte Gefühle: all diese typischen Ausflüchte, Kompromisse und Halbwahrheiten der Politik. Es entstand Sehnsucht nach den einfachen Wahrheiten und moralischen Eindeutigkeiten aus der Zeit des Kriegsrechts. Auch wenn man Polen leidenschaftlich eine »normale« Politik wünscht, so ist es doch sehr merkwürdig, wenn man beobachtet, wie sich die eigenen Freunde allmählich zu normalen Politikern wandeln. Doch was wäre die Alternative? Die Antwort kam prompt: »Tiananmen Platz«.

Nach ihrem Wahlsieg mußte sich Solidarność den unterschiedlichsten Fragen stellen: Wie soll die innere Struktur der Oppositionsbewegung aussehen, wie die Art, der Zeitplan und die Bedingungen ihrer Regierungsbeteiligung und wie ihre Reaktion auf die immer schlechtere Wirtschaftslage. Im Sommer 1989 bestand die Solidarność aus mindestens vier verschiedenen Komponenten: zuerst einmal war sie Lech Wałęsa, dessen persönliche Popularität und Autorität außergewöhnlich groß geworden waren, zusätzlich gefördert natürlich durch jedes Treffen mit den

Präsidenten Mitterrand oder Bush. Zweitens war sie die Gruppe der Parlamentarier – 161 der 460 Mitglieder des Sejm, neunundneunzig von hundert Senatsmitgliedern. Diese neuen Parlamentarier repräsentierten sehr unterschiedliche persönliche Überzeugungen und Traditionen, doch am 4. Juni waren sie alle – Sozialdemokraten oder Konservative, Christen oder Juden, gescheit oder dumm – gewählt worden, weil sie Kandidaten Lech Wałęsas und der Solidarność waren. Geschlagene kommunistische Kandidaten hatten dazu bitter bemerkt, daß selbst ein Affe, wäre er nur Kandidat der Solidarność gewesen, gewählt worden wäre – und wahrscheinlich steckt darin wirklich ein Körnchen Wahrheit. Man könnte dem hinzufügen, daß wahrscheinlich selbst ein Heiliger, wäre er als Kandidat für die Polnische Vereinte Arbeiterpartei aufgetreten, geschlagen worden wäre.

Zum dritten bestand Solidarność aus jener losen Gruppierung nationaler, regionaler und lokaler Bürgerkomitees, die die Wahl effektiv organisiert hatten. Abgesehen von Solidarność-Veteranen gehörten diesen Bürgerkomitees Ärzte, Ingenieure, Lehrer, Journalisten an, die niemals zuvor aktiv gewesen waren. Sie waren die wirklichen Wahlhelfer der neuen Mitglieder des Parlaments und, wie es schien, die Geburtshelfer der aufkeimenden Demokratie Polens. Und schließlich bestand Solidarność als das, was sie zu Anfang war: als Gewerkschaft. Doch als solche hatte sie seit ihrer Neugründung im April nur wenige Stimmen hinzugewonnen. Nichts mehr von jener überschwenglichen Dynamik des Herbstes 1980, als in nur vierzehn Tagen fast drei Millionen Menschen der neuen Gewerkschaft beigetreten waren. Mitte Juni, nach zwei Monaten, wurde ihre Mitgliederzahl auf eineinhalb bis zwei Millionen geschätzt, und niemand konnte sich vorstellen, daß sie nochmals die zehn Millionen von 1981 erreichen könnte. Oder, um es bildlicher auszudrücken, nur einer von sieben, die am 4. Juni für die Kandidaten der Solidarność-Opposition gestimmt hatten, war auch Mitglied der Solidarność-Gewerkschaft. Die Beziehungen zwischen diesen vier Komponenten der Solidarność herauszuarbeiten, würde eine ziemlich lange Zeit in Anspruch nehmen.

Ein Quell ständigen Streits war Lech Wałęsas hochnäsiger, wie einige auch meinten, »diktatorischer« Führungsstil, sowohl innerhalb der Gewerkschaft als auch in der größeren politischen Arena. Schon in der ersten Zeit der legalen Existenz von Solidarność 1980 und 1981 hatte Wałęsa ein etwas ambivalentes Verhältnis zur Demokratie innerhalb der Bewegung gezeigt, und diese Tendenz wurde durch seine Hervorhebung als Nobelpreisträger und internationaler Staatsmann nicht gerade geschwächt. Doch damals wie heute konterte er mit starken politischen Argumenten. In einem Interview der ersten Ausgabe der wiederbelebten *Solidarność Wochenzeitung* fragte er rhetorisch: »Kann man ein Schiff rein demokratisch durch eine stürmische See steuern?«

Sein persönliches Vorbild schien zunehmend Marschall Józef Piłsudski zu sein, der zuerst für Polens Unabhängigkeit gekämpft hatte, um dann, nach seinem Coup von 1926, autoritär über die unabhängige Republik Polen zu präsidieren. »Wir sollten damit beginnen, ›Wir, die erste Brigade‹ zu singen«, hörte ich Wałęsa bei der ersten Zusammenkunft der neu gewählten Parlamentarier der Solidarność-Opposition sagen. Er meinte den schmissigen Marsch der Legion Piłsudskis aus dem Ersten Weltkrieg. Doch als er dann *de haute en bas* darlegte, wie Art und Führungsweise einer parlamentarischen Gruppe, deren Mitglied er nicht einmal war, auszusehen haben, forderte er stürmischen Protest heraus. Sie sagten, das sei »eine Art Staatsstreich«, und sie wären wirklich nicht bereit, mit derartig »bolschewistischen Methoden« eine Demokratie aufzubauen. Wałęsa zog sich augenblicklich zurück: »Ich mag die Demokratie, ich liebe die Demokratie«, protestierte er. Und so, wie es auf diesem Treffen zuging, so könnte es auch in den kommenden Jahren und bei größeren Kämpfen sein. Wałęsa möchte gern eine starke Führerpersönlichkeit sein. Eine starke Führung war auch objektiv nötig gewesen. Man könnte auch spekulieren, ob es nicht tatsächlich den einen oder anderen Wunsch nach einem starken Führer gibt. Jener autoritäre Stil, der bei den demokratischen Aktivisten so schlecht angekommen war, könnte bei einer breiteren Öffentlichkeit ganz gut ankommen.

Doch wo Piłsudski von Obersten umgeben war, da war es Wałęsa von Professoren. Wo das Vorkriegspolen in einem Europa der Diktaturen operierte, da sah sich das heutige Polen einem westlichen Europa freiheitlicher Demokratien gegenüber. Zur Rechten Wałęsas stand der kluge Professor Bronisław Geremek, eine hinreißende Mischung aus Macaulay und Machiavelli und ein Mann, der genau wußte, was für ein modernes, westliches und europäisches Polen vonnöten war.

Bei dieser ersten Zusammenkunft der »ersten Brigade«, die hinter verschlossenen Türen in der Aula der Warschauer Universität stattfand, wurde Geremek zum Vorsitzenden der Gruppe aller von Solidarność unterstützten Mitglieder beider Parlamentskammern gewählt. Als er den Vorsitz übernahm, bekam die Sitzung plötzlich Tempo und Gestalt. Eines der ersten Diskussionsthemen war der Name, den sich diese Gruppe selbst geben wollte. Wałęsa insistierte darauf – gegen den Wunsch einiger Anwesenden –, daß ihr Name nicht das Wort »Solidarność« enthalten dürfe. Und er begründete es damit, daß sie für alle unabhängigen, demokratischen Tendenzen in Polen offen sein müßten. Es gebe unterschiedliche Tendenzen, sagte er, die sich in Zukunft noch ausweiten würden, wie sie es auch müßten, wenn Polen eine wirkliche Demokratie werden wolle. Es wurden verschiedene Namen vorgeschlagen, und ihre Abkürzungen wurden auf der Tafel der Aula ausprobiert. In meinen Notizen finde ich: »OKP, OKOP, DKO, KO, OK, OKO«. Schließlich einigten sie sich auf OKP, das heißt, auf den Parlamentarischen Bürgerklub.

Zu dieser Zeit, Mitte Juni, entwickelten Solidarność-Führer ihren idealen Zeitplan – oder, wie es polnische Planer nennen: ein »Harmonogramm« – für den Übergang in eine Demokratie. Er lautete etwa so: In den kommenden ein, zwei Jahren würden sie sowohl als parlamentarische als auch außerparlamentarische Opposition arbeiten und somit die Regierungsgeschäfte einer zwar kompetenteren, aber noch immer parteigeleiteten Regierung überwachen. Sie würden neue Gesetze auf vielen Gebieten einführen, das Rechtswesen reformieren und die Wahlorganisationen ihrer Bürgerinitiativen, aber auch die Solidarność-Gewerkschaft ausbauen. Nach ein, zwei Jahren würden sie freie, lokale Kommunalwahlen haben. Diese würden dann die ineffektive, bürokratische und korrupte Herrschaft der Nomenklatura über die unteren Ränge des öffentlichen Lebens beenden. In der Zwischenzeit würde eine Art permanentes, informelles Magdalenka zwischen den Partei- und Solidarność-Führern die umstrittendsten Themen zu einer Lösung führen.

Innerhalb von vier Jahren – wie es am Runden Tisch vereinbart worden war – würden dann absolut freie nationale Parlamentswahlen stattfinden. Man könnte davon ausgehen, daß sich dann eine Regierung ohne die Partei bilden würde. Kontinuität und der sowjetische Segen würden durch Präsident Jaruzelski, der für sechs Jahre gewählt würde, gewährleistet sein. Doch mit einer gewissen Portion Optimismus und Phantasie sei es durchaus vorstellbar, daß 1995 Wałęsa zum Präsidenten gewählt würde und über eine Regierung präsidieren würde, die, auch wenn sie an der Spitze autoritär strukturiert wäre, dennoch eine Mehrparteiendemokratie, gemischte Eigentumsformen und eine freie Marktwirtschaft erlauben würde. Kurz gesagt, Wałęsa wäre dann für Polen, was de Gaulle für Frankreich war. Soweit das erträumte Harmonogramm.

Aber die Verhältnisse waren nicht so, weder außenpolitisch noch innenpolitisch. Das innenpolitische Problem war, daß Solidarność schneller in die Macht eingesogen wurde, als ihr lieb war. Sie sah sich Entscheidungen gegenüber, die sie niemals dachte, treffen zu müssen. Solidarność-Vertreter bestanden darauf, daß der Name General Jaruzelskis während der Verhandlungen am Runden Tisch nie explizit im Zusammenhang mit der neuen Präsidentschaft erwähnt wurde. Daß er tatsächlich nicht explizit erwähnt werden mußte, lag einfach daran, daß jedes Schulkind wußte, dieser Posten war auf ihn zugeschnitten worden. Und die Verteilung der Parlamentssitze, auf die man sich vertraglich geeinigt hatte, schien Jaruzelskis Wahl zu garantieren.

Doch niemand, weder Solidarność noch die Partei, hatten mit dem Ausmaß dieses Sieges der Solidarność und dieser Verluste der Partei gerechnet. Als einige Mitglieder der ehemals gefügigen Koalitionsparteien der Demokraten und der Vereinigten Bauern durchsickern ließen, daß sie nicht für Jaruzelski stimmen würden, fand sich Solidarność in der beängstigend starken Position, eine Wahl Jaruzelskis zum Präsidenten verhindern zu können. Ihre eigene Gefolgschaft hätte es ihnen niemals verziehen, wenn sie für Jaruzelski gestimmt hätten. Doch weder die Armee noch die Polizei, der Parteiapparat oder vermutlich nicht einmal Moskau hätten sich auf einen Solidarność-Kandidaten eingelassen. Was in aller Welt sollten sie also tun? Wir erlebten ein surrealistisches Schauspiel: Menschen, die während des Kriegsrechts von General Jaruzelski interniert worden waren, zerbrachen sich nun die Köpfe, wie sie seine Wahl zum Präsidenten sichern könnten.

Zur selben Zeit verschlechterte sich die wirtschaftliche Lage drastisch. Preiserhöhungen von Zucker, Alkohol und Benzin, die bis zur Zeit nach den Wahlen verschoben worden waren, mußten nun in schneller Reihenfolge stattfinden. In der Gewißheit weiterer Preissteigerungen begannen die Menschen panisch zu hamstern. Die Geschäfte wurden leergekauft. Der freie Wechselkurs des Dollars stieg auf nie dagewesene 6 000 Złoty an (nach dem Wechselkurs des freien Marktes wäre dann der durchschnittliche Monatslohn umgerechnet etwa fünfzehn Mark). Das geplante Festfrieren des Lohn-Preisniveaus war schon vor der Annoncierung unmöglich geworden. Die Inflation stieg auf astronomische Zahlen. Es konnte so nicht weitergehen.

Nur eine Regierung mit jenem eindeutigen Auftrag, wie ihn Solidarność bekommen hatte, konnte nach den Wahlen genug Glaubwürdigkeit aufbringen, um all die schmerzhaften Maßnahmen, die jedes ernsthafte Wirtschaftsreformprogramm begleiten mußten, einzuleiten. Die Präsidenten Bush, Mitterrand und Mrs. Thatcher machten eindeutig klar, daß der Westen, der von allen Seiten nun als Deus ex machina betrachtet wurde, zwar substantielle Schuldenerlasse anbieten und selbst unter diesen chaotischen Bedingungen dem privaten Sektor bescheidene Direkthilfe zukommen lassen würde, daß sie jedoch größere Währungsfonds- und Weltbank-Maßnahmen nur einer ordnungsgemäß konstituierten Regierung mit einer glaubwürdigen Wirtschaftspolitik anbieten würden und könnten.

Solidarność-Führer sagten, sie wären weder praktisch noch psychologisch auf eine solche Rolle vorbereitet gewesen. Ihre Ökonomen hatten zwar Programme entworfen – sehr unterschiedliche, von radikal-liberalen bis hin zu »sozialistisch marktwirtschaftlichen« –, doch es fehlte ihnen der Zugang zu jenen Kenntnissen, die man sich nur innerhalb von Ministerien erwirbt. Diese Ministerien aber, und die gesamte bürokratische Pyramide unter ihnen, waren noch immer vollständig von der Partei, der Nomenklatura besetzt. In eine Regierung einzutreten, in der all diese Basisstrukturen unverändert geblieben sind, hieße, so sagten sie, sich selbst zum Versager zu stempeln. Um diese Strukturen zu verändern, brauchten sie Zeit. Aber Zeit hatten sie keine. Sie hatten die Wahl gewonnen. Das Land brauchte sie. Jetzt.

Und das Land bekam sie. Aber nicht sofort. Zuerst mußten beide Parlamentskammern gemeinsam einen Präsidenten wählen. Würde Jaruzelski es schaffen? Die Ungewißheit hielt den ganzen Monat nach der zweiten Wahlrunde an. Schließlich wurde der General am 19. Juli mit nur einer Stimme Mehrheit gewählt. Daß er gewinnen konnte, war ausschließlich jenen sieben Solidarność-Oppositionsmitgliedern zu verdanken, die ungültige Stimmen abgegeben hatten – um so seinen Sieg zu sichern –, und jenen, die der Wahl ferngeblieben waren. Viele aus der Gefolgschaft von Solidarność waren wütend. Doch die politischen Köpfe der Bewegung meinten, dies sei das bestmögliche Ergebnis gewesen, das sie für sich erzielen konnten. Jaruzelski mußte gewählt werden. So lautete die Vereinbarung. Und Armee und Polizei, denen er noch immer vorstand, hielten auch noch immer die wirkliche Macht in ihren Händen. Andererseits aber zeigte sein Sieg mit nur einer Stimme Mehrheit und daß er ihn nur durch die Gnade der Solidarność erringen konnte, wer die wirkliche Legitimität im Land besaß. (Tatsächlich hatte einer der besten jener politischen Köpfe, der unter den gegebenen Umständen lieber namenlos bleiben sollte, am Tag nach den Wahlen am 4. Juni präzise dieses Ergebnis vorausgesagt. Wenn es so aussieht, als würde der Präsident nicht die erforderliche Mehrheit erhalten, sagte er, »werden einige von uns einfach die Grippe kriegen müssen«.)

Während sich ein Plenum der notorisch uneinigen Polnischen Vereinigten Arbeiterpartei auf den angeblichen »liberalen« Mieczysław F. Rakowski – einer jener verblassenden Lieblinge des Westens – als Nachfolger Jaruzelskis in der Parteiführung einigte, bat Jaruzelski einen anderen kommunistischen General, Czesław Kiszczak, eine »große-Koalitionsregierung« unter Einbeziehung von Solidarność zu bilden. Kiszczak war eine Schlüsselfigur für den Durchbruch am Runden Tisch gewesen. Aber auch der Innenminister während des Kriegsrechts. Sollten die Solidarność-Führer nun also unter ihrem ehemaligen Verfolger dienen? Wer hat denn schließlich die Wahl gewonnen? Kiszczak selbst hatte auf der Nationalen Liste gestanden und war nicht gewählt worden. »Ich heiße Sie im Sejm willkommen«, sagte er bei einem Treffen kurz nach den Wahlen zu Adam Michnik. »Herr General«, sagte Michnick, »die Begrüßung im Sejm mache ich!« Wie auch immer, mehrere Solidarność-Strategen dachten zu diesem Zeitpunkt über eine Allianz mit den kommunistischen Reformern nach. Lech Wałęsa machte einen Alternativvorschlag: eine »kleine Koalition«, nicht mit den Kommunisten, sondern mit den ehemaligen Marionettenparteien, den Demokraten und Vereinigten Bauern, deren meiste Vertreter nur allzu bereit waren, ihre Fädenzieher zu kappen, um wenigstens etwas an Glaubwürdigkeit vor den wirklich freien Wahlen zu gewinnen. Laut Vereinbarung am Runden Tisch hatten die Kommunisten nur 38 Prozent der Sitze im Sejm für sich, der Rest fiel an die anderen Koalitionsparteien.

Nach weiteren vierzehn Tagen hitziger Diskussionen gab General Kiszczak zu, daß er keine Regierung bilden konnte, und General Jaruzelski lud Tadeusz Mazowiecki gnädig ein, den Versuch zu unternehmen. Der Kelch wanderte vom Gentleman-Verfolger zum Gentleman-Häftling, denn auch Mazowiecki war, wie die meisten Solidarność-Führer, in der Zeit des Kriegsrechts ein Jahr interniert gewesen. Wałęsa gab seine drei Kandidaten für diesen Job bekannt, Mazowiecki, Kuroń und Geremek (obwohl er, nach Aussage einiger Insider, den Job ganz gerne selbst übernommen hätte). Mazowiecki war für Wałęsa weniger offensichtlich ein politischer Rivale als Geremek, und als gläubiger, wenn auch liberaler Katholik würde er auch von der Kirche akzeptiert werden. Anstelle einer kleinen Koalition würde er eine große zu bilden versuchen und einige Ministersessel an Kommunisten vergeben.

Zu dieser Zeit wußte niemand, ob Moskau sich auf dieses Arrangement einlassen würde. Trotz Gorbatschows ermunternder Bemerkungen während seiner Juli-Rede im Straßburger Europarat, gab es in *Prawda* und *Izvestia* immer noch ein ominöses Hickhack. Entscheidend sowohl für die Haltung Moskaus als auch für die der Partei soll ein Telefonat am 22. August zwischen Gorbatschow und dem neuen polnischen Parteiführer Rakowski gewesen sein. Als Mazowiecki dann durch den Sejm und mit den Stimmen fast aller kommunistischen Abgeordneten bestätigt wurde, war klar, daß die Partei im Prinzip bereit war, unter ihm zu arbeiten.

Nach weiteren drei Wochen noch heftigerer, quälender und erschöpfender Verhandlungen konnte Mazowiecki seine neue Regierung am 12. September vorstellen. An einem Punkt mußte er um eine Pause bitten und ging im Łazienki-Park spazieren, so erschöpft war er von den Anstrengungen der vorangegangenen Monate. »Ich komme«, sagte er, »als Mann der Solidarność und fühle mich dem Erbe des August verpflichtet«, und er beendete seine Rede mit den Worten: »Ich glaube fest, daß Gott uns beistehen wird, einen großen Schritt auf dem Weg zu machen, der sich nun vor uns öffnet.« Wortgetreu wurde die Rede in der Parteizeitung *Trybuna Ludu* wiedergegeben. Auch die traditionellen Kurzbiographien des Kabinetts waren abgedruckt. Jacek Kuroń, als Minister für Arbeit und Sozialpolitik, Seite an Seite mit Czesław Kiszczak, der Innenminister geblieben war. Die Partei hatte die wichtigen Ministerien des Inneren und der Verteidigung behalten, das Außenministerium aber an den unabhängigen Professor Krzysztof Skubiszewski abgeben müssen, einen angesehenen Gelehrten des Völkerrechts.

Die wichtigsten Posten aber waren die wirtschaftlichen. Denn während des verzweifelt langsamen und schwierigen Prozesses der Verhandlungen über den politischen Übergang – die Revolution – war die wirtschaftliche Lage immer schlechter und schlechter geworden. Die Wurzeln des polnischen Wirtschaftselends reichten viel weiter zurück: nahezu zwanzig Jahre bis zu den Anfängen des schicksalhaften Gierek-Experiments, oder vierzig Jahre, bis zur vollständigen Etablierung des Stalinismus, oder fünfzig Jahre, bis zum deutschen Einmarsch 1939. Aber es gibt keinen Zweifel daran, daß Polen für seine Rolle, Eisbrecher des politischen Wandels zu sein, einen zusätzlichen wirtschaftlichen Preis zahlen mußte. Das stimmt für die achtziger Jahre ebenso wie in einem engeren Sinn für die Zeit seit dem Frühling 1988. Denn in dieser Zeit hatten die politischen Kontrollmechanismen begonnen, schwächer zu werden (auch jene über die Lohnforderungen), und hatte Polens letzte kommunistische Regierung zunehmend unverantwortliche Schritte unternommen (darunter vor allem die Entscheidung für freie Agrarpreise, ohne erst einmal den freien Markt als Regulativ zu schaffen). Daher kam es auch, daß die Inflation von etwa 64 Prozent 1988 in die erschreckende Höhe von etwa 640 Prozent 1989 schnellte.

Während des Runden Tisches und des Wahlkampfs wurde unter den Solidarność-Sprechern eindeutig einer vorsichtigen und stufenweise eingeführten »sozialistischen Marktwirtschaft« das Wort geredet. Selbst der neue Ministerpräsident war von den sozialen Lehren des Papstes zutiefst beeinflußt gewesen und hatte in jüngeren Jahren wissen lassen, daß er geneigt sei, an die Möglichkeit eines christlichen Sozialismus zu glauben. Doch eine seiner ersten Bemerkungen als Ministerpräsident war: »Ich suche nach meinem Ludwig Erhard!« Er fand ihn in dem radikal-liberalen Wirtschaftler Leszek Balcerowicz – einem Erhard ohne

Zigarre. Und zum Team, das sie zusammenstellten, gehörten auch zwei der vehementesten Vertreter der freien Marktwirtschaft und der Privatisierung: der neue Industrieminister Tadeusz Syryjczyk und der neue Wohnungsbauminister Aleksander Paszyński.

Das Balcerowicz-Team machte sich mit beispielhafter Geschwindigkeit an die Arbeit, nicht nur um fünfzig verlorene Tage, sondern um fünfzig verlorene Jahre nachzuholen. Innerhalb von nur vierzehn Tagen präsentierte Balzerowicz den Finanzministern der westlichen Welt auf dem Treffen des Internationalen Währungsfonds in Washington den Entwurf ihres Plans, »die polnische Wirtschaft in eine Marktwirtschaft zu transformieren«. Innerhalb von nur drei Monaten, am 17. Dezember, präsentierte er dem polnischen Parlament ein ausgewogenes Budget und ein Paket von elf Gesetzen, die den Grundstock für das polnische Wirtschaftssystem des nächsten halben Jahrhunderts bilden sollten. Obwohl es kurz vor Weihnachten war und die Abgeordneten murrten, brachten sie das Paket in nur zwölf Tagen durch alle Lesungen, damit Polens Big bang am ersten Tag eines neuen Jahrzehnts beginnen konnte. In den Pausen standen sie Schlange, um die traditionelle Weihnachtskommunion vom Primas zu empfangen. Während sie darauf warteten, sangen sie Choräle. Die Solidarność-Zeitung *Gazeta Wyborcza* berichtete, daß die Abgeordneten der Partei am lautesten gesungen hätten. Ach ja, und weil sie gerade so schön am Zug waren, strichen sie auch noch den Namen des Volkes aus dem Staat – machten aus ihm wieder die altehrwürdige Republik Polen – und setzten dem polnischen Adler wieder die Krone auf.

Die Feuerprobe des wirtschaftlichen Übergangs würde erst noch kommen. Doch die erste Phase des *politischen* Übergangs verlief bemerkenswert friedlich, pragmatisch und harmonisch. Nachdem sie einander ein Jahrzehnt bekämpft hatten, arbeiteten die Führer der Partei und der Solidarność nun Seite an Seite. Es gab kaum mehr Ränkespiele, als sie zwischen zwei rivalisierenden Fußballmannschaften üblich wären. Fast die gesamte Zentralbürokratie blieb an ihrem Platz und diente ihren neuen Herren mit Pflichtbewußtsein und Eifer.

Während eines Besuchs bei meinem Freund Henryk Woźniakowski, einem katholischen Intellektuellen, der in das Amt des stellvertretenden Regierungssprechers katapultiert worden war –

drei Telefone auf dem Tisch und eine Sekretärin, die ihn *»Panie Dyrektorze!«* nennt –, entdeckte ich, daß die einzige wesentliche Innovation ein Tischtennisraum war. Wie Wałęsa einmal sagte: »Es wird vielleicht nicht besser, aber wenigstens wird es lustiger ...« In der Kantine war die Nomenklatura kaum von den Solidarność-Mitarbeitern zu unterscheiden, außer vielleicht, daß letztere sich in ihren Anzügen und Krawatten unwohl zu fühlen schienen. (»Es beraubt mich der Hälfte meiner intellektuellen Fähigkeiten«, sagte Jacek Kuroń und griff prompt auf offene Hemden und Jeans zurück.)

In nur drei Monaten wurde die polnische Politik plötzlich normal, anstatt »normalisiert«. Anstelle der vertrauten politischen Szenerie der achtziger Jahre, mit ihren drei Hauptdarstellern Macht, Solidarność und Kirche, war eine neue Szene entstanden, deren Hauptdarsteller Regierung, Parlament und die Präsidentschaft waren, und, als Joker und Präsident in Warteposition, Lech Wałęsa. Die Regierung hatte begonnen zu regieren. Das mag sich äußerst normal anhören, aber in Polen war das seit fünfzig Jahren nicht mehr geschehen.

Viele Beobachter hatten vermutet, daß der gewerkschaftliche oder Arbeiterbewegungs-Charakter der polnischen Opposition – der Solidarność – ein großes Hindernis sein würde, wenn es darum ginge, den Übergang in eine Marktwirtschaft zu vollziehen. Denn die Menschen, die am meisten unter einem solchen Übergang zu leiden haben würden, wären gerade die Arbeiter, vor allem die ungelernten Arbeiter, in den riesigen verlustmachenden stalinistischen Kombinaten, den einstigen Hochburgen der Solidarność. In der zweiten Hälfte von 1989 schien sich jedoch das Gegenteil zu bewahrheiten. Als Gewerkschaft war Solidarność, mit kaum mehr als zwei Millionen Mitgliedern am Jahresende, schwach geworden. Doch die Erbschaft von Solidarność war von unschätzbarem Vorteil.

Der Ministerpräsident, der Arbeitsminister, der Vorsitzende des Parlamentarischen Bürgerklubs, der Chefredakteur der *Gazeta Wyborcza*, ganz zu schweigen von Lech Wałęsa, sie alle waren Männer der Solidarność. Wenn sie jetzt an die Arbeiter appellierten – »Keine Streiks! Akzeptiert die Schließung von Fabriken! Nehmt Lohnkürzungen auf euch!« –, hatten sie eine bessere Chance auf Gehör, als irgend jemand sonst. Die Arbeiter wußten, daß dies die Männer waren, die mehr als alle anderen während der letzten zehn Jahre für ihre Rechte gekämpft hatten. Besonders Jacek Kuroń appellierte in seinen regelmäßigen wöchentlichen Fernsehgesprächen auf wunderbare und herzerwärmende Weise an die Öffentlichkeit. (Wie er in seinem Treffen vor der Wahl gesagt hatte: lieber das Fernsehen als die Zomo.) Während der ersten Monate ihrer Existenz befand sich die Mazowiecki-Regierung in der einzigartigen Lage, ihre Popularität parallel zu den Preisen ansteigen zu sehen. Bei einer Meinungsumfrage am 4. Januar 1990 fanden 57 Prozent der Befragten die Regierung »gut oder sehr gut«, und nicht weniger als 50 Prozent erklärten sich mit der vorgeschlagenen wirtschaftlichen »Schocktherapie« einverstanden. Ob ihre Popularität diesen Schock allerdings überleben würde, war eine andere Frage.

Eines Tages im Oktober wurde eine sehr hübsche Schauspielerin namens Joanna Szczepkowska um einen Fernsehauftritt gebeten. Sie hatte eine Ansage zu machen. »Meine Damen und Herren«, sagte sie, »am 4. Juni 1989 endete der Kommunismus in Polen.« Es war nett, ein so hübsches Mädchen einen solchen Satz sprechen zu hören, vor allem im polnischen Fernsehen. Aber stimmte er auch? »Ich weiß nicht, ob ich eine solche Meldung selbst gebracht hätte«, sagte der weise Professor Bronisław Geremek, »aber es ist die reine Wahrheit, und ich stimme völlig mit ihr überein.« In jenen Tagen wußten wir es noch nicht, obwohl wir es schon riechen konnten. Aber im Rückblick vom Januar 1990 sehen wir, daß dies der Wendepunkt war. Die Behauptung, an diesem Tage habe der Kommunismus in Polen geendet, war eine poetische Übertreibung. Doch an jenem herrlichen 4. Juni hat das polnische Volk den Kommunismus abgewählt.

17 Budapest: Das letzte Begräbnis (Juli 1989)

In Polen war es eine Wahl. In Ungarn ein Begräbnis: das Begräbnis von Imre Nagy, einunddreißig Jahre nach seinem Tod. Genau ein Jahr zuvor hatten Oppositionsaktivisten zum Jahrestag von Nagys Hinrichtung am 16. Juni eine Demonstration veranstaltet, die gewaltsam von der Polizei aufgelöst wurde. Nun assistierten genau dieselben Polizisten den Oppositionsaktivisten bei den Vorbereitungen für die außergewöhnliche Zeremonie eines zweiten Begräbnisses des Helden von 1956.

Jeder weiß, daß russische Panzer diese Revolution zerschlagen hatten und damit für die kommenden dreißig Jahre die Richtlinien für eine sowjetische Antwort (und die nicht-Antwort des Westens) auf osteuropäische Revolutionen festgelegt hatten. Die Ungarn aber erinnerten sich außerdem noch der besonderen Perfidie, die zu Nagys Hinrichtung führte: wie er und seine engsten Mitarbeiter durch eine feierliche, schriftliche Erklärung János Kádárs aus dem Asyl in der jugoslawischen Botschaft gelockt wurden, nur um von sowjetischen Sicherheitskräften abtransportiert, nach Rumänien deportiert, nach Ungarn zurückgebracht, in Einzelhaft gehalten, einer schändlichen Groteske von Gerichtsverfahren unterzogen und schließlich gehängt zu werden. Sie erinnerten sich auch, daß János Kádár, der Mann, der die direkte Verantwortung für Nagys Hinrichtung trug, und die Partei, der er vorstand, und die Zeitungen und die Schulbücher, daß sie alle nichts als Lügen, Lügen, Lügen über diese Zeit verbreitet haben. Sie erinnerten sich kollektiv und um so genauer, als ihre Erinnerung so lange unterdrückt worden war.

Einer der wenigen Angeklagten, die das Nagy-Verfahren überlebt haben und diesen Tag in Budapest erleben konnten, war Miklós Vásárhelyi. Vásárhelyi, ein leiser, lächelnder Mann von leicht gebeugter Gestalt, war während der Revolution Nagys Ratgeber und Pressesprecher gewesen. In den achtziger Jahren wurde er eine Art »elder statesman« für die junge Opposition. Westlichen Besuchern war er wohlbekannt, doch er pflegte auch Kontakte zu hochrangigen Parteimitgliedern. Gemeinsam mit den Familien der Hingerichteten, mit anderen ehemaligen Aufständischen und Aktivisten, die ihre Gefängnisjahre überlebt hatten, beobachtete er und wartete ab. Er suchte die Bekanntschaft eines Gefängniswärters und fand heraus, daß die sterblichen Überreste von Nagy und seinen Genossen in einem unbezeichneten Grab auf Parzelle 301 in der abgelegensten Ecke eines abgelegenen Friedhofs begraben worden waren. Solange János Kádár an der Macht war, gab es keine Aussicht auf Gerechtigkeit, auch nicht retrospektiv: Nagy zu rechtfertigen hätte bedeutet, Kádár zu beschuldigen. Tatsächlich hatten, nach Auskunft einer für gewöhnlich verläßlichen Quelle, zwei Protegés Kádárs ihn von seiner Abdankung zu überzeugen versucht. Er aber habe sie angeschrien: »Ihr wißt, was geschehen würde! Nach ein paar Monaten würden sie László Rajk rehabilitieren und nach einem Jahr Imre Nagy!« Wenn auch der Westen ein Loblied auf ihn sang und die Welt schon längst diese alte Geschichte vergessen hatte – Kádár erinnerte sich. Er war Macbeth, und Nagy war Banquo.

Im Frühling 1988, Kádár war bereits deutlich am Ende, gründeten die Verwandten und Überlebenden ein Komitee für Historische Gerechtigkeit. Am dreißigsten Jahrestag der Ermordung hielten sie eine kleine, würdige Andacht auf Parzelle 301, doch die folgende Demonstration im Stadtzentrum wurde von der Polizei gesprengt. Aber die neuen Parteiführer sahen ein, daß eine Rehabilitation von Nagy unabdingbar war, wollten sie auch nur die geringste Glaubwürdigkeit erringen. Würden sie es nicht tun, würde der Schatten von '56 ewig auf ihnen lasten. Also verkündete die Regierung im Januar, daß sie sich dafür entschieden habe, die Exhumierung, Identifizierung und stille Wiederbeerdigung der sterblichen Überreste zu gestatten. Zwei Tage später beschleunigte Imre Pozsgay erneut den politischen Wandel. Er verkündete die Stellungnahme eines Subkomitees des Zentralkomitees, das gegründet worden war, um die letzten vierzig (!) Jahre neu zu bewerten, und zu dem Schluß kam, 1956 sei nicht, wie zuvor immer behauptet, eine »Konterrevolution« gewesen, sondern vielmehr ein »Volksaufstand gegen eine oligarchische Herrschaft, die die Nation entwürdigt hat«.

Es war dann allerdings nicht die Partei oder Regierungsführung, die das Begräbnis organisierte, sondern das Komitee für Historische Gerechtigkeit, zusammen mit den großen Oppositionsgruppen (aber auch in privaten Kontakten mit Pozsgay und anderen führenden Reformpolitikern). Das Komitee erklärte den

Tag zu Imre Nagys »feierlichem Begräbnis und politischer Auferstehung«. Es appellierte, Ruhe und Würde zu wahren. Man sollte keine politischen Transparente tragen, nur schwarze Fahnen oder Nationalfarben. Die Gelegenheit sollte zu keinerlei Störungen welcher Art auch immer ausgenutzt werden.

Dennoch herrschte in den Tagen vor der Zeremonie gesteigerte Nervosität unter den Funktionären der Ungarischen Volksrepublik. Sie fürchteten sich vor dem Volk.

Heldenplatz, 16. Juni 1989. Die hohen neoklassizistischen Säulen sind mit schwarzem Tuch umwickelt. Von den Kolonnaden hängen riesige rot-grün-weiße Nationalfahnen herab, jede mit einem Loch in der Mitte. Eine Erinnerung an die Aufständischen von 1956, die Hammer und Sichel aus den Fahnen herausgeschnitten hatten. Zeremonienfeuer brennen neben den sechs Särgen entlang den Stufen der tempelartigen Kunstgalerie. Fünf namentlich gekennzeichnete Särge für Imre Nagy und seine engsten Mitarbeiter, ein symbolischer Sarg für den Unbekannten Aufständischen. Eine polierte Holzkonstruktion ragt wie der Kiel eines Schoners aus dem Gebäude heraus. Die ganze Szenerie wurde vom Oppositionsaktivisten und Architekten László Rajk entworfen, Sohn des Opfers einer der schlimmsten stalinistischen Schauprozesse – noch eine versteckte Symbolik. Und alles nur eine Ecke von der jugoslawischen Botschaft entfernt, wo Nagy vergeblich Asyl gesucht hatte.

Trauermusik tönt aus den Lautsprechern, während die Menschen anstehen, um unter der brennenden Sonne Blumen für ihre Märtyrer niederzulegen. Zuerst kommen die gewöhnlichen Bürger und bringen ein, zwei Nelken. Dann kommen die offiziellen Delegationen mit großen, formellen Kränzen: örtliche Räte, Kirchenmänner, Diplomaten, eine Delegation aus Warschau für die Polnisch-Ungarische Solidarität, dann hochrangige ungarische Reformpolitiker der Partei, offiziell als Repräsentanten der Regierung und des Parlaments, ausdrücklich aber nicht der Partei als solcher.

Dann Reden, auch die alte Aufzeichnung einer Rundfunkansprache Nagys aus dem Jahr 1956. »Sie haben gerade die Worte Imre Nagys gehört«, sagt Miklós Vásárhelyi, eine entrückte Figur auf dem Bug des Schoners. Dann erinnert er an den magischen Moment vor der zweiten und endgültigen sowjetischen Intervention (am 4. November), als »die Waffen schwiegen, kein

Bruderblut mehr vergossen wurde und der Prozeß der Aussöhnung und demokratischen Transformation begann«. Er fleht um »gegenseitige Toleranz und Nachsicht gegenüber jenen, die anders denken und handeln, denn nur so können wir ... die friedliche Transformation in eine europäische, moderne, freie und demokratische Gesellschaft sichern«.

»Wird die Freiheit Ungarns dem Blut dieser Helden entspringen?« fragt Sándor Rácz, 1956 Vorsitzender des Budapester Arbeiterrats. Es gibt, sagt er, drei Hindernisse. Das erste sei die Anwesenheit sowjetischer Truppen auf ungarischem Boden. Das zweite die kommunistische Partei, die sich an die Macht klammere. Und das dritte schließlich sei die Spaltung der Gesellschaft. Ein anderer Überlebender lädt dazu ein, jeder solle den anderen an der Hand fassen und die Worte des Poeten von 1848, Sándor Petőfi, deklamieren: »Nie wieder werden wir Sklaven sein!« »Nie wieder werden wir Sklaven sein!« intonieren sie.

Doch die Menge, vielleicht 200000 Menschen, ist noch immer schweigsam, unterwürfig, als der letzte Sprecher das Mikrophon übernimmt. »Bürger!« brüllt der kohlrabenschwarz gelockte Viktor Orbán von den Jungen Demokraten, »vor vierzig Jahren hatte die ungarische Nation, obwohl sie unter russischer Okkupation und kommunistischer Diktatur stand, einmal die Chance und die Kraft und den Mut, die Ziele von 1848 realisieren zu wollen ...« »Wir jungen Menschen«, fuhr er fort, »können vieles über die ältere Generation nicht verstehen ... Wir verstehen nicht, daß die Partei- und Regierungsführer, die uns Bücher voller Lügen über die Geschichte der Revolution gaben, dieselben sind, die jetzt miteinander wetteifern, um diese Särge zu berühren, als seien es Talismane. Wir finden nicht, daß es irgendeinen Grund für uns gibt, dankbar für die Erlaubnis zu sein, unsere toten Märtyrer zu beerdigen. Wir schulden niemandem Dank für die Tatsache, daß unsere politischen Organisationen heute arbeiten können.« Die Menschen applaudierten, als sei es genau das gewesen, worauf sie gewartet hatten. »Wenn wir unseren Seelen und unserer Stärke vertrauen können, dann können wir auch ein Ende mit der kommunistischen Diktatur machen; wenn wir entschlossen genug sind, dann können wir die Partei auch dazu zwingen, sich freien Wahlen zu unterwerfen; und wenn wir die Ideale von 1956 nicht aus den Augen verlieren, dann werden wir auch in der Lage sein, eine Regierung zu wählen, die mit sofortigen Verhandlungen für einen umgehenden Rückzug der russischen Truppen beginnen wird.« Endlich vereint sich die Menge in heftigem und anhaltendem Applaus. Das nationale Fernsehen überträgt live.

Später fährt eine kleine Gruppe mit dem Bus zu dem abgelegenen Friedhof, wo, auf Wunsch der Familien, die Märtyrer am gleichen Ort wieder beerdigt werden sollen, an dem sie fast dreißig Jahre namenlos gelegen hatten. Ich gehe in Begleitung einiger Freier Demokraten und Adam Michniks, der gekommen ist, um die Polnisch-Ungarische Solidarität zu repräsentieren. Der unverbesserliche Michnik zeigt aufmunternd das V für Victory aus dem Busfenster, und ein paar Junge Demokraten folgen etwas verlegen seinem Beispiel. Die meisten Passanten blicken verwirrt, ein paar jedoch winken verstohlen grinsend zurück.

Ich besuche die inzwischen legendäre Parzelle 301 zum ersten Mal nach der Feierstunde im letzten Jahr. Noch immer besitze ich meine Amateurfotos von der großen Schutthalde, die damals den Boden bedeckte. Nun ist er wenigstens für eine Beerdigung vorbereitet worden. Sie haben einen neuen Weg zur Parzelle 301 planiert und eine Ehrengarde an ihm entlang aufgestellt. An den staubigen, aufgeworfenen Rändern stehen die Männer völlig widersinnig auf Zementquadern, wie Zinnsoldaten auf ihren Standplatten verschweißt. Um die Parzelle herum, immer dort, wo ein Körper identifiziert werden konnte, hat man rohe hölzerne Grabstöcke aufgestellt, deren Spitzen keine Kreuze bilden, sondern mit traditionellen ungarischen Formen verziert wurden. Es herrscht eine seltsame Atmosphäre. Nicht nur, weil die Menschen herumstehen und während all der Reden in mehr oder weniger normalen politischen Diskussionen versunken sind, auch wegen des fast völligen Fehlens jeglicher christlicher Symbolik, Rituale oder Sprache.

Häufig wird Nagys Erklärung während seines Verfahrens zitiert: »Ich frage mich, ob die Menschen, die mich heute zum Tode verurteilen, nicht die gleichen sein werden, die mich später rehabilitieren.« Miklós Vásárhelyi bezeugt, daß dies ein Mythos sei. In Wirklichkeit habe Nagy gesagt, daß das letzte Wort im Prozeß vom ungarischen Volk, von der Geschichte und von der internationalen Arbeiterbewegung gesprochen werden würde. Die internationale Arbeiterbewegung existiert nicht mehr, aber das ungarische Volk und die Geschichte haben gesprochen.

Vásárhelyi hatte später aus Berichten von Mitgefangenen und ehemaligen Wärtern herausfinden können, daß Imre Nagy seine letzte Nacht mit Schreiben verbracht hat. »Sein Brief oder seine Notizen wurden niemals an seine Frau weitergegeben. Alles, was sie vom Gefängnis zurückbekam, war ein Ehering, der, wie sich später herausstellte, eine Imitation war.«

Ein Name wurde in keiner Rede erwähnt, obwohl er jedem im Sinn war. János Kádár. Keiner dachte an ihn als Parteiführer des liebsten »liberalen« kommunistischen Landes des Westens. Alle erinnerten den Verräter, der mit Hilfe sowjetischer Panzer Nagy stürzte und für den Mord an ihm die direkte Verantwortung trug. Wo ist er heute, der kranke alte König? Sieht er sich die Fernsehberichte an? Sieht er, wie Banquos Geist am Heldenplatz betrauert wird? Dies ist nicht das Begräbnis von Imre Nagy. Dies ist seine Auferstehung und die Beerdigung von János Kádár.

Das dachte ich damals. Am nächsten Tag gab es Gerüchte, Kádár und seine Frau hätten Selbstmord begangen, während Imre Nagy endlich zur Ruhe gebettet wurde. Tatsächlich starb Kádár drei Wochen später, an genau dem Tag, als das ungarische Oberste Gericht Imre Nagys vollständige Rehabilitation verkündete. Shakespeare hätte eine solch plumpe Tragikomödie nicht riskiert. Kádár wurde im Kerepesi-Friedhof begraben, im »Pantheon der Arbeiterbewegung«, neben den Särgen der Kommunisten, die im Kampf gegen den Aufstand von 1956 gefallen waren.

Das ungarische Begräbnis war, wie die polnischen Wahlen, eine Wendemarke in der osteuropäischen Nachkriegsgeschichte. Es markierte eindeutig das Ende der post-1956-Periode, die untrennbar mit dem Namen János Kádár verbunden ist. Kádár starb gemeinsam mit seiner Zeit. Aber welchen Neubeginn es markierte, das war viel weniger deutlich.

Die Reaktionen auf das Begräbnis waren gemischt. Einige der Radikaleren unter den Oppositionellen fanden, daß das Komitee für Historische Gerechtigkeit zu viele Konzessionen an die Reformkommunisten gemacht habe. Obwohl es die Verwandten und Freunde Nagys gewesen waren, die die Feierlichkeiten organisiert hatten, hatten sie fast schon den Charakter eines Staatsaktes angenommen. Führenden Parteireformern wie Imre Pozsgay, dem Ministerpräsidenten Miklós Németh und dem Parlamentspräsidenten Mátyás Szűrös war es erlaubt worden, als Ehrenwache neben dem Sarg von Imre Nagy zu stehen. Und es war fast der Eindruck entstanden, als sei es der Regierung gelungen, die Revolution für sich selbst zu beanspruchen.

Jene, die zweifellos Anspruch auf das Vermächtnis Imre Nagys hatten, fühlten sich weniger düpiert. »Versuchen Sie, mit uns glücklich zu sein«, mahnte mich freundlich der Schriftsteller Árpád Göncz. Und es folgte ein Erlebnis, das ergreifender war als die große Zeremonie und die Beerdigung. Eine Feier in Miklós Vásárhelyis Wohnung für den kleinen Kreis der Verwandten, Überlebenden und Freunde, von denen einige zum ersten Mal nach dreißig Jahren wieder nach Budapest zurückgekommen waren. Äußerlich gesehen war es nur ein stilles Beisammensein mit ein paar Drinks. Aber tief im Innersten herrschte ein Gefühl der Befriedigung, wie ich es kaum zuvor erlebte hatte, es sei denn vielleicht, als Solidarność gerade ins Parlament gewählt worden war. Diese Menschen hier hatten überlebt, um diesen Tag zu erleben. Und wenn er denn auch noch Imre Pozsgay geholfen haben sollte, die Reform innerhalb der Partei weiter voranzutreiben, na, dann war das ja auch nicht schlecht. Hier war man weniger als bei den zornigen Jungen Demokraten zu sagen geneigt, daß selbst eine radikal reformierte Partei keine Rolle bei der ungarischen Transformation spielen dürfte. Immerhin war Imre Nagy Kommunist gewesen.

Eine befreundete Historikerin allerdings beschrieb die Feier auf dem Heldenplatz als »Maskerade«. Sie verglich sie mit einer Zeremonie fast ein Jahrhundert zuvor, als der Held von 1848, Lajos Kossuth, ein Staatsbegräbnis von dem Regime erhielt, das er zutiefst verachtet hatte. Es war etwas dran an diesem Argument. Denn es war schon merkwürdig, beispielsweise den Historiker und Präsidenten der Ungarischen Akademie der Wissenschaften, Iván T. Berend, zu beobachten, wie er vor den Särgen auffällig seinen Respekt bezeugte. Natürlich war er ein schlauer Mann, der versucht hatte, der Wahrheit gerade so nahe zu kommen, um noch eine beeindruckende Karriere im kádáristischen Establishment machen zu können. Er war Vorsitzender jenes Subkomitees der Partei, die mit der offiziellen Rehabilitierung Imre Nagys begonnen hatte. Es gab viel Schlimmere. Aber wie hätte er vor ein paar Jahren auf ein Akademiemitglied reagiert, das angeregt hätte, was heutzutage überall öffentlich gesagt werden darf: »Die Zeit ist noch nicht reif«? Natürlich sollte der westliche Gast keine Urteile fällen – wer könnte schon sagen, wie ich und andere uns unter solchen Bedingungen verhalten hätten. Aber das ist noch lange kein Grund, alle Unterschiede zu ignorieren. Historische Gerechtigkeit ist, wie der Verrat, eine Frage des Zeitpunkts.

Die große Unbekannte waren die möglichen Reaktionen im Land. Einige fürchteten – oder hofften, je nach Standpunkt –, daß die eher unterdrückten Äußerungen über die allgemeine Stimmung auf Restbestände von Skepsis, Apathie und noch immer tiefes Mißtrauen gegenüber jeglicher Politik zurückzuführen seien. Andere sagten, daß die langfristigen Auswirkungen der Feierlichkeiten, vor allem die Übertragung durch das Fernsehen, nicht hoch genug eingeschätzt werden könnten. Sie würden, so meinten sie, eine wichtige Angstbarriere niederreißen. Und dann kämen die Gefühle und Erinnerungen, die die Menschen ein halbes Leben lang unterdrücken mußten, mit Macht an die Oberfläche. Die optimistischste Einschätzung kam vom kontroversen Jungen Demokraten Viktor Orbán. Das ungarische Begräbnis würde für Ungarn genau das bedeuten, sagte er, was der erste Besuch von Papst Johannes Paul II. für Polen bedeutet habe. Bühne frei für eine ungarische Solidarność?

Tatsächlich verwirklichten sich weder die größten Hoffnungen, noch die schlimmsten Befürchtungen. Es gab keine Mobilmachung der Massen. Aktive Teilnahme an der Politik blieb im großen und ganzen eine Sache der Intelligenz. Aber die Dinge liefen auch nicht so, wie es sich die Parteireformer vorgestellt hatten, obwohl es am Anfang so aussah. Auf einem Plenum des Zentralkomitees, eine Woche nach Nagys Begräbnis, stürzten sie Károly Grósz (nur ein Jahr zuvor von Mrs. Thatcher als ein Mann nach ihrem Geschmack gepriesen), ersetzten ihn durch ein Vierer-Präsidium, in dem er neben Poszgay, Németh und dem Veteranen der Wirtschaftsreform, Rezső Nyers, nur noch eine Stimme besaß. Es war denn auch Nyers und nicht Grósz, der Ungarn auf einem Gipfeltreffen des Warschauer Paktes in Bukarest vertrat. Das Plenum verkündete den 7. Oktober als Datum für einen außerordentlichen Parteitag. Doch die Geschichte der nächsten paar Monate war nicht nur die einer Schlacht innerhalb der Partei. Abgesehen von den Kämpfen vor allem in den Medien und einer Serie von Nebenwahlen, die von Oppositionskandidaten gewonnen wurden, war dies vor allem die Geschichte immens komplizierter, byzantinischer Verhandlungen zwischen der Partei (sofern man noch von einer solchen sprechen konnte) und den diversen Oppositionsgruppen.

Diese Verhandlungen könnten in etwa mit dem Runden Tisch in Polen verglichen werden. Doch wo die polnische Partei mit Solidarność *an* einem Runden Tisch verhandelte, da verhandelte die ungarische Partei *mit* einem Runden Tisch. Der Oppositionelle Runde Tisch war eine Dachorganisation, die die wichtigsten Oppositionsparteien und Gruppen unter sich vereinte. Er wurde kurz nach den Demonstrationen am 15. März, die gezeigt hatten, wie wirksam gemeinsame Aktionen sein können, gegründet und von einer kleinen unabhängigen Gruppe, die von allen akzeptiert wurde, koordiniert: vom Unabhängigen Anwaltsforum. Eine Zeitlang stritten sie mit der Regierung um nichts weiter als die Form des Tisches. Die Regierung wollte einen runden nach polnischem Muster. Der Oppositionelle Runde Tisch, der ja schon rund war, wollte einen normalen zweiseitigen: Wir und Sie. Sie einigten sich auf einen dreiseitigen Tisch, wobei auf der dritten Seite jene vertreten sein sollten, die man in England »Quangos« nennt – die »quasi non-governmental organizations«. Im Falle Ungarns sollte man sie vielleicht eher »Quapos« nennen, »quasi non-Party organizations«. Die Verhandlungen fanden unter dem Vorsitz von Parlamentspräsident Mátyás Szűrös statt, der alleine auf der vierten Seite saß.

Sie begannen am 13. Juni, drei Tage vor Nagys Begräbnis. Als Eröffnung für die Opposition sagte der Anwalt Imre Konya: »Wir müssen jetzt friedlich die Aufgaben dreier unbeendeter ungarischer Revolutionen durchführen.« Auf dem Kalender dauerten diese Verhandlungen drei Monate, einen Monat länger als die polnischen. Aber dieser Zeitraum schließt auch einen verhandlungsfreien Monat im August ein, weil die Gespräche in einer Sackgasse gelandet waren, aber auch, weil es, naja, Ferienzeit war. Wie in Polen war der Tisch während dieser Zeit die effektiv höchste politische Instanz im Land.

Am 18. September wurde eine Vereinbarung unterzeichnet. Wie die Vereinbarung des polnischen Runden Tisches war auch diese ein komplexes Dokument, das eine Reihe von Gesetzentwürfen und Verfassungsänderungen zum Beispiel zum Wahlgesetz, dem Status politischer Parteien oder zu Veränderungen im Strafgesetz enthielt. Anders aber als die polnische Vereinbarung stellte diese eine völlig freie Parlamentswahl in Aussicht. Vor dieser Wahl müsse jedoch der Präsident vom alten, kompromittierten und noch immer größtenteils konformistischen Parlament gewählt werden. Und wie in Polen, wo man sich darein fügte, daß der Job Jaruzelski gehören würde, gab es auch hier eine gewisse Verständigung darauf, daß Imre Pozsgay den Posten übernehmen könnte. Doch die deutlichsten antikommunistischen Oppositionsgruppen, die Freien Demokraten (Nachfolgeorganisation der frühen demokratischen Opposition), die Jungen Demokraten und die Unabhängigen Gewerkschaften brachen den Konsens, noch bevor die Tinte trocken war. Sie verweigerten die Unterzeichnung der gesamten Vereinbarung.

Um ihre Position durchzusetzen, organisierten die Freien Demokraten schnell eine Straßenkampagne, mit der sie etwa 200 000 Unterschriften für eine Petition gewannen, die zu vier Themen ein Referendum forderte. Das wichtigste darunter war der Antrag, die Präsidentschaftswahl bis nach den freien Parlamentswahlen hinauszuzögern. Die Partei sorgte nun für Erheiterung mit dem Antrag, daß der Präsident nicht durch das Parlament, sondern durch Direktwahl gewählt werden sollte, von der sie glaubten, Pozsgay könnte sie noch immer gewinnen. Die Freien Demokraten wollten von dem allem nichts wissen. Ihr Wahlkampf sah zwar auf den ersten Blick so aus, als richte er sich hauptsächlich gegen die Kommunisten, in Wirklichkeit aber richtete er sich mindestens ebenso gegen ihre Hauptrivalen in der Opposition, das Ungarische Demokratische Forum. Im Verlauf des Wahlkampfs trieben die Freien Demokraten ihre Mitgliederzahl in die Höhe und sicherten ihre anti-kommunistische Glaubwürdigkeit mit größerer Öffentlichkeit. Insgesamt waren die Oppositionsparteien oft mehr damit beschäftigt, sich gegenseitig zu bekämpfen als die Kommunisten.

Das erscheint ziemlich töricht, wo doch, anders als in Polen, die Kommunisten noch immer die Regierung bildeten. Es zeigt aber, wie genau sie die wahren Machtverhältnisse im Land einschätzten, denn nach dem 7. Oktober konnten die Menschen mit Fug und Recht fragen: »Welche Kommunisten?« Am ersten Abend ihres Parteitags löste sich die Ungarische Sozialistische Arbeiterpartei selbst auf und begann ihre Gespräche erneut als Ungarische Sozialistische Partei. Das schien ein Sieg der Reformer zu sein. Doch die alt-neue Parteimitgliedschaft wuchs nur sehr langsam an, erreichte am Ende des Jahres nur etwa 50 000.

Mittlerweile war auch eine neu-alte kommunistische Partei wiederaufgetaucht, die sich trotzig Ungarische Sozialistische Arbeiterpartei nannte und von niemand anderem als Károly Grósz geleitet wurde.

Am 18. Oktober verabschiedete das Parlament die Verfassungsänderungen, auf die man sich in den Gesprächen mit dem Oppositionellen Runden Tisch geeinigt hatte. Die dramatischste davon tilgte das Volk aus dem Namen der Republik und änderte die Präambel der Verfassung, so daß sie nunmehr erklärte: »Die Republik Ungarn ist ein unabhängiger, demokratischer Staat auf einer Grundlage der Rechtstaatlichkeit, der die Werte der bürgerlichen Demokratie und des demokratischen Sozialismus gleichermaßen anerkennt«. (Hier also hat sich der Sozialismus doch noch eingeschlichen.)

Am Mittag des 23. Oktober, dem dreiunddreißigsten Jahrestag des Ausbruchs der Revolution von 1956, proklamierte Mátyás Szűrös formell die neue Republik Ungarn vom Balkon des prächtigen Parlamentsgebäudes am Ufer der Donau aus. Er begann seine Rede unter starkem Applaus mit dem Satz, daß die neue Verfassung »von der historischen Lehre des historischen Aufstands und der nationalen Unabhängigkeitsbewegung des Oktobers 1956 motiviert wurde«. Doch dann unterlief ihm eine Fehlleistung. Er erklärte: »Wir betrachten die ungestörte und ausgewogene Entwicklung unserer Beziehungen mit unserem großen Nachbarn, der Sowjetunion, weiterhin als nationales Interesse unseres Landes.« Wohl wahr, vielleicht, doch kaum die richtigen Worte zu diesem Anlaß. Die Menge pfiff und buhte. Am Abend trafen drei verschiedene Gedächtnismärsche vor dem Parlament zusammen, um eine wirklich freie und unabhängige Zeremonie zu begehen. Alte Männer, die lange Jahre im Gefängnis gesessen hatten, hielten Reden, junge Männer kletterten auf Statuen.

Dann herrschte wieder politischer Alltag. Die Freien Demokraten bekamen ihr Referendum, gewannen es mit knapper Mehrheit und hatten so die Verzögerung der Präsidentschaftswahlen bis nach den freien Wahlen, die für den 25. Mai 1990 proklamiert wurden, durchgesetzt. Die politische Szenerie war konfus. Meinungsforscher nahmen in einer ihrer Umfragen den Namen einer völlig fiktiven Partei auf, der Demokratischen Partei Ungarns, und erfuhren von 12 Prozent der Befragten, daß sie diese unterstützen.

Dementsprechend geschahen die Dinge in Ungarn auch in anderer Reihenfolge als in Polen. In Ungarn gab es eine Mehrparteienpolitik, bevor es eine Demokratie gab, und die Regierung bestand noch immer mehrheitlich aus Mitgliedern der alt-neuen Partei. Polen hingegen hatte ein mehrheitlich nicht-kommunistisches Parlament, aber eine begrenzte Volksfront- Koalitionspolitik. Man konnte davon ausgehen, daß beide Länder in den kommenden Monaten und Jahren Bocksprünge machen würden, um jeweils dem anderen voran zu sein und die Aufmerksamkeit des Westens auf sich zu lenken. Ihre Ausgangssituation aber entsprach sich in zwei Punkten. In beiden Ländern hat die relativ lange Schuldenpolitik der »Refolution« eine Wirtschaftskrise vertieft, die ihrerseits ein wesentlicher Faktor war, um den ersten politischen Wandel heraufzubeschwören. Und in beiden Ländern hat der politische Durchbruch nun unmißverständlich stattgefunden. In Ungarn hat es 1989 vielleicht keinen vergleichbar einzigartigen Moment wie die Wahlen am 4. Juni in Polen gegeben. Doch die Symbolik und auch die Gefühle, die das Begräbnis am 16. Juni ausgelöst hat, kommen dem sehr nahe.

Am Tag vor dem Begräbnis traf ich einen der Überlebenden, den witzigen und charmanten Árpád Göncz. »Wissen Sie«, sagte er, »ich bin glücklich, so lange gelebt zu haben, um das Ende dieses Desasters zu sehen, aber ich würde gern vor dem Beginn des nächsten sterben.« Der ungarische Pessimismus ist ebenso unheilbar wie der polnische Optimismus. Aber beide sind gleichermaßen reich mit dem größten Naturschatz ausgestattet, den Mitteleuropa zu bieten hat: mit Ironie.

18 Berlin: Die Mauer fällt (Dezember 1989)

Es war einmal, und es war zu einer sehr schlechten Zeit, eine berühmte Aussichtsplattform in West-Berlin. Ehrenwerte Besucher wurden für einen Blick über die Mauer dorthin gebracht. Amerikanische Präsidenten von Kennedy bis Reagan standen auf dieser Plattform, um über das Niemandsland zu blicken. Man bedeutete ihnen, dies sei der Potsdamer Platz, einst der geschäftigste Platz Berlins. Die Gastgeber wiesen auf einen grasbewachsenen Hügel inmitten des Niemandslandes: die Überreste von Hitlers Bunker. Bewaffnete Grenzsoldaten beobachteten das ganze ungerührt von der anderen Seite aus oder fuhren auf ihren Militärrädern den Todesstreifen auf und ab.

Am Morgen des 12. November, einem Sonntag, ging ich im Gedränge mit Ost-Berlinern durch die Mauer und über das Niemandsland, ein Wachturm zu unserer Linken, Hitlers Bunker zur Rechten. Verwirrte Grenzsoldaten winkten uns durch. (Noch im Februar erst hatten ihre Kollegen einen Mann auf der Flucht erschossen.) Auf der anderen Seite standen hohe Mauerteile herum, gerade so, wie sie der Kran abgeladen hatte, ihre bunten Graffiti das erstemal gen Osten gerichtet. Unzählige West-Berliner klatschten Beifall, während wir herüberkamen, ein Mann verteilte kostenlos Stadtpläne. Dann drehte ich mich um und ging wieder zurück, an anderen verwirrten Grenzsoldaten und Zolloffizieren vorbei. Vor mir bemerkte ich einen hochgewachsenen Mann in unvertrauter grüner Uniform. Es war General Haddock, der amerikanische Stadtkommandant von Berlin.

Bis die Nacht hereinbrach, hatten West-Berliner Arbeiter die berühmte Plattform abgebaut, wie eine unbrauchbar gewordene Bühnenkulisse. Europas *Mausefalle* hat ihre Vorstellung nach neunundzwanzig Jahren en suite beendet. Bühne frei für eine neue Show.

Jeder hat die Bilder der fröhlichen Feiern in West-Berlin gesehen, die unüberschaubare Menge, die jeden Verkehr am Kurfürstendamm lahmlegte, das Knallen der Sektkorken, Fremde, die sich unter Tränen umarmten – das größte Straßenfest seit Menschengedenken. Ja, so war es. Aber so war es nicht ausschließlich, und es war auch nicht das, was mich am meisten bewegte. Die meisten der geschätzten zwei Millionen Ost-Berliner, die über das Wochenende nach West-Berlin strömten, spazierten in stillen Familiengrüppchen durch die Straßen, oft Kinderwagen vor sich herschiebend. Sie standen Schlange vor den Banken, um sich ihre hundert Mark Begrüßungsgeld abzuholen, und machten anschließend einen ersten zaghaften Einkaufsbummel. Fast alle kauften ein bis zwei Dinge, ein paar Südfrüchte vielleicht, eine westliche Zeitung, Kinderspielzeug. Dann marschierten sie still durch die Mauer zurück, ihre Einkaufstüten fest umklammernd, durch die grauen, verlassenen Straßen von Ost-Berlin. Nach Hause.

Es ist sehr schwierig, das Außergewöhnliche dieses Ereignisses zu beschreiben, denn das, was wirklich stattfand, war niederschmetternd gewöhnlich. Aus englischer Sicht betrachtet, geschah nichts anderes, als daß Bürger einen Bus von Hackney oder Degenham zum Piccadilly Circus nahmen, um im West End einkaufen zu gehen. Berliner flanierten auf den Straßen Berlins. Was könnte normaler sein? Und doch, was phantastischer! »Achtundzwanzig Jahre und einundneunzig Tage«, sagte ein Mann über die Vierzig, während er über die Friedrichstraße zurück spazierte. Achtundzwanzig Jahre und einundneunzig Tage seit dem Bau der Mauer. An jenem Tag im August 1961 hatten seine Eltern geplant, einen Western in der Spätvorstellung eines West-Berliner Kinos anzusehen. Aber ihr elfjähriger Sohn war zu müde gewesen. In den frühen Morgenstunden erwachten sie vom Dröhnen der Panzer. Seit jenem Tag war er nicht mehr in West-Berlin gewesen. Ein Ost-Berliner Taxifahrer fragte mich mit einem listigen Lächeln, »wie teuer ist die Fähre nach England?« Vorgestern wäre diese Frage noch undenkbar gewesen.

Jeder, aber auch wirklich jeder auf den Straßen Ost-Berlins war oder ist gerade auf dem Weg nach West-Berlin. Ein aufgeregtes Pärchen in Jeansjacken hält mich an und fragt: »Ist das der Weg rüber?« Sie waren schnurstracks aus Leipzig gekommen. »Das Herz klopft wie verrückt«, sagen sie in breitem sächsischen Dialekt. Auf dem Nachhauseweg sehen die Menschen nicht anders aus als zuvor, mal abgesehen von ihren westlichen Einkaufstüten. Aber jeder ist innerlich verändert, zutiefst verändert.

»Jetzt gehen die Menschen aufrecht«, sagt ein Hotelportier. »Jetzt sagen sie, was sie denken. Sogar die Arbeit macht mehr Spaß. Ich glaube, selbst die Kranken werden aus ihren Krankenhausbetten aufstehen.« Und so war es denn auch eher im Osten als im Westen der Stadt, wo dieses Wochenende in jene unwirkliche, pfingstliche Atmosphäre getaucht war, wie ich sie zuletzt im Herbst 1980 in Polen erlebt hatte. Die Menschen haben ihre Stimme und ihren Mut wiedergefunden – ihren Lebensmut, wie der Portier es ausdrückt. Das sind die Momente, in denen man den Hauch von Engelsflügeln spürt.

Normalbürger tun ganz normale Dinge (einkaufen gehen!), die Berliner aber haben augenblicklich die historische Dimension dieses Moments erfaßt. »Eigentlich hatte der Hitler schuld«, sagte einer. Ein Graffito auf einem Mauerrest zeigte: »Stalin ist tot, Europa lebt.« Und der Mann, der achtundzwanzig Jahre und einundneunzig Tage gezählt hat, sagte mir, ihn habe vor allem ein handgeschriebenes Plakat bewegt: »Erst heute ist der Krieg wirklich vorbei.«

Die Bildzeitung veröffentlichte unter der schwarz-rot-goldenen Schlagzeile »Guten Morgen, Deutschland« einen überschwenglichen Dankesbrief der Redakteure an Michail Gorbatschow. Auch die Menschen in der DDR empfanden Dankbarkeit gegenüber Gorbatschow. Doch viel mehr noch empfanden sie, daß sie selbst den Durchbruch errungen haben. Denn nur durch den Druck ihrer riesigen, friedlichen Demonstrationen war die Parteiführung gezwungen zu handeln. »Sehen Sie, das zeigt, wie unrecht Lenin hatte«, meinte ein Arbeiter. »Lenin sagte, eine Revolution könne nur mit Gewalt erfolgreich sein. Aber das hier war eine friedliche Revolution.« Und selbst das Zentralkomitee der kommunistischen SED hat zu Beginn seines eiligst entworfenen Aktionsprogramms anerkannt, daß »eine revolutionäre Volksbewegung« einen Prozeß des grundlegenden Wandels in Gang gesetzt hat.

Warum geschah es? Und warum derart schnell? Niemand in der DDR hat es vorausgesehen. Im Juli, als mir die DDR-Behörden nach mehreren Jahren erfolgloser Anträge endlich wieder die Einreise genehmigten, sagten Beamte, die Situation sei »sehr kompliziert«, wobei sie ihre Köpfe wiegten. Doch Kirchenaktivisten und andere Oppositionelle waren zutiefst pessimistisch. Der Staatssicherheitsdienst schien noch immer allmächtig zu sein, und die Bevölkerung im großen und ganzen nicht bereit, ihren bescheidenen Wohlstand aufs Spiel zu setzen. Dazu kam, daß sich auch die Reihen der Opposition durch Übersiedler in die Bundesrepublik zusehends lichteten. Für seine Teilnahme an einer Demonstration wurde einem jungen Menschen zuerst mit langer Haftstrafe gedroht; dann führte man ihn in einen anderen Raum der Polizeiwache, wo ihm ein anderer Offizier einen bereits ausgefüllten Ausreiseantrag präsentierte. Gefängnis oder Westen. Oder, wie ein Freund es formulierte: »Es ist, als müßtest du zwischen Himmel und Hölle wählen.« »Bald«, fügte er verbittert hinzu, »wird in diesem Land niemand mehr übrig sein als eine Menge blöder Spießer und ein paar verrückte Idealisten.«

Im Rückblick sind wir vielleicht ein wenig schlauer. Zumindest kann man einige der Faktoren auflisten, die das Faß der Unzufriedenheit zum Überlaufen gebracht haben. Am Anfang war die Mauer: die Mauer und das System, das sie sowohl repräsentierte wie bewahrte. Die Mauer verlief nicht um die DDR herum. Sie stand genau in ihrem Zentrum. Und sie verlief mitten durch jedes Herz hindurch. Nur sehr schwer ist nachzuvollziehen, selbst für Menschen aus anderen osteuropäischen Ländern, welche psychologische Bürde sie auferlegte. Ein Ost-Berliner Arzt beschrieb in einem Buch die wirkliche Krankheit – und die Selbstmorde, die aus ihr folgten. *Die Mauerkrankheit.* Eigentlich war es immer ein Rätsel geblieben, weshalb sich die Menschen in der DDR nicht aufbäumten.

Der zweite Faktor, sowohl was die Zeit als auch die Bedeutung anbelangt, war Gorbatschow. Der »Gorbatschow-Effekt« spielte in der DDR eine größere Rolle als irgendwo sonst in Osteuropa, denn sie war mehr als irgendein anderer Staat auf die Sowjetunion ausgerichtet und von ihr abhängig. Nicht grundlos wurde 1974 durch eine Verfassungsergänzung proklamiert: »Die Deutsche Demokratische Republik ist für immer und unwiderruflich mit der Union der Sowjetischen Sozialistischen Republiken verbündet.« Was die jungen Menschen der DDR jahrelang gelernt hatten, hieß: »Von der Sowjetunion lernen, heißt siegen lernen.« Und das taten sie! Seit einigen Jahren schon konnten wir beobachten, wie die Deutschen der DDR den Namen Gorbatschow und das sowjetische Beispiel gegen ihre eigenen Machthaber wandten.

Und dann war es natürlich Gorbatschow selbst, der während

seines Besuchs anläßlich des vierzigsten Jahrestages der DDR am 7. Oktober den letzten Anstoß gegeben hat: durch seine vorsichtig formulierte Äußerung, das Leben selbst strafe die, die zu spät kommen; indem er Honecker angeblich sagte, sowjetische Truppen stünden zu innenpolitischen Repressionen nicht zur Verfügung, und durch seine direkte Aufforderung an die jüngere Parteiführung, wie Egon Krenz und Günter Schabowski, Honecker zu entthronen.

Die polnischen und ungarischen Beispiele waren von zweitrangiger Bedeutung. Sicher ist, daß jeder DDR-Bürger detailliert alles über sie aus dem Westfernsehen erfahren konnte. Ganz sicher ist, die Entwicklungen dort haben ihm bewiesen, daß ein fundamentaler Wandel möglich ist. Aber die wirtschaftliche Misere in Polen hat das politische Beispiel schlichtweg aufgehoben. Ungarn, ein beliebtes Urlaubsland der DDR-Bürger, mit seiner besseren wirtschaftlichen Lage und einer Geschichte (und, man wagt es kaum zu sagen: einem Nationalcharakter), die weniger schicksalhaft mit der deutschen verstrickt ist – Ungarn hatte vielleicht den größeren Einfluß. Doch wesentlich war nicht das Beispiel der innenpolitischen Reformen in Ungarn, sondern das Öffnen seiner Grenzen nach Österreich.

Kaum hatten die Ungarn im Mai damit begonnen, den Stacheldraht ihres eisernen Vorhangs zu zerschneiden, begannen DDR-Bürger durch dieses Loch zu fliehen. Als die Anzahl der Flüchtlinge wuchs und mit ihnen die Flüchtlingslager in Budapest, entschieden die ungarischen Behörden Anfang September, die Flüchtlinge offiziell ausreisen zu lassen. Das Rinnsal schwoll zu einer Flut: etwa fünfzehntausend kamen allein in den ersten drei Tagen, fünfzigtausend bis Ende Oktober. Andere versuchten ihre Ausreise über die Botschaften der Bundesrepublik in Prag und Warschau. Es war dieses Ausbluten, das zum endgültigen Katalysator für den Umbruch in der DDR wurde.

Während des Sommers hatten sich die kirchenunterstützten oppositionellen Aktivitäten immer weiter verstärkt. Es hatte unabhängige Prüfungskommissionen für die Wahlen im Mai gegeben, die schließlich eindeutig bewiesen, daß sie manipuliert worden sind. Die emphatische Bejahung des Staatsterrors in China durch die Machthaber hatte einen Sturm des Protests bewirkt. Vor und während der Feierlichkeiten zum vierzigsten Jahrestag am 7. Oktober ging die Polizei gewaltsam und mit offener

Brutalität gegen die Protestaktionen vor und versuchte jeden, der auch nur daran dachte mitzumachen, einzuschüchtern. Junge Männer wurden an den Haaren über das Kopfsteinpflaster gezerrt, Frauen und Kinder ins Gefängnis geworfen, unbeteiligte Beobachter geschlagen.

Wenn man eine Wendemarke feststellen kann, so war es wahrscheinlich Montag, der 9. Oktober, der Tag von Gorbatschows Abreise. Seit dem Spätsommer waren den regelmäßigen montäglichen »Friedensgebeten« in der Nikolai-Kirche kleinere Demonstrationen gefolgt. Zu Beginn waren vor allem Ausreisewillige unter den Demonstranten. Aber am 25. September kamen bereits zwischen fünftausend und achttausend Menschen, Ausreisewillige nun ganz offensichtlich in der Minderzahl. Am 2. Oktober, als die Ausreisewelle krisenhaft angewachsen war, versammelten sich zwischen fünfzehntausend und zwanzigtausend Demonstranten zur größten spontanen Demonstration in der DDR seit dem Aufstand am 17. Juni 1953. Sie sangen die Internationale und forderten die Legalisierung der kurz zuvor gegründeten Bürgerinitiative Neues Forum. Die Polizei war vollständig überrascht und überwältigt. Aber am Montag, dem 9. Oktober, nach den Gewaltakten während der Feierlichkeiten zum vierzigsten Jahrestag, standen am Karl-Marx-Platz in Leipzig Bereitschaftspolizei, staatliche Sicherheitskräfte und Mitglieder der paramilitärischen Betriebskampfgruppen bereit, um den Tiananmen-Platz der DDR zu verteidigen. Der Kommandant einer dieser »Kampfgruppen« hatte am 6. Oktober in einer Lokalzeitung geschrieben, daß sie darauf vorbereitet seien, den Sozialismus »wenn nötig mit der Waffe in der Hand« zu verteidigen. Im Verlauf der Demonstration kamen dennoch mehr als siebzigtausend Menschen zu einem friedlichen Protest zusammen, und diesmal wurde jegliche Gewalt gegen sie vermieden. (Die Zahl siebzigtausend kann, wie all die anderen Mengenangaben, nur als grobe Schätzung genommen werden, bestenfalls als Größenverhältnis). Bald darauf wurde aus Krenz' Umfeld die Behauptung lanciert, daß er es gewesen sei, als Gesamtverantwortlicher für die innere Sicherheit, der diese tapfere, Gorbatschowsche Entscheidung gegen Gewalt getroffen habe. Es wurde sogar behauptet, er sei persönlich nach Leipzig gekommen, um ein Blutbad zu vermeiden.

Spätere Darstellungen derer, die tatsächlich in Leipzig dabeigewesen waren, zeichneten jedoch ein anderes Bild: Die entscheidende Initiative war von Kurt Masur, dem berühmten Leipziger Dirigenten, dem bekannten Kabarettisten Bernd-Lutz Lange und Pfarrer Peter Zimmermann ausgegangen. Ihnen war es gelungen, drei örtliche Parteiführer in letzter Minute davon zu überzeugen, einen dramatischen Appell gegen Gewalt zu unterstützen, der sofort in den Kirchen und über Lautsprecher verlesen wurde und vom Leipziger Parteivorsitzenden an die Polizei weitergeleitet wurde. Ihnen ist es zu verdanken, daß aus einer gewaltfreien Aktion kein gewaltiges Gemetzel wurde.

Offenbar telefonierte Krenz erst später am Abend mit Leipzig, um zu erfahren, was dort geschah. Für seinen eigenen Machtanspruch konnte er dennoch die Gunst der Stunde nutzen. Neun Tage später ersetzte er Honecker als Parteiführer. Aber in diesen neun Tagen hatte die Revolution bereits begonnen.

Zu behaupten, das Anwachsen des Volksprotests sei exponential verlaufen, wäre untertrieben. Es war eine gewaltlose Explosion. Die ungewöhnlichen, friedvollen, entschlossenen Montagabend-Demonstrationen in Leipzig wurden von Woche zu Woche größer, wuchsen von geschätzten Siebzigtausend auf das Doppelte an, von Dreihunderttausend auf eine halbe Million vielleicht. Die gesamte DDR lag plötzlich in den Wehen, eine alte Welt, die – um ein Bild von Karl Marx zu gebrauchen – mit einer neuen schwanger geht. Von diesem Moment an regierte das Volk, und die Partei reagierte. »Freiheit!« forderten die Leipziger Demonstranten, und Krenz kündigte ein neues Reisegesetz an. »Reisefreiheit!« rief die Menge, und Krenz öffnete wieder die Grenzen nach Ungarn. »Vorschlag für den 1. Mai: Die Führung zieht am Volk vorbei«, stand auf einem Transparent, zitiert am 4. November auf der riesigen, friedlichen Demonstration in Ost-Berlin von Christa Wolf. Und noch mehr Machthaber fielen – »Freie Wahlen!« forderten die Menschen, und der Ministerrat dankte en masse ab. »Wir sind das Volk!« riefen sie – und die Parteiführung öffnete die Mauer.

Das Faß der Verbitterung war bereits bis an den Rand gefüllt gewesen. Die Jahre der Mauerkrankheit, die Lügen, die Stagnation, die sowjetischen und ungarischen Beispiele, die manipulierten Wahlen, die Gewalt der Polizei – sie alle waren Ingredienzien. In genau dem Augenblick, als der Deckel der Repression sich hob, lief das Faß schlichtweg über. Und dann entdeckten die Menschen in der DDR mit unglaublicher Geschwindigkeit, was die Polen zehn Jahre zuvor während des Papstbesuchs 1979 entdeckt hatten: ihre Solidarität.

»Lang lebe die Oktoberrevolution von 1989«, stand auf einem Transparent am Alexanderplatz. Und das war es: die erste friedliche Revolution in der deutschen Geschichte.

Doch das Öffnen der Berliner Mauer am 9. November und in der Folge das Öffnen der gesamten deutsch-deutschen Grenze veränderte die Thematik der Revolution vollständig. Vor dem 9. November war es darum gegangen, wie dieser Staat – die Deutsche Demokratische Republik – regiert werden sollte. Das Volk forderte seine sogenannte Volksdemokratie ein. Es gab der DDR ihr D für Demokratisch zurück. Nach dem 9. November ging es nurmehr darum, ob dieser Staat überhaupt weiter bestehen sollte.

Ich konnte diesen Moment des Umschwungs im Epizentrum der Revolution beobachten, an einem bitterkalten Montagabend, zwölf Tage nach der Öffnung der Mauer. Während meiner Fahrt auf der Berliner Autobahn aus den Dreißiger Jahren hörte ich im Autoradio eine Diskussion mit dem Vorsitzenden der gerade neu gegründeten Sozialen Demokratischen Partei. »Was sind Ihre Grundprinzipien?« wurde er gefragt. Er antwortete mit einer etwas diffusen Erklärung über die niedrigeren sozialen Schichten, die in der Lage sein sollen, sich zu emanzipieren, ohne dabei, wie es die Kommunisten getan haben, andere zu unterdrücken. »Also«, sagte der Interviewer, »wollen Sie keine Diktatur?« »Nein, wir wollen keine Diktatur«. Sehr beruhigend. Dann wurde Smogalarm für Leipzig gegeben.

Durch frostigen Nebel (oder Smog?) suchte ich mich schließlich bis zur überfüllten Nikolai-Kirche durch. Die Predigt ging um Kain und Abel. Menschen wie Kain sollte es nicht erlaubt sein, weiterhin an der Macht zu bleiben, sagte der Pfarrer. Dennoch müßten sie eine Chance für ihr weiteres Leben bekommen, um den Schaden, den sie angerichtet haben, wiedergutzumachen. Das Thema der gesamten Predigt war Verständnis, Toleranz, Versöhnung. Doch draußen, in der riesigen Menge am und rund um den Karl-Marx-Platz, war nicht viel von diesem Geist zu spüren. Plakate zeigten Erich Honecker in Anstaltskleidung hinter Gittern. Sprecher auf Sprecher brandmarkte vierzig Jahre der Lügen, Korruption, Privilegien, Verschwendung und des Machtmißbrauchs.

Spürbar war die Faszination, die vom Mißbrauch ausging, den die Machthaber mit den Devisentransfers aus der Bundesrepublik getrieben haben sollen. »Wo sind die Devisen hin?« sangen die Demonstranten, frei nach der Melodie von *Sag mir wo die Blumen sind?* Und ein Sprecher erzählte zu stürmischem Applaus phantastische Geschichten von der Parteispitze, die sich eine ganze Insel in der Karibik gekauft habe, von Margot Honekker, die jeden Monat nach Paris zum Friseur geflogen sei. Andere Sprecher forderten, daß die Jugendorganisation der Partei, die FDJ, aufgelöst werden und die Partei (wie in Ungarn) von den Arbeitsplätzen verschwinden solle. Einig waren sich alle über zwei zentrale und unmittelbare Forderungen: freie Wahlen und ein Ende des Führungsanspruchs der Partei.

Aber das war nur die eine Seite der Geschichte. Die andere Seite wurde von einem Mann angesprochen, der sich selbst als »einfacher Handwerker« vorstellte. »Der Sozialismus hat nicht gehalten, was er versprochen hat«, sagte er, und der versprochene »neue Sozialismus wird ebensowenig funktionieren«. Starker Applaus. »Wir sind keine Versuchskaninchen.« Sie hätten lange genug gewartet und versucht. Sie wüßten, daß eine freie Marktwirtschaft funktioniert. »Unsere Landsleute in der Bundesrepublik sind keine Ausländer.« Deshalb müsse es, sagte er, eine Volksabstimmung über die Frage der Wiedervereinigung geben. An dieser Stelle begann eine kleine Gruppe jenen Slogan zu skandieren, der bereits auf verschiedenen Transparenten zu lesen war: »Deutschland einig Vaterland.« Die Menge griff ihn augenblicklich auf und sang: »Deutschland einig Vaterland«, sie brüllte »DEUTSCHLAND EINIG VATERLAND!« Und ich mußte mich kneifen, um sicherzugehen, daß ich nicht träume, daß ich wirklich auf dem Karl-Marx-Platz inmitten der DDR stehe, daß wirklich hunderttausend Stimmen »Deutschland einig Vaterland!« riefen.

In dieser Menge, das muß gesagt werden, war wirklich fast jede Tendenz (außer Kommunismus) vertreten. Grüne Transparente wurden neben solchen hochgehalten, die eine Wiedervereinigung forderten. Ein Plakat verlangte »freie Bauern«, daneben die blau-goldene Fahne der Europäischen Gemeinschaft. Doch man fühlte instinktiv, daß die Stimmen, die nach Wiedervereinigung riefen, sich durchsetzen würden. Nicht aus nationalistischer Überzeugung. Einfach aus der Überzeugungskraft des gesunden

Menschenverstands. Die Alternativen, die von den unerfahrenen Oppositionsgruppen wie dem Neuen Forum, der SDP, dem Demokratischen Aufbruch oder der Bewegung Demokratie Jetzt angeboten wurden, waren viel zu ungenau, rudimentär und ungewiß. Dagegen war die Alternative, die die Bundesrepublik bot, überwältigend offensichtlich und plausibel. »Mercedes! Kauf Sachsenring«, forderte ein Transparent ganz vorne in der Menge. Die Schleusen waren geöffnet, die Menschen hatten die Bundesrepublik gesehen – und, daß sie funktioniert.

Auf dem folgenden Marsch über den Leipziger Ring bemerkte ich einen älteren Mann mit einem handgemalten Pappschild, das er hoch erhoben trug. Es zeigte den Slogan der DDR-Oktoberrevolution »Wir sind das Volk«. Doch das »das« war ausgestrichen und ersetzt durch »EIN«. Und das »EIN« ersetzte das »das« zunehmend auch in den Rufen der Menschen. Daß die Mehrheit in der DDR noch lange der Versuchung widerstehen würde, näher mit der Bundesrepublik zusammenzuwachsen, schien ebenso wahrscheinlich wie eine DDR-Mark, die noch lange dem freien Wettbewerb mit der D-Mark standhalten würde. Die Währungsfrage und die nationale Frage waren denn auch eng miteinander verbunden. Denn fast alles, was der Durchschnittsbürger sich wünschte, würde früher oder später vom Besitz harter, konvertierbarer Währung abhängen. Ein anderes Plakat, das ich auf dem Marsch über den Ring erspähte, besagte: »Für eine konvertierbare Währung ... Konföderation BRDDR«. Das große D stand nicht mehr für Demokratisch, es stand für Deutschland – und für Deutsche Mark. Ich fragte den Mann, der dieses Plakat trug, welche Partei er bei einer freien Wahl wählen würde. »Sicher nicht meine eigene ...«, antwortete er. Er war Mitglied der Sozialistischen Einheitspartei.

Diese gewandelte Situation – oder vielmehr, dieser Meinungsumschwung – brachte die Kirchen- und Oppositionsaktivisten, die die Oktoberrevolution angeführt hatten, merkwürdigerweise völlig aus der Fassung. Sie waren angetreten mit der Überzeugung: keine Wiedervereinigung. Sie wollten sich für eine bessere und wirklich demokratische Deutsche Demokratische Republik einsetzen. In ihren Augen war die Bundesrepublik nicht das beste aller möglichen Deutschlands. Sie glaubten daran, daß es einige Errungenschaften und Werte in der DDR gab, die es lohnte, beizubehalten: weniger Ungerechtigkeit und Ausbeutung als in der Bundesrepublik, mehr menschliche Solidarität, eine hilfsbereitere Atmosphäre untereinander, Elemente dessen, was sie noch immer »Sozialismus« nennen wollten. Ideologisch bestand die Opposition in der DDR aus einer merkwürdigen Mischung von marxistischem Revisionismus, Sozialdemokratie, grünen und friedensbewegten Themen, bis hin zu einem linken Protestantismus (seit den späten sechziger Jahren hatten sich die protestantischen Kirchen in der DDR selbst als »Kirche im Sozialismus« bezeichnet). Der protestantische Pfarrer Edelbert Richter sagte im Namen des Demokratischen Aufbruchs: »Nicht nur das Wort Sozialismus, sondern auch gewisse soziale Prinzipien des Sozialismus klingen für uns noch immer gut«. Für sie – aber für das Volk?

Die Unwilligkeit der Idealisten, die DDR schlichtweg in der größeren Bundesrepublik verschwinden sehen zu wollen – der Ausverkauf, wie sie es nannten –, war jedoch nicht allein mit Gründen der Vernunft oder Ideologie zu erklären. Individuelle Gefühle und Biographien hatten mindestens so viel damit zu tun. Jeder dieser Menschen war an einem Punkt seines Lebens mit der Entscheidung konfrontiert, wie so viele seiner Freunde und Kollegen in den Westen zu gehen, sozusagen eine individuelle Wiedervereinigung zu vollziehen. Sie aber hatten sich zum Bleiben entschieden, dafür, innerhalb des Landes für eine bessere DDR zu kämpfen, für ein besseres Deutschland. Ein enger Freund von mir, ein Pfarrer, kehrte sogar nach dem Mauerbau 1961 tatsächlich in die DDR zurück. »Die Menschen werden mich hier brauchen«, sagte er. Und das taten sie mit Sicherheit.

Sollten sie nun eingestehen, daß doch alles sinnlos gewesen ist? »Ich möchte nicht sagen, daß diese vierzig Jahre einfach umsonst gewesen sind«, sagte Bärbel Bohley vom Neuen Forum mit charakteristischer Direktheit, »denn in diesem Fall hätte ich genausogut schon vor zwanzig Jahren ausreisen können.« Bereits im Januar 1990 begannen sie, den einen Monat vom 9. Oktober bis 9. November als nicht wiedergutzumachende Zeit zu sehen, in der die kurze Blüte von Zivilcourage, friedlicher Reife und sozialer Selbstbestimmung zwar nicht durch einen kalten Ostwind, aber durch die duftende, warme Brise aus dem Westen im Keim erstickt wurde. Denn die Chance der DDR war gleichzeitig ihre Tragödie: die Grenzen der gesellschaftlichen Selbstbestimmung waren nicht identisch mit den Grenzen der nationalen.

Am Ende des Jahres 1989 sah die verzweifelt konfuse und verunsicherte Politik der DDR deshalb ziemlich anders aus als die ihrer Nachbarn. Natürlich gab es auch hier einen Runden Tisch – tatsächlich gab es unzählige Runde Tische, national, regional und lokal. Hier versuchten diejenigen, die noch immer für eine bessere DDR waren, eine gemeinsame Sprache mit jenen zu finden, die noch immer die brüchigen Überreste der Macht in Händen hielten, und ihnen zu erklären, weshalb sie selbst die abzutreten haben. Wie in Polen und Ungarn, so wurde auch der Runde Tisch in der DDR zur höchsten Instanz im Land. Auch hier bestimmte er als erstes einen Termin für freie Wahlen und das Pseudo-Parlament die verfassungsmäßige Abschaffung der führenden Rolle der Partei. Auch hier schwanden Mitglieder und Macht der Partei in atemberaubendem Tempo und nahmen den funktionstüchtigsten Sicherheitsapparat Europas gleich mit sich – den gefürchteten Stasi. (Unvergessen der Anblick des Stasichefs Erich Mielke, als er das Mikrophon in der Volkskammer mit den Worten »aber ich liebe euch doch alle!« verließ.) Hier beschleunigte die verbliebene kommunistische Führungsriege noch mehr als anderswo durch ihre eigenen Mißgriffe ihr eigenes Hinscheiden: ganz besonders durch ihren außerordentlich fehlgeleiteten Versuch, den Staatssicherheitsdienst neu zu legitimieren, als Schutz der Bürger vor angeblichen rechtsextremen Neo-Nazi-Gruppierungen. Doch spätestens hier enden alle Ähnlichkeiten.

Denn zu Beginn des Jahres 1990 wurde der allesbestimmende Faktor des politischen Lebens in der DDR das flutartige Anwachsen der Stimmen für eine Wieder- oder eher Neu-Vereinigung mit der Bundesrepublik. Stimmen in unterschiedlichem Ton. Es gab die Forderung auf den Straßen und in allen politischen Versammlungen, und jede Oppositionsgruppe hatte sich auf sie einzustellen – oder es würde sie alle Stimmen bei den Wahlen kosten. (Bezeichnenderweise gab sich die Soziale Demokratische Partei SDP bald den Namen ihrer Ahnen und der Partei in der Bundesrepublik, Sozialdemokratische Partei Deutschlands, SPD. Auch hier wieder wurde aus dem großen D für Demokratisch das große D für Deutschland). Es gab die wachsende Zahl der Menschen, die schlichtweg mit ihren Füßen, indem sie in den Westen übersiedelten, für die Vereinigung stimmten: im Januar 1990 zwischen ein- und zweitausend pro Tag, die gleiche Anzahl, die im August 1961 den Bau der Mauer herausforderte. Und es gab unzählige Beispiele für praktische Kooperationen und gemeinsame Veranstaltungen über die deutsch-deutschen Grenzen und die Mauer hinweg.

Am augenscheinlichsten war es in Berlin. Wo die U-Bahn West-Berlins zuvor durch gespenstische, verschlossene Untergrundstationen unter Ost-Berlin durchfahren mußte, waren die Türen für die Ost-Berliner nun geöffnet. Die gesamte innere Geographie Berlins verwandelte sich über Nacht. Was Peripherie gewesen war, wurde nun Zentrum. Berlin war wieder eine Stadt. Aber man konnte es überall an den deutsch-deutschen Grenzen erleben. Es war eine Vereinigung von unten. Es geschah, weil viele Menschen auf beiden Seiten wollten, daß es geschah. Wie viele Menschen und unter welchen Bedingungen, das sollten erst die Wahlen von 1990 – in Ost und West – zeigen können.

Wenn es in Polen und Ungarn Unsicherheiten über den postrevolutionären Wandel gab, dann waren sie nichts im Vergleich zu jenen in der DDR, nein, im gesamten Deutschland. Die Bundesregierung, die das DDR-Regime seit Jahrzehnten gedrängt hat, die Menschen ausreisen zu lassen, war nun zwar erfreut, aber auch entsetzt von den Konsequenzen ihres Drängens, dem das Regime endlich nachgegeben hat. Denn nun kamen die Menschen in einem Ausmaß in die Bundesrepublik, das nicht nur Wohnungsbau und Wohlfahrt zu bedrohen, sondern vor allem auch einen innenpolitischen Rückschlag zu provozieren schien. Wenn die Bonner Regierung nunmehr nicht selbst eine Mauer bauen wollte, so schien die Perspektive einer schnellen wenigstens wirtschaftlichen Vereinigung die einzige Möglichkeit zu sein, um die DDR-Bürger an weiteren Übersiedlungen zu hindern. Großes D für Deutsche Mark. Aber wie könnte sie vollzogen werden? Wenn eine Wirtschaftsunion in der Mitte des 19. Jahrhunderts Deutschland zu einer politischen Einheit führen konnte, wenn eine solche Union dazu ausersehen war, eine Europäische Union im späten 20. Jahrhundert herbeizuführen, wieso in aller Welt sollte sie dann im späten 20. Jahrhundert nicht auch Deutschland dorthin führen? Doch was wäre, in diesem Fall, mit den sowjetischen Truppen in der DDR?

Es ist nicht klug, derartige Fragen hier anzuschneiden. Denn bis dieses Buch auf dem Markt erscheint, werden die Antworten darauf schon klarer sein. Doch gerade weil sich die Euphorie des Oktobers und Novembers jetzt, im Januar 1990, bereits in Konsternation und Alarmierung gewandelt hat – in Deutschland wie auch bei seinen Nachbarn in Ost und West –, scheint es um so bedeutender zu sein, den Moment der Hoffnung und der Freude festzuhalten. Jenen Moment, als die Menschen nach jahrelangem Zwang zum Schweigen endlich ihre Gedanken aussprechen konnten; als die Menschen, die jahrelang eingesperrt waren, endlich ihre Reisefreiheit gewannen. Es war ein Moment der Emanzipation und der Befreiung, errungen durch die Menschen der DDR für die Menschen der DDR. Sie hatten genauso lange auf diesen Moment warten müssen wie die anderen Völker Ost-Mitteleuropas. Und sie hatten das gleiche Recht darauf wie alle anderen Völker.

19 Die Revolution der Laterna Magica (Januar 1990)

Mein Beitrag zur samtenen Revolution war ein Aperçu. Am Tag meiner Ankunft in Prag, dem Siebten Tag (23. November), und der Wandel war bereits atemberaubend, traf ich Václav Havel im Hinterzimmer seiner bevorzugten Kellerkneipe. Ich sagte: »In Polen dauerte es zehn Jahre, in Ungarn zehn Monate, in der DDR zehn Wochen; vielleicht wird es in der Tschechoslowakei nur zehn Tage dauern!« Er ergriff meine Hände, fixierte mich mit seinem gewinnenden Lächeln und zitierte augenblicklich ein Team des Samizdat-*Videojournál* zu uns, das zufällig gerade in einer Ecke wartete. Ich wurde freundlich aufgefordert, meine Worte vor laufender Kamera und einem Glas Bier zu wiederholen, und dann parierte Havel: »Es wäre großartig, wenn es so sein könnte ...« Revolution, sagte er, ist zu anstrengend.

Das Kamerateam raste los, damit das kopierte Videotape schnellstens in den überall öffentlich aufgestellten Fernsehgeräten gezeigt werden konnte. Havel wiederholte diesen Satz später in verschiedenen Interviews. Und so machte er eine phantastische Karriere. Er wurde in den tschechoslowakischen Zeitungen gedruckt. Ein Sprecher der Opposition nutzte ihn während einer Fernsehsendung kurz vor dem Generalstreik am Elften Tag. Er erschien auf der ersten Seite der polnischen Oppositionszeitung *Gazeta Wyborcza*. Er tauchte in der westlichen Presse auf. Und als ich am Neunzehnten Tag Prag schließlich verlassen mußte, die Revolution war keineswegs vorbei, da sagten die Menschen noch immer: »Siehst du, bei uns – zehn Tage!« Das nennt man Zahlenmagie.

Diese Geschichte erzähle ich nicht nur aus Eitelkeit des Urhebers, sondern vor allem, weil sie die Qualitäten der wunderbarsten all der mitteleuropäischen Revolutionen von 1989 illustriert: ihr Tempo, ihre Improvisationskunst, ihre Fröhlichkeit und die absolut zentrale Rolle Václav Havels, der gleichzeitig Regisseur, Autor, Bühnenbildner und Hauptdarsteller in diesem großartigsten seiner Stücke war. Ich selbst war nur einer von vielen, einer unter Millionen, der ihn zu einer Zeile inspirieren konnte.

Am nächsten Morgen erhielt ich eine Freikarte für das Theater der »Laterna Magica«, deren unterirdische Bühne, Zuschauerraum, Foyers und Garderoben dem Bürgerforum, der großen Koalitionsgruppe der tschechischen Opposition, als Hauptquartier dienten. Das Hauptquartier der Revolution. Die Freikarte veränderte ihr Gesicht. Zuerst bestand sie nur aus einem kleinen Zettel mit den Worten »Bitte ein- und auslassen«, geschrieben in roter Tinte, signiert von Václav Havels Bruder Ivan und beglaubigt durch den Stempel des Bühnenautors, eine grinsende Katze mit den Worten »Lächle!« quer über der Brust. Dann wurde sie grün und um den Hals zu hängen, getippt darauf »Timothy Gordon [!] Ash«, wieder mit der grinsenden Katze. Schließlich wurde sie ein photokopiertes und paraphiertes Stück Papier, auf dem »Bürgerforumsgebäude« geschrieben stand, nun mit zwei grinsenden Katzen (einer roten und einer schwarzen) und einem grinsenden grünen Frosch. Sie liegt vor mir, während ich dies schreibe. Unter dem Frosch steht *»très bien«*.

Jedenfalls erfüllten die Karten wunderbar ihren Zweck. Beinahe zwei Wochen lang hatte ich als Historiker das Privileg zu beobachten, wie in der Laterna Magica Geschichte gemacht wird. Außer mir nahm in diesen Tagen nur selten ein Ausländer an den hektischen Beratungen »des Forums«, wie diese Gruppe überall genannt wurde, teil. Doch bevor ich beschreibe, was ich mit eigenen Augen gesehen habe, will ich kurz an den ersten Akt erinnern.

Mit den Studenten fing alles an. Kleine Studentengruppen waren bereits seit etwa einem Jahr aktiv gewesen. Sie hatten Fachbereichszeitschriften herausgegeben. Sie hatten Diskussionsclubs organisiert. Sie bewegten sich an der Grenzlinie zwischen Offiziellem und Inoffiziellem. Viele standen in Kontakt zur Opposition, alle lasen den Samizdat. Angeblich gehörten einige zu einer konspirativen Gruppe namens »Das Band« – die tschechische Weiße Rose. Aber sie hatten auch die offizielle Jugendorganisation SSM zu nutzen gewußt. Durch den SSM erhielten sie die offizielle Genehmigung für die Demonstration am 17. November in Prag, mit der sie des fünfzigsten Jahrestages des Martyriums von Jan Opletal, einem tschechischen Studenten, den die Nazis ermordet hatten, gedenken wollten. Und wie offiziell geplant, begann diese Demonstration auch mit Reden und Gedenkfeiern auf dem Friedhof von Prags zweitem Bezirk.

Doch die Teilnehmerzahl wuchs, und die Rufe richteten sich

zunehmend gegen die neuen Diktatoren auf der Burg. Die Demonstranten entschieden – vielleicht hatten es einige auch von Anfang an geplant – zum Wenzelsplatz zu marschieren, zur Bühne aller historischen Augenblicke in der tschechischen Geschichte, ob 1918, 1948 oder 1968. Der Zug wand sich den Hügel hinunter, am Flußufer entlang und dann, nach einer Rechtskehre am Nationaltheater, auf der Národná-Straße zum Wenzelsplatz. Hier wurden sie von den Weißhelmen der Polizei und von den Rotkappen der speziellen Antiterrortruppen mit Schildern und Knüppeln erwartet. Viele Demonstranten wurden in der Národná und am Platz abgeschnitten und umzingelt. Unbeirrt riefen sie weiter nach »Freiheit«, sangen die tschechische Version von »We Shall Overcome«. Wer am weitesten vorne stand, versuchte Blumen an die Polizei zu verteilen. Sie stellten brennende Kerzen auf den Boden, erhoben ihre Arme und riefen »unsere Hände sind leer«. Aber die Polizei, vor allem die Rotkappen, prügelte mit ihren Knüppeln auf Männer, Frauen und Kinder ein.

Das war der Funke, der die Tschechoslowakei in Flammen setzte. In der Nacht vom Freitag auf Samstag – es wurde von einem Toten und vielen Verletzten in den Krankenhäusern gesprochen – riefen die Studenten den Streik aus. Bis Samstagmorgen gelang es ihnen, die Kunde in der Karlsuniversität und anderen Hochschulinstitutionen zu verbreiten. (Die präzisen Details dieses ausschlaggebenden Moments müssen erst noch genau erforscht und rekonstruiert werden.) Samstagnachmittag schlossen sich ihnen die Schauspieler an. Bereits durch wiederholte Petitionen zugunsten Václav Havels politisiert, wurden sie nun durch die besonders aktiven Studenten der Drama- und Filmakademien einbezogen. Sie versammelten sich im Realistischen Theater. Studenten beschrieben das »Massaker«, wie es inzwischen genannt wurde. Die Theaterleute reagierten mit einer Unterstützungsdeklaration, die nicht nur den Streik aller Theater bewirkte – das heißt, die Schauspieler diskutierten mit ihrem Publikum –, sondern, soweit ich feststellen konnte, auch den ersten Aufruf zum Generalstreik am Montag, dem 27. November, zwischen Mittag und 2 Uhr nachmittags. Das Publikum antwortete mit stehenden Ovationen.

Am Sonntagmorgen kamen die Studenten der Drama- und Filmakademien mit einer angemessen dramatischen Deklaration heraus: »Wartet nicht – handelt!« Das Jahr 1989 habe in der Tschechoslowakei traurige Berühmtheit als das »Jahr des Knüppels« erlangt. »Dieser Knüppel«, hieß es weiter, »verspritzte am Freitag, 17. November, das Blut von Studenten.« Und dann, nach einem Appell »vor allem an die europäischen Staaten im Jahr des zweihundertsten Geburtstages der Französischen Revolution«, listeten sie ihre Forderungen auf, angefangen bei der Legalisierung der Untergrundzeitschrift *Lidové Noviny*, bis hin zur verfassungsmäßigen Streichung der führenden Rolle der Kommunistischen Partei. Und immer wieder riefen sie nachdrücklich zu einem Generalstreik auf. (Übrigens hatten die Studenten innerhalb weniger Tage all ihre Proklamationen handlich in Personal Computers gespeichert. Viele der Flugblätter auf den Straßen waren effektiv Computer-Ausdrucke.)

Erst um 10 Uhr am Sonntagabend (Dritter Tag), nachdem die Studenten und Schauspieler die Führung übernommen und sowohl ihren eigenen wie auch den Generalstreik proklamiert hatten, trafen sich die zu dieser Zeit existierenden oppositionellen Gruppen, angeführt von Charta 77, in einem anderen Prager Theater. Einberufen hatte dieses Treffen Václav Havel, der aus seinem Bauernhaus im nördlichen Böhmen zurückgeeilt war, nachdem er die Nachrichten über das »Massaker« gehört hatte. Es kamen nicht nur so unterschiedliche Oppositionsgruppen wie das Komitee für die Verteidigung der unschuldig Verfolgten (VONS), die Bewegung für Bürgerfreiheiten Und *Obroda* (Wiedergeburt), der Verein der exkommunizierten Kommunisten, sondern auch einzelne Mitglieder der ehemaligen Marionettenparteien. Die Sozialisten wurden durch ihren Generalsekretär Jan Škoda vertreten, einst Klassenkamerad und enger Freund Václav Havels, der ihm aber während der langen, dunklen Jahre der sogenannten Normalisierung vorsichtig aus dem Weg gegangen war.

Diese spätnächtliche Zusammenkunft so ungleicher Gruppen einigte sich darauf, ein *Občanské Fórum*, ein Bürgerforum zu gründen, »als Sprecher jener tschechoslowakischen Öffentlichkeit, die der existierenden tschechoslowakischen Führung zunehmend kritisch gegenüber steht und die in den vergangenen Tagen durch das brutale Massaker an friedlich demonstrierenden Studenten zutiefst erschüttert wurde«. Es erhob vier Forderungen: den sofortigen Rücktritt der kommunistischen Machthaber, die den Einmarsch des Warschauer Paktes 1968 vorbereitet hatten und für die Verwüstung des Lebens in diesem Land verantwortlich waren, von Präsident Gústav Husák bis Parteiführer Miloš Jakeš; den sofortigen Rücktritt des Innenministers František Kincl und des ersten Prager Sekretärs Miroslav Štěpán, die für die Gewaltakte an friedlichen Demonstranten verantwortlich gemacht wurden; die Berufung einer Sonderkommission zur Untersuchung dieser Polizeiaktionen; und die sofortige Entlassung aller Gefangenen aus Gewissensgründen. Das Bürgerforum, wurde hinzugefügt, unterstütze den Aufruf zum Generalstreik. Von diesem Moment an übernahm das Forum die Führung der tschechischen Revolution. (In der Slowakei entstand eine andere Organisation unter anderem Namen: Öffentlichkeit Gegen Gewalt.)

Über das Wochenende hatten sich Zehntausende zumeist junge Menschen am Wenzelsplatz eingefunden, Fahnen geschwenkt und Slogans gerufen. Studenten hatten das Reiterstandbild des guten Königs am oberen Teil des Platzes besetzt und den Sockel mit selbstgemalten Plakaten, Fotos und Kerzen bedeckt. Doch der Durchbruch kam Montagnachmittag. Denn nun war der Platz nicht einfach nur voll, nun quoll er über. Dicht an dicht gedrängt riefen die Massen »Freiheit«, »Rücktritt« und, was mich am meisten faszinierte, einen Satz, den man übersetzen könnte mit »die Zeit ist reif« oder »das ist es«. Weder die Weißhelme noch die Rotkappen griffen ein.

Wie in der DDR, so begriffen auch hier die Machthaber zu spät, was eigentlich geschah. Im heutigen Ost-Mitteleuropa, mit Gorbatschow im Kreml, schien die Art von Gewalt, die nötig wäre, um solche Massen zu zersprengen, einfach keine zur Verfügung stehende Option mehr zu sein. (Auch wenn der damalige Ministerpräsident Ladislav Adamec betonte, daß kein Kriegsrecht ausgerufen würde – und somit implizierte, daß eine solche Option in Erwägung gezogen worden war.)

Am Dienstag, dem Fünften Tag, war die Demonstration – nach Arbeitsschluß um 4 Uhr nachmittags – noch größer. Das Verlagshaus der Sozialistischen Partei, unter der Führung von Jan Škoda, stellte seinen Balkon zur Verfügung, der perfekt inmitten des Platzes plaziert ist. Von hier aus sprachen der katholische Oppositionsveteran Radim Palouš, der dynamische, verbannte Priester Václav Malý, und später Václav Havel zu den Massen und wiederholten die Forderungen des Forums. Am nächsten Morgen zählte die Schlagzeile der ersten Ausgabe der kommunistischen Tageszeitung *Rudé Právo* »200000« Demonstranten auf dem Platz. Die zweite Ausgabe sprach von »100000«. Jemand machte eine Collage der beiden Ausgaben und klebte Kopien an Schaufensterscheiben, neben Fotografien von Tomáš Garrigue Masaryk, zwischen Flugblättern und sorgfältig getippten Deklarationen, daß sich dieses oder jenes Geschäft am Generalstreik beteiligen würde. Deklarationen, die von allen Angestellten unterzeichnet und oft auch mit einem offiziellen Siegel oder Stempel beglaubigt waren.

Am Mittwoch und Donnerstag, dem Sechsten und Siebten Tag, gab es noch größere Demonstrationen, während gleichzeitig die ersten Gespräche zwischen Ministerpräsident Adamec und einer Forum-Delegation stattfanden, die jedoch auf dringende Bitten des Ministerpräsidenten nicht von Václav Havel angeführt wurde. Der Ministerpräsident, so erzählte mir Havel, hatte durch einen Boten mitteilen lassen, daß er noch nicht seinen »Trumpf ausspielen« wolle. Havel stand dennoch durch eine selbsternannte Gruppe von Vermittlern, die sich »die Brücke« nannte, in direktem Kontakt zu Adamec. Die beiden Pfeiler der »Brücke« waren Michal Horáček, Journalist einer Jugendzeitschrift, und der Rocksänger Michael Kocáb.

Und so wurde die Revolution ins Rollen gebracht, im wahrsten Sinne »rocking around the clock«. Ihr Hauptquartier befand sich nur hundert Meter vom unteren Ende des Wenzelsplatzes entfernt in dem Theater, das man die Laterna Magica nennt.

Durch die schwere Tür aus Metall und Glas, an einer zweiten Reihe freiwilliger Wachposten vorbei, taucht man eine breite Treppenflucht hinab in ein gebogenes, spiegelverkleidetes Foyer der fünfziger Jahre. Leute stehen wichtig herum oder sitzen in kleinen Gruppen auf Bänken, kauen belegte Brötchen und diskutieren die Zukunft der Nation. Noch eine Treppenflucht tiefer befindet sich das eigentliche Theater. Das Bühnenbild – für Dürrenmatts *Minotaurus* – ist wie ein Trichter gebaut, an dessen Ende sich eine kleine Höhle befindet, gerade groß genug für den Durchschlupf eines kleinen Monsters. Hier veranstalten sie, anstelle der speziellen Laterna-Magica-Kombination aus Drama, Musik, Pantomime und Audiovision, ihre tägliche Pressekonferenz. Statt Dürrenmatts Monster tauchen die Sprecher aus der Höhle auf. Anstelle der Touristen werden Journalisten zur Vorstellung eingelassen.

Am einen Ende des Foyers befindet sich ein Raum hinter einer Glaswand, auf der in verschiedenen Sprachen »Rauchzimmer« steht. Auch hier ein Wachposten an der Tür. Einige werden eingelassen. Andere nicht. Ich wedle mit meiner magischen Karte. Rein. Vertraute bärtige Gesichter, alte Freunde aus dem Untergrund sitzen in abgewrackten Sesseln bei einer Krisensitzung. Ein Fernsehapparat hoch oben an der Wand spielt tonlos eine Operette. Die Luft ist von Rauch, Schweiß, feuchten Mänteln und Revolution geschwängert. Ich erinnere mich an diesen Geruch, an genau diesen Geruch, aus Polen im Herbst 1980.

Hier, so glaubt man, ist das wirkliche Hauptquartier. Doch nach einigen Stunden entdeckt man am anderen Ende des Foyers eine schwarze Tür. Hinter ihr taucht man noch weiter ab, über eine Metallstiege in einen engen und schrecklich überhitzten Gang, wie in den Bauch eines Ozeanriesen. Hier, in Garderobe zehn und elf, befindet sich das Herz, das Epizentrum der Revolution. Denn hier sitzt Václav Havel mit seiner »Privatsekretärin« und jenen wenigen Aktivisten des Forums, die die Texte des letzten Kommuniqués, programmatische Statements oder Verhandlungspositionen fabrizieren.

Vor der Garderobentür steht ein drahtiger, bärtiger Mann in Kampfjacke, sein dünnes Haar im Hippie-Look nach hinten geknotet. Havels Freund John Bok, jetzt für die persönliche Schutztruppe, vor allem Studenten, verantwortlich. Während des Krieges war John Boks Vater tschechischer Pilot der Royal Air Force. Der Geist lebt weiter. Mit John Bok sollte man sich nicht anlegen. Er und Havels zweiter persönlicher Sicherheitschef Stanislav Milota, ein ehemaliger Kameramann, verheiratet mit einer berühmten Schauspielerin, sind überaus sichtbare Figuren, immer um Havel herum bei dieser Vorstellung. Während er in nervöser Eile herumrennt, bellt John Bok in sein Walkie-Talkie, flüstert Milota unentwegt »Schsch, Schsch«, in einem Bühnenton, der wesentlich lauter ist als die Passagen im Originalstück. Mit jeder hektischen Bewegung bestätigen sie den einzigartigen Status des Bühnenautors.

Ein Politologe stünde arg unter Druck, müßte er eine Definition finden, mit der er die Entscheidungsstrukturen des Forums beschreiben könnte, ganz zu schweigen von der autoritären Hierarchie des inneren Aufbaus. Aber sowohl Strukturen wie Hierarchie existieren, wie im kristallinen Pulver des Chemikers. Das »Vier-Tage-alte-Baby«, wie Havel das Forum nennt, erscheint auf den ersten Blick eher wie ein Club. Mitgliedsaufnahme findet durch persönliche Empfehlung statt. Ein Diagramm würde beim Gründungstreffen in jenem Theater beginnen, das bezeichnenderweise »Schauspielerclub« heißt: X stellte Y vor, der Z vorstellte. Die meisten der Anwesenden waren bereits zuvor in der Opposition aktiv. Unterzeichner der Charta 77 bilden die größte Einzelgruppe. Vor zwanzig Jahren waren sie Journalisten, Akademiker, Politiker, Anwälte. Doch jetzt kommen sie von ihren Arbeitsplätzen als Heizer, Fensterputzer, Portiers oder bestenfalls als verbannte Schriftsteller. Manchmal müssen sie eine Sitzung verlassen, um ihre Öfen neu zu heizen. Einige von ihnen kommen direkt aus dem Gefängnis, aus dem sie unter dem Druck der Öffentlichkeit entlassen wurden. Politisch rangieren sie vom Neo-Trotzkisten Petr Uhl bis hin zum zutiefst konservativen Katholiken Václav Benda.

Außerdem sind da noch die Repräsentanten bedeutender Gruppen. Es gibt Die Studenten, in leuchtende Farben gehüllt, radikal und der Achtungserweisungen der älteren sicher. Denn schließlich waren sie es, die alles begonnen haben. Manchmal gibt es Die Schauspieler – obwohl wir alle gerade Schauspieler sind. Dann gibt es Die Arbeiter, im wesentlichen durch Petr Miller vertreten, einen athletischen und energischen Techniker aus Prags riesigem ČKD-Schwermaschinen-Kombinat. Alle intellektuellen Stimmen verstummen, wenn Der Arbeiter spricht. Hin und wieder gibt es Die Slowaken – demonstrativ geehrte Gäste. Und schließlich gibt es noch jene, die ich Die Prognostiker nenne, Mitglieder des Instituts für Prognose *(Prognostický Ústav)* der tschechoslowakischen Akademie der Wissenschaften, eines der wenigen wirklich unabhängigen Institute im gesamten offiziellen akademischen Leben des Landes.

Die Prognostiker sind in Wirklichkeit Ökonomen. Ihre spezifische Mystik entsteht aus dem Wissen oder dem Glauben zu wissen oder wenigstens dem Anschein zu wissen, was mit der Wirtschaft zu tun sei – ein Thema, das eindeutig in den Köpfen der Menschen auf den Straßen vorherrscht, und ein Thema, über das die meisten der hier versammelten Philosophen, Dichter,

Schauspieler und Historiker weniger wissen als der gewöhnliche Arbeiter in der Vysočany-Straßenbahn. Die Prognostiker sind natürlich keineswegs einmütig. Dr. Václav Klaus, ein silberhaariger Mann mit schillernder Metallbrille, so arrogant wie clever, favorisiert die Lösungen von Milton Friedman. Sein etwas moderaterer Kollege Dr. Tomáš Ježek hingegen ist Jünger (und Übersetzer) von Friedrich von Hayek.

All diese Tendenzen und Gruppen sind in den Hauptversammlungen des Forums vertreten, die, seitdem die Mitgliederzahl von mehreren Zehn auf mehrere Hundert angewachsen ist, vom Rauchzimmer in den Vorstellungsraum verlegt wurden. Dieses »Plenum« beruft nun eine ganze Anzahl von »Kommissionen«. Bei meiner Ankunft gab es, soweit ich feststellen konnte, vier: eine organisatorische, eine technische, eine informatorische und eine konzeptionelle, letztere »um den politischen Wissenschaftsaspekt zu behandeln«, wie es eine Sprecherin und Übersetzerin des Forums kurioserweise formuliert. Bei meiner Abreise sind es etwa zehn, jede davon mit ihrer eigenen »Eingangsablage« – einem weißen Zettelkasten auf dem Fußboden des Foyers. So gibt es nun beispielsweise zusätzlich zur »konzeptionellen« Kommission auch eine »programmatische« und eine »strategische«.

Das Plenum wählt nicht nur die Stimmberechtigten für diese Kommissionen, sondern auch ad hoc-»Krisenstäbe« oder Gruppen und Einzelpersonen, die im Fernsehen sprechen, mit der Regierung verhandeln sollen oder was eben so ansteht. Ich sage »wählt«, in Wirklichkeit aber schlägt der Vorsitzende einige Namen vor und dann schlagen andere andere Namen vor – oder sich selbst. Es gibt keine Wahl. Die Listen sind sozusagen offen und deshalb lang. »Für die konzeptionelle Kommission schlage ich Ivan Klíma vor«, sagt Havel und fügt hinzu: »Ivan, du willst doch nicht etwa noch Romane schreiben, oder?« Im allgemeinen ist das Auswahlprinzip strikt repräsentativ: es muß Der Student dabei sein, Der Arbeiter, Der Prognostiker etc. Und manchmal schnappt das westliche Ohr dabei herrliche Kommentare auf. »Sollten wir nicht auch einen Liberalen dabeihaben?« sagt jemand während der Diskussion über die Konzeptionellen. »Aber wir haben doch schon zwei Katholiken!« kommt die Antwort. Katholisch heißt also liberal – was hier in Wirklichkeit konservativ heißt.

All das zu beobachten, bedeutete, Politik in ihrer ursprünglichsten, spontansten und fast hätte ich gesagt »reinsten« Form zu sehen. Alle Männer (und Frauen) mögen geborene Politiker sein, doch einige sind es eben mehr als andere. Es war faszinierend, wie unmittelbar manche auf den Duft reagierten, der im Laufe dieser Tage in die Laterna Magica herunterschwebte. Den Duft der Macht. Manch einer, der niemals zuvor politisch aktiv gewesen war, richtete sich plötzlich auf, boxte sich seinen Weg frei auf die Bühne und schlug sich selbst für einen Fernsehauftritt vor. Und schon konnte man ihn sich in einem Ministersessel vorstellen. Andere, lange schon in der demokratischen Opposition aktiv, blieben still im Zuschauerraum sitzen. Reale Machtpolitik war nicht ihr Bier.

Wie Solidarność, so war auch das Forum von Anbeginn an vom Konflikt zwischen dem politischen Imperativ einer schnellen, entschiedenen und konzertierten Aktion und dem moralischen Imperativ der inneren Demokratie hin- und hergerissen. Sollten sie weitermachen wie geplant, das heißt, demokratisch? Oder würden die Bedingungen des Kampfes gegen eine noch immer totalitäre Macht es erfordern, in Anlehnung an Brecht zu sagen: Wir, die wir für Demokratie kämpfen, können selbst nicht demokratisch sein?

In diesem Sinne war das Forum kaum demokratisch zu nennen. Wer hat sie gewählt? Sie sich selbst. Und doch schrieben sie bereits am zweiten Tag ihrer Existenz in Briefen an Bush und Gorbatschow, daß das Bürgerforum »sich in der Lage fühlt, als Sprecher für die tschechoslowakische Öffentlichkeit zu agieren«. Mit welchem Recht? Nun, durch Akklamation eben. Denn die Menschen gingen täglich auf die Straße und riefen »lang lebe das Forum!«. Zumindest in Prag standen die Menschen, das *Demos*, offensichtlich und unmißverständlich hinter ihnen. In diesem Sinne wiederum war das Forum grundlegend und elementar demokratisch. Das *Demos* sprach durch Demos und erklärte das Forum zu seinem Sprachrohr.

Wollte man Havels Führungsqualitäten beschreiben, so wäre Max Webers überstrapazierter Begriff »charismatisch« endlich einmal angemessen. Das Ausmaß, in dem sich absolut alles um diesen einen Mann drehte, war außergewöhnlich. Er traf bei fast allen Entscheidungen und Statements des Forums die letztgültige Entscheidung, er war die eine Person, die irgendwie all die unterschiedlichen Interessen und Tendenzen in der Bewegung auszubalancieren verstand. In diesem Sinn wurden, ähnlich wie bei Solidarność, viele Entscheidungen nicht demokratisch getroffen. Doch eine weniger autoritative Persönlichkeit wie Havel hätte sie kaum zustande gebracht. (Der Gegensatz zu Lech Wałęsa ist auffällig.) Die Treffen des Plenums hingegen waren schon fast absurd demokratisch. Radim Palouš war der Prototyp eines Vorsitzenden. Jedermann und jede Frau hatten eine Stimme. Wichtige Themen wurden durch Abstimmung entschieden. Einmal redigierte eine Versammlung von vielleicht zweihundert Menschen Satz für Satz das neueste Forum-Kommuniqué.

All das – die Plenarsitzungen, die Kommissionen, die ad hoc-Gruppen, Havel, John Bok, die *Minotaurus*-Bühne, das Rauchzimmer, die Garderoben, die eiligen Gespräche in den Fluren, das Gelächter und die Erschöpfung – machten dieses einzigartige politische Geschöpf aus, »die Laterna Magica«. Die Geschichte der Revolution in den Tagen, die ich dabeisein konnte, ist die einer Interaktion zwischen der »Laterna Magica« und drei anderen Kräften oder Theatern, die man ähnlich poetisch »das Volk«, »die herrschenden Mächte« und »die Welt« nennen könnte.

Für die Menschen in der Laterna Magica bedeutete »das Volk« vor allem Prag. In gewisser Weise wurde ganz Prag eine Laterna Magica. Nicht nur die unüberschaubaren Massen auf dem Wenzelsplatz, auch die selbstgemalten Plakate in der ganzen Stadt; die Streikkomitees in den Fabriken; die Komitees des Bürgerforums, die in Krankenhäusern, Schulen und Büros gegründet wurden; die überfüllten Theater, in denen Abend für Abend das Publikum mit einem Gastredner diskutierte, mit einem Forumsprecher vielleicht oder mit einem exilierten Schriftsteller, der zum ersten Mal seit Jahren zurückkommen konnte; die Menschenmengen vor den Fernsehgeräten in den Schaufenstern oder Bürofenstern, die sich Tag und Nacht, wieder und wieder, das Band des *Videojournál* über die Vorgänge am 17. November ansahen. Einfach jeder Mensch auf den Straßen. Wenn man in die Altstadt ging, konnte man aufgeregte Gesprächsfetzen mithören: »freie Wahlen!«, »menschliches Gesicht!« und (dunkel) »demagogische Tendenzen!«. Um 6 Uhr morgens sah man am Wenzelsplatz eine Schlange von Hunderten von Menschen geduldig im eisigen Dunst warten. Sie warteten auf die sozialistische Parteizeitung *Svobodné Slovo* (Das Freie Wort), die als erste genaue Schilderungen der Demonstrationen und die

Statements des Forums druckte. Schlangestehen für das freie Wort.

Außerhalb von Prag war die Situation von Ort zu Ort sehr verschieden. Im Industriegebiet um Ostrava herrschten beispielsweise viel mehr Angst und Willkür. Und dann war da natürlich die Slowakei, eine andere Nation. Um dieses verstreute Publikum erreichen zu können, waren natürlich das Fernsehen und in geringerem Maße auch das Radio die entscheidenden Medien. Wie in Polen und Ungarn gehörten der Kampf um Fernsehen und Radio und um eine faire Berichterstattung zu den wichtigsten politischen Themen. Hier aber wurde der Kampf zur Komödie am Bildschirm. Die Direktübertragung einer Demonstration wurde plötzlich von fader Klimpermusik unterbrochen. Dann kippte das Bild wie von unsichtbarer Hand gezogen wieder zur Demonstration zurück. »Direktübertragung!« riefen sie am Wenzelsplatz, »Direktübertragung!« Als dann der Zugriff auf Radio und Fernsehen da war, widmete das Forum einen Großteil seiner Energien der Diskussion, was man dort sagen solle.

Die zweite beteiligte Kraft war »die Obrigkeit« – *The Powers that be.* Dieser Begriff aus der *King James Bible* wurde immer wieder von Rita Klimová benutzt, einer ehemaligen und zukünftigen Wirtschaftsprofessorin (aus politischen Gründen entlassen), die mit großartigem Aplomb die Sprecher auf den Pressekonferenzen des Forums ins Englische übersetzte. Zuerst mag dieser Begriff merkwürdig erscheinen, doch bei der Beschreibung kommunistischer Systeme (oder besser: ehemaliger kommunistischer Systeme) taucht immer wieder das Problem auf, ein Substantiv zu finden, das auf alle Menschen und Institutionen, die effektiv Macht ausübten, anwendbar ist. »Die Regierung« zu sagen, ist schon falsch, denn in solchen Systemen hat die Regierung nicht wirklich regiert: die Partei regierte oder eine Mischung aus Partei, Polizei, Armee und Sowjetunion. Auch hier spielten all diese Elemente eine Rolle. Und mit dem biblischen Begriff »die Obrigkeit« werden sie sehr gut umschrieben.

Zu Anfang verhandelte das Forum mit dem Bundesministerpräsidenten, der natürlich auch Politbüromitglied war. Mit ihm verhandelten sie in erster Linie, weil er das einzige hochrangige Regierungsmitglied war, das überhaupt bereit war, mit ihnen zu sprechen. Doch sie machten aus der Not eine Tugend und behaupteten: Wir sprechen mit der Regierung unseres Landes, weil wir eine richtige Regierung wollen, die einem richtigen Parlament gegenüber verantwortlich ist und nicht der Herrschaft einer Partei. Außer mit dem Bundesministerpräsidenten verhandelten sie auch mit dem tschechischen Ministerpräsidenten (denn in den umständlichen Föderationsstrukturen der Tschechoslowakei haben die tschechischen Länder und die Slowakei je eine eigene Regierung). Erst dann begannen sie mit Parteiführern zu sprechen.

Hinter allem und jedem stand die wohlgesonnene Präsenz der Sowjetunion Gorbatschows: Die sowjetische Botschaft empfing mit demonstrativer Höflichkeit eine Delegation des Forums; Gorbatschow selbst gab Parteiführer Urbánek und Ministerpräsident Adamec während seiner Malta-Berichterstattung an den Warschauer Pakt den Marschbefehl; die Neubewertung der Invasion von 1968 folgte kurz darauf. Andere werden herausfinden müssen, wie weit (und wie) Gorbatschow den Umbruch in der Tschechoslowakei bewußt vorangetrieben hat und bis zu welchem Grad er von seinem persönlichen Zeitplan für die Ost-West-Beziehungen, vor allem auf dem Weg zum Malta-Gipfel, bestimmt war. 1980 war der schlechteste Ort, um die sowjetischen Intentionen für eine Invasion einschätzen zu können, das Hauptquartier der Solidarność in Warschau (ein Punkt, der niemals wirklich von Fernseh- und Radiokommentatoren begriffen wurde). 1989 war der schlechteste Ort, um die sowjetischen Intentionen für das genaue Gegenteil einer Invasion einzuschätzen, das Hauptquartier des Forums in Prag. Doch natürlich war im größeren historischen Kontext betrachtet die sowjetische Haltung von entscheidender Bedeutung.

An dieser Stelle verblaßt »die Obrigkeit« durch eine dritte Kraft oder ein drittes Theater, genannt »die Welt«. Die ersten Demonstranten riefen 1988 den Polizeitruppen zu »die Welt sieht euch«. Doch 1988 war es noch sehr zweifelhaft, ob die Welt wirklich hingesehen hat. Im großen und ganzen glaubte die Welt, das Leben finde anderswo statt. Jetzt aber gab es gar keinen Zweifel daran, daß die Welt sie sah. Sie sah sie durch die Augen der Fernsehkameras und der vielen tausend ausländischen Jornalisten, die zur täglichen Vorstellung in die Laterna Magica kamen. Sie waren selbst einen Blick wert: Fernsehcrews und Fotografen, die sich wie Minotauren gebärdeten, Journalisten, die sich gegenseitig niederschrien und zu wissen verlangten, weshalb sich die Revolution nicht an ihren Redaktionsschluß halten könne.

Doch manchmal stellte die Presse auch gute Fragen, und nützlich war sie aus zwei Gründen. Erstens half sie, die Gedanken zu konzentrieren. Wenn das Forum beispielsweise um 5 Uhr nachmittags ein Plenum abhielt, dann war ihnen klar, daß ihr Sprecher der Presse um halb 8 die schärfsten Fragen beantworten muß. Das allein trug zu einer wesentlich konzentrierteren Diskussion bei. Trotzdem wurde Forumspolitik bei entscheidenden Fragen – der Zukunft des Warschauer Pakts zum Beispiel oder die des Sozialismus an sich – oftmals im Fluge gemacht, perfekte Antworten aus dem Stegreif gegeben. Zweitens boten die »Augen der Welt« Schutz. Die tschechoslowakischen Machthaber waren, besonders in den Tagen vor dem Malta-Gipfel, wohl kaum im Zweifel darüber gelassen worden, daß es gewisse Dinge gibt, die sie nun nicht länger tun können oder nur zum ungeheuer großen Preis einer westlichen *und sowjetischen* Mißbilligung tun könnten. Kinder schlagen zum Beispiel. Außenpolitisch wie innenpolitisch wurde deshalb das Fernsehen zum bedeutendsten Medium. Alle Revolutionen in Europa am Ende des 20. Jahrhunderts sind Telerevolutionen.

Achter Tag (Freitag, 24. November). Morgens, Plenum im Rauchzimmer. Ernennung der Mitglieder für die Kommissionen. Die Agenda für die Demonstration am Nachmittag. Jemand sagt, die heutigen Slogans seien »Objektivität, Wahrheit, Produktivität, Freiheit«. Es ist nicht überraschend, daß zwei von vieren mit Wahrheit zu tun haben. Aber »Produktivität« ist interessant. Aus verschiedenen Gesprächen draußen kann ich mir zusammenreimen, daß das »polnische Beispiel« hier mehr oder weniger negativ angesehen ist. Wäre wirtschaftliche Misere der Preis für politische Emanzipation, so würden ihn viele Menschen vielleicht nicht zahlen wollen. Also legt das Forum besonderen Wert auf wirtschaftliche Glaubwürdigkeit. Demos nur nach Arbeitsschluß. Der Generalstreik am Montagmittag nur als einmalige Notwendigkeit.

Am frühen Nachmittag kommt Dubček. Er sieht aus, als sei er direkt aus einer Schwarz-weiß-Fotografie von 1968 gestiegen. Das Gesicht ist älter geworden, faltiger natürlich, aber er trägt den gleichen grauen Mantel, den gleichen Paisley-Schal, das gleiche zurückhaltende, rührende Lächeln, den gleichen Funktionärshut. Beschützt von Havels Bodyguards – immer voran John Bok –, steigen wir aus dem Bauch der Laterna. Dubček und

Havel Seite an Seite trippeln wir eilig durch die Einkaufsarkaden und verschlungenen Hintergässchen, um den Balkon des sozialistischen Verlagshauses von *Svobodné Slovo* zu erreichen: den Balkon des freien Wortes. Auf dem Weg durch die Arkaden starren uns die Menschen ungläubig an. Sie können es nicht fassen. Dubček! Es ist, als wehe der Geist Winston Churchills durch die Burlington-Arkaden.

Aber als er in die eisige Abendluft hinaus auf den Balkon tritt, illuminiert von Fernsehscheinwerfern, brüllt die Menge in einer Phonstärke, wie ich sie nie zuvor gehört habe. »DUBČEK! DUBČEK!« hallt es überall zwischen den hohen Häusern auf dem langen, schmalen Platz. Viele Menschen bedauern seine zweifelhafte Rolle nach der sowjetischen Invasion und seine geringe Bereitschaft, die Magie seines Namens zur Unterstützung der demokratischen Opposition einzusetzen. Er hat sich im Laufe der Zeit nur wenig verändert. Seine Rede enthält noch immer hölzerne Phrasen, die *langue de bois*. (Einmal spricht er von »konfrontativen extremistischen Tendenzen«.) Noch immer glaubt er an den Sozialismus – das heißt, an den reformierten Kommunismus – mit menschlichem Gesicht. Der wirkliche Anführer dieser Bewegung in Prag heißt Havel, nicht Dubček. Doch in diesem Augenblick spielt das keine Rolle.

Im Augenblick ist nur von Bedeutung, daß der legendäre Held wirklich hier steht, zu einer riesigen Menge am Wenzelsplatz spricht, während die Krisensitzung des Zentralkomitees, wie man uns sagte, in ein abgelegenes Vorstadtgebiet verwiesen wurde. »Dubček auf die Burg!« brüllt die Menge. Das heißt, Dubček als Präsident. Der alte Mann muß glauben, daß er plötzlich aufwachen und feststellen wird, daß er nur geträumt hat. Für Gústav Husák dagegen, den Mann, der ihn verdrängt hat und nun auf der Burg sitzt, ist ein Alptraum Wirklichkeit geworden.

Nach Dubček kommt Havel. »Dubček-Havel« rufen sie, den Namen von 68 und den Namen von 89. Dann liest Václav Malý, der verbannte Priester, eine Botschaft des Mannes, den er »das dritte große Symbol« dieser Bewegung nennt, des neunzigjährigen Kardinals František Tomášek. »Die katholische Kirche steht vereint auf der Seite der Menschen in ihrem derzeitigen Kampf«, heißt die Botschaft. »Ich danke all denen, die für unser aller Bestes kämpfen, und ich vertraue vollkommen dem Bürgerforum, das zum Sprecher der Nation geworden ist.« »Lang lebe Tomášek«, rufen sie. Doch als Malý später die alte tschechische Wenzels-Hymne zu singen beginnt, bemerke ich, daß viele entweder den Text nicht kennen oder zögern mitzusingen. Ein auffälliger Gegensatz zu Polen.

Am Ende der Demonstration, nach weiteren Rednern, auch einem Fußballspieler, einem Theaterleiter, dem Rocksänger und »Brückenpfeiler« Michael Kocáb und dem obligatorischen Studenten und Arbeiter, vereinigen sich die Menschen unten am Platz in einer ungewöhnlichen spontanen Geste. Sie nehmen ihre Schlüssel aus den Taschen und schütteln sie. Dreihunderttausend Schlüsselbunde klirren und ergeben ein Geräusch wie unendlich viele chinesische Glöckchen.

19.30 Uhr. Die Pressekonferenz. Havel und Dubček zusammen auf der Bühne. Sie beginnen gerade Fragen über ihre unterschiedlichen Vorstellungen vom Sozialismus zu beantworten, als jemand die Nachricht – aus dem Fernsehen – bringt, daß das gesamte Politbüro und Zentralkomitee zurückgetreten ist. Das Theater explodiert im Applaus. Havel springt auf seine Füße, zeigt das V für Victory und umarmt Dubček. Jemand bringt ihnen Sekt. Havel erhebt sein Glas und prostet »auf eine freie Tschechoslowakei!«

Dann, völlig absurd, setzen wir uns wieder hin und beginnen über »Was ist Sozialismus?« zu diskutieren. Havel sagt, das Wort habe in den vergangenen fünfzehn Jahren jegliche Bedeutung »im tschechisch-sprachlichen Kontext« verloren, aber natürlich sei er für soziale Gerechtigkeit und eine pluralistische Wirtschaft mit unterschiedlichen Eigentumsmodellen. Modelle für eine rationale Sozialpolitik seien eher in der Sozialdemokratie als in kommunistisch beherrschten Ländern zu finden. Die kürzeste und beste Reaktion kommt von Václav Malý. Ich bin auch für soziale Gerechtigkeit, sagt er, aber der einzige Weg, um sie zu sichern, ist die parlamentarische Demokratie.

22.00 Uhr. Plenum im Rauchzimmer. Arrangements für das Wochenende werden getroffen. Man braucht Geld: Gründen wir eine Schatzkommission! Dann eine interessante Diskussion, wie Dubček mit dem Forum verbunden oder nicht verbunden werden sollte. Natürlich ist sein Name Magie, innenpolitisch wie international. Aber er ist, also, wie soll man sagen, immer noch, naja ... ein Kommunist. In allen Gesichtern spiegelt sich der Kampf zwischen Erregung und Erschöpfung. Jeder ist sehr, sehr müde. Plötzlich, als sie den Deklarationsentwurf zum Generalstreik liest, sagt die Schriftstellerin Eva Kantůrková »Demokratisches Forum« anstatt »Bürgerforum«. »Oh, tut mir leid, ich dachte gerade an Ungarn«.

Bürgerforum, Demokratisches Forum, Neues Forum – Tschechoslowakei, Ungarn, DDR – man kann sich leicht verlaufen: Aber es ist nun einmal dieses besondere Jahr. Jemand schlägt vor, der Generalstreik solle als »informelles Referendum« über die führende Rolle der Partei deklariert werden. Jemand anderes sagt »symbolisch«, nicht »informell«. Schriftsteller debattieren über Fragen des Stils. Einigung durch allgemeine Erschöpfung. Sitzung geschlossen.

Nach Mitternacht. In Havels Kellerkneipe. Über uns das Gemälde eines Schiffes auf stürmischer See. Bier und *becherovka*. Worüber sprichst du in der Nacht nach einem derartig triumphalen Sieg, nachdem du in gerade mal einer Woche die kauderwelschenden Wüstlinge, die das Land seit zwanzig Jahren ruininiert haben, zum Rücktritt gezwungen hast? Im ersten Augenblick, auf der Bühne der Laterna Magica, prostest du vielleicht noch »auf eine freie Tschechoslowakei!« Aber du kannst nicht dauernd wie eine Figur aus einem Stück des 19. Jahrhunderts reden. Also sprichst du plötzlich über Katzen. Ja, Katzen. Über zwei Katzen, genannt »Yin« und »Yang«. Ihr Besitzer hat sie seit einer Woche nicht gesehen. Arme Dinger. Opfer der Revolution.

Und was kommt nach der Revolution? frage ich einen grinsenden Jiřá Dienstbier, den Star-Journalisten, der seit seiner Unterzeichnung der Charta 77 als Heizer arbeiten muß. Blitzschnell wie immer sagt er: entweder die Konterrevolution, oder ... eine westliche Konsumgesellschaft. (Nur zwei Wochen später wird er zum Außenminister der Tschechoslowakei ernannt. Bitte würdest du so freundlich sein und diese Bemerkung streichen! Natürlich, Herr Minister, das haben Sie niemals gesagt. Jemand anderes war es. Ich habe es phantasiert. Es war die Stimme aus dem Nichts.)

Neunter Tag (Samstag, 25. November). Zwei Forum-Statements. Eines, nach dem Plenum vergangene Nacht um 23.30 Uhr verfaßt (die Dinge entwickeln sich so schnell, daß sie ihre Kommuniqués nicht nur datieren, sondern auch mit der Uhrzeit versehen müssen), erklärt den Generalstreik als ein »symbolisches Referendum« über die »führende Rolle«. Ein zweites, um 4.30

Uhr morgens verabschiedet, drückt Bestürzung über die Wahl einiger Mitglieder ins Politbüro (formal: Präsidium) und ins Sekretariat des Zentralkomitees aus. Nun wird der Generalstreik so deklariert: »ein informelles, nationenweites Referendum darüber, ob sie uns einfach immer weiter beleidigen können und ob das Land weiterhin von den Führern einer politischen Partei ruiniert werden sollte, die permanent selbst ihren Führungsanspruch ad absurdum führen«.

Der Kellner in meinem Hotel sieht mich die *Svobodné Slovo* lesen. »Ah, Viktoria!« ruft er und zeigt auf das blau-weiß-rote Band, das er wie so viele andere an seinem Revers trägt. Dann beugt er sich zu mir und flüstert mir ins Ohr: »Kommunismus am Ende«. Und während er sich wieder aufrichtet, reibt er seine Schuhe auf dem Teppich, als wolle er einen Käfer zertreten. Dann nimmt er meine *Svobodné Slovo*, nicht aber meine Frühstücksbestellung, und verschwindet in die Küche.

Heute morgen findet, glücklicher Zufall, ein Festgottesdienst im Dom auf dem Burgberg statt. Man feiert die Heiligsprechung der Agnes von Böhmen. Die wirkliche Heiligsprechung fand am 12. November in Rom statt, nur fünf Tage bevor die Revolution begann. (Ein katholischer Freund erzählt mir, eine alte Legende besage, daß Wunder in Böhmen geschehen werden, wenn Agnes heiliggesprochen würde.) In der klirrenden Kälte versammeln sich Massen von Menschen in und vor der Kathedrale und vor dem Palast des Erzbischofs. »Frantši Tomášek! Frantši Tomášek!« rufen sie. Was für eine wunderbar familiäre Art, einen ehrwürdigen Kardinal zu grüßen. Eine alte Frau singt zitternd patriotische Hymnen und hält nur inne, um zwischen den Strophen einen Wodka zu kippen.

Die Kirche hier hat nichts von der Macht der polnischen Kirche. Die Tschechoslowakei wurde in bitteren historischen Konflikten zwischen den Katholiken (verbunden mit der Habsburger Gegenreformation) und den Protestanten (von Jan Hus bis Masaryk) gespalten. Beide Kirchen wurden in der stalinistischen Periode, und wieder nach 1969, massiv unterdrückt. Und doch spielen katholische Intellektuelle und verbannte Priester wie Václav Malý eine wichtige Rolle in der oppositionellen Führung. Tomášek selbst wurde um so verwegener, je älter er wurde. Die Petition für religiöse Freiheit wurde im vergangenen Jahr von mehr als einer halben Million Menschen unterzeichnet und war ein entscheidender Faktor, um das politische Eis zu brechen. Und überhaupt – wer könnte schon dem himmlischen Zufall eines Festgottesdienstes während der Revolution widerstehen? Also kam auch hierher eine beträchtliche Anzahl von Menschen, manche extra vom Land, manche sogar aus der Slowakei. Und die Messe für die Schutzheilige Böhmens, jene Königstochter, die herabstieg, um mit den Armen zu leben, wird zu einer weiteren Feier der nationalen Erneuerung. Engel an der Arbeit? Oh ja, und der ganze Gottesdienst wird auch noch live vom Fernsehen übertragen. Soweit ich erfahren konnten, ist es das erste Mal, daß so etwas hier geschieht.

14.00 Uhr. Im gefrierenden Schnee findet die größte aller Demonstrationen statt: Über eine halbe Million Menschen versammelt sich im Park vor dem Letná-Fußballstadion, gleich hinter dem Platz, auf dem einst die gigantische Stalin-Statue stand. Mit all den Transparenten und Fahnen, den hoch gegen den Schnee gestemmten, erregten Gesichtern, sieht diese Szene wie ein Gemälde von L. S. Lowry aus. Ganze Ketten von Menschen hüpfen gemeinsam auf und ab, um sich warm zu halten. Wichtig ist allein, daß sie hier sind. Gekommen auf Einladung des Forums. In gewissem Sinne ist das alles, was zählt. Doch natürlich gibt es auch ein Programm.

Havel erklärt wieder und wieder die Unzufriedenheit des Forums mit einigen der alt-neuen Parteiführer und vor allem damit, daß der verhaßte Prager Parteisekretär Miroslav Štěpán im Amt überleben konnte. »Schande, Schande!« schreit die Menge. Und dann sagt er, daß die einzige Person an der Macht, die den Wünschen der Menschen entsprochen habe, Ministerpräsident Ladislav Adamec sei. »Adamec! Adamec!« brüllt die Menge, und man zittert einen Augenblick vor der Leichtigkeit, mit der sie umgestimmt werden kann. Das ist natürlich eine bewußte (und gefährliche) Taktik, die in den Garderoben der Laterna Magica besprochen wurde: die Position des Ministerpräsidenten als Verhandlungspartner aufzubauen, indem man der Regierung zeigt, daß er die Unterstützung der Öffentlichkeit gewinnen kann. Und genau das ist es, was Adamec vor ein paar Tagen von Havel erbeten hat. Dubček, der zur Überraschung vieler noch nicht wieder nach Bratislava zurückgekehrt ist, wiederholt die Unterstützung für Adamec. Er sagt auch sehr freundlich, daß er von der Heiligsprechung der Agnes von Böhmen – Anežka – erfreut sei und daß, auch wenn er Slowakisch sprechen wird, es nicht von Bedeutung sei, wie man spreche, sondern nur, was man sage.

Petr Miller, Der Arbeiter, wiederholt den Streikaufruf und betont erneut, daß der Streik die nationale Wirtschaftslage nicht bedrohen dürfe. Balladen werden gesungen, auch »Masaryks Lieblingslied«. Studenten und Schauspieler sprechen. »Ich spreche im Namen von Jesus Christus«, sagt ein Schauspieler bescheiden, »und rufe euch dazu auf, den Teufel auszutreiben.« Gewaltiger Applaus. Dann antworten sie ihm auf jene einzigartige spontane Weise, in der diese Massen mit den Sprechern zu kommunizieren verstehen: »Der Teufel sitzt auf der Burg, der Teufel sitzt auf der Burg!« (Wenn man mitten in der Menge steht, erlebt man, wie ein einziger Mann einen Satz ruft, dieser von den Umstehenden aufgegriffen und schließlich zur Stimme von einer halben Million wird.)

19.30 Uhr. Die Pressekonferenz. Wiederholungen der Positionen des Forums zu den kompromittierten Regierungsmitgliedern, dem Generalstreik und so weiter. Morgen wird sich eine Delegation mit Ministerpräsident Adamec treffen. Auf der Agenda steht die Legalisierung der unabhängigen Gruppen, die Entlassung politischer Häftlinge, Arrangements für weitere Gespräche, und, oh ja, das Ende der führenden Rolle der Partei. Ausländische Journalisten fragen stur nach Themen, über die hier niemand etwas wissen kann, nach den Machtverhältnissen innerhalb der Partei zum Beispiel oder nach den Beziehungen zwischen der sowjetischen und der tschechoslowakischen Führung. Jiřá Dienstbier gibt auf die letzte Frage eine gute Antwort. Natürlich finden wir, daß sich die sowjetische Führung für die Invasion von 1968 verantwortlich fühlen muß, sagt er, aber mit Sicherheit werden wir nicht um eine weitere internationale »Hilfe« bitten.

Das Fernsehen ist nun deutlich bereit, über die Revolution zu berichten. Nach der Direktübertragung der Messe zeigt es ein Interview mit Havel: weg mit der führenden Rolle, sagt er, her mit freien Wahlen. Und die Massen draußen greifen danach: »Freie Wahlen«, rufen sie. Wie in Polen, in Ungarn, in der DDR ...

Zehnter Tag (Sonntag, 26. November). 11.00 Uhr. Eine Delegation, angeführt von Ministerpräsident Adamec als offiziellem Vertreter der Regierung und der Nationalen Front (die die Kommunisten mit den ehemaligen Marionettenparteien vereinigt), trifft sich mit einer Forum-Delegation, angeführt von Havel. »Wir kennen uns nicht«, sagt der Ministerpräsident und streckt seine Hand über den Tisch. »Ich bin Havel«, sagt Havel. Es wird eine kurze Sitzung zum Kennenlernen, und sie vereinbaren, sich am Dienstag wieder zu treffen. Der Ministerpräsident verspricht die Entlassung der politischen Häftlinge (von denen einige tatsächlich im Laufe des Tages in der Laterna Magica auftauchen) und auch, zur Kundgebung am Nachmittag zu kommen.

14.00 Uhr. Wieder am Letná Stadion. Adamec trifft vor den Führern des Forums ein. Er steht herum und stampft mit seinen Füßen gegen die Kälte. Wie fühlen Sie sich? fragt jemand. »Sehr schön«, sagt er, als die Menge »Dubček, Dubček!« grölt. Ich bemerke, wie sein Assistent ein breites Grinsen zu unterdrücken versucht. Havel hält eine kurze Rede, in der er das Forum als Brücke zwischen Totalitarismus und Demokratie beschreibt und betont, daß es bis zu freien Wahlen existieren müsse. Dann geben sie Adamec seine Chance. Aber er verspielt sie, spricht über die Notwendigkeit der Disziplin, gegen weitere Streiks, für wirtschaftlichen anstatt politischen Wandel. Man spürt, daß er ebenso zur Krisensitzung des Zentralkomitees, die am Abend stattfindet, spricht wie zu den Menschen vor ihm. Und sie fühlen es auch. Sie buhen und pfeifen.

Wieder zeigt die Menge ihre außergewöhnliche Fähigkeit, direkt durch rhythmische Zurufe mit den Sprechern zu reden. »Macht Platz für die Ambulanz«, schreien sie, oder »dreht den Ton lauter«. Als eine lange Liste politischer Häftlinge verlesen wird, rufen sie »Štěpán ins Gefängnis!« »Vielleicht sollten wir ihm einen Spaten geben«, sagt Václav Malý von der Plattform. »Er wird ihn klauen!« kommt die sofortige Antwort einer halben Million wie aus einer Kehle. Gleich darauf »Hier kommt er«. Und man kann sicher sein, da wird ein Spaten in der vordersten Reihe nach oben gereicht. »Štěpán, Štěpán«, rufen sie. Doch es klingt wie ein Klagelied. Und wieder klingeln sie mit ihren Schlüsseln, diesmal aber wie zur Totenmesse. (Am nächsten Morgen erhalten wir die Nachricht, daß Štěpán und andere diskreditierte Mitglieder der Führungsspitze auf der Krisensitzung des Zentralkomitees zurückgetreten sind.)

18.00 Uhr. Ein wichtiges Plenum. Havel stellt die »fundamentale Frage« nach der Zukunft des Forums. Er selbst möchte weder »Chef« sein, sagt er, noch ein professioneller Politiker. Er möchte Schriftsteller sein. Václav Malý sagt fast das gleiche, außer natürlich, daß er Priester werden – bleiben – möchte. Doch jedem ist klar, daß Havel zumindest bis zu den Wahlen weitermachen muß – und »bei den Wahlen«, feixt Dienstbier, »geb ich dir sowieso keine Chance!«

Jemand anderes berichtet von Telefonanrufen mit Beschwerden über undemokratische Methoden. Da ist er wieder, der bekannte Konflikt zwischen Politik und Moral, zwischen den Erfordernissen der Einigkeit und den Ansprüchen der Demokratie. Die Studenten bestehen auf der Notwendigkeit von Einigkeit, Kontinuität und Havels Führung. Aber andere Stimmen erheben sich und verteidigen die Gründungen politischer Parteien. Eine Sozialdemokratische Partei wird sich in den nächsten Tagen etablieren. Das Forum, darüber sind sich alle einig, darf keine zentralistische, parteiähnliche Organisation sein. Was dann? Wie nennt man einen Bürgerkreuzzug für die nationale Erneuerung?

Unvermeidlich schwingt die Diskussion zwischen großen und kleinen Themen hin und her – was soll man Adamec am Dienstag sagen, was der Presse in einer Stunde, Sozialismus oder Liberalismus, soll man mit dem Auto oder lieber mit dem Bus fahren? Mitten hinein platzt Václav Klaus, der schillernde Ökonom, und beginnt, ein erstaunliches Dokument zu verlesen. Es heißt »Was Wir Wollen« und trägt den Untertitel »Programmatische Prinzipien des Bürgerforums«. Es fordert eine neue Tschechoslowakei, in der Rechtstaatlichkeit durch unabhängige Gesetzgebung garantiert wird, freie Wahlen auf allen Ebenen, Marktwirtschaft, soziale Gerechtigkeit, Respekt für die Umwelt und ein unabhängiges akademisches und kulturelles Leben. Ein normales Land in der Mitte Europas also. Drei maschinengeschriebene Seiten, von den Mitgliedern einer der Kommissionen während eines kurzen Wochenendes vorbereitet. Zuerst hatte ich sie auf der Bühne der Laterna Magica sitzen gesehen, dann in der Garderobe schwitzen. Dann kam mein Freund Petr Pithart in die Laterna Magica – Anwalt, Historiker und Autor eines der besten Bücher über 1968, der nach seiner Unterzeichnung der Charta 77 zu Knechtsarbeit verdonnert wurde –, um einen bescheidenen Vorschlag zu machen. Innerhalb von Minuten wurde er in die Kommission aufgenommen, und innerhalb von Stunden schrieb er mit an dem Entwurf für eine neue Tschechoslowakei.

Als Klaus die Lesung beendet, entsteht eine Diskussion. Václav

Benda, der konservative Katholik und einer der ersten politischen Denker der Charta, sagt, daß er mit Teilen des Textes nicht einverstanden sei, obwohl er daran mitgearbeitet habe: mit der Passage, in der es heißt, daß die Tschechoslowakei »ihre internationalen rechtlichen Obligationen respektieren« wird (implizit also auch den Warschauer Pakt), und mit einer anderen, in der steht, daß der Staat ein soziales Minimum für alle garantieren solle. Das ist ein gefährlicher Moment, denn wenn das Plenum sich zu einer tiefgründigeren politischen Debatte hinreißen läßt, werden sich augenblicklich die gravierenden Differenzen rächen, die bislang durch den weiten, aber minimalistischen Mantel der Charta 77 und nun des Forums bedeckt geblieben waren. Glücklicherweise wird die Situation von Petr Miller gerettet. Er springt auf und sagt, daß er, obwohl er keine höhere Bildung habe, all das verstehen könne. Er finde es gut und glaube, man solle es annehmen. Im Klartext: ihr Intellektuellen, hört auf zu schwätzen! Überall Seufzer der Erleichterung. Eine schnelle Abstimmung. Angenommen mit nur drei Stimmenthaltungen. Dem Himmel sei Dank für Den Arbeiter.

Natürlich enthält das Programm auch unausgegorene Passagen. Beispielsweise zum Warschauer Pakt, über die Rolle des Staates und die Frage des Eigentumsrechtes. Zum letzten Punkt spricht es über »wirklichen Wettbewerb«, der »auf der Basis gleichberechtigter Existenz« entstehen wird, »mit gleichen Rechten für alle Arten von Eigentumsverhältnissen und mit der progressiven Öffnung unserer Wirtschaft für den Weltmarkt«. Das ist eine Kompromißformel, die sich den Empfindlichkeiten der Revisionisten, Sozialdemokraten und sogar der Trotzkisten anpaßt, alle Teil der Regenbogen-Koalition des Forums, die noch immer an die unterschiedlichsten Formen der sozial(istisch)en Eigentumsverhältnisse glauben. Was sie sagten, ist: Laßt die beste Form gewinnen! Was die Ökonomen aber privat meinen, läßt keinen Zweifel daran, welche Art der Eigentumsform gewinnen wird.

Das wirklich Ungewöhnliche sind jedoch nicht die Differenzen, sondern das Ausmaß des sofortigen Konsens mit dem Programm. 1968, sogar 1977 noch, wäre ein derartig breites Einverständnis undenkbar gewesen. Das ist ein tschechisches Phänomen. Aber doch nicht nur ein tschechisches, denn auf verschiedene Weise ist es überall in Ost-Mitteleuropa zu beobachten. Man nehme eine mehr oder weniger repräsentative Auswahl politisch engagierter Personen. Man lasse sie zwei Tage im Dampftopf schmoren. Was kommt heraus? Das gleiche westliche, europäische Modell: parlamentarische Demokratie, Rechtstaatlichkeit, Marktwirtschaft. Ob in Warschau oder Budapest, ich schätze, dieses Experiment würde zum gleichen Ergebnis führen. Das ist kein dritter Weg. Das ist nicht »Sozialismus mit einem menschlichen Gesicht«. Es ist die Vorstellung von »Normalität«, die sich triumphal über die Welt auszubreiten scheint.

Doch genug der Philosophie. In den nächsten zehn Minuten muß beschlossen werden, was sie dem Ministerpräsidenten – und der Welt – sagen werden. Auf der Pressekonferenz werden sie natürlich nach den unausgegorenen Formulierungen zum Bündnis gefragt. Dienstbier sagt: Wir müssen von der bestehenden Situation ausgehen, aber unser langfristiges Ziel ist ein Europa ohne Blöcke. Worte eines Außenministers. Im sowjetischen Fernsehen läuft an diesem Abend eine Sendung über den Prager Frühling, auch ein Interview mit Dubček. Das Interview wurde vom Samizdat-*Videojournál* zur Verfügung gestellt.

Elfter Tag (Montag, 27. November). Der Generalstreik ist schon ein Erfolg, bevor er begonnen hat. Das Fernsehen deklariert ihn als solchen. Kurz vor Mittag erklärt der Sprecher, er bereite sich gerade darauf vor, am Streik teilzunehmen. Dann, ab Schlag Zwölf, zeigen sie Plätze voller Menschenmassen im ganzen Land, in Prag, Bratislava, Brno, Ostrava, wo auch immer. Aufgeregte Reporter beschreiben die »phantastische Atmosphäre«. Ein Untertitel erklärt, daß die Berichterstattung über den Streik der Beitrag der Fernsehcrews zum Streik ist. (Doch während der vergangenen zwanzig Jahre haben auch sie nur Propaganda-Müll ausgestoßen.)

Petr Miller fährt mich zu seiner Fabrik, den riesigen ČKD-Werken. Er rast in haarsträubendem Tempo mit seinem Lada Sport. Sichtlich vergnügt hupt er gegen den Verkehr an und brüllt, um uns durchzuschleusen, »Bürgerforum!« »Ich bin nur eine ganz kleine Figur in der Opposition« sagt er und fuchtelt mit seiner Hand einen halben Meter über dem Boden herum, um zu zeigen, wie klein. In Wirklichkeit aber ist er auf dem besten Wege, als tschechischer Wałęsa zu gelten. Auf der Straße bietet sich uns ein faszinierender Anblick: Eine Taxischlange, wenigstens einen Kilometer lang, Taxi nach Taxi nach Taxi, kriecht die

Hügel hinauf, in den Fahrgastsitzen Freundinnen und Ehefrauen. Der Taxifahrerstreik.

Vor den Fabriktoren lauschen die Arbeiter geduldig einer langen ökonomischen Vorlesung des Leiters des Prognose-Instituts, Valtr Komárek. »Komárek, Komárek!« rufen sie. Die Kundgebung endet mit dem Singen der Nationalhymne(n) um halb 2, damit jeder um 2 Uhr wieder an seiner Arbeit sein kann. Miller erzählt, daß sie ihre verlorene Arbeitszeit durch unbezahlte Überstunden wieder wett machen werden. Auf meinem Rückweg ist natürlich weit und breit kein Taxi zu finden.

16.00 Uhr. Demo auf dem Wenzelsplatz. Die Organisatoren versuchen, einem Kommunisten das Podium – oder eher, den Balkon – zu überlassen. »Freunde, Genossen«, beginnt er. Das war ein gravierender Fehler. »Buh, Buh!« brüllt die Menge, und: »Wir sind keine Genossen«. Freie Wahlen und das Ende der führenden Rolle der Partei, das ist es, was die Menschen hier hören wollen. Václav Klaus, inzwischen ein Oppositions-Star, liest, das Bürgerforum halte »es für sein grundlegendes Ziel, der definitive Auftakt für eine Entwicklung zum politischen Pluralismus und zu freien Wahlen in unserer Gesellschaft zu sein«. Die Bewegung sei offen für jeden, der das gegenwärtige System ablehnt und die programmatischen Prinzipien akzeptiert. Es werde keine hierarchischen Strukturen, jedoch eine »Koordinationszentrale« geben. Die Koordinationszentrale schlage für den Augenblick die Beendigung der Streikaktionen vor. Morgen werde sie ihre Forderungen dem Ministerpräsidenten unterbreiten. Sollte er nicht entsprechend reagieren, werde man den Rücktritt der Regierung fordern – »Rücktritt, Rücktritt«, brüllt die Menge – und die Ernennung eines neuen Ministerpräsidenten, der willens sei, freie Wahlen zuzusichern. »Freie Wahlen, freie Wahlen!«

Dann kommt der massige, ziegenbärtige Dr. Komárek. Er liest sehr langsam und bewußt so, als halte er die Antrittsrede eines Ministerpräsidenten. Wir brauchen Taten, keine Worte, sagt er. »Richtig«, ruft die Menge. Es müsse einen Kompromiß zwischen der neuen *de facto*-Situation und der alten *de jure*-Situation geben. Die Teenager neben mir kichern über das professorale Latein, aber auch sie rufen »Komárek, Komárek«. Es müsse eine große Koalitionsregierung geben, eine Regierung der Experten, kompetente und moralisch integre Männer (so, wie ganz offensichtlich Valtr Komárek). Dann verliest eine Studentin noch langsamer und deutlicher, wie ein Diktat, einen Brief der Studenten, in dem sie den Präsidenten auffordern, Adamec durch Komárek zu ersetzen. »Pan Dozent Komárek, *Dr. Sc*«, sagt sie, habe bereits ein Programm. Das Forum stehe hinter ihm. »Wir auch«, ruft die Menge, »wir auch«.

Für jeden auf dem Platz ist also klar, daß das Forum – Sprachrohr des Volkes – gerade einen Kandidaten für das Amt des Ministerpräsidenten vorgeschlagen hat. Aber in der Laterna Magica findet man sehr schnell heraus, daß das Forum dies ganz und gar nicht geplant hatte. Im Plenum um 18.00 Uhr, im Zuschauerraum jetzt, herrschen Konfusion und Konsternation. Es war unsere Position, sagt Havel, Adamec eine Chance zu geben, unseren Forderungen zu entsprechen, bevor wir seinen Rücktritt fordern. Das entspricht auch dem Statement, das Klaus verlesen hat. Die Studenten sind trotzdem abgesprungen. Wieso? Da kam ein Anruf aus der Laterna, sagen die Studenten. »Desinformation!« ruft jemand. »Provokation!« Oder, was viel wahrscheinlicher ist: Tohuwabohu eben. Jedenfalls stellt sich nun die Frage: Was in aller Welt werden sie nun Adamec in den morgigen Verhandlungen sagen? Und wer soll in der Delegation sein? Der Student natürlich. Der Arbeiter (Miller). Ján Čarnogurský, ein Anwalt und führender slowakischer katholischer Aktivist, gerade aus dem Gefängnis entlassen. Václav Malý. Vielleicht Komárek? »Auf wessen Seite?« fragt jemand. Denn Komárek ist noch immer Parteimitglied. Havel verschwindet hinter die Bühne. Er muß gehen und den Friedenspreis des Deutschen Buchhandels in Empfang nehmen. (Vor vier Tagen mußte er davonschleichen, um den Olof-Palme-Preis abzuholen.)

19.30 Uhr. Die Pressekonferenz. Mit großer Ruhe werden Fragen beantwortet, die sich die Forumsführer gerade eben noch selbst gestellt hatten, im gleichen Raum, nur wenige Minuten zuvor. Kein Thema. Entscheide, wenn nötig. Petr Miller sagt, das Streikkomitee existiere noch immer und werde beibehalten. Die Arbeiter würden die durch den Streik verlorene Arbeitszeit nicht nur wieder aufholen, sie werden auch zwei freie Samstage arbeiten … in der Woche, wenn freie Wahlen in der Tschechoslowakei stattfinden werden. Wird es eine Grüne Partei geben? »In diesem Land müssen alle Parteien grün sein«, sagt Dienstbier. Gut gemacht, Jiřá. Wieder die Worte eines Außenministers. Aber jetzt muß er flitzen. Sein Ofen braucht Nachschub.

Zwölfter Tag (Dienstag, 28. November). Um halb 2 liefert Minister Marián Čalfa den ersten Bericht über die Verhandlungen zwischen dem Regierungs- / Nationalen Front-Team unter Adamec und der Forumsdelegation unter Havel. Das Treffen habe in einer »aufgeregten« Atmosphäre begonnen, sagt er. Aber dann habe man sich beruhigt und in »positivem« Geist die Sitzung beendet. Der Ministerpräsident habe versprochen, bis Sonntag (3. Dezember) eine neue Regierung zusammenzustellen, die auf »breiter Koalition« beruhen werde, eine Experten-Regierung. Die Regierung werde außerdem der Bundesversammlung vorschlagen, die Klauseln über die führende Rolle der Partei, den untergeordneten Charakter der Nationalen Front und den Marxismus-Leninismus als Erziehungsbasis aus der Verfassung zu streichen. Der Ministerpräsident versprach auch, daß der Stadtrat das Forum mit der nötigen Infrastruktur ausstatten wird.

Die Forumsleute sagen, Adamec sei schier geplatzt, als er sich den Forderungen des Forums ausgesetzt sah – einem knappen Katalog jener Forderungen, die von den Studenten und anderen während der vergangenen Woche erhoben wurden. Er nannte sie »ein Ultimatum«. Nach einer Pause sei es wieder einmal Petr Miller gewesen, der Klartext gesprochen und damit die Situation entspannt habe.

16.00 Uhr. Plenum. Etwa zweihundert Menschen im Zuschauerraum. Havel und andere Delegationsmitglieder auf der Bühne. Hauptthema: der Entwurf des Forums für die Verhandlungen. Außer den drei Punkten, auf die man sich geeinigt hat, der nachdrücklichen Forderung nach Entlassung aller politischen Häftlinge bis zum 10. Dezember (dem UN-Menschenrechtstag) und einem beifälligen Kommentar über die Gründung einer parlamentarischen Kommission, die die Gewaltakte der Polizei und Sicherheitskräfte am 17. November untersuchen soll, enthält der Entwurf, vorgelesen von Radim Palouš, noch fünf weitere Punkte. Der dramatischste davon ist die Ankündigung, daß sie Präsident Husák schreiben und ihn dazu auffordern werden, bis zum 10. Dezember zurückzutreten. Außerdem habe der Ministerpräsident bis zum Jahresende den Weg zu ebnen, auf dem seine neue Regierung die gesetzlichen Rahmenbedingungen für freie Wahlen, für das Recht auf Versammlungsfreiheit, Redefreiheit, Gründung von Vereinen sowie eine freie Presse schaffen und die staatliche Kontrolle über die Kirchen usw. aufheben kann. Dazu müsse die Volksmiliz, die private Armee der Partei, aufgelöst und (wie in Ungarn) alle politischen Organisationen vom Arbeitsplatz verbannt werden. Geschehe das nicht, würden sie seinen Rücktritt fordern.

Nachdem der Entwurf verlesen war, sagt Havel, »ich überlasse die Diskussion jetzt euch« und eilt hinter die Bühne, durch die Höhle des Minotaurus. Im Verlauf einer eher konfusen Diskussion kritisiert Petr Pithart scharf, daß nichts über die Zusammensetzung einer neuen Regierung gesagt worden sei. Was sei zum Beispiel mit den wichtigsten Machthebeln, dem Innen- und dem Verteidigungsministerium? Vom Podium kommt die schüchterne Antwort: Ja, aber wir können hier nichts erzählen, was wir dort nicht besprochen haben. Irgendwie geht dieser Punkt in all der Hektik verloren. Und wieder einmal beendet Petr Miller das intellektuelle Gezänk: Laßt es uns jetzt akzeptieren, sagt er, wir können es später immer noch ergänzen.

Pressekonferenz. Die letzte Version des Kommuniqués – wie es von den zweihundert Menschen ediert wurde! – wird verlesen. Ebenso der Text eines Briefes an die sowjetische Regierung über die Neubewertung von 1968. Er sei, so berichten sie, »mit Vergnügen« von der sowjetischen Botschaft entgegengenommen worden und mit dem Versprechen, daß er augenblicklich per Telex nach Moskau geschickt würde. Über die Verhandlungen befragt, sagt Havel, sie seien kompliziert, schnell, dramatisch gewesen und man möge hier bitte nicht alle Details erwarten. Und überhaupt flehe er darum, von der Presse in Ruhe gelassen zu werden. Alle Fragen würde er freudig auf einer ganztägigen Pressekonferenz beantworten – nach der Revolution.

Dreizehnter Tag (Mittwoch, 29. November). Das Fernsehen zeigt die Rede des neuen Parteisekretärs Karel Urbánek, mit der er versucht, die Getreuen bei einem Not-*aktiv* im Kulturpalast aufzumuntern. Er schlägt einen kämpferischen Ton an. Wir werden uns nicht an das ausländische Kapital verkaufen wie die Polen! Wir können den Forderungen nach einer Auflösung der Volksmiliz nicht entsprechen! (Am Samstag aber werden sie genau das tun.) Die Zuhörer rufen »Urbánek, Urbánek« und »Lang lebe die KSČ!«, im gleichen Rhythmus wie die Rufe der Massen auf dem Wenzelsplatz.

Dann die Bundesversammlung. Frauen mit rosa gepuderten Gesichtern, altmodischen Dauerwellen und dem Timbre von

Lehrerinnen. Männer in billigen Anzügen, das Haar streng aus der schwitzenden Stirn gekämmt. Die Physiognomie der Macht seit vierzig Jahren. Doch am Ende des Tages stimmen sie alle mit »Ja« für den Antrag des Ministerpräsidenten, die führende Rolle der Partei aus der Verfassung zu streichen, wie gestern mit dem Forum vereinbart, und den Marxismus-Leninismus als Erziehungsgrundlage abzuschaffen. Seit Jahren, in manchen Fällen ein ganzes Leben lang, haben sie den Marxismus-Leninismus und die führende Rolle der Partei gepredigt. Doch nicht ein einziger Abgeordneter stimmt gegen diesen Umbruch. Wie Orwell schrieb: einmal eine Hure, immer eine Hure.

16.00 Uhr. Plenum im Zuschauerraum. Havel ist mit einer Delegation nach Bratislava geeilt, um im Slowakischen Nationaltheater zu sprechen. Es ist lebenswichtig, zu verhindern, daß die Regierung Tschechen gegen Slowaken ausspielt, wie sie es so oft in der Vergangenheit getan hat. Das gestrige Kommuniqué über das Treffen mit der Regierung unterstrich, daß dies Verhandlungen des Bürgerforums *und* der Öffentlichkeit Gegen Gewalt (PAV) seien, der Schwesterorganisation in der Slowakei. Und an erster Stelle des heutigen Kommuniqués steht ihre gemeinsame Resolution: »Das gemeinsame Ziel des CF und des PAV ist die Umwandlung der Tschechoslowakei in eine demokratische Föderation, in der Tschechen und Slowaken gemeinsam mit anderen Nationalitäten in Freundschaft und gegenseitigem Verständnis leben werden.« Aber bis es dazu kommt, ist es noch ein steiniger Weg. Denn das Thema ist nicht allein Demokratie als solche. Es geht auch um das Maß an Selbständigkeit, das beide Nationen/Nationalitäten innerhalb eines föderierten Staates genießen können.

Doch bevor mit einer Diskussion darüber begonnen werden kann, kommt eine Gruppe Studenten auf die Bühne, clownesk als Junge Pioniere verkleidet: weiße Blusen, rote Halstücher, die Mädchen mit Pferdeschwänzen. Das Komitee für eine fröhlichere Gegenwart. Wir sind gekommen, sagen sie, um euch aufzumuntern – und um sicherzugehen, daß ihr euch nicht in ein neues Politbüro verwandelt. Dann geben sie jedem Mitglied des Plenums einen kleinen Handspiegel.

Und weiter, der dritte Punkt: »Der Ministerpräsident sagte in den gestrigen Verhandlungen mit dem CF, daß er den Wunsch hat, mit uns über die Mitglieder des neuen Kabinetts zu diskutieren. Das CF strebt keine ministeriellen Posten an, möchte aber dem Ministerpräsidenten vorschlagen, daß der nationale Verteidigungsminister ein Zivilist sein soll, der sich nicht kompromittiert hat und ein Mitglied der Kommunistischen Partei der Tschechoslowakei ist, während der Minister des Inneren eine Person sein soll, die sich nicht kompromittiert hat, ein Zivilist ist und kein Parteimitglied. Dieser Vorschlag wurde dem Ministerpräsidenten im Laufe des heutigen Morgens übergeben.« Dieser Vorschlag, von Havel entworfen, war direkt aus seiner Garderobe an die Garderobe des »Krisenstabs« gegangen und in nur wenigen Minuten verabschiedet worden. Nach kurzem Nachdenken: oh, übrigens, ihr könnt nicht mehr den Innenminister stellen!

Wer möchte die Pressekonferenz übernehmen? Niemand. Es muß schon pressesüchtig sein, wer sich ihr freiwillig aussetzt.

Sollten wir von all dem als einer Revolution sprechen? fragt jemand. Immerhin hat das Wort »Revolution« »in unserem Sprachgebrauch« einen deutlichen Unterton von Gewalt. Eine »friedliche Revolution« klingt wie ein terminologischer Widerspruch. Ein ziemlich akademischer Standpunkt, möchte man meinen. Doch tatsächlich geht es bei fast allem präzise auch um Worte: darum, neue zu finden, klare, wahre Worte, anstatt der alten, lügnerischen Phrasen, mit denen die Menschen so lange leben mußten. Die Komitees haben denn auch von Anfang an versucht, die Statements des Forums in einer klaren Sprache zu halten. Doch leider gelingt das selbst ihnen nicht immer. Diese Kommuniqués mit ihren ewigen Abkürzungen – CF und PAV – hören sich auch schon fast wie das alte politbürokratische Chinesisch an.

19.30 Uhr. Pressekonferenz. Václav Klaus berichtet fröhlich von einem Presseinterview mit dem gestürzten Parteiführer Miloš Jakeš, in dem er sagte, daß das Forum gut organisiert sei. »Ich bedaure, sagen zu müssen«, kommentiert Klaus, »daß wir selbst in diesem Punkt nicht mit ihm übereinstimmen können.« Es werden Fragen nach den Akademikern gestellt, die nach 1969 entlassen wurden. Wir entwerfen gerade eine Liste derjenigen, die wieder eingestellt werden sollen, sagt ein Studentenführer. Aber wie wird man Platz für sie finden? »Ich kann Ihnen versichern, daß wir über genügend inkompetente Professoren verfügen ...«

Vierzehnter Tag (Donnerstag, 30. November). 16.00 Uhr. Plenum. Thema: die innere Organisationsstruktur der »Koordinationszentrale« des Forums. Ivan Havel, ein Kybernetiker, hat einen eindrucksvollen und logischen Plan entwickelt, der an die schwarze Tafel auf der Bühne gehängt wurde. Plötzlich sieht das Theater wie ein Vorlesungssaal aus: die Revolution als Seminar für Kybernetik.

Eines der Themen im Seminar ist, wie man die Zusammensetzung der Bundesversammlung oder des Parlaments ändern könnte. Wieder einmal tritt der Konflikt zwischen dem moralischen Imperativ der Demokratie und dem politischen Imperativ schneller, effektiver Aktionen in Erscheinung. Es gibt eine Gesetzesvorgabe, durch die Mitglieder des Parlaments »abberufen« werden können, das heißt, durch eine Parlamentsabstimmung abgezogen und durch ein neu ernanntes – nicht frei gewähltes – Mitglied ersetzt werden können. Diese Methode wurde angewandt, um das Parlament nach der sowjetischen Invasion zu reinigen. Jetzt schlägt Professor Jičinský vor, ein Verfassungsrechtler, der selbst durch eben diese Methode aus dem Parlament entfernt wurde, die Kommunisten mit ihren eigenen Mitteln zu schlagen. Andere meinen, dies sei undemokratisch, es müsse zumindest freie Wahlen in den freigewordenen Wahlbezirken geben (wie in Ungarn geschehen). Aber das würde viel zu lange dauern, und Zeit ist, was sie nicht haben. Sie brauchen jetzt sofort eine repräsentativere Versammlung. Darf man deshalb eine undemokratische Abkürzung zur Demokratie nehmen?

Inzwischen hat eine der Forumsdelegationen das erste direkte, bilaterale Treffen mit den Parteiführern. Die Seite der Partei wird von Vasil Mohorita angeführt, der, als Leiter der offiziellen Jugendbewegung, die Studentendemonstrationen, mit denen alles anfing, genehmigt hatte und sich später mit einem Statement einverstanden erklärte, das die Anwendung von Gewalt gegenüber den Demonstranten verurteilte. Ist er vielleicht der gesuchte Partner in der Partei?

Nach den Fernsehnachrichten wird ein langes Interview mit Zdeněk Mlynář gesendet, einem hochrangigen Mitglied der Dubček-Regierung von 1968. Er wurde vom neuen Parteiführer Karel Urbánek aus seinem Wiener Exil nach Prag geladen und eilte sofort nach seinem Grenzübertritt mitten in der Nacht zu ihm. In ihrer Verzweiflung wenden sich die Parteiführer um Rat an die alten Kommunisten, die sie nach der Invasion ausgeschlossen und diffamiert haben (etwa eine halbe Million), und hoffen, sie zurückzugewinnen. Mlynář wird im Fernsehen als »Politikwissenschaftler aus Innsbruck« vorgestellt. Er zeigt sich höchst eloqent, betont die Bedeutung Gorbatschows und des gesamten internationalen Zusammenhangs, ähnlich wie in all den vorangegangenen Wendepunkten der tschechoslowakischen Geschichte, 1918, 1938, 1948, 1968. Worüber er nicht spricht, sind die konkreten Schritte, die nötig wären, um das kommunistische System abzubauen. Am Ende des Interviews hat man den Eindruck, daß es ihm, wie Dubček, noch immer einzig um das Konzept von 1968 geht, um einen reformierten Kommunismus, genannt »Sozialismus mit einem menschlichen Gesicht« – kurz also, um eine Idee, deren Zeit vorüber ist.

Später am Abend. Ich schlendere mit dem Regisseur Petr Oslzlý durch die unbeschreiblich schönen Gassen der Altstadt zum kleinen Theater am Geländer, wo in den frühen sechziger Jahren Havels erste Stücke aufgeführt wurden. Heute ist es wie alle anderen Theater zur Bühne für improvisierte Happenings geworden. Nach der kurzen Rede eines Ökonomen und nach der Diskussion mit einem exilierten Choreographen über die Finanzierung der Theater im Westen, tritt eine tschechische Country-and-Western-Gruppe auf. Sie singen in perfektem Tschenglisch: »I got ol' time religion ...«

Fünfzehnter Tag (Freitag, 1. Dezember). Pavel Bratinka sitzt in seinem Heizerhäuschen am Metrogebäude, vor der Tür ein Berg Kohle, innen eine Klappliege und Möbel vom Sperrmüll. Er sagt: »Im großen und ganzen favorisiere ich eine Zwei-Kammer-Legislative.« Er hat diese Themen seit Jahren studiert, Politik, Recht, Ökonomie, hat Artikel für die Untergrundpresse und manchmal auch für westliche Publikationen geschrieben. Er vermittelt das seltene Gefühl, einen Menschen vor sich zu haben, der seine Gedanken wirklich zu Ende gedacht hat, der nichts als gegeben hinnimmt. Aus diesem Grund ist er auch von seinen Positionen ungewöhnlich überzeugt. Ich kenne ihn seit mehreren Jahren und habe seinen explosiven Intellekt immer sehr geschätzt. Aber dieses Gespräch findet in einer anderen Atmosphäre statt. Mögen wir auch immer noch in seiner scheußlichen Hütte sitzen und Pavel die riesige Kunstledermontur des Heizers tragen, so könnte ich doch wetten, daß er in nur wenigen Monaten in einem eleganten Anzug in der neuen Kammer eines wirklichen Parlaments sitzen wird.

17.00 Uhr. Plenum. Mehrere Mitglieder wurden bereits für die »Krisenstäbe« während des Wochenendes benannt. Gibt es noch Freiwillige? Vor uns liegt ein kritisches Wochenende, denn Sonntag ist der letzte Termin, den das Forum für die Bildung einer neuen Regierung genannt hat, und sie werden dann auf Adamecs Liste reagieren müssen. Und in der Tat könne sich jeder aus dieser selbstgewählten und so unterschiedlichen Gruppe selbst ernennen, um an der schwerwiegenden Entscheidung mitzuwirken. Doch alle sind total erschöpft nach vierzehn Tagen Revolution. Ihre Frauen und Kinder beklagen sich bereits. Und, verdammt nochmal, es ist Wochenende. Also wächst die Liste der Freiwilligen nur sehr spärlich.

Das Treffen wird wieder lebendig, als ein stämmiger Bauer erscheint, der gerade erfolgreich einen offiziellen Kongreß der Landwirtschaftskooperativen gesprengt hat. Er verliest – nein, er rezitiert – ein gewaltiges Statement, beginnend »Wir die Bürger …«, in dem es um einfach alles geht, von Freiheit bis Düngemitteln. Dann bittet er die Sprecher des Forums, aufs Land zu kommen. Die Menschen auf dem Land, sagt er, wissen nicht, was die Charta 77 ist. Sie halten sie für eine Gruppe ehemaliger Häftlinge.

Kurz nach 7 kehren Havel und Petr Pithart zurück, genauso erschöpft nach ihren fünfstündigen Verhandlungen mit dem tschechischen Ministerpräsidenten (im Gegensatz zum Bundesministerpräsidenten). Auch dabei ging es hauptsächlich um die Zusammensetzung der neuen Regierung und um Veränderungen (z.B. im Erziehungssystem), die in der Kompetenz dieser Regierung liegen. Schließlich haben sie sich auf ein gemeinsames Kommuniqué geeinigt, nachdem sie erst einmal eine Stunde über ein Wort gestritten haben – »Rücktritt«. Du mußt verstehen, sagt Havel zu mir, was es für diese Leute heißt, mit uns ein gemeinsames Kommuniqué zu unterzeichnen. Ein gemeinsames Kommuniqué mit denen, die sie zwanzig Jahre lang als gefährliche Kriminelle behandelt haben.

Nach Mitternacht. Der König von Böhmen kehrt in seine Kellerkneipe zurück. »Ah, *pane* Havel!« kreischt ein Mädchen am Nachbartisch und schickt ihren Freund herüber, um ein Autogramm auf einer Zigarettenschachtel zu bekommen. Havel ist ein Bohemien im doppelten Sinn des Wortes. Er ist ein tschechischer Intellektueller aus Böhmen mit einem tiefen Gefühl für seine

Heimat. Aber er ist auch ein Künstler, nirgendwo glücklicher als in einer Kneipe, mit einem Glas Bier vor sich und in Gesellschaft hübscher und amüsanter Freunde. Klein, mit gelichtetem Haar und Schnauzbart, mit einem gedrungenen Körper auf kleinen Füßen, sieht er jünger aus als seine dreiundfünfzig Jahre. Selbst in ruhigeren Zeiten ist er ein nervöses Energiebündel. Seine Hände wedeln ständig wie Doppelpropeller. Sein Gang ist unverkennbar, fast chaplinesk: schnelle kleine Schritte, leicht nach vorne gebeugt, eine Art Rennschlurfen. Er trägt Jeans, offene Hemden, manchmal ein Cordjackett. Anzug und Krawatte nur unter extremem Zwang, beispielsweise wenn er einen dieser internationalen Preise bekommt. Verhandlungen mit der Regierung reichen für Anzug und Krawatte nicht aus. Sein jugendliches Gesicht voller Fältchen zerfließt permanent in jenes gewinnende Lächeln. Und aus dem Inneren dieses schmalen Rahmens murmelt eine überraschend tiefe Stimme trockene Bemerkungen hervor. Auch wenn er nicht den Anschein macht, so steckt er doch voller enormer Vitalität. Wenige Männer könnten in nur vierzehn Tagen auch nur halb so viel vollbringen, wie er es getan hat – und dann noch laufen, geschweige denn sprechen. Doch hier sitzt er, um ein Uhr in der Früh in seiner Kneipe, und lacht, als mache er jede Woche Revolution.

Sechzehnter Tag (Samstag, 2. Dezember). Ein schäbiges Hinterzimmer mit einem zusammengebrochenen Bett und einem Jungmädchenkalender an der Wand. Auf der einen Seite die Verleger einer Samizdat – aber bald legalen – Zeitung. Auf der anderen Havel, František Janouch, Leiter der Charta 77-Stiftung in Stockholm, und, aus Wien, der Vorsitzende der Internationalen Helsinki-Kommission, Prinz Karl von Schwarzenberg im Tweedjakkett und mit Sherlock-Holmes-Pfeife. Arrangements müssen für die bald legale Zeitung getroffen werden. Der Prinz notiert sich, was sie brauchen. Es entsteht ein Gespräch über die erforderliche Steuergenehmigung. Havel zieht eine getippte Namensliste aus seiner Tasche und sucht den Namen des Finanzministers. »Kennt den irgendwer?« scherzt er. Stille. Schwarzenberg sagt: »Was ist das für ein Land, in dem man nicht einmal die Minister kennt?«

Plötzlich tragen die Menschen rot-weiß-blaue Buttons mit der Aufschrift *»Havel na Hrad«* (Havel auf die Burg). Sie werden, so erzählt man mir, in Ungarn hergestellt. Havel fragt schüchtern, »dürfte ich eines haben?« und steckt es in seine Tasche.

Am Abend findet eine Zeremonie auf der Bühne der Laterna Magica statt, um den Mitarbeitern für ihre Hilfe zu danken. Ab Montag sollen sie wieder mehr normale Vorstellungen geben. Nach kurzen Reden werden die Lichter gelöscht, ein Feuerwerk wird auf die hintere Bühnenwand projiziert, und alle im Saal singen die tschechische Version von »We Shall Overcome«, schaukeln mit erhobenen Händen, das V für Victory deutend, hin und her. Dann trinken wir rosa Sekt. Abseits sehe ich eine einsame Gestalt im Foyer, das Glas halb erhoben, unentschieden, als werde sie von unsichtbaren Armen gleichzeitig in vier verschiedene Richtungen gezogen. Es ist Havel. Wir setzen uns auf eine Bank, und er murmelt vertraulich: »Ich stecke gerade in sehr wichtigen Verhandlungen über ...« – da kommt ein hübsches Mädchen mit einer neuen Flasche Sekt. Dann jemand mit einer wichtigen Botschaft. Dann ein anderes hübsches Mädchen. Dann Prinz Schwarzenberg. Ich werde nie erfahren, was er mir über diese wichtigen Verhandlungen erzählen wollte.

Siebzehnter Tag (Sonntag, 3. Dezember). Eine andere Bühne, ein anderes Gründungstreffen, diesmal das des neuen Schriftstellerverbands im Realistischen Theater. Havel sagt ein paar Worte und will sich gerade davonmachen, als sie ihn zurück auf die Bühne johlen und ihm mitteilen, daß er der Vorsitzende dieses Verbands sein muß. Akklamativ gewählt, macht er seinen Rennschlurf zum Mikrophon und sagt danke, ja, danke, und er sei schrecklich traurig, aber er müsse wirklich forteilen ... was er auch tut, denn gleich wird die Zusammensetzung der neuen Adamec-Regierung bekanntgegeben.

Und was für eine Zusammensetzung! Trotz Adamecs Beteuerung, eine »breite Koalition« von Experten in die Regierung zu berufen, trotz der Streichung der führenden Rolle der Partei aus der Verfassung, sind nicht weniger als sechzehn der einundzwanzig vorgeschlagenen Mitglieder Parteimitglieder. Unter ihnen kaum ein Experte, dafür aber einige höchst kompromittierte Figuren, wie der Außenminister Jaromár Johanes. Absolut inakzeptabel.

Krisensitzung im Rauchzimmer. Was soll getan werden? Einige meinen, das Forum solle darauf hinarbeiten, was die Menschen ganz offensichtlich wünschen: eine wirkliche Regierung von Experten, angeführt von Komárek. Andere finden das unmöglich und halten Komárek für den falschen Mann. Professor

Jičinský, der Verfassungsrechtler, weist darauf hin, daß das Forum Gefahr läuft, sich selbst in eine konstitutionelle Ecke zu drängen: denn wenn sie die Regierung nicht akzeptieren und den Rücktritt des Präsidenten am kommenden Sonntag fordern, dann könnten sie plötzlich ohne jegliche konstitutionelle Autorität im Land, abgesehen vom alten und korrupten Parlament, dastehen. Eine konfuse Diskussion endet mit der allgemeinen Verständigung darauf, daß das Forum eine neuerliche Umgestaltung der Regierung fordern und sich dafür mit einer Demonstration auf dem Wenzelsplatz am morgigen Nachmittag und mit der Androhung eines Generalstreiks für Montag Rückendeckung verschaffen muß. Petr Pithart, inzwischen eine zentrale Figur, wird ausgewählt, die Reaktion des Forums im Fernsehen zu verkünden, gemeinsam mit einem Studenten, einem Schauspieler und Petr Miller, der die Muskeln der Arbeiter an einem Strang ziehen lassen kann. Gemeinsam mit dem Chefformulierer Havel rennen sie hinunter in die überfüllten, überhitzten Garderoben, um die Statements zu formulieren. Kein rosa Sekt mehr. Kein Gelächter. Nun wird es ernst.

Später am Abend ein Moment, auch weniger zum Lachen, eher für eine stille Träne. Es findet ein Konzert »für alle richtig denkenden Menschen« statt, ein Konzert, um die Revolution zu feiern. Als Marta Kubišová auf die Bühne kommt, steigert sich das Publikum in einen Applaus, der normalerweise nur auf eine wunderbare Darbietung folgt. Aber sie applaudieren nicht ihrem Gesang. Sie applaudieren ihrem Schweigen. Ihrem fast zwanzigjährigen Schweigen. Denn Marta Kubišová, eine der populärsten Sängerinnen der sechziger Jahre und Heroine von '68, durfte seit 1970 in ihrer Heimat nicht mehr öffentlich auftreten. Als der Applaus schließlich verstummt, übergibt ihr ein Mädchen einen Blumenstrauß, »eine für jedes verlorene Jahr«. Marta Kubišová, eine zerbrechliche, damenhafte Gestalt, jetzt in mittlerem Alter, ist derart überwältigt, daß sie kaum sprechen, geschweige denn singen kann. »Dank euch, danke«, flüstert sie ins Mikrophon. Und dann singt sie mit der Unterstützung eines Freundes: »The times they are changin' ...« Ein Moment der Freude, mit einem Schuß bitterer Traurigkeit. Denn für den größten Teil des Publikums sind ihre Lieder Geschichte von gestern – der Sound der Sixties. Die verlorenen Jahre sind wirklich verloren.

Achzehnter Tag (Montag, 4. Dezember). 3.45 Uhr. Wenzelsplatz. Trotz der eisigen Kälte wird die Demonstration riesig und ein Erfolg sein. Natürlich wird sie das. Jeder weiß das. Sie rücken in den Platz ein, langsam und so selbstverständlich, als hätten sie jahrelang nichts anderes getan. Wenige Minuten vor 4 Uhr beginnen sie sich mit den vertrauten Rufen »die Zeit ist reif!« und »Rücktritt!« aufzuwärmen und klingeln mit ihren Schlüsseln. »Lang leben die Studenten!« rufen sie – gibt es irgendeine andere Stadt in der Welt, in der man das hören könnte? »Lang leben die Schauspieler!« Dann kommen die offiziellen, das heißt die offiziellen inoffiziellen Sprecher. Langsam lesen sie komplizierte Statements, gespickt mit »CF« und »PAV«. »Lang lebe das Forum!« rufen sie dennoch. Laute Begeisterung für den Generalstreik am 11. Dezember. Es folgt eine wunderbar theatralische Vorstellung von Radim Palouš, der die Forderung verliest, kompromittierte Mitglieder der Bundesversammlung abzusetzen. »Wie zum Beispiel« – Pause – und dann, wie ein Peitschenhieb: »Jakeš«. Pfiffe und Gejohle. Und immer so weiter, die ganze graue Liste: Fojták, Indra, Bilak. »Laßt sie absetzen«, ruft die Menge. Und aus einer Ecke »Macht es wie die Deutschen!« (das heißt, die Ostdeutschen. Denn dieser Morgen brachte die Nachrichten über Honecker und die anderen, die aus der Partei ausgeschlossen und unter Hausarrest gestellt wurden.) Aber »wie die Deutschen« ist genau so, wie es das Forum nicht machen will. Sie wollen es wie die Tschechen machen, freundlich also, tolerant, ohne Haß und Rache.

Schließlich verliest die glockenklare Stimme von Václav Malý das Forum-Statement: die Forderung nach freien Wahlen bis spätestens Ende Juni 1990, mit dem neuen Hinweis, daß das Forum Kandidaten vorschlagen oder unterstützen wird; die Formierung einer echten Koalitionsregierung bis kommenden Sonntag, oder das Forum wird seine eigenen Kandidaten vorschlagen – »jawohl« brüllen die Massen –; die Erklärung des Forums und der PAV, sie seien die Garanten für den Wandel zum demokratischen Rechtsstaat. »Lang lebe das Forum!« Dann treten, hart am Kitsch, der schwammige Popstar und Liebling aller Hausfrauen, Karel Gott, und der exilierte Karel Kryl auf den Balkon hinaus, um die Nationalhymne(n) anzustimmen, die getragene, herzergreifende erste Strophe auf Tschechisch, die spritzigen Tanzrhythmen der zweiten Strophe auf Slowakisch.

Ich laufe die Straße zu meinem Hotel hinauf, wo das Fernsehen die letzten Nachrichten über den Malta-Gipfel bringt, über Gorbatschows folgendes Treffen mit den Führern des Warschauer Pakts und, separat, mit Urbanék und Adamec. Dann ein Bericht über die Hatz auf die kommunistische Führungsriege in der DDR. Später, der Blitz: die fünf Warschauer-Pakt-Staaten, die 1968 an der Invasion der Tschechoslowakei beteiligt waren, haben sich formell entschuldigt und diesen Akt als Einmischung in die inneren Angelegenheiten der Tschechoslowakei verurteilt.

Jedes Schulkind kann also sehen, von wo die außenpolitischen Winde wehen. Kein Zweifel, dies wird eine Woche der anstrengenden und zermürbenden Verhandlungen werden. Aber für die Machthaber gibt es kaum eine andere Alternative, als weitere Konzessionen zu machen. Sie sind zwischen dem Hammer eines Volksaufstandes und dem Amboß eines vollständig veränderten außenpolitischen Zusammenhangs gefangen, symbolisiert durch den Malta-Gipfel und das Statement des Warschauer Pakts: »Von Jalta zu Malta« für die Welt, von Husák zu Havel für Prag.

Spätnachts ein Spaziergang durch die Altstadt, eingehüllt im Dunst. Nach zwanzig langen Jahren ist die schlafende Schöne Mitteleuropas wieder erwacht. Die handgemalten Plakate in den Schaufenstern verdienten einen eigenen Artikel. »Einheit ist Stärke«, steht darauf. »Menschen, öffnet eure Augen«. Und: »Das Herz Europas schreit nach Freiheit«.

Zu diesem Zeitpunkt mußte das Forum die Laterna Magica verlassen, damit dort wieder normalere Vorstellungen stattfinden konnten, und ich mußte, leider, Prag verlassen. Die nächste Woche war wahrscheinlich ebenso wichtig wie die vorangegangenen beiden, doch die Chronik ihrer inneren Dramatik muß jemand anderes schreiben. Am Dienstag gab es weitere, erfolglose Gespräche mit Adamec. Am Mittwoch drohte er mit Rücktritt, am Donnerstag trat er zurück. Sein ehemaliger Vertreter, Marián Čalfa, ein Slowake, wurde von Präsident Husák mit der neuen Regierungsbildung beauftragt. Das Forum sagte, sie könnten zu einer Verständigung mit ihm kommen, und machte ein paar »Vorschläge« für das neue Kabinett. (Eine Woche zuvor sagten sie, »das CF strebt keine ministeriellen Posten an«. Aber eine Woche Revolutionspolitik ist lang.)

Es folgten Gespräche am Runden Tisch zwischen Repräsentanten aller offiziellen Parteien – entscheidend natürlich die Kommunisten, von Vasil Mohorita angeführt –, den Repräsentanten des Forums, angeführt von Havel, und den Vertretern von Öffentlichkeit Gegen Gewalt unter der Leitung von Ján Čarnogurský. Wie in Polen, so hatte auch dieser »Runde Tisch« nur zwei Seiten. In Polen saß man dort zwei Monate. In der Tschechoslowakei zwei Tage. Exakt zum allerletzten vom Forum gesetzten Zeitpunkt, am Sonntag, dem 10. Dezember, dem UN-Menschenrechtstag, vereidigte Gústav Husák die neue Regierung und trat dann als Präsident zurück.

Václav Havel verlas einer jubelnden Menge am Wenzelsplatz die Liste des neuen Kabinetts. Effektiv alle »Vorschläge« des Forums fanden sich in ihr wieder. Ján Čarnogurský wurde im Zeitraum von nur vierzehn Tagen vom Gewissenshäftling mit der Aussicht auf harte Strafe in die Position eines der beiden sogenannten »Ersten Vize-Ministerpräsidenten« der Tschechoslowakei katapultiert. In seinem Verantwortungsbereich lag auch jener Sicherheitsapparat, der ihn so lange gejagt und gepeinigt hat. Da sich beide Seiten nicht auf einen Innenminister einigen konnten, einigte man sich auf einen Kompromiß. Čarnogurský teilte sich nun diese Verantwortung mit dem kommunistischen Ministerpräsidenten Marián Čalfa und dem zweiten »Ersten Vize-Ministerpräsidenten«, unserem alten Bekannten und Chefprognostiker, Pan Dozent Valtr Komárek, *Dr. Sc.* Komárek sollte die Gesamtverantwortung für die Wirtschaftspolitik erhalten, mit zwei anderen Mitgliedern seines Instituts unter ihm: Vladimár Dlouhý (wie Komárek Parteimitglied) und, was vorhersehbar war, mit dem schillernden Friedmanianer Václav Klaus als Finanzminister. (So, jetzt konnte Prinz Schwarzenberg zufrieden sein: man *kennt* die Minister.)

Wie im Märchen wurde aus dem Heizer Jiřá Dienstbier der Außenminister. Fast ebenso unwahrscheinlich war die Geschichte von Miroslav Kusý, dem bekannten slowakischen Philosophen und Unterzeichner der Charta 77, der, wie so viele andere, aus der Partei ausgeschlossen worden war. Er übernahm die Verantwortung für das Bundesamt für Presse und Information. Petr Miller, Der Arbeiter, wurde Minister für Arbeit und Soziale Angelegenheiten. Die ehemaligen Marionetten, doch neuerdings unabhängigen Sozialisten und die Volkspartei bekamen jeweils zwei Sitze. Obwohl der Ministerpräsident noch immer ein Kommunist war, waren nur acht weitere Minister (von insgesamt einundzwanzig) Parteimitglieder. Und von diesen wurden zwei –

Komárek und Dlouhý – eher mit dem Forum als mit der Partei identifiziert.

Es war ein unglaublicher Triumph in unglaublich kurzer Zeit. Der Generalstreik am nächsten Tag wurde natürlich abgesagt, statt dessen heulten die Fabriksirenen und läuteten die Kirchenglocken. Bereits in der folgenden Woche verkündeten Klaus und Čarnogurský steuerliche und gesetzliche Reformen, um das Land auf den Weg zu einer Marktwirtschaft und einem Rechtsstaat zu bringen: auf einen Weg, der aus dem scheinbaren Nichts in jenen überhitzten Garderoben und Fluren der Laterna Magica in nur vierzehn Tagen heraufbeschworen wurde. Am folgenden Sonntag schnitt Jiřá Dienstbier den Stacheldraht des Eisernen Vorhangs zwischen der Tschechoslowakei und Österreich durch. Die riesige Eisenzange hielt er gemeinsam mit seinem österreichischen Amtskollegen Alois Mock. Die Studenten veranstalteten noch eine Demonstration und nahmen genau den gleichen Weg wie am Ersten Tag, nur einen Monat zuvor: am Ufer entlang, rechts am Nationaltheater, die Národná hinauf bis zum Wenzelsplatz. Diesmal wurden sie nicht von knüppelschwingenden Polizisten erwartet, von Weißhelmen oder Rotkappen. Diesmal stand die Polizei im wahrsten Sinne des Wortes unter ihrer Kontrolle.

Wie in Polen und Ungarn war die Wahl eines neuen Präsidenten von besonderer Bedeutung. Das Forum entschied sich schnell für Havel, der, für eine Übergangszeit bis zu freien Wahlen, so bald wie möglich von der Bundesversammlung gewählt werden sollte. Die Partei entdeckte plötzlich ihre brennende Liebe zur Demokratie und schlug vor, daß der nächste Präsident direkt durch das Volk gewählt werden sollte. Diese Wahlen würden längere Zeit der Vorbereitung brauchen und, so hofften sie sehr, könnten von Havel verloren werden. (Die Partei in Ungarn hatte genau denselben Trick versucht.) Es gab auch wichtige Diskussionen am Rande, bei denen es um eine angemessene Position für Dubček ging: als historisches Symbol, als Reformkommunist und, schließlich, als Slowake.

Aber der Disput um beide Kandidaten wurde in Verhandlungen zwischen Forum und Partei und in direkten Gesprächen zwischen Havel und Dubček gelöst. Man einigte sich darauf, daß Dubček Vorsitzender der Nationalversammlung und Havel Präsident werden sollten. Die Partei mußte beide schlucken, den Mann von 68 und den Mann von 89.

Am 28. Dezember wählte die Nationalversammlung Dubček und am 29. Dezember, unter dem Vorsitz von Dubček im Vladislavsaal der Prager Burg, Václav Havel zum Präsidenten der noch immer so genannten Tschechoslowakischen Sozialistischen Republik. Es folgte ein Hochamt in der Kathedrale, gelesen von František Tomášek, jenem Mann, den Václav Malý als das dritte große Symbol dieser Zeit beschrieben hat. Am Abend gab es ein riesiges Fest, und auf den Straßen tanzten die Menschen. Nun hatten sie wieder einen Befreiungs-Präsidenten auf Masaryks Stuhl.

Auf dem Weg zu den freien Wahlen im Juni 1990 waren natürlich noch viele Schwierigkeiten zu erwarten. Aber trotz vorhersehbarer innen- und außenpolitischer Dilemmata schien es doch sicher, daß die Tschechoslowakei nun auf den gleichen Weg gebracht wie Polen und Ungarn. Und wie die DDR, sie allerdings auf besondere und kompliziertere Weise. Auf den Weg vom Kommunismus zur Demokratie. Der Durchbruch war erfolgt.

Die »zehn Tage« dauerten einundzwanzig. Was ich hier wiedergeben konnte, ist nur ein kleiner Teil der Geschichte, wenn auch ein zentraler. Es bleiben noch viele Teile, die andere zu beschreiben haben: zum Beispiel die Geschichte aus Sicht der Partei/Regierungsseite und, vor allem, die Details der Verhandlungen. Es ist noch zu früh, um Bilanz ziehen zu können. Aber ein paar Reflexionen darf man schon wagen.

Weshalb geschah es im November? Die Frage müßte eher lauten: Weshalb ist es nicht früher geschehen? Die Tschechoslowakei ist das westlichste aller ost-mitteleuropäischen Länder. Historisch war sie der demokratischste Staat dieser Region vor dem Krieg. Geopolitisch liegt Prag westlich von Wien. Kulturell ist sie *die* mitteleuropäische Metropole. Doch die Kluft zwischen dem *pays réel* und dem surrealen *pays légal* – Husáks Königreich des Vergessens – vertiefte sich immer weiter. Erst während der letzten Jahre wuchs die Anzahl der Menschen signifikant, die bereit waren, etwas zu riskieren, indem sie aussprachen, was sie dachten. Es gab die 40 000, die das Manifest der »Verschiedenen Meinungen« unterzeichneten. Es gab die Hunderttausende von Gläubigen, die die Petition für religiöse Freiheit unterzeichneten. Es gab die Studenten und die Schauspieler. Als der Umbruch im benachbarten Polen und in Ungarn erst einmal begonnen hatte, wurde man das Gefühl nicht los, daß es nur noch eine

Frage der Zeit sei, bis die Dinge in der Tschechoslowakei ins Rollen geraten würden.

Und so war es. Aber zuerst kam die DDR. Fragt man nun, weshalb sich die Dinge in der Tschechoslowakei so schnell entwikkelt haben, dann lautet die einfache Antwort: weil die Tschechen die letzten waren. Die DDR war der letzte Strohhalm, und DDR-Ereignisse, man erinnere sich, waren nicht nur im Fernsehen zu sehen, sondern direkt in Prag, wo sich die DDR-Flüchtlinge in die Botschaft der Bundesrepublik retteten. Nationaler Mut kam auf. Schnelle Veränderungen waren also wirklich möglich und erlaubt, sogar ermutigt, von Gorbatschow. Jeder war bereit. Das Publikum im Realistischen Theater, das am ersten Samstag den Aufruf der Schauspieler zu einem Generalstreik mit stehenden Ovationen beantwortete; die Massen am Wenzelsplatz, die gerufen haben »Die Zeit ist reif!«; die Journalisten, die augenblicklich mit einer wahrheitsgetreuen Berichterstattung begonnen haben; die Arbeiter, die keinen Augenblick gezögert haben zu streiken. Jeder war bereit. Jeder wußte aus der Erfahrung der Nachbarn, daß es möglich war.

Und ihre Nachbarn hatten ihnen sogar noch Hinweise gegeben, wie es gemacht werden sollte. Im wahrsten Sinne des Wortes war die Tschechoslowakei der Nutznießer, und waren die Ereignisse dort die Kulmination eines zehnjährigen mitteleuropäischen Lernprozesses, den Polen begonnen hatte und für den Polen auch den schwersten Preis zahlen mußte. Ein Studentenstreik? Natürlich, wie in Polen! Gewaltlosigkeit? Das erste Gesetz aller mitteleuropäischen Oppositionsgruppen. Marionettenparteien, die zum Leben erwachen? Wie in Polen und in der DDR. Ein »Runder Tisch«, um den Wandel zu verhandeln? Wie in Polen und Ungarn. Und immer so weiter. Politisch gesehen kam die Tschechoslowakei in den Genuß dessen, was Wirtschaftshistoriker »den Vorteil der Rückständigkeit« nennen. Sie konnte aus den Beispielen anderer lernen. Und aus deren Fehlern.

Obwohl jedem in Prag all dies bewußt war, so beschlich dennoch jeden das Gefühl, es müsse noch eine andere, irrationale Kraft am Werk gewesen sein. Hegels »Weltgeist«, meinten einige. Agnes von Böhmen, sagten andere. »Die ganze Welt bewegt sich von der Diktatur zur Demokratie«, sagte ein Dritter in einem Zeitungsinterview. Wie man diese irrationale Kraft beschreiben möchte, bleibt der eigenen Wahl überlassen – ich halte mich an die Engel.

Wenn aber Engel am Werk waren, so waren es auch die Teufel. Man konnte mehr als einmal beobachten, wie sich die Teufel des Ehrgeizes, der Eitelkeit, des Stolzes und die kleinen Bazillen der Korruption ihren Weg in die Höhlen der Laterna Magica suchten. Und trotzdem war die Hauptversammlung des Forums aller tschechischen Länder alles in allem höchst eindrucksvoll. Sie war so demokratisch, wie sie es unter diesen Umständen überhaupt nur sein konnte. Sie war voller Humor. Sie bewies einen Sinn für Improvisation, der ans Geniale grenzte. Tiefgreifende Differenzen in politischer Ideologie, im Glauben und in den Einstellungen wurden dem gemeinsamen Wohl untergeordnet. Zwischen den politischen und moralischen Imperativen wurde eine vernünftige Balance gewahrt. Und diese Männer und Frauen, die zwanzig Jahre lang jeglicher Möglichkeiten zu politischen Äußerungen beraubt gewesen waren, waren imstande, sich zu vereinigen und innerhalb von nur wenigen Tagen einem ganzen Volk zu sagen: »Das ist es, was wir wollen, so soll das Gesicht der neuen Tschechoslowakei aussehen.« Und es ist ein Gesicht, das der Prüfung standhält.

Dennoch, sie hatten Glück. Selbst verglichen mit Solidarność war dies die Politik von Amateuren. In der zweiten Woche hatte es mehrere Momente gegeben, in denen man glaubte, nun hätten sie sich in dem Wirrwarr aus langfristigen, kurzfristigen, moralischen, symbolischen und politischen Forderungen verheddert. Die wichtigsten Machthebel, wie das Innenministerium und das Verteidigungsministerium, in einer Diskussion über die neue Regierungsbildung schlicht zu vergessen, mag einem kühlen und kritischen Beobachter mehr als nachlässig erscheinen. Diese Ministerien dann am nächsten Tag in einem hastig entworfenen Brief einfach einzufordern, mag für den kühlen und kritischen Beobachter eher wie Theater als Politik aussehen. Aber Gefühle, Stimmungen und die Winde von außen waren so günstig, daß am Ende alles gut wurde. Und in der Politik ist nichts so erfolgreich wie der Erfolg, meinte Disraeli.

Unglücklich das Land, das Helden nötig hat, ruft Brechts Galilei. Unglücklich das Land, das Revolutionen nötig hat. Die zwanzig Jahre, und in vieler Hinsicht die vierzig Jahre, waren wirklich verloren. Leben wurden zerstört. Schaden wurde angerichtet, der nie wieder gutzumachen ist. Aber wenn ein Land schon eine Revolution nötig hat, dann könnte man sich kaum eine bessere vorstellen als die, die in der Tschechoslowakei stattgefunden hat: schnell, fast völlig gewaltfrei, fröhlich und lustig. Eine lachende Revolution. Sie wurde nicht von der (sich überstürzenden) Wirtschaftskrise wie in Polen oder Ungarn begleitet. Im Gegenteil, weil der Umbruch so schnell ging, weil Komárek, Dlouhý und Klaus bereits in der Regierung waren und die notwendigen Schritte unternahmen, hat die Tschechoslowakei eine reale Chance für eine umfassendere Wandlung von der Diktatur zur Demokratie, von der Planwirtschaft zur Marktwirtschaft, mit relativ geringeren wirtschaftlichen Nöten, als ihre Nachbarn – obwohl ich hier das Wort relativ nochmals betone.

Die Wehmut meines Abschieds zur Weihnachtszeit war von Glück begleitet. Von kollektivem Glück, wie ich es auf dem Wenzelsplatz gesehen hatte, aber mehr noch von individuellem Glück. Ich dachte an Pavel, wie er seine Zwei-Kammer-Legislatur in seinem Heizerhäuschen entwarf. Ich dachte an Petr, dem ein neues, letztes Kapitel für sein Buch über die tschechoslowakische Geschichte geschenkt wurde, das nun legal veröffentlicht werden wird. Ich dachte an Rita, die sich auf ihren neuen Job als Botschafterin in den Vereinigten Staaten vorbereitete. Ich dachte an Jiřá, der nun die Außenpolitik der Tschechoslowakischen (Sozialistischen?) Republik macht. Und ich dachte an Václav, an Wenzel also, wie er sein Glas auf eine tschechoslowakische Weihnacht erhebt.

Sentimental? Lächerlich sentimental, ja. Doch das Übel lauert überall, und Gott weiß, es wird in den kommenden Jahren noch genügend davon in Ost-Mitteleuropa geben, alltägliches Übel für eine zerbrechliche Politik und für eine Wirtschaft, die um ihre Existenz ringt. Wenigstens für ein paar Tage konnten wir fröhlich sein. Das Eis war geschmolzen. Nach zwanzig Jahren hatten die Uhren in Prag wieder zu ticken begonnen. Das westlichste der sogenannten osteuropäischen Länder knüpfte wieder an seine eigentliche Geschichte an.

20 Das Jahr der Wahrheit. Bürgerfrühling (1990)

In jenem Jahr starb der Kommunismus in Osteuropa. 1949–1989. Ruhe in Frieden.

Dieses Gebilde, das nach 1949 in den neu definierten Territorien Polens, der Tschechoslowakei, Ungarns, Rumäniens, Bulgariens und in der neuerschaffenen Deutschen Demokratischen Republik eingeführt wurde, dieses Gebilde, das man je nach Auffassung »Sozialismus«, »Totalitarismus«, »Stalinismus«, »politbürokratische Diktatur«, »real existierender Sozialismus«, »Staatskapitalismus«, »die Diktatur über die Bedürfnisse« oder, am neutralsten, »das sowjetische System« nannte – dieses Gebilde wird sich nie wieder zusammenfügen. Und wenn wir denn wirklich nicht mehr vom Kommunismus sprechen können, so sollten wir auch nicht mehr von Osteuropa sprechen, jedenfalls nicht mehr in einem Wort geschrieben. Statt dessen sollten wir wieder von Europa (groß geschrieben) und seiner geographischen Zuordnung (klein geschrieben) sprechen, von einem mittleren Europa, einem mittelöstlichen Europa, einem südöstlichen Europa, einem östlichen Europa und, allem voran, von einzelnen Menschen, Nationen und Staaten.

Mit Sicherheit wird es, auch ohne einen politisch-militärischen Rückschlag innerhalb der Sowjetunion, noch jede Menge Konflikte, Unrecht und Elend in diesen Ländern geben. Doch sie werden anders sein – neu und alt, postkommunistisch, aber auch präkommunistisch. Im schlimmsten Fall könnten sie neue Diktatoren hervorbringen. Aber auch sie wären anders. Jenes spezifische System in Staaten mit willkürlich eingeschränkter Souveränität, gekennzeichnet durch die Konzentration politischer und wirtschaftlicher Macht in den Händen einer einzigen leninistischen Partei, die alle Instrumente der Zwangsherrschaft besaß und sich selbst als privilegierte neue Klasse manifestierte – dieses System wird es nicht mehr geben.

Natürlich finden wir in jeder osteuropäischen Großstadt noch immer seine vertrauten, schäbigen Spuren: die neoklassizistischen, stalinistischen Fassaden rund um all die Siegesplätze, die Lenin-Alleen, Stahlwerke, Werften, die alternden Bürokraten mit ihren vorfabrizierten Lügen, die billigen Papierformulare in vierfacher Ausfertigung, die Schlangen, die Haltung »wir geben vor zu arbeiten, und ihr gebt vor, uns zu bezahlen«. Aber selbst diese Merkmale werden mit einem Tempo beseitigt, das für ihre Denkmalpfleger einfach beängstigend sein muß. (In Polen gibt es einen Plan, diese ganze Altlast in einem Vergnügungspark aufzubewahren. Stalinland soll er heißen.)

Wenn 1989 das Ende war, was aber war dann der Anfang vom Ende? Orientiert man sich an der Presse oder so manchen Regierungsverlautbarungen, so möchte man glauben, die Geschichte habe mit Gorbatschow begonnen. Manche vertreten das andere Extrem, das da heißt, der Kommunismus in Osteuropa sei schon bei seiner Geburt zum Untergang verdammt gewesen. Dieses Argument kann auf verschiedene Weise fortgeführt werden. Man kann behaupten, der Kommunismus sei mit der politischen Kultur Ostmitteleuropas unvereinbar gewesen, obwohl es kaum einleuchtend scheint, weshalb diese politische Kultur an den ziemlich willkürlichen westlichen Grenzen der Sowjetunion plötzlich aufgehört haben sollte. Alternativ dazu kann man behaupten, der Kommunismus sei eine wunderbare Idee gewesen und nur deshalb zum Untergang verdammt, weil die Menschen Osteuropas ihren Weg zu ihm nicht selbst gefunden haben, er ihnen vielmehr von einer ausländischen Macht, die diese Idee selber nicht verstanden habe, aufgenötigt worden sei. Oder man behauptet, der Kommunismus sei mit der menschlichen Natur nicht vereinbar. Punkt. Sei es nun aufgrund angeborener Deformationen oder als Resultat einer schrecklichen Zangengeburt, der Tod sei ihm bereits bei der Geburt vorherbestimmt gewesen. Zwischen diesen beiden extremen Positionen, so würden viele Menschen in den betroffenen Ländern zu bedenken geben, liegen die »verpaßten Gelegenheiten«, die Wendemarken, wo die osteuropäische Geschichte ihre Kehrtwendung verfehlt hat. In dieser Kategorie sind 1956 und 1968 die führenden Kandidaten.

Wie immer, so liegt auch in all diesen Behauptungen ein Körnchen Wahrheit, in der einen mehr, in der anderen weniger. Churchill erklärte, »ich bin nicht des Königs erster Minister geworden, um die Liquidierung des Britischen Imperiums zu beaufsichtigen«, und fuhr fort, mehr oder weniger genau das zu tun. Gorbatschow kam mit der Absicht an die Macht, das sowjetische Imperium zu retten. Nun beaufsichtigt er seinen Zerfall. Daß Moskau seinen ehemaligen »Satelliten« die Entscheidung überlassen hat, wie sie sich selbst regieren möchten, war eine Conditio sine qua non für alles, was folgte. Doch Art und Richtung der Prozesse innenpolitischer Selbstbestimmungen kann man nicht durch das Studium der sowjetischen Politik verstehen. Ihre Leitfäden führen zu etwas anderem, zur Geschichte des jeweiligen Landes, zu seinen Interaktionen mit den osteuropäischen Nachbarn und dem freieren und reicheren Europa, das westlich, nördlich und südlich von ihm liegt.

Wenn ich gezwungen wäre, ein Datum für den »Anfang vom Ende« dieser *inneren* Geschichte Osteuropas zu nennen, so wäre es der Juni 1979. Auch auf die Gefahr hin, für extrem polonozentrisch gehalten zu werden, so glaube ich doch, daß die erste große Pilgerreise des Papstes nach Polen tatsächlich jene Wendemarke war. Hier konnten wir zum ersten Mal diese eindeutige, über die Maßen friedliche und selbstdisziplinierte Manifestation der sozialen Einheit erleben, jene friedlichen Massen im Protest gegen den Parteistaat, die 1989 in jedem Land, außer in Rumänien (und selbst in Rumänien ging die Gewalt nicht von der Menge aus), zum Kennzeichen und innenpolitischen Katalysator des Umbruchs wurde. Dem Papstbesuch folgte ein Jahr später die Geburt der Solidarność. Und es ist fraglich, ob diese Geburt ohne diesen Besuch stattgefunden hätte.

Solidarność trug den Keim künftiger Entwicklungen in sich. Sie wurde zum Pionier einer neuen Politik in Osteuropa (und nicht nur dort), einer Politik der gesellschaftlichen Selbstorganisation, mit dem Ziel, die Transition weg vom Kommunismus in Gang zu bringen. Die Akteure, Formen und Themen in Polen 1980–1981 unterschieden sich fundamental von allem, was zwischen 1949 und 1979 in Osteuropa aufgetreten war. Und in vieler Hinsicht kündigten sie jene an, die 1989 in ganz Osteuropa auf der Bühne erschienen. Wenn diese Beurteilung auch nur im geringsten stimmt, dann scheint es auch passend, daß es auch 1989 war, als sich der russische Parteiführer und der polnische Papst endlich begegneten. In ihrer jeweils eigenen Art haben beide den Anfang gemacht.

Um in der europäischen Geschichte ein Jahr zu finden, das auch nur annähernd mit 1989 vergleichbar wäre, müssen wir noch viel weiter als bis 1979 oder 1949 zurückgehen: 1789 in

Frankreich? 1917 in Rußland? Oder, näher zu Hause, 1918–1919 in Mitteleuropa? Die Ereignisse von 1918–1919 aber waren die Nachwirkungen des Weltkrieges. Die naheliegendere Parallele ist 1848, der Völkerfrühling. Wo nur wenig Worte gemacht werden können, scheint ein solcher Vergleich kaum besser als ein Salongespräch. Doch wie Salongespräche kann er amüsant und der Konzentration der Gedanken förderlich sein.

A. J. P. Taylor schreibt, 1848 sei »nach vierzig Jahren Stabilität und Frieden« ausgebrochen. Lewis Namier formuliert es mit etwas weniger sorgloser Arithmetik als »das Ergebnis dreiunddreißig kreativer Jahre des europäischen Friedens, der umsichtig auf einer bewußt konterrevolutionären Basis gewahrt wurde«. Die Revolution, schreibt Namier, »wurde mindestens ebenso aus Hoffnungen wie aus Unzufriedenheiten geboren«. Zweifellos habe es einen wirtschaftlichen und sozialen Hintergrund gegeben: magere Ernten und die Kartoffelpest. Doch »der gemeinsame Nenner war ideologischer Art«. Namier zitiert die Erklärung des exilierten Louis-Philippe, er habe sich vor einer *insurrection morale* beugen müssen, und König Wilhelm von Württemberg, der sich bei dem russischen Gesandten in Stuttgart, einem Herrn Gorchakov, mit den Worten entschuldigte: *»Je ne puis pas monter à cheval contre les idées«*. Und seinen vorzüglichen Essay betitelt Namier »Die Revolution der Intellektuellen«.

Die Revolution von 1989 brach auch nach Feierlichkeiten zu »vierzig Jahren Stabilität und Frieden in Europa« aus. Erinnert sich noch jemand an den vierzigsten Jahrestag der NATO im Mai? Das »Jalta-Europa« brachte, wie das »Wien-Europa« im vorangegangenen Jahrhundert, immer die Frage auf: Frieden und Stabilität *für wen*? Der Durchschnittsmensch in Mittel – und Osteuropa bekam die Härten von beidem zu spüren. Auch auf 1989 bezogen könnte eine striktere Arithmetik die vierzig Jahre auf dreiunddreißig reduzieren. Denn vielleicht konnten sich die sowjetischen Machthaber erst nach der Niederschlagung der ungarischen Revolution 1956 relativ sicher sein, daß der Westen nicht militärisch intervenieren würde – um diesen »Frieden, der umsichtig auf einer bewußt konterrevolutionären Basis gewahrt wurde«, nicht zu gefährden.

Eine Revolution, die mindestens ebenso aus Hoffnungen wie aus Unzufriedenheit geboren wurde? Auch das stimmt. Ganz gewiß gab es wirtschaftliche »Unzufriedenheiten«, am dramatischsten in Polen und Rumänien, zunehmend, wenn auch weniger dramatisch, in den anderen Ländern. In diesem Zusammenhang hat Fritz Stern treffend Mirabeaus Deklaration am Vorabend der Französischen Revolution ins Gedächtnis gerufen: »das Defizit der Nation ist der Reichtum der Nation«. Man ersetze »Defizit« durch »Auslandsschulden in harter Währung«, und schon hat man einen der wesentlichen Gründe, weshalb es gerade die Polen und die Ungarn waren, die das Feld in der ersten Hälfte 1989 anführten. Doch anders als in Polen im August 1980 war es in den anderen osteuropäischen Ländern 1989 keine wirtschaftliche Daumenschraube, die den Massenprotest heraufbeschworen hat. Es waren die politischen Hoffnungen – und die Wut gegen die Repressionen, die das jeweilige Regime zur Zügelung dieser Hoffnungen einzusetzen versuchte.

Wie 1848, so könnte man auch 1989 eine »Revolution der Intellektuellen« nennen. Natürlich war es wieder einmal das Muskelspiel der Arbeiter, das, während der beiden Streikwellen von 1988, Polens Kommunisten schließlich an den ersten Runden Tisch zwang. Natürlich waren es die Massen auf den Straßen in all den anderen osteuropäischen Ländern, die die alten Machthaber in die Knie zwangen. Aber Revolutionspolitik wurde nicht von Arbeitern oder Bauern gemacht. Revolutionspolitik machten die Intellektuellen: der Bühnenautor Václav Havel, der Mediävist Bronisław Geremek, der katholische Redakteur Tadeusz Mazowiecki, die Malerin Bärbel Bohley, die Philosophen János Kis und Gáspár Miklós Tamás, der Ingenieur und Professor Petre Roman und der Dichter Mircea Dinescu. Die Massen auf dem Wenzelsplatz riefen: »Lang leben die Studenten! Lang leben die Schauspieler!« Und die Zusammensetzung der oppositionellen Foren (Neues Forum, Demokratisches Forum, Bürgerforum), Parteien und parlamentarischen Kandidaten erinnerte durchaus an die der Frankfurter Nationalversammlung oder des Slawischen Kongresses in Prag 1848. Hundertzwanzig Professoren ...

Wie 1848 war der gemeinsame Nenner ideologischer Art. Die innere Geschichte dieser Revolutionen ist geprägt von Ideen, deren Zeit gekommen, und von Ideen, deren Zeit vorbei war. Auf den ersten Blick mag diese Aussage überraschen. Hat denn die Ideologie nicht schon viele Jahre früher gezeigt, daß sie keine wirksame Kraft ist? Glaubten die Machthaber selbst noch ein Wort all ihrer Phrasen, oder erwarteten sie etwa noch von ihren

Untertanen, diese Phrasen zu glauben oder sogar daran zu glauben, daß ihre Machthaber noch daran glaubten? In den meisten Fällen wahrscheinlich nicht. Aber wer weiß schon, woran ein alter Mann wie Erich Honecker, Kommunist seit frühester Jugend, noch immer wirklich glaubte. (Man soll die menschliche Fähigkeit zur Selbsttäuschung nie unterschätzen.)

Was diese Revolutionen uns aber ex post facto zeigen, ist, wie wichtig der zerschlissene ideologische Deckmantel noch immer war. Kaum ein Herrscher begnügt sich wohl mit der einfachen Behauptung: »Wir haben das Revolvergeschütz / und ihr nicht!« »Wir sind an der Macht, weil wir an der Macht sind.« Die Ideologie bot zumindest noch einen Rest Legitimation und ermöglichte es den Machthabern und ihren politbürokratischen Dienern vielleicht, sich zumindest ein Stück weit über die Art ihrer eigenen Herrschaft zu erheben. Außerdem war sie für die semantische Okkupation der öffentlichen Sphäre lebensnotwendig. Die Kombination aus Zensur und der fast vollständigen Monopolisierung der Massenmedien war die Armierung für die semantische Okkupation. Ideologie in ihrer routinierten Form der Newspeak wurde zur Munition. Wie verächtlich und unglaubwürdig diese Strukturen des organisierten Lügens auch immer gewesen sein mögen, so erfüllten sie doch eine lebenswichtige Blockade-Funktion. Zwar konnten sie die Massen nicht mehr mobilisieren, aber die öffentliche Artikulation geteilter Hoffnungen und erkannter Wahrheiten haben sie verhindert.

Mehr noch, indem das System dem Bürger scheinbar harmlose semantische Signale der äußeren Konformität abforderte, gelang es ihm, den Bürger irgendwie miteinzubeziehen. Heute vergißt man leicht, daß noch vorgestern fast jeder in der DDR und in der Tschechoslowakei ein Doppelleben geführt hat, systematisch seine Äußerungen in öffentliche und private aufspaltete. Das war während der vergangenen zehn Jahre auch ein zentrales Thema der Schriften Václav Havels. Ein Thema, das er auf bewegende Weise 1990 in seiner Neujahrsansprache als Präsident nochmals aufgriff. Das schlimmste war, so sagte er, das »verwüstete moralische Umfeld«. »Wir sind alle moralisch krank, denn wir alle haben uns daran gewöhnt, das eine zu sagen und das andere zu denken. Alle von uns hatten sich an das totalitäre System gewöhnt, es als unveränderbare Tatsache akzeptiert und es auf diese Weise am Leben erhalten ... Keiner von uns ist einfach nur sein

Opfer, denn jeder von uns hat dazu beigetragen, es zu erschaffen«. Die entscheidende »Konfliktlinie«, schrieb er früher, verlaufe nicht zwischen den Menschen und dem Staat, sondern durch die Mitte einer jeden Person hindurch, denn jeder sei auf seine oder ihre Weise sowohl ein Opfer wie ein Unterstützer des Systems. Ein Transparent, das ich über dem Altar einer Ost-Berliner Kirche sah, formulierte höchst drastisch den gleichen Gedanken: »Ich bin Kain *und* Abel«.

Um nachvollziehen zu können, was es für den Durchschnittsbürger bedeutet hat, mit solchen unüberschaubaren Massen auf die Straße zu gehen und selbsterfundene, spontane Slogans zu skandieren, muß man sich erst einmal vorzustellen versuchen, was es heißt, diesen täglichen Tribut öffentlicher Heuchelei zu zollen. Als sie dort zusammen standen und ihre Forderungen riefen, haben diese Männer und Frauen nicht nur die gesellschaftliche Spaltung überwunden. Sie haben die Spaltungen in sich selbst überwunden. Alles, was mit dem Wort, mit der Presse, mit dem Fernsehen zu tun hatte, wurde von allergrößter Bedeutung für sie. Die semantische Okkupation war für sie ebenso grauenvoll wie die militärische Okkupation. Die Dekontamination der sprachlichen Umwelt wurde für sie ebenso lebenswichtig wie die der räumlichen Umwelt. Die morgendliche lange Schlange am Wenzelsplatz, Menschen, die im eisigen Frühnebel geduldig auf die Zeitung *Das Freie Wort* warteten, war für mich eines der großen symbolischen Bilder des Jahres 1989.

Das Motto des Jahres – nicht nur in der Tschechoslowakei – war *Pravda Vitězá*, jener alte hussitische Wahlspruch, den einst auch Masaryk übernahm: »Die Wahrheit wird siegen«, oder, im noch älteren Latein, *Magna est veritas et praevalebit*. So, wie man vom »Augenblick der Wahrheit« in einer Handlung spricht, so war dies ein Jahr der Wahrheit für den Kommunismus. »Jene, die durch das Schwert leben, sollen durch das Schwert umkommen«, sagt die Bibel. Diese Regime, so könnte man sagen, haben durch das Wort gelebt und sind durch das Wort umgekommen.

Denn was war denn wirklich schon geschehen? Ein paar Tausend, dann Zehntausende, später Hundertausende gingen auf die Straßen. Sie riefen nur ein paar Worte: »Wir wollen keine Sklaven mehr sein!« Sie forderten »Rücktritt!« »Freie Wahlen!« »Freiheit!« Und die Mauern Jerichos fielen. Und mit den Mauern zerfielen schlichtweg auch die kommunistischen Parteien. Mit erstaunlicher Geschwindigkeit. Ende 1989 hatte sich die Ungarische Sozialistische Arbeiterpartei gespalten und die Mehrheit ihrer Mitglieder sie für immer verlassen. Im Januar 1990 folgte die Polnische Vereinigte Arbeiterpartei dem Beispiel. Innerhalb dreier Monate verlor die Sozialistische Einheitspartei der DDR ihre führende Rolle, ihren Namen und mehr als die Hälfte ihrer Mitglieder. Der innere Zusammenbruch dieser Parteien erinnert an den Satz eines deutschen Dichters von 1848: »Die Monarchie ist tot, doch die Monarchen leben noch immer.«

Diese Revolutionen, mit der einzigen und außergewöhnlichen Ausnahme Rumäniens, beeindruckten auch durch den Mangel an Gewalt. Wie Solidarność 1980–1981 bargen auch sie einen historischen Widerspruch in sich: »friedliche Revolution«. Keine Bastille wurde erstürmt, keine Guillotine errichtet, kein Laternenpfahl zweckentfremdet. Nur Rumänien erlebte Panzer und Exekutionskommandos. In den anderen Ländern gab es nur die Art von Gewalt, die anfangs von der Polizei eingesetzt wurde. Die jungen Demonstranten in Ost-Berlin oder Prag stellten Kerzen vor den Polizisten auf. Sie aber antworteten darauf mit Knüppel. Die Marseillaise des Jahres 1989 rief nicht *»aux armes, citoyens«*, sondern *»aux bougies, citoyens«* (an die Kerzen, Bürger). Das Prinzip Gewaltlosigkeit wurde zur Tradition aller demokratischen Oppositionen der achtziger Jahre in Ostmitteleuropa. Aus pragmatischen Gründen, denn die Waffen besaß die andere Seite, aber auch aus ethischen. Es war eine Aussage, wie die Dinge sein sollten. Sie wollten genauso beginnen, wie sie fortzufahren gedachten. Die Geschichte, sagte Adam Michnik, hatte sie gelehrt, daß jene, die mit dem Sturm auf eine Bastille beginnen, die gleichen sein werden, die mit der Errichtung einer eigenen enden.

Mindestens ebenso eindrucksvoll aber war, historisch betrachtet, die Abwesenheit *konter*revolutionärer Gewalt (bis jetzt zumindest und wieder mit deutlicher Ausnahme Rumäniens). Die Polizei in der DDR setzte ihre brutalen Mittel bis zu den Staatsfeierlichkeiten am 7. Oktober und vor allem an diesem Tag ein, in der Tschechoslowakei bis zum und vor allem am 17. November. In Polen hielt der systematische Einsatz von konterrevolutionärer Gewalt über sieben Jahre an, von der Ausrufung des »Kriegsrechts« am 13. Dezember 1981 bis zum Beginn des Jahres 1989. Doch kaum hatten die Revolutionen (oder, in Polen und

Ungarn, die »Refolutionen«) wirklich begonnen, blieben Gegenmaßnahmen erstaunlicherweise aus. Wie König Wilhelm von Württemberg schienen auch die kommunistischen Machthaber zu sagen: »Ich kann mein Pferd nicht gegen Ideen besteigen.« Doch es drängt sich die Frage auf: wieso nicht? Ein Großteil der neueren Geschichte Mitteleuropas wurde gerade von Herrschern gemacht, die ihre Pferde gegen Ideen bestiegen. Ein Großteil der Geschichte Mitteleuropas nach dem Zweiten Weltkrieg wurde von Herrschern gemacht, die ihre Panzer gegen Ideen bestiegen. Bis 1989 war das Motto der Geschichte dieser Region nicht *Pravda Vitězá*, sondern sah eher so aus, wie es der polnische Dichter Cyprian Norwid im 19. Jahrhundert beschrieb:

> Riesige Armeen, tapfere Generäle,
> Polizei – geheim, offen und von
> zweierlei Geschlecht –
> Gegen wen haben sie sich zusammengeschlossen?
> Gegen ein paar Ideen ... nichts Neues!

Wieso war es 1989 anders? Vielleicht könnte man dafür die drei Ursachen »Gorbatschow«, »Helsinki« und »Tocqueville« anführen. Das neue Denken in der Sowjetpolitik, das Gennadi Gerassimow die Sinatra-Doktrin taufte – *»I had it my way«* zitierte er fälschlich die berühmte Liedzeile »I did it my way« –, anstelle der alten Breschnew-Doktrin, war von allergrößter Bedeutung. Moskau machte den Machthabern in der DDR nicht nur klar, daß sowjetische Truppen für innenpolitische Repressionen nicht zur Verfügung stehen würden, sondern ließ auch noch den Westen – und die jeweilige Bevölkerung – auf ungewöhnliche Weise wissen, daß dies die sowjetische Position sei. In der Tschechoslowakei half die Sowjetunion der Revolution mit einer zeitlich vorzüglich plazierten Verurteilung des Einmarsches der Warschauer-Pakt-Truppen 1968 auf den Weg.

In ganz Ostmitteleuropa profitierten die Menschen schließlich durch die chronische Abhängigkeit ihrer Machthaber von der Sowjetunion. Denn ohne die Krücken sowjetischer Kalaschnikows hatten diese kein zweites Bein, auf das sie sich stützen konnten. Rumänien war die Ausnahme, die die Regel bestätigt. Denn es ist kein Zufall, daß ausgerechnet in dem Staat, der so lange und so weitgehend von Moskau unabhängig war, der Widerstand des verlängerten Sicherheitsarms der ehemaligen Machthaber so gewalttätig, blutig und ausdauernd war.

Dennoch reicht der Faktor Gorbatschow allein für die Erklärung nicht aus, weshalb sich diese Machthaber nicht doch in letzter Not nachhaltiger und unter Einsatz ihrer eigenen, noch immer höchst wirksamen Polizei- und Sicherheitskräfte zur Verteidigung ihrer eigenen Macht und Privilegien entschlossen haben. Hat das ständige Drängen des Westens auf die Einhaltung gewisser internationaler Normen des innenpolitischen Verhaltens – kurz gesagt der Helsinki-Faktor – eine Rolle gespielt? Waren die Sehnsucht der osteuropäischen Machthaber nach internationalem Ansehen und ihre Erkenntnis, daß zwischen Ansehen und westlichen Krediten, die sie so dringend benötigten, ein deutlicher Zusammenhang besteht, dafür verantwortlich, daß jenen die Hände gebunden wurden, die sonst den Schießbefehl unterzeichnet hätten?

Doch nichts von alledem hätte sie aufhalten können, wären sie noch immer von ihrem Herrschaftsanspruch überzeugt gewesen. Der dritte und vielleicht entscheidendste Faktor in der Charakteristik revolutionärer Situationen – so beschrieb es Alexis de Tocqueville vor mehr als einem Jahrhundert – ist, daß die herrschende Klasse den Glauben an ihren eigenen Herrschaftsanspruch verloren hat. Ein paar Kids gingen auf die Straße und skandierten ein paar Worte. Die Polizei schlug auf sie ein. Die Kids sagten: Ihr habt kein Recht, uns zu schlagen! Und die Herrscher, die hohen und allmächtigen, antworteten: Stimmt, wir haben kein Recht, euch zu schlagen. Wir haben kein Recht, unsere Herrschaft mit Gewalt zu bewahren. Der Zweck heiligt nicht mehr die Mittel!

Die Herrscher und ihre bewaffneten Untertanen waren denn auch nicht bereit, auf irgendeine Weise für die Dinge einzutreten, an die sie so lange zu glauben vorgegeben haben, und umarmten all das, was sie so lange als »Kapitalismus« oder »bürgerliche Demokratie« bekämpft hatten, in schon fast unschicklicher Hast. In ganz Osteuropa raschelten leise die Wendemäntel: Gestern noch haben sie Wałęsa denunziert, jetzt applaudierten sie ihm; gestern noch haben sie Honecker umarmt, jetzt stellten sie ihn unter Hausarrest; gestern noch haben sie Havel mit Schimpfworten überschüttet, jetzt wählten sie ihn zum Präsidenten.

1848 nannte man den Frühling der Nationen oder den Völkerfrühling, *wiosna ludów.* Die Revolutionäre aller Länder sprachen im Namen »des Volkes«. Doch die internationale Solidarität »der Völker« wurde in den Konflikten zwischen Nationen, alten wie neuen, zerrieben. Die innere Solidarität der Völker zerbrach in den Konflikten zwischen den verschiedenen sozialen Gruppen, später als »Klassen« bekannt. »Sozialismus und Nationalismus als Massenbewegungen waren beide Produkte von 1848«, schreibt A. J. P. Taylor. Und ein Jahrhundert lang nach 1848, bis zum Gefrieren des Kommunismus, blieb Mitteleuropa ein Schlachtfeld der Nationen und Klassen.

Wessen Frühling war 1989? Der »Völker«? Aber in welchem Sinn? »Wir sind das Volk«, riefen anfangs die Massen in der DDR. Doch nach nur wenigen Wochen riefen sie bereits: »Wir sind EIN Volk«. In Polen, Ungarn, der Tschechoslowakei und in Rumänien bildeten die Massen ein Meer nationaler Fahnen, erhoben die Menschen ihre Stimmen, um alte Nationalhymnen zu singen. In Ungarn und Rumänien schnitten sie die alten kommunistischen Embleme aus den Fahnen heraus. In der DDR gab es zuerst keine Fahnen, keine Hymnen. Doch allmählich tauchten sie auf, nackte Streifen, schwarz, rot, gold, ohne Hammer und Zirkel der DDR in ihren Mitten: die Fahne des westlichen – und des dereinst geeinten – Deutschlands.

In jedem westlichen Zeitungskommentar über Osteuropa steht inzwischen etwas über die Gefahr eines wiederbelebten »Nationalismus« in dieser Region. Aber was in aller Welt bedeutet das? Heißt das, die Menschen sind wieder stolz darauf, Tschechen, Polen, Ungarn oder womöglich sogar Deutsche zu sein? Daß beim Anblick einer Fahne die Herzen jubeln und beim Singen einer Nationalhymne die Stimmen beben? In diesem Fall muß ich die Welt vor einem der fanatischsten »nationalistischen« Länder warnen, das ich kenne. Man nennt es die Vereinigten Staaten von Amerika.

Patriotismus ist nicht Nationalismus. Wiederentdeckter Stolz auf die eigene Nation bedeutet nicht notwendigerweise Feindseligkeit gegenüber anderen Nationen. Diese Bewegungen waren ausnahmslos patriotisch. Nicht alle waren auch nationalistisch. In ihren ersten Entscheidungen waren fast alle der neu formierten Regierungen weniger nationalistisch als ihre kommunistischen Vorgänger. Die Mazowiecki-Regierung in Polen zeigte entschieden liberalere und aufgeklärtere Ansätze bei der jüdischen und der deutschen Frage als jede Regierung zuvor, bezog im Gegenteil selbst Kritik von den kommunistischen Nationalisten wegen ihrer Haltung. In seiner ersten öffentlichen Rede als Präsident bedankte sich Václav Havel bei »allen Tschechen, Slowaken und Angehörigen anderer Nationalitäten«. Seine Aussage im Fernsehen, die Tschechoslowakei schulde den Sudetendeutschen eine Entschuldigung für deren Vertreibung nach dem Zweiten Weltkrieg, wurde heftigst kritisiert – von den Kommunisten. In Rumänien begann die Revolution damit, daß sich rumänisch-stämmige Bürger in Temesvar auf die Seite ihrer ungarischstämmigen Mitbürgern stellten. Es bedürfte schon allergrößter Anstrengungen, um die Lage der deutschen und ungarischen Minoritäten im nachrevolutionären Rumänien schlimmer zu machen, als sie es unter Ceauşescu gewesen war.

Natürlich gibt es Gegenbeispiele. Weniger schöne Aspekte der deutschen Revolution waren die große Anhängerschaft im Volk für die Parteiregierungskampagne gegen polnische »Schmuggler und Spekulanten« und die ablehnende Haltung gegenüber den schwarzen Gaststudenten und vietnamesischen Gastarbeitern. Auch in der ungarischen Oppositionspolitik blieb der grimmige Nahkampf zwischen dem Ungarischen Demokratischen Forum und der Vereinigung Freier Demokraten nicht ohne ethnischen Unterton: Mitglieder des Forums stellten das »Ungarntum« einiger freier Demokraten infrage, die ihrerseits mit dem Vorwurf des Antisemitismus darauf reagierten. Und Tausende bulgarischer Oppositioneller protestierten gegen die neue Regierung, nachdem diese der türkisch-moslemischen Minderheit ihre Grundrechte zuerkannt hat.

Zukünftiges Konfliktpotential werden auch andere Minderheiten sein: die Ungarn in Rumänien, die Rumänen in der Sowjetunion (Moldawien), die Deutschen in Polen, Rumänien und in der Sowjetunion und die Sinti und Roma in den verschiedensten Ländern. Es gibt potentiell die politische Nutzbarmachung des Antisemitismus. Es gibt das Problem, Tschecho- und -Slowakei auf eine Weise miteinander zu verbinden, die sowohl Tschechen wie Slowaken zufriedenstellt. Und es gibt die Grenzfragen.

Verglichen mit Mitteleuropa 1848 oder 1918–1919 ist dies jedoch eine relativ kurze Liste. Die meisten Nationen haben Staaten und haben sich an ihre neuen Grenzen gewöhnt. Die ethnische Landkarte ist weit homogener, als sie es 1848 oder 1918 gewesen war. Der britische Sozialanthropologe Ernest Gellner bemerkte dazu, aus einem Bild von Kokoschka sei ein Gemälde von Modigliani geworden. (Wobei die wirklichen Maler natürlich Hitler und Stalin hießen, deren Materialien Krieg, Vertreibung und Massenmord waren.) Nationale und ethnische Konflikte zwischen oder innerhalb dieser Staaten könnten, wie in Osteuropa vor dem letzten Krieg, jedoch wieder zunehmen, vor allem, wenn sich ihre wirtschaftliche Situation weiter verschlechtert. Aber sie könnten sich auch vermindern, wie in Westeuropa nach dem letzten Krieg, vor allem, wenn sich die wirtschaftliche Lage dieser Länder im Laufe eines Integrationsprozesses in einen größeren gemeinsamen europäischen Markt und eine größere europäische Gemeinschaft verbessert. Wir werden sehen. Die Geschichtsschreibung aber muß aufzeigen, daß 1989 kein Jahr der nationalen und ethnischen Konflikte im Osteuropa westlich der sowjetischen Grenzen war. Ganz im Gegenteil, es war ein Jahr der Solidarität innerhalb und zwischen den Nationen. Am Ende des Jahres gaben alle selbstbefreiten ost-mitteleuropäischen Staaten dem Volk (den Völkern) Rumäniens ihre symbolische und humanitäre Unterstützung. Ein Frühling der Nationen ist nicht *notwendigerweise* ein Frühling des »Nationalismus«.

Was am meisten überraschte, war nicht die Terminologie des nationalen Denkens. Sie war vorhersehbar. Wirklich überraschend waren andere Ideen und Worte, die sozusagen mit im Vorspann standen. »Gesellschaft« zum Beispiel. In Polen, einem Land, das so oft als »nationalistisch« stigmatisiert wurde, war *spolleczeństwo*, Gesellschaft und nicht »Nation«, das Wort, das am häufigsten benutzt wurde, um das Volk im Gegensatz zur Regierung darzustellen. In der Tschechoslowakei wurde das Wort »Gesellschaft« auf ähnliche Weise verwandt, wenn auch weniger häufig. Hier konnte es auch nicht einfach als Synonym oder Euphemismus für »Nation« eingesetzt werden, denn hier ging es um zwei Nationen. Für beide Länder aber ist es mindestens so richtig, von *gesellschaftlicher* Selbstbestimmung zu sprechen wie von nationaler. Und überall lag die Betonung auf der selbstbewußten Einheit der Intelligenz, der Arbeiter und Bauern. Natürlich war diese Einheit vor allem durch den gemeinsamen Feind entstanden. Sobald die kommunistische Macht gebrochen war und wirkliche parlamentarische Politik begann, wurden auch die gegensätzlichen sozialen Interessen deutlich. Es waren die Bauern und Landwirte aller Parteien im neuen polnischen Parlament, nicht die Kommunisten oder Solidarność, links oder rechts, die sich mit der Absicht, ihre spezifischen Interessen voranzutreiben, zusammenschlossen.

Trotzdem waren die sozialen Unterschiede bei weitem nicht so tief wie im 19. oder frühen 20. Jahrhundert. Diesmal konnten sie die Revolutionen nicht unterminieren. Gerade der Kommunismus hat ganz entscheidend dazu beigetragen, die soziale Einheit zu schaffen, die wiederum entscheidend zum Ende des Kommunismus beitrug. Die Kombination aus gewollter Gleichmacherei und ungewollten Absurditäten resultierte schließlich darin, daß Wohlstand nur noch wie Kraut und Rüben verteilt war. Ein Professor verdiente weniger als ein Grubenarbeiter, ein Ingenieur weniger als ein Bauer. Dem Klempner mit ein paar schwarzen Dollar oder Mark in der Tasche ging es wesentlich besser als einem Prinzen ohne harte Währung. Ein Arbeiter lebte im gleichen Haus wie ein Arzt, Ingenieur oder Schriftsteller, und der Grundriß ihrer Wohnungen war fast immer identisch, wenn auch vielleicht weniger das Interieur.

Aber sie waren nicht nur räumlich geeint, sondern auch im Bewußtsein, daß es nur eine große Trennungslinie in der Gesellschaft gibt: zwischen der kommunistischen herrschenden Klasse, der Nomenklatura, und allen anderen. In all diesen Ländern nannte man die Nomenklatura »sie«, *oni* (ein Wort, das vor allem durch Teresa Toránskas Interviews mit polnischen Stalinisten populär wurde), die Bonzen. »Sie« waren identifizierbar durch ihre Kleidung, ihre schwarzen, verhängten Autos, ihre eigenen Hospitäler und Geschäfte, ihre Sprache und durch ihr Verhalten. Als die Menschenmassen in Prag gebeten wurden, einer Ambulanz die Durchfahrt zu ermöglichen, taten sie das mit dem Kommentar: »Wir sind nicht wie sie! Wir sind nicht wie sie!«

Das politische Bewußtsein der Bevölkerung war sehr ausgeprägt. Auch das war zum Teil Resultat des Systems. Jeder hatte zumindest eine Grundausbildung genossen. Und von frühester Jugend an war diese Ausbildung in hohem Maße politisiert. Viele Menschen reagierten auf diese Politisierung mit einem eindeutigen Rückzug ins Privatleben und einer fast schon programmatisch apolitischen Haltung. Doch gerade durch die politisierte

Erziehung und die Allgegenwart der Ideologie konnte niemand im Zweifel bleiben, daß Worte und Ideen von Bedeutung sind und reale Auswirkungen auf das eigene alltägliche Leben haben.

Ein zentrales Konzept im oppositionellen Denken der achtziger Jahre war die »Zivilgesellschaft«. Das Jahr 1989 war ein Frühling der Gesellschaft mit dem Wunsch, eine Zivilgesellschaft zu sein. Die Vorstellung des Normalbürgers vom Aufbau einer Zivilgesellschaft mag den politischen Theoretiker vielleicht nicht befriedigen. Doch es gab solche Vorstellungen, und sie enthielten mehrere Forderungen. Auf freiwilliger, authentischer und demokratischer Basis sollten nationale, regionale, lokale und berufliche Vereinigungen möglich werden, die nicht von einem Parteistaat kontrolliert oder manipuliert werden können. Die Bürger sollten »zivilisiert« sein, das heißt höflich, tolerant und, allem voran, gewaltlos. Eine zivile Gesellschaft der zivilisierten Bürger. Und die Idee des Staatsbürgertums sollte ernstgenommen werden.

Der Kommunismus hat viele Worte aus dem Wortschatz der europäischen Geschichte vergiftet – nicht zuletzt das Wort »Sozialismus«. Doch irgendwie war es ihm nicht gelungen, auch die Worte »Bürger« und »bürgerlich« zu vergiften, wenn es ihm auch geglückt war, sie auf pervertierte Weise anzuwenden: beispielsweise indem er zur »bürgerlichen Verantwortung« aufrief, aber nichts anderes meinte, als »verhaltet euch ruhig und laßt uns mit diesen aufsässigen Studenten fertig werden«. Weshalb ihm die Vergiftung dieser Worte nicht gelungen ist, das ist eine interessante Frage, auf die ich noch keine Antwort weiß. Tatsache aber ist, daß sich die Parlamentarier der Solidarność als Gruppe den Namen »Parlamentarischer *Bürger*club« gaben; die tschechische Bewegung nannte sich das *Bürger*forum; und die oppositionellen Gruppen in der DDR nannten sich zu Anfang *Bürger*initiativen oder *Bürger*bewegungen. (Diese Begriffe wurden zwar sicher dem Sprachgebrauch der Bundesrepublik entlehnt, doch mindert dies nicht die Bedeutung, daß sie gerade diese und keine andere Bezeichnungen wählten.) Und die Terminologie des bewußten Staatsbürgers war in all diesen Revolutionen von Bedeutung. Die Menschen hatten einfach genug davon, immer nur Komponenten einer vorsätzlich atomisierten Gesellschaft zu sein. Sie wollten Bürger sein, Individuen mit Würde und Verantwortung, mit Rechten, aber auch mit Pflichten, frei vereint in einer Zivilgesellschaft.

Ein letzter Punkt zur Selbstdarstellung der Revolution ist vielleicht noch erwähnenswert. Ralf Dahrendorf hat darauf hingewiesen, daß Karl Marx mit der Ambiguität des Begriffs *bürgerliche Gesellschaft* gespielt habe. Marx, sagt Dahrendorf, habe bewußt die beiden »Bürger« der Moderne verschmolzen, die Früchte der Industriellen und der Französischen Revolution, den *bourgeois* und den *citoyen*. Ich mußte an diese Bemerkung denken, als ein Sprecher während einer der Massenkundgebungen in Leipzig zur Solidarität mit der *bürgerlichen Bewegung* in der Tschechoslowakei aufrief. Mir scheint diese Wortwahl jedoch eine tiefere Wahrheit zu enthalten. Denn was die Mehrzahl der Oppositionellen in Ost-Mitteleuropa, aber auch große Teile »der Völker«, die sie unterstützten, wirklich sagte, war: ja, Marx hat recht, diese beiden Begriffe gehören untrennbar zusammen – und wir wollen beides! Bürgerrechte und Eigentumsrechte, wirtschaftliche und politische Freiheit, finanzielle und intellektuelle Unabhängigkeit, denn ein jedes bedingt das andere. Ja, wir wollen Bürger sein, aber wir wollen auch das Bürgertum sein, gerade so, wie die meisten Bürger in der glücklicheren Hälfte Europas zum Bürgertum gehören. Wir wollen Bürger UND bürgerlich sein.

Es war also ein Frühling der Nationen, nicht unbedingt aber des Nationalismus; ein Frühling der Gesellschaften mit dem Wunsch, Zivilgesellschaften zu sein. Vor allem aber war es ein Frühling der Bürger.

Dieser Bürgerfrühling hat bereits das Gesicht Europas verändert. Was zu Beginn des Jahres 1989 nur möglich erschien, schien zu Beginn des Jahres 1990 bereits sicher. Es würde ein neues Europa geben, für das der Begriff »Jalta« keine angemessene Chiffre mehr wäre. Dieses Europa würde den Ländern, die ehemals unter den Begriff Osteuropa fielen, und am Ende schließlich auch einem vereinten Deutschland einen neuen Platz einräumen.

1848 fand wegen des Zusammenspiels interner und externer reaktionärer Kräfte ein schlechtes Ende, wobei die externen entscheidend waren. Zu Beginn des Jahres 1990 waren keine vergleichbaren reaktionären externen Kräfte zu sehen. Die Preußen machten ihre eigene Revolution und schlugen die ihrer Nachbarn nicht nieder. Die Österreicher unterdrückten die ungarische Reform/Revolution nicht, sondern halfen ihr auf den Weg. Und die Russen? Ihr Wandel grenzte an ein Wunder. Amerikanische, französische und britische Regierungsbeamte ließen wissen, sie würden eine sowjetische militärische Intervention, um die Todesschwadronen der Securitate in Rumänien zu zerschlagen, sogar willkommen heißen. Aber nein, ob es nun um Rumänien ging, um die Tschechoslowakei oder um Ungarn, Polen und Bulgarien: Die sowjetischen Machthaber und Kommentatoren, angefangen bei Gorbatschow, schlugen fromm die Augen nieder und beteuerten, sie würden niemals auch nur daran denken, sich in die inneren Angelegenheiten eines anderen Landes einzumischen.

Doch die Volksbewegung für nationale und gesellschaftliche Selbstbestimmung macht nicht praktischerweise an den westlichen Grenzen der Sowjetunion halt. Was in Osteuropa geschah, erwies sich als direkte Aufforderung an die baltischen Staaten, ganz zu schweigen von den Rumänen im sowjetischen Moldawien. Und was, wenn es nun auch noch in der Ukraine ein politisches Erdbeben geben würde? Anfang 1990 war es denn auch nur allzu leicht, sich einen Rückschlag innerhalb der Sowjetunion vorzustellen. Trotzdem durfte man bezweifeln, daß eine konservativ-militärische Führungsriege in Moskau den Versuch unternehmen würde, mit Waffengewalt die russische Vorherrschaft westlich der sowjetischen Grenzen von 1945 wiederherzustellen. Hätten sie nicht schon genug damit zu tun, ihr Imperium innerhalb der sowjetischen Nachkriegsgrenzen zu retten? Logischerweise müßten sie, würden sie in ein osteuropäisches Land einmarschieren, nun auch in alle anderen einmarschieren. Und dann, was hätten sie dann »wiederhergestellt«? Die zerschlagenen Ewiggestrigen, die einmal die kommunistischen Parteien Osteuropas waren? Ein Rückschlag innerhalb der Sowjetunion würde das Leben im neuen Europa gewiß weniger komfortabel machen. Aber er wäre in sich noch nicht ausreichend, um die Landkarte wieder auf den Stand von vor 1989 zu bringen.

Zu diesem neuen Europa gibt es unzählige Fragen zu stellen. Die drängendste davon ist natürlich: Wie kann der Westen den ehemaligen kommunistischen Staaten beim Übergang in freiheitliche Demokratien helfen? Mir aber stellt sich eine weit weniger offensichtliche Frage. Nicht: »Wie können wir ihnen helfen?«, sondern »Wie können sie uns helfen?« Was können diese beinahe hundert Millionen Europäer mit ihrer vierzigjährigen harten

Erfahrung in das neue Europa einbringen, überhaupt zu uns in den Westen bringen? Die Tschechen wiesen vergnügt darauf hin, daß 89 die Umkehrversion von 68 ist. Doch einer der Unterschiede zwischen 68 und 89 waren die vergleichsweise wenigen westlichen Intellektuellen, die in dieser exotischen Region noch neue Utopien, wie 68 den »Sozialismus mit menschlichem Gesicht« und den sagenhaften Dritten Weg, entdecken wollten.

Natürlich gibt es ein ganzes Kaleidoskop an neuen Parteien, Programmen und Trends, und sie unter dem Begriff einer einzigen Botschaft zusammenzufassen, wäre wirklich gewagt. Wenn man sich jedoch genauer betrachtet, was diese unterschiedlichen Parteien wirklich über politische Grundfragen, Wirtschaft, Recht oder internationale Beziehungen aussagen, dann entdeckt man einen bemerkenswerten gemeinsamen Nenner. Politisch vertreten sie unisono: Es gibt keine »sozialistische Demokratie«, es gibt nur Demokratie. Und mit Demokratie meinen sie das Mehrparteiensystem, die parlamentarische Demokratie, wie sie im heutigen West-, Nord-, und Südeuropa praktiziert wird. Sie sagen: Es gibt keine »sozialistische Rechtstaatlichkeit«, es gibt nur Rechtstaatlichkeit. Und damit meinen sie eine Rechtsordnung, die durch die konstitutionell verankerte Unabhängigkeit der Justiz garantiert wird. Sie sagen auch – und das ist die vielleicht wichtigste Aussage für die Linke: Es gibt keine »sozialistische Wirtschaft«, es gibt nur eine Wirtschaft. Und Wirtschaft heißt nicht sozialistische Marktwirtschaft, sondern soziale Marktwirtschaft. Nicht Ota Šik, sondern Ludwig Erhard. Natürlich gibt es gravierende Unterschiede zwischen beispielsweise den Anhängern Friedmans und den Jüngern Hayeks. Manches gute Wort wird sogar für Keynes eingelegt. Doch die Grundrichtung ist klar: der Weg zu einem Wirtschaftssystem, dessen eigentlicher Wachstumsmotor der Markt ist, dessen Produktionsmittel, Vertrieb und Handel zunehmend in privater Hand liegen. Der Übergang in ein solches System stellt außergewöhnliche Probleme her, für die originelle Lösungen gefunden werden müssen. In den meisten dieser Länder werden eine egalitäre Wohlstandsverteilung und ein starker Wohlfahrtsstaat noch immer verteidigt. Aber das Grundmodell der Politik, der Wirtschaft und des Rechtssystems ist etwas, das irgendwo zwischen der real existierenden Schweiz und dem real existierenden Schweden anzusiedeln ist.

Schweden – oder wie es ein führender sowjetischer Wirtschaftler vorsichtig formuliert, *Süd*schweden – scheint heute das Ideal eines jeden zwischen Berlin und Wladiwostok zu sein, der sich selbst einen Sozialisten nennt. Doch wenn Marx auf die Erde zurückkäme, würde er dann die vorherrschende Produktionsweise in Schweden nicht kapitalistisch nennen? Mit anderen Worten, die Argumentation der Linken dreht sich heute nicht mehr um den besten Weg, Wohlstand zu produzieren, sondern nur um den besten Weg, ihn zu verteilen. (Die heftigere Kritik dieser erfolgreichen Produktionsweisen stammt heute eher aus den Reihen der Grünen als von den Sozialisten.)

Aus rein praktischen und historischen Gründen wird der Staat in den meisten osteuropäischen Ländern noch für einige Jahre eine eindeutig größere Rolle spielen als in den meisten westeuropäischen Ländern. Aber das heißt nicht unbedingt, daß die Menschen das auch wollen. Im Gegenteil, nachdem sie so lange die Einmischung des Staates erdulden mußten, könnten sie sich für so wenig Staat wie möglich entscheiden wollen. Meinungsumfragen und soziologische Untersuchungen sind heute noch von geringem Wert, denn die meisten Menschen haben gerade erst begonnen, über diese Fragen nachzudenken. Ob der Pudding schmeckt, wird man erst beim Essen feststellen. Unter den Intellektuellen, die sich mit diesen Themen zu beschäftigen begonnen haben, besteht meiner Meinung eher eine umgekehrte Gefahr: den freien Markt als Heilkur für alles zu betrachten, sozial, politisch und wirtschaftlich. Daher auch die große Anhängerschaft Hayeks. Der freie Markt, so könnte man sagen, ist die neueste mitteleuropäische Utopie.

Man vergißt heute leicht, daß der Kommunismus nicht nur mit der Behauptung angetreten ist, neue und bessere Formen der Politik, Wirtschaft und des Rechts gefunden zu haben, sondern darüber hinaus auch einen besseren Weg, die zwischenstaatlichen Beziehungen zu regeln. Diesen neuen Weg nannte man den »sozialistischen Internationalismus«, als Gegensatz zum »bürgerlichen Nationalismus«. Was wir in der Praxis gesehen haben, war jedoch der Aufstieg des sozialistischen Nationalismus und des bürgerlichen Internationalismus. Für den bürgerlichen Internationalismus sind viele Beispiele zu nennen – IWF, NATO, GATT, OECD –, doch das bedeutendste in der europäischen Geschichte ist die Europäische Gemeinschaft. Inzwischen gibt es

Vorschläge, viel zu viele, um sie einzeln aufzuzählen, für neue Strukturen der zwischenstaatlichen Beziehungen im ehemaligen Osteuropa. Um nur ein Beispiel zu nennen: Führende polnische Politiker haben die Idee einer Konföderation Polens und der Tschechoslowakei wiederbelebt. Wenn man aber danach fragt, was das Grundmodell für die neuen Beziehungen zwischen diesen Staaten und für die Lösung ihrer außergewöhnlichen nationalen, ethnischen und ökonomischen Probleme ist, dann ist die Antwort klar. Das Grundmodell ist die Europäische Gemeinschaft.

Das bedeutet nicht nur, daß sie so vollständig wie möglich und so bald wie möglich der EG beitreten möchten. Das bedeutet auch, daß sie darauf hoffen, ihre außergewöhnlichen historischen Konflikte und Feindseligkeiten könnten auf die gleiche Weise gelöst werden wie beispielsweise jene, die zwischen Frankreich und der Bundesrepublik überwunden worden sind. Das trifft offenbar sogar für jene Gruppen zu, die die EG nicht ausdrücklich als Modell heranziehen. Gewiß muß man lange in Westeuropa suchen, um derartig enthusiastische »Europäer« zu finden – das heißt, Verfechter einer übernationalen Gemeinschaft namens Europa –, wie man sie in jeder Ecke Osteuropas antreffen kann. Während ich zwischen den beiden Hälften des geteilten Kontinents hin- und hergefahren bin, schien es mir manchmal, daß die wirkliche Spaltung zwischen jenen (im Westen) besteht, die Europa haben, und jenen (im Osten), die an Europa glauben. Doch überall, in allen Ländern, lautet der Satz, mit dem die Menschen das Geschehen zusammenfassen: »die Rückkehr nach Europa«.

Was also, um die ursprüngliche Frage zu wiederholen, können diese Enthusiasten in das neue Europa einbringen? Wenn meine Analyse stimmt, so können sie keine fundamental neuen Ideen zu den großen Fragen der Politik, Wirtschaft, des Rechts oder der internationalen Beziehungen beitragen. Die Ideen, deren Zeit gekommen ist, sind alte, vertraute und wohlerprobte. (Es sind die neuen Ideen, deren Zeit vorbei ist.) Können sie uns also nichts weiter als ihre einzigartigen, theoretisch zwar faszinierenden, aber praktisch schwer lastenden Probleme mitbringen? Stehen sie sozusagen nur als Bettler vor unserer Tür und bringen uns Chroniken der vergeudeten Zeit? Oder könnten sie unter ihren abgetragenen Mänteln vielleicht doch ein paar Schätze versteckt halten?

Auf meinen Reisen durch diese Region während der vergangenen zehn Jahre konnte ich Schätze entdecken: Beispiele großartigen moralischen Muts und intellektueller Integrität, Kameradschaft, tiefe Freundschaft, Familienleben, Zeit und Raum für ernsthafte Gespräche, für Musik und Literatur, ungestört vom unaufhörlichen Lärm unserer obsessiv telekommunikativen Welt. Ich wurde Zeuge des christlichen Geistes in seiner ursprünglichsten und reinsten Form, von einer Qualität menschlicher Beziehungen zwischen Männern und Frauen der unterschiedlichsten Herkunft und der einst bitter bekämpften gegensätzlichen Glaubensrichtungen – ein Ethos der Solidarität. Doch der privilegierte Besucher aus dem Westen begibt sich leicht in die Gefahr der sentimentalen Idealisierung, denn er genießt die Vorteile, ohne die Kosten tragen zu müssen. Zweifellos aber ergäbe eine quantitative oder utilitaristische Aufrechnung, daß die realen Kosten wesentlich höher als die Vorteile waren. Doch zu behaupten, die Schätze seien nicht real gewesen, wäre die Unwahrheit. Sie waren es. Und für mich ist die Frage aller Fragen nach 1989: Wird irgendeiner dieser wunderbaren Schätze die Befreiung überleben? War diese Gemeinschaft *nur* eine Schicksalsgemeinschaft? Waren dies *nur* die süßen Früchte der Widerwärtigkeit?

Selbst wenn es keinen Rückschlag in der Sowjetunion geben wird, keine gewaltsamen, undemokratischen und illiberalen Wendungen in diesem oder jenem osteuropäischen Land: Drohen diese Schätze nicht einfach von der Jagd – der allzu verständlichen Jagd – nach Wohlstand überrannt zu werden? Ein ungarischer Freund bemerkte dazu trocken: »Ich habe vierzig Jahre Kommunismus überlebt, aber ich bin mir nicht sicher, ob ich ein Jahr Kapitalismus überleben werde.« Gefahr lauert nicht nur im atomisierenden Einfluß des fortschreitenden Konsums, einer der wirksamsten Waffen, die die Menschheit kennt. Auch die Wandlung von der Planwirtschaft zur Marktwirtschaft mit all ihren Begleiterscheinungen, der Arbeitslosigkeit und der Ungerechtigkeit, wird traumatische Auswirkungen haben.

Illusionen helfen keinem. Mit hoher Wahrscheinlichkeit könnte sich, leider, meine pessimistische Vorrevolutions-Analyse der Aussichten des ehemaligen Osteuropas für die neunziger Jahre doch noch bestätigen. Aussichten auf eine postkommunistische Zukunft, die der präkommunistischen Vergangenheit erstaunlich ähnlich ist. Weniger ein Mitteleuropa als ein *Zwischeneuropa* – eine abhängige Zwischenzone »der schwachen Staaten, der nationalen Vorurteile, der Ungerechtigkeit, der Armut und des Schlamassels«. Das Jahr 1989 könnte den Augenzeugen und Historikern dann wie ein Augenblick des kurzen Aufleuchtens zwischen den Leiden von gestern und den Leiden von morgen erscheinen.

Aber dieses Schicksal ist nicht unabwendbar. Ob es verhindert werden kann, hängt im wesentlichen vom Engagement und der Klugheit des Westens generell ab, von Westeuropa im besonderen, aber vor allem von Westdeutschland – oder, um es so zu sagen, wie es dem neuen Europa eher entspricht: von einem Deutschland, das europäisch-westlich bleibt.

Doch selbst wenn das düstere Bild Wirklichkeit würde, würde etwas gewahrt bleiben, zumindest in der Erinnerung, in der Kultur, im Geiste. Die Europäer von dort hätten uns, mit einer Klarheit und Sicherheit, die nur aus ihrer bitteren Erfahrung entstehen konnte, neue Maßstäbe der Werte gebracht, die wir bereits haben: der alten Wahrheiten, der wohlerprobten Modelle, der drei Eckpfeiler liberaler Demokratien und der Europäischen Gemeinschaft, des real existierenden, gemeinsamen europäischen Hauses. Intellektuell, fast möchte ich sagen spirituell, war das osteuropäische »1989« eine lebensnotwendige Ergänzung zum westeuropäischen »1992«.

»Litwo! Ojczyzno moja! ty jesteś jak zdrowie,« beginnt das berühmteste aller polnischen Gedichte, Adam Mickiewicz' *Pan Tadeusz*:

> Litauen! Mein Vaterland! Du bist wie Gesundheit!
> Wie sehr wir dich schätzen sollten, begreift nur,
> Wer dich verloren.

Setzen wir anstelle von »Litauen« das Wort »Europa« ein, dann erhalten wir vielleicht die wichtigste Lehre, die uns das Jahr der Wahrheit, '89, erteilt hat.

Nachbemerkung 1992

Und dann – Moskau. Elf Jahre nach dem polnischen August bekamen wir den russischen August. Die Menschenmassen in Moskau und St. Petersburg waren mindestens so tapfer und nach Freiheit dürstend wie jene in Leipzig oder Prag. Und vielleicht haben die einen von den anderen durch das Fernsehen gelernt?

Jahrelang hatte man im Westen behauptet, ein fundamentaler Wandel im sowjetischen Imperium könne nur von oben und aus Moskau kommen. Solidarność aber hatte schon 1980 versucht, die Dinge von der Peripherie aus und von unten her zu verändern. Tatsächlich war beides notwendig. Gorbatschow und Solidarność bedingten einander.

Eduard Schewardnadze weist in seinen Memoiren die Vorstellung zurück, es sei allein die Perestroika gewesen, die all die Veränderungen im ehemaligen sowjetisch dominierten Osteuropa gebracht habe. Solidarność, so schreibt er, habe es lange vor Perestroika gegeben, und sowohl die halbverfehlte Revolution Polens als auch die halbgelungene Wirtschaftsreform Ungarns hätten starken Einfluß auf den Kreis um Gorbatschow gehabt. Dennoch, ohne Gorbatschows Politik wären die friedlichen Revolutionen des Jahres 1989 zum Scheitern verurteilt gewesen. Aber ohne das Jahr 1989 in Osteuropa hätte wiederum das Jahr 1991 in der Sowjetunion ganz anders ausgesehen. Und Erich Honecker könnte seufzen: »Ich hab' es doch immer gesagt!«

Denn die sowohl radikalste als auch die logischste Schlußfolgerung dieses mitteleuropäischen Jahrzehnts hieß: keine Berliner Mauer, keine Sowjetunion.

Timothy Garton Ash — Oxford, im März 1992

Personenregister